2020年，我们将全面建成小康社会。全面建成小康社会，一个不能少；共同富裕路上，一个不能掉队。我们将举全党全国之力，坚决完成脱贫攻坚任务，确保兑现我们的承诺。我们要牢记人民对美好生活的向往就是我们的奋斗目标，坚持以人民为中心的发展思想，努力抓好保障和改善民生各项工作，不断增强人民的获得感、幸福感、安全感，不断推进全体人民共同富裕。我坚信，中国人民生活一定会一年更比一年好。

　　——摘自习近平总书记在十九届中共中央政治局常委同中外记者见面时的讲话

《精准脱贫中国方案》编委会

顾　问：蒋正华　全国人大常委会原副委员长、著名人口经济学家
　　　　沈建国　全国工商联原副主席、北京大学国家文化软实力研究中心理事长
　　　　司树杰　国务院扶贫办原党组成员、中国老区建设促进会副会长、北京师范大学中国教育扶贫研究中心主任

主　编：程冠军
副主编：李　磊　蒿帅凯　杨东平
编委会成员：（按姓氏拼音顺序）
　　　　程冠军　陈玉娟　郭　强　郝梦倩　蒿帅凯　何　坦
　　　　李　刚　李军时　李　磊　李　阳　林　苗　刘文辉
　　　　刘　云　马彦涛　宁　悦　潘　超　启　翔　孙小泽
　　　　孙友才　王　伟　徐艺琦　杨东平　于东恩　张麒麦

★ 党政干部阅读参考

精准脱贫中国方案

主编◎程冠军

JINGZHUN TUOPIN
ZHONGGUO FANGAN

中央编译出版社
Central Compilation & Translation Press

图书在版编目(CIP)数据

精准脱贫中国方案 / 程冠军主编. —北京：中央编译出版社，2017.12
ISBN 978-7-5117-3372-6

I. ①精…
II. ①程…
III. ①扶贫－研究－中国
IV. ①F124.7

中国版本图书馆CIP数据核字(2017)第174756号

精准脱贫中国方案

出 版 人：	葛海彦
出版统筹：	贾宇琰
责任编辑：	邓永标
执行编辑：	舒　心
责任印制：	刘　慧
出版发行：	中央编译出版社
地　　址：	北京西城区车公庄大街乙5号鸿儒大厦B座（100044）
电　　话：	（010）52612345（总编室）（010）52612371（编辑室）
	（010）52612316（发行部）（010）52612346（馆配部）
传　　真：	（010）66515838
经　　销：	全国新华书店
印　　刷：	北京紫瑞利印刷有限公司
开　　本：	787毫米×1092毫米　1/16
字　　数：	326千字
印　　张：	20
版　　次：	2017年12月第1版
印　　次：	2017年12月第1次印刷
定　　价：	58.00元
网　　址：	www.cctphome.com　　邮　箱：cctp@cctphome.com
新浪微博：	@中央编译出版社　　微　信：中央编译出版社（ID：cctphome）
淘宝店铺：	中央编译出版社直销店（http://shop108367160.taobao.com）（010）55626985

本社常年法律顾问：北京市吴栾赵阎律师事务所律师　闫军　梁勤
凡有印装质量问题，本社负责调换，电话：（010）55626985

目 录

序一　以滴水穿石精神打赢精准脱贫攻坚战　蒋正华 …………… 001
序二　精准脱贫：必须完成的任务　司树杰 …………………………… 004

导论　精准脱贫：中国方案世界殊 ………………………………………… 007

第一章　正视"木桶上的短板"
　　　　——中国贫困现状分析 ……………………………………… 018

　　一、中国反贫困取得举世瞩目的成就 / 018
　　二、贫困人口数量及其分布 / 020
　　三、贫困群众的现实诉求 / 022
　　四、致贫原因剖析 / 024
　　五、减贫薄弱环节 / 026

第二章　"一个都不能掉队"
　　　　——以人民为中心的扶贫逻辑 ………………………………… 029

　　一、改革：公平与共享 / 030
　　二、路径：先富与共富 / 033
　　三、小康：部分与全面 / 036
　　四、善治：基层与顶层 / 039

第三章 彻底拔掉"穷根儿"有"绝招"
——精准扶贫精准脱贫的方法论 ······ 044

一、从"平均数"到"每一个" / 046

二、从"输血"到"造血" / 049

三、从"反复扶"到"防返贫" / 051

四、从"单打独斗"到"兵团作战" / 054

五、扶贫辩证法：实践中要处理好六个关系 / 059

第四章 "时间表""任务包"和"路线图"
——精准扶贫精准脱贫基本蓝图 ······ 062

一、脱贫攻坚"时间表" / 062

二、扶贫克难"任务包" / 066

三、扶贫脱贫"路线图" / 072

第五章 扶贫要扶到"点上""根上"
——"六个精准""分类施策""扶志扶智" ······ 076

一、六个精准 / 076

二、分类施策 / 084

三、既"扶志"也"扶智" / 088

第六章 "条条大道通小康"
——精准扶贫五个一批 ······ 100

一、通过扶持生产和就业发展一批 / 100

二、通过易地搬迁安置一批 / 104

三、通过生态保护脱贫一批 / 108

四、通过教育扶贫脱贫一批 / 111

五、通过低保政策兜底一批 / 116

第七章 八仙过海，各显神通
——精准扶贫十项工程 · 120

一、干部驻村帮扶工程 / 120

二、职业教育培训工程 / 122

三、扶贫小额信贷工程 / 123

四、易地扶贫搬迁工程 / 124

五、电商扶贫工程 / 126

六、旅游扶贫工程 / 127

七、光伏扶贫工程 / 129

八、构树扶贫工程 / 131

九、贫困村创业致富带头人培训工程 / 132

十、龙头企业带动工程 / 133

第八章 先富帮后富，东部帮西部
——下好"东西部扶贫协作"这盘棋 · · · · · · · · · · · · · · · · · · · 138

一、东西部扶贫协作的历史回顾 / 139

二、东西部扶贫协作的宝贵经验 / 140

三、东西部扶贫协作的薄弱环节 / 141

四、东西部扶贫协作的重点要求 / 142

五、东西部扶贫协作的关键举措 / 144

六、东西部扶贫协作的生动实践 / 146

第九章 发展：减贫的根本途径
——在精准扶贫中培育新的经济增长点 · · · · · · · · · · · · · · · · · 155

一、切实遵循五大发展理念 / 156

二、守住发展与生态两条线 / 158

三、聚焦经济结构和产业调整 / 164

四、综合施策发挥后发优势 / 167

第十章 用制度保障"扶真贫、真扶贫"
——健全精准扶贫工作机制 ………………………………… 171

一、贫困户认定机制 / 172

二、贫困县退出机制 / 176

三、扶贫工作绩效社会监督机制 / 179

四、扶贫成效第三方评估机制 / 181

五、扶贫广泛参与机制 / 183

六、脱贫工作责任制 / 187

附录一 典型案例 ………………………………………………… 191

精准施策 合力攻坚 走在前列
——山东临沂革命老区推进精准扶贫工作纪实 / 191

"十项扶贫工程"让老区人民过上幸福美好生活
——安徽六安建立长效扶贫机制锲而不舍抓扶贫纪实 / 195

全国工商联"万企帮万村"：精准扶贫在行动 / 199

担当国家使命 践行社会责任
——中国银行积极探索可持续金融精准扶贫之路 / 203

保险扶贫：中国人寿在路上 / 207

大国重器：哈电集团"产业基金＋精准扶贫" / 212

坚持"四个突出"拔穷根
——江西省铅山县切实打好精准脱贫攻坚战 / 216

"小资金"撬动"大资本"
——湖南省麻阳苗族自治县创新扶贫小额信贷模式 / 219

心连心 手拉手 肩并肩
——山东省青岛市对口帮扶贵州安顺、宁夏永宁纪实 / 223

科技安家长岗岭 产业助力促扶贫
——湖北省科技厅驻村工作队精准扶贫工作纪实 / 227

拉长产业扶贫链条 助推低收入户增收
——江苏省沭阳县实施特色产业扶贫工程纪实 / 231

康恩贝集团：探索"产业链扶贫"之路 / 234

不断探索适合中国国情的公益扶贫模式
　　——碧桂园集团"产业扶贫"和"教育扶贫"双项推进 / 238

旅游扶贫：民宿助力精准扶贫
　　——四川省南江县旅游产业资产收益扶贫新模式 / 242

西藏 5100：探索产业精准扶贫之路 / 246

强化党建引领　助力脱贫攻坚
　　——新疆尼勒克县推进精准扶贫纪实 / 250

甘肃临洮县：改造农村危房 助力脱贫攻坚 / 254

义务教育有保障　不让一个学生失学
　　——云南教育精准扶贫的实践和探索 / 257

河北临城：打造"六位一体"脱贫攻坚模式 / 261

兴伟集团："秀水五股"让农民变股民 / 265

附录二　文件选编 …………………………………………………… 269

中共中央 国务院关于打赢脱贫攻坚战的决定 / 269

关于加大脱贫攻坚力度 支持革命老区开发建设的指导意见 / 284

关于进一步加强东西部扶贫协作工作的指导意见 / 293

省级党委和政府扶贫开发工作成效考核办法 / 298

关于建立贫困退出机制的意见 / 301

脱贫攻坚责任制实施办法 / 304

后　记 ………………………………………………………………… 308

序一

以滴水穿石精神打赢精准脱贫攻坚战

蒋正华

精准扶贫，是习近平总书记2013年11月在湖南湘西土家族苗族自治州花垣县十八洞村调研时对扶贫工作提出的要求。"精准"二字高度概括了扶贫脱贫的方法论和运用科学有效的程序对扶贫对象实施精确识别、区别帮扶、科学管理的扶贫方式，是对传统扶贫体制机制的创新和发展。

贫困是与人类历史如影随形、从未彻底被消灭的一种社会现象，是一个全球性的现实难题。消除贫困、缩小城乡差距是人类实现可持续发展的重要目标之一。一个真正文明的社会，不能容忍群体性、区域性的贫困长期存在。消除贫困、改善民生、逐步实现共同富裕，是社会主义的本质要求，也是我们党的重要使命。改革开放后，随着经济持续快速健康发展，我国扶贫开发稳步推进，扶贫标准逐步提高，贫困人口逐步减少。到2020年全面建成小康社会，是我们党对人民做出的庄严承诺。全面建成小康社会，贫困人口脱贫是一个突出"短板"。"短板"必须补齐，否则影响全局。"我们不能一边宣布全面建成了小康社会，另一边还有几千万人口的生活水平处在扶贫标准线以下，这既影响人民群众对全面建成小康社会的满意度，也影响国际社会对我国全面建成小康社会的认可度"。十八大以来，党中央高瞻远瞩、深谋远虑，以高度的政治责任感和历史使命感，把扶贫开发工作纳入"四个全面"战略布局，扶贫开发被提升至治国理政的新高度，扶贫开发力度之大前所未有。

中国共产党领导全国人民正在推进的全面脱贫事业，凝结着中华民族孜孜以求的小康梦。改革开放以来，中国的扶贫工作取得了举世瞩目的成就：已经使7亿多农村贫困人口成功脱贫，提前完成了联合国千年发展目标，对全球减贫贡献率已经超过了70%。然而行百里者半九十，愈是到了最后的冲刺关头，愈是需要我们拿出滴水穿石的精神，撸起袖子加油干、一起干。

目标和任务一旦确立下来，抓落实就是关键的因素。理论是行动的先导，有了正确的理论指导，行动就有了正确方向。我们党在长期的建设和改革实践中，已经积累了丰富的脱贫工作经验。特别是党的十八大以来，以习近平同志为核心的党中央把脱贫攻坚摆在全局工作重中之重的位置，习近平总书记精心谋划、大力推进，就脱贫事业提出了一系列新理念新思想新战略，是指导中国脱贫工作的根本指南。在脱贫攻坚战中，我们必须清醒地认识到，在中国，各个地方的情况千差万别，不能都照一个模式去做。要对症下药、有的放矢。俗话说，开对"药方子"，才能拔掉"穷根子"。脱贫攻坚要尊重科学规律、真抓实干，必须实事求是、因地制宜、抓住重点，不断提升扶贫脱贫的精准性、有效性和扶贫成果的可持续性，探索多渠道、多元化的精准扶贫新路径。

"不忘初心、继续前进"是习近平总书记在庆祝中国共产党成立95周年大会上对全体共产党员的嘱托。不忘初心，就是不忘理想、不忘信仰、不忘宗旨、不忘责任；继续前进，就是敢想敢干敢担当、忠诚干净会担当，为实现中华民族的伟大复兴尽职尽责，带领人民群众砥砺前行，不达目的誓不罢休。习近平同志在党的十九大报告中向全党提出了"不忘初心，牢记使命"的新要求，中国共产党人的初心和使命，就是为中国人民谋幸福，为中华民族谋复兴。对于每个共产党人来说，脱贫攻坚既是历史任务，又是时代使命。"十三五"时期是打赢脱贫攻坚战的决战决胜时期，因此，各级党委和政府要有破釜沉舟的决心，以强烈的使命感、责任感和紧迫感，积极担当，敢于作为，齐心协力，坚决打赢脱贫攻坚战，走好全面建成小康"最后一公里"。

本书以精准脱贫为主题，聚焦脱贫攻坚，既总结了精准扶贫精准脱贫的实践经验，又从理论上对精准扶贫精准脱贫进行了深入的研究，具有非常重要的现实意义，是很有意义、很有价值的一项工作。主编程冠军同志请我作序，我义不容辞，欣然应允。

中国是一个人口大国，中国的脱贫攻坚在世界上具有标志性意义。从党的十八大以来我们在扶贫、脱贫攻坚战中所取得成果来看，在世界上，也只有中国共产党才能带领一个13亿多人的大国以这样的速度实现脱贫。我相信，在以习近平同志为核心的党中央的坚强领导下，全党和全国上下以"但愿苍生俱饱暖"的情怀踏踏实实为民造福，以愚公移山之志苦干实干，以滴水穿石的精神久久为功，我们就绝不会落下一个贫困地区、一个贫困群众。这样，我们就一定能决胜全面建成小康社会，夺取新时代中国特色社会主义伟大胜利，实现中华民族伟大复兴的中国梦。

2017年11月

序二

精准脱贫：必须完成的任务

党的十九大提出决胜全面建成小康社会，开启了全面建设社会主义现代化国家新征程。当前，精准扶贫精准脱贫已进入深化攻坚阶段。习近平总书记指出，要充分认识打赢脱贫攻坚战的艰巨性。今后几年，我国脱贫攻坚面临着十分艰巨的任务。越往后脱贫难度越大，因为剩下的大都是条件较差、基础较弱、贫困程度较深的地区和群众。要把深度贫困地区作为区域攻坚重点，确保在既定时间节点完成脱贫攻坚任务。在精准扶贫精准脱贫逐步深化、脱贫攻坚任务越来越紧迫的形势下，出版这样一本以精准扶贫精准脱贫为主要内容的书，很及时，也有必要。在该书出版之际，我很愿意为这样一本书写几句话。

消除贫困，改善民生，共享繁荣与和谐，既是社会主义的本质要求，也是世界各国面临的共同任务。在党中央、国务院的坚强领导下，我国的扶贫开发取得了举世瞩目的历史性成就。世界银行前行长保罗·沃尔福威茨先生在接受中央电视台采访时曾动情地说，中国的成就让人印象深刻。

党的十八大根据中国经济社会发展的客观实际，明确提出了"确保到2020年实现全面建成小康社会"的宏伟目标，2015年11月底召开的中央扶贫开发工作会议和随后发布的《中共中央国务院关于打赢脱贫攻坚战的决定》

都明确提出，到 2020 年要确保我国现行标准下的贫困人口全部脱贫，贫困县全部摘帽，解决区域性整体贫困。这是我们党向全国人民做出的庄严承诺，也是摆在我们面前的一项十分艰巨的任务。这是一项必须下决心完成的任务，否则影响全局。2013 年的元旦前夕，习近平总书记在视察河北阜平的重要讲话中深刻指出："全面建成小康社会最艰巨、最繁重的任务在农村，没有农村的小康，特别是没有贫困地区的小康，就没有全面建成小康社会。"2016 年 7 月，他在考察宁夏固原时又强调："全国还有 5000 余万贫困人口，到 2020 年一定要实现全部脱贫目标。这是我当前最关心的事情。"随后，他亲自主持召开东西部扶贫协作座谈会，要求全党认清形势、聚焦精准、深化帮扶、确保实效。从当前情况看，一个"大扶贫"的格局已经形成，全党全社会动员、党政军民齐上阵的态势已经显现，"六个精准""五个一批""四个切实"和"十大行动计划""十大扶贫工程"等精准脱贫的顶层设计思路已经出台，脱贫攻坚进入了攻坚拔寨的冲刺期，形势逼人，时不我待。

"找准突破口，有的放矢，不打无把握之仗"。打赢脱贫攻坚战，坚决完成这一必须完成的任务，必须正视现实，找准突破口，制订可行的实施方案。现实是什么？就是现在尚未脱贫的这些区域都是难啃的"硬骨头"，即集老、少、边及民族地区于一体，大多处在深山、高原和石漠化等特殊类型地区，与内地相比发展差距明显，多重困难叠加，各种矛盾交织。突出的表现：一是基础设施建设严重滞后，二元结构矛盾突出；二是经济开放度明显不足，整体消费水平低；三是贫困程度深，致贫因素复杂，解决起来难度大、成本高；四是这些地区自然灾害频发，生态相对脆弱；五是人才资源匮乏，"孔雀东南飞"现象十分明显，人才留不住的问题仍相当突出。上述问题是客观存在的，只有正视这些问题并努力加以解决，才能为啃下"硬骨头"、打赢脱贫攻坚战提供保证。

"超常规、出实招、齐上阵，向脱贫攻坚发起总攻"。打赢脱贫攻坚战，坚决完成这一必须完成的任务，应该看到当前有很多极为有利的因素，从整体看已经有了一个良好的开端。表现在组织措施上，实行了省、市、县、乡、村"五级书记"一起抓，各级立下军令状，不脱贫不撒手、不下战场；在扶贫经费投入上，不仅较大幅度地增加了中央和省级财政投入，而且金融资金的支持力度远超预期，前所未有；在扶贫方式方法上，坚持从实际出发，因地制宜，发展势头很好。产业扶贫、教育扶贫和生态扶贫显示出蓬勃生机，易地扶贫搬迁走出了新路子，社会保障兜底扶贫使政策落到了实处；在人才建设上，进一步畅通了东部与中西部干部交流渠道，完善优惠政策，不断加大对中西部的倾斜支持力度，各项待遇得以明显提高。

"只要有信心，黄土变成金"。打赢脱贫攻坚战、坚决完成这一必须完成的任务，必须树立坚强信心，攻坚克难，决不能半途而废。要立下愚公移山志，不达目标不罢休。这是为什么？就是因为这场脱贫攻坚战非常关键，必须打赢，没有退路，它是保证全体人民共享改革发展成果、实现共同富裕的必由之路，是协调推进"四个全面"战略布局、实现"两个一百年"奋斗目标的必然要求，关系着全国人民的福祉，关系着党的执政基础的巩固，也关系着国家的长治久安。我们也完全有理由相信，这场脱贫攻坚战一定会取得辉煌成绩，实现预期目标。这是因为我们有习近平新时代中国特色社会主义思想为行动指南，有习近平总书记精准扶贫精准脱贫战略思想为引领，有党中央、国务院的坚强领导，有全党全国人民的共同努力，打赢这场脱贫攻坚战是有底气、有能力、有把握的。到 2020 年，我们一定会向全国人民交上一份满意的答卷，向国际社会展现出我们中华民族的靓丽风采。

2017 年 11 月

导论　精准脱贫：中国方案世界殊

"民亦劳止，汔可小康。惠此中国，以绥四方"。这是我国第一部诗歌总集《诗经·大雅·民劳》中的句子。2000多年前，我们的先民就在劳动和生活中渴求美好的小康梦。

日出而作，日落而息。积贫积弱，如影随形。历经2000多年的沧桑巨变，勤劳朴实的中华民族虽历经奋斗，却始终没有在整体上摆脱贫困。

新中国成立60多年，改革开放40年来，我们走出了一条中国特色的减贫道路，已经使7亿多人口摆脱贫困，人民生活基本实现小康。然而，基本不是全面，要实现共同富裕，中国还要打一场脱贫攻坚的硬仗。

全面小康，这意味着到2020年，我国现行标准下农村贫困人口全部实现脱贫，贫困县全部摘帽，区域性整体贫困将彻底解决。

党的十九大作出了中国特色社会主义进入新时代的重大论断，确立了习近平新时代中国特色社会主义思想，报告提出决胜全面建成小康社会、全面建设社会主义现代化强国战略部署，使全面建成小康社会有了行动指南。

"小康不小康，关键看老乡。"实现全面小康，全部脱贫是最"硬"的指标。

摆脱贫困夙愿坚

"木欣欣以向荣，泉涓涓而始流"。

让我们把目光回到2012年11月15日，十八届中央政治局常委与中外记者的见面会上，中共中央总书记习近平的话掷地有声："人民对美好生活的向往，就是我们的奋斗目标。"

言必行，行必果。矢志不移，水滴石穿。

五年之后，让我们来看这样一组数据：截至2013年底中国贫困人口仍有

8249万，2014年中国农村贫困人口为7017万人，比上年减少1232万人。2015年我国农村贫困人口减少到5575万，减少1442万人。2016年中国农村贫困人口4335万人，比上年减少1240万人。近几年，每年都超额完成减贫1000万人的目标任务。2013年至2016年4年间，每年农村贫困人口减少都超过1000万人，累计脱贫5564万人。从2012年底到2016年底，全国贫困人口由9899万人减少到4335万人，年均减少1391万人，农村贫困发生率由10.2%下降至4.5%，下降5.7个百分点。脱贫攻坚取得显著成就。

这组数据创造了中国奇迹，也创造了世界反贫困史上的减贫奇迹。

这个奇迹的创造得益于习近平总书记的精准扶贫精准脱贫战略思想，得益于以习近平同志为核心的党中央坚持以人民为中心的发展思想，得益于十八届中央政治局的夙夜在公、披荆斩棘、励精图治。

减少贫困是世界难题，让世界上最大的发展中国家摆脱贫困，更是一项前无古人的壮举。为了让老百姓过上好日子，在梁家河的窑洞里，15岁的习近平就开始思考中国。在其后的峥嵘岁月里，无论是正定实践、宁德探索，还是浙江创新，习近平都把摆脱贫困当成了心中的头等大事。

在梁家河担任村支部书记期间，习近平因地制宜，带领村民修路、打坝、造良田，为村里修建了全省第一口沼气池，办起了铁业社、缝纫社、代销点，开办了磨坊，为村民打了深水井。无论工作职位怎样变迁，他始终不忘梁家河的乡亲们。

习近平在正定担任县委书记期间，新华社记者写了一篇反映正定改革发展的文章《正定翻身记》，文章引用时任县委书记习近平的话："依托城市，引进智力，加速'两个转化'的新战略，使我们扭转了多年的被动局面，也给正定带来了新的起飞。"通过这句话，我们就可以感受到习近平因地制宜、殚精竭虑发展地方经济的思路和决心。

也正是在宁德扶贫实践的基础上，习近平出版了专著《摆脱贫困》。在《摆脱贫困》的跋语里，习近平这样说："与世界发达国家相比，中国在有些方面落伍了。落伍原因历史学家们可以慢慢探究；但对于更多的人来说，励精图治，发愤图强，以中国的繁荣昌盛为己任，尽短时间使整个国家'脱贫'，尽短时间使中国立于发达国家之林，才是更为紧迫、更为切实的思想和行动。"在序言里，我们看到，习近平最担心的不是贫困本身，而是担心"意识贫困"和"思路贫困"。他说:"我们不担心说错什么,只是担心'意识贫困',没有更加大胆的改革开放的新意;也不担心做错什么,只是担心'思路贫困',没有更有力度的改革开放的举措。"

《摆脱贫困》一书中强调的"滴水穿石""弱鸟先飞"的精神,"行动至上""四下基层"的作风,增强少数民族地区的"造血功能","扶贫先要扶志"、摆脱"意识和思路的贫困"等重要论述;尤其是"真扶贫,扶真贫"的扶贫思想等都具有重要的现实指导意义。在《摆脱贫困》一书中,我们既可以找到习近平总书记精准扶贫精准脱贫思想的源头,也可以找到习近平总书记以人民为中心的治国理政思想之源。

习习足音总关情

一枝一叶总关情,最最牵挂是群众。

党的十八大以来,习近平总书记的国内考察活动,有二十余次涉及扶贫脱贫,其中有十几次是把扶贫开发作为主要内容。五年来,习近平数十次深入老少边穷地区访贫问苦。十八大以来的每年新年,习近平总书记在国内第一次考察都是到贫困地区。2013年春节前,到的是甘肃,2014年到的是内蒙古,2015年到的是云南,2016年到的是重庆,2017年到的是河北张家口。每到一个地方调研,习近平都要到贫困村和贫困户了解情况,有时还专门到贫困县调研。全国11个山区集中连片特困地区,包括六盘山区、秦巴山区、武陵山区、乌蒙山区、滇桂黔石漠化区、滇西边境山区、大兴安岭南麓山区、燕山—太行山区、吕梁山区、大别山区、罗霄山区,习近平都走到了。

无论是太行山深处的特困村庄,抑或是武陵山腹地的偏僻苗寨,还是沂蒙山、大别山革命老区,还是祖国的南部边陲、西部高原,处处都留下这位"扶贫总书记"的深情足迹和暖人情怀。

党的十八大后,习近平总书记国内考察的第二站就来到贫困革命老区——河北阜平县。2013年的元旦前夕,他来到地处太行山深处的特困村——河北省阜平县龙泉关镇骆驼湾村、顾家台村。这次阜平之行,习近平总书记提出了"全面建成小康社会,最艰巨最繁重的任务在农村、特别是在贫困地区。没有农村的小康,特别是没有贫困地区的小康,就没有全面建成小康社会"的重要论断。

2013年以来，阜平县按照总书记"坚定信心、找对路子""因地制宜、科学规划、分类指导、因势利导"的重要指示，提出了"长打算、短安排、强基础、创机制"实施路径。按照"政府＋金融＋科技＋龙头企业＋基地＋农户"模式，大力推进"全国电子商务进农村综合示范县"建设。2016年，全县农村居民人均可支配收入完成6542元，比2011年增加3838元；全县居民储蓄存款余额70.79亿元，是2011年的3.14倍；贫困人口由10.81万人下降到2.88万人。

2013年11月3日，习近平来到湖南省湘西土家族苗族自治州花垣县十八洞村，在这个武陵山腹地的偏僻苗寨里，习近平和乡亲们座谈了一个多小时，也正是在这里，习近平总书记首次提出精准扶贫。3年间，十八洞村在各级扶贫组织的帮扶下，按照精准扶贫的要求，建立了专业合作社、通过探索股份合作扶贫、电商扶贫、资金整合模式、相亲扶贫、金融扶贫等一系列扶贫机制实现了脱贫。2016年十八洞村人均纯收入达7798元，最低为3200元，全部脱贫。十八洞村不仅全部脱贫，而且被命名为"全国乡村旅游示范村""全国宜居镇村""省级文明村"。十八洞村人在脱贫攻坚中还形成了"投入有限，民力无穷，自力更生，建设家园"的"十八洞精神"。

2013年11月25日，习近平总书记来到革命老区山东临沂看望沂蒙老区人民，重温沂蒙精神。在临沂，习近平来到华东革命烈士陵园向革命烈士塔敬献花篮；参观了沂蒙精神展，会见了"沂蒙母亲"王换于孙女于爱梅等模范人物；视察了金兰物流基地，亲切询问了装卸工人的收入生活情况；看望了老支前王克昌，看到王克昌的日子基本奔小康，习近平说："我们这一代、下一代都要沿着中国特色社会主义道路向前，让老区人民生活得更幸福。"在临沂，习近平强调，要紧紧拉住老区人民的手，不能让他们在全面建设小康社会进程中掉队。临沂市委、市政府牢记习近平总书记的殷切嘱托，大力弘扬沂蒙精神，探索走出了一条"一村多业、一户多策、一人多岗"脱贫攻坚新路子。2016年全市有29万贫困群众达到脱贫标准，占脱贫总任务的65.6%。此外，"市场奇迹"是临沂人民在改革创新中创造的对扶贫具有巨大贡献的一大奇迹。今日临沂已成为中国的"商贸物流之都"，现有专业批发市场131处、经营业户6.5万户、经营商品多达6万个品种。一大批沂蒙山区的农民在这里脱贫致富。市委、市政府正在大力推进临沂商城的国际化，目的是让老区人民不仅能够脱贫致富，还能够扬帆出海。

2015年6月16日，习近平总书记在贵州省遵义县枫香镇花茂村看望村民，提出了"群众哭笑观"，他说："党中央的政策好不好，要看乡亲们是笑还是哭。如果乡亲们笑，这就是好政策，要坚持；如果有人哭，说明政策还要完善和调整。好日子是干出来的，贫困并不可怕，只要有信心、有决心，就没有克服不了的困难。"随着精准扶贫的全面铺开，花茂村的山地现代高效农业、蔬菜培育、乡村旅游等特色产业红火发展，实现了高效农业与乡村旅游、陶艺文化与产业发展的有机融合，不仅贫困落后面貌发生巨变，村干部和村民的思想也随之变化。"马上办""钉钉子""认真负责""激情创业""敢于担当"成为花茂村干部倡导的"五种精神"。

2016年4月24日，习近平总书记视察安徽省六安市金寨县时强调，"扶贫机制要进一步完善兜底措施"。根据总书记重要指示精神，六安市结合自身实际，坚持对症下药、靶向治疗，以精细管理保障精准脱贫。集中对金寨县23个乡镇226个行政村申报的贫困家庭进行逐户清查，着力挖"贫"根、寻"困"源，制订了产业脱贫、教育脱贫、移民脱贫、健康脱贫、就业脱贫、兜底脱贫等十项精准扶贫措施，并在实际操作中做到一户一本台账、一户一个脱贫计划、一户一套帮扶措施，确保户增收、人脱贫。2016年六安全市达到脱贫标准的有4万户、11.5万人，大幅超出既定目标。

2016年7月，习近平总书记到宁夏调研考察，首站来到宁夏回族自治区固原市，这是他第三次来到六盘山连片特困地区，这里也是宁夏脱贫攻坚的主战场。在固原，习近平深情地说："全国还有5000万贫困人口，到2020年一定要实现全部脱贫目标。这是我当前最关心的事情。"总书记的关心给宁夏人民以极大的鼓舞，在巩固之前扶贫成果的基础上，2016年宁夏19.3万人摆脱贫困，249个贫困村脱贫销号，贫困县农民收入增幅高于全区平均水平，首战告捷。

习习足音，春风化雨；殷殷情怀，血浓于水。

2016年是脱贫攻坚第一年。这一年，完成了打赢脱贫攻坚战的顶层设计，构建了四梁八柱。中央各个部门共出台100多个政策文件和实施方案，各地省市县乡各级都根据当地的情况制定了配套措施。全国财政专项扶贫资金投入超过1000亿元，中央财政专项扶贫资金的投入增长43%，省级扶贫资金增长56%。全国12.8万个贫困村派驻了第一书记和驻村工作队，对3000万建档立卡贫困户明确了帮扶责任人。

一分布置，九分落实。干在实处，才能走在前列。在精准扶贫精准脱贫攻坚战中，全国各级党委政府、各级部门、各级组织所创造的成功经验不胜枚举。

一户一户贫困户脱贫，一个个贫困县摘帽，一个个革命老区变成了富裕新区，一个个穷山僻壤的小村落变成了社会主义新农村。精准扶贫精准脱贫正在推动当代中国发生一场历史性巨变。

行动指南看"精准"

思想指导行动，理论引领道路。任何事业都离不开理论的指引。

习近平总书记精准扶贫精准脱贫战略思想的形成既有《摆脱贫困》的思想之源，也有在扶贫攻坚中的实践探索和思考结晶。

2017年1月24日，春节前夕，习近平到国家扶贫开发工作重点县张北县考察。坐在张北县小二台镇德胜村徐海成家里的沙发上，习近平和乡亲们一起算账。人们还记得，2016年7月，宁夏回族自治区固原市的回族群众马科也曾迎来习近平帮他算账。在《摆脱贫困》的跋语中，我们看到习近平的这样一句话："而我在闽东的改革开放之志未酬，'欠账'之感确常系于心，难以释怀。"从"欠账"到"算账"，彰显习近平总书记从群众中来、到群众中去，心里装着群众、时刻想着群众，"把人民放在心中最高位置"的公仆情怀。

2013年，习近平总书记在湖南湘西十八洞村首次提出"精准扶贫"；2014年，进一步提出精细化管理、精确化配置、精准化扶持等理念；2015年6月，习近平在贵州主持召开集中连片特困地区扶贫攻坚座谈会时提出"四个切实"（切实落实领导责任、切实做到精准扶贫、切实强化社会合力、切实加强基层组织）的具体要求。2015年11月，习近平总书记在中央扶贫开发工作会议上发表重要讲话，全面部署"十三五"脱贫攻坚任务目标时，系统阐述和正式提出"六个精准"（扶持对象精准、项目安排精准、资金使用精准、措施到户精准、因村派人精准、脱贫成效精准）、"五个一批"（发展生产脱贫一批、易地扶贫搬迁脱贫一批、生态补偿脱贫一批、发展教育脱贫一批、社会保障兜底一批）等精准扶贫精准脱贫新思想。

随着脱贫攻坚的不断推进，习近平总书记精准扶贫精准脱贫战略思想也在不断丰富和发展。2016年7月，习近平总书记考察宁夏亲自在银川主持召开东西部扶贫协作座谈会，提出"东西部协作"的精准扶贫精准脱贫新战略。强调要认清形势、聚焦精准、深化帮扶、确保实效，切实做好新形势下东西部扶贫协作工作。

行百里者半九十。越是接近目标，越是要坚持不懈。

2017年是精准扶贫精准脱贫的深化之年。

在2017年的新年贺词中，习近平总书记又做出了这样的回答和承诺："小康路上一个都不能掉队！""我最牵挂的还是困难群众。"紧接着，在2017年的全国两会上，习近平总书记在参加团组讨论讲话中再次部署精准脱贫："改进脱贫攻坚动员和帮扶方式，扶持谁、谁来扶、怎么扶、如何退，全过程都要精准，有的需要下一番'绣花'功夫。""防止返贫和继续攻坚同样重要，已经摘帽的贫困县、贫困村、贫困户，要继续巩固，增强"造血"功能，建立健全稳定脱贫长效机制，坚决制止扶贫工作中的形式主义。"

2017年2月21日，习近平总书记在中共中央政治局第三十九次集体学习时再次部署脱贫攻坚，他强调，言必信，行必果。提出强化领导责任、强化资金投入、强化部门协同、强化东西协作、强化社会合力、强化基层活力、强化任务落实——"七个强化"。同时总结了脱贫攻坚的"五点经验"：加强领导是根本、把握精准是要义、增加投入是保障、各方参与是合力、群众参与是基础。"七个强化""五点经验"为实现精准扶贫精准脱贫再次吹响了冲锋号。

实践证明，习近平总书记精准扶贫精准脱贫战略思想是打赢中国扶贫攻坚战的行动指南。有了这个行动指南，各级党委政府才能在以习近平同志为核心的党中央的坚强领导下，更好推进精准扶贫精准脱贫，确保如期实现脱贫攻坚目标，向人民、向历史交上一份合格的答卷。

2017年3月31日，习近平总书记主持召开中共中央政治局会议，听取2016年省级党委和政府脱贫攻坚工作成效考核情况汇报，对推进脱贫攻坚工作提出要求。会议指出，要继续坚持精准扶贫精准脱贫方略，用绣花的功夫实施精准扶贫。会议强调，要全面落实从严治党要求，较真碰硬落实脱贫攻坚工作责任。要发挥考核指挥棒作用，把求真务实的导向立起来，把真抓实干的规矩严起来，让真干假干不一样、干多干少不一样、干好干坏不一样，确保脱贫攻坚工作成效经得起实践和历史检验。

"确保脱贫攻坚工作成效经得起实践和历史检验"，一句话，掷地有声！这说明，以习近平同志为核心的党中央带领全党和全社会要打赢的这场脱贫攻坚战，实现的精准扶贫精准脱贫目标，是要对人民对历史负责的。

2017年6月23日，习近平总书记在山西太原市主持召开深度贫困地区脱贫攻坚座谈会，听取脱贫攻坚进展情况汇报，集中研究破解深度贫困之策。在会上，习近平提出8条要求：第一，合理确定脱贫目标。第二，加大投入支持力度。第三，集中优势兵力打攻坚战。第四，区域发展必须围绕精准扶贫发力。第五，加大各方帮扶力度。第六，加大内生动力培育力度。第七，加大组织领导力度。第八，加强检查督查。这个座谈会，是习近平主持召开的第四个跨省区的脱贫攻坚座谈会。

排除难中之难，攻克坚中之坚。深度贫困是精准脱贫攻坚战最硬的骨头，习近平总书记提出的8条要求正是破解深度贫困的良方。

精准扶贫，功在不舍。精准脱贫，志在必得。

中国方案世界殊

"时代是思想之母，实践是理论之源。"伟大时代产生伟大思想，伟大思想指导伟大实践，伟大实践丰富伟大理论。

习近平总书记在十九大报告中指出："中国特色社会主义进入新时代，意味着近代以来久经磨难的中华民族迎来了从站起来、富起来到强起来的伟大飞跃，迎来了实现中华民族伟大复兴的光明前景；意味着科学社会主义在二十一世纪的中国焕发出强大生机活力，在世界上高高举起了中国特色社会主义伟大旗帜；意味着中国特色社会主义道路、理论、制度、文化不断发展，拓展了发展中国家走向现代化的途径，给世界上那些既希望加快发展又希望保持自身独立性的国家和民族提供了全新选择，为解决人类问题贡献了中国智慧和中国方案。"在习近平总书记精准扶贫精准脱贫战略思想的指引下，打赢脱贫攻坚战正是中华民族实现从站起来、富起来到强起来的历史性飞跃的必由之路。

习近平总书记精准扶贫精准脱贫战略思想包括："消除贫困、改善民生、实现共同富裕，是社会主义的本质要求，是我们党的重要使命"的本质要求思想；"脱贫攻坚已经到了啃硬骨头、攻坚拔寨的冲刺阶段，所面对的都是贫中之贫、困中之困"的艰巨任务思想；"脱贫攻坚任务重的地区党委和政府要把脱贫攻坚作为'十三五'期间头等大事和第一民生工程来抓，坚持以脱贫攻坚统揽经济社会发展全局。要层层签订脱贫攻坚责任书、立下军令状，形成五级书记抓扶贫、全党动员促攻坚的局面"的政治优势思想；"脱贫攻坚必须坚持问题导向，以改革为动力，以构建科学的体制机制为突破口，充分调动各方面积极因素，用心、用情、用力开展工作"的改革创新思想；"扶贫开发推进到今天这样的程度，贵在精准，重在精准，成败之举在于精准"的精准扶贫思想；"扶贫不是慈善救济，而是要引导和支持所有有劳动能力的人，依靠自己的双手开创美好明天"的内生动力思想；"脱贫致富不仅仅是贫困地区的事，也是全社会的事"的合力攻坚思想；"要加强扶贫资金阳光化管理，加强审计监管，集中整治和查处扶贫领域的职务犯罪，对挤占挪用、层层截留、虚报冒领、挥霍浪费扶贫资金的，要从严惩处"的阳光扶贫思想；"消除贫困是人类的共同使命。消除贫困依然是当今世界面临的最大全球性挑战。我们要凝聚共识、同舟共济、攻坚克难，致力于合作共赢，推动建设人类命运共同体，为各国人民带来更多福祉"的携手减贫思想，等等。

在习近平总书记精准扶贫精准脱贫战略思想的指引下，中国的扶贫事业取得了令世人瞩目的成就。精准扶贫精准脱贫战略思想是习近平新时代中国特色社会主义思想的重要内容，以精准扶贫精准脱贫战略思想引领和推动实现"十三五"脱贫目标，也是统筹推进"五位一体"总体布局、协调推进"四个全面"战略布局，以五大发展理念为引领，全面建成小康社会、实现两个一百年奋斗目标，实现中华民族伟大复兴中国梦的关键一环。

中华民族伟大复兴的中国梦不是一蹴而就的，而是分阶段、按步骤逐步实施和实现的。如果我们把中国梦分为三步走，第一步就是在中国共产党成立一百年时全面建成小康社会；第二步是在中华人民共和国成立一百年时建成富强民主文明和谐美丽的社会主义现代化强国；第三步也是中国梦的实现之时，即在实现两个一百年奋斗目标的基础上，实现更高水平现代化，使中国走在世界发展的前列，到那时中国人民也会为世界人民的福祉作出更大更多的贡献。中国梦的"三步走"，第一步十分重要，只有走好第一步才能走好后两步。要想开好头、起好步，就要如期实现全面建成小康社会之目标。全面建成小康社会，精准脱贫最为关键。从全面小康、到现代化、再到实现中华民族伟大复兴的中国梦，我们将一次次地向世界证明中国道路的成功。

贫困是一个世界性难题，反贫困是人类共同的任务。中国的扶贫成绩卓然，已经引起了全世界的关注。

"我们不应忘记，过去十年，中国是为全球减贫作出最大贡献的国家"。联合国秘书长安东尼奥·古特雷斯这样评价中国的减贫成就。

2017年6月，在瑞士日内瓦举行的联合国人权理事会第35次会议上，中国代表全球140多个国家，就共同努力清除贫困发表了联合声明。联合国开发计划署前署长海伦·伊丽莎白·克拉克说："中国贫困人口的脱贫规模举世瞩目，速度之快绝无仅有！"

俄新社发表登德米特里·科瑟列夫的文章《中国很快将没有穷人》，文章称赞中国扶贫成效显著。俄媒称，从2013到2016年，中国每年约有1000万人摆脱贫困，总共是5564万人。大约还有这么多人仍处在贫困中，北京打算在2020年前解决这个问题。文章指出，面对现实吧，向全世界介绍和展示如何实现人类长期以来的梦想并不是什么坏事，尽管中国在自己的宣传材料中不忘提醒：不要生搬硬套，每个国家都有自己的特点。

"鞋子合不合脚，自己穿了才知道"。精准扶贫精准脱贫是习近平总书记秉承以人民为中心的发展思想，在长期的工作和扶贫实践中形成的战略思想，在这个战略思想指引下，我们的扶贫事业结出了"中国式扶贫"的丰硕果实。"中国式扶贫"是中国道路的亮丽篇章，同时也为世界减贫事业提供了可借鉴的中国方案。

中国扶贫事业的攻坚克难、逐年推进、日新月异，关键在于中国的政治优势和制度优势。政治优势主要是中国共产党的坚强领导，制度优势主要是中国特色社会主义制度。中共中央、国务院做出的关于打赢脱贫攻坚战的决定，要求"采取超常规举措，拿出过硬办法，举全党全社会之力，坚决打赢脱贫攻坚战"。"举全党全社会之力"正是中国式扶贫的政治优势和制度优势。这也正如习近平总书记在总结和要求推进东西部扶贫协作和对口支援时所指出："这在世界上只有我们党和国家能够做到，充分彰显了我们的政治优势和制度优势。"这个制度优势是什么呢？这就是习近平在北京举行的2015减贫与发展高层论坛上发表的主旨演讲中所指出的："我们坚持动员全社会参与，发挥中国制度优势，构建了政府、社会、市场协同推进的大扶贫格局，形成了跨地区、跨部门、跨单位、全社会共同参与的多元主体的社会扶贫体系。"

集中力量办大事，党政军民齐动员，再大的困难也能够克服，再多的险阻也能够跨越。

中国是世界上最大的发展中国家，一直是世界减贫事业的积极倡导者和有力推动者。改革开放40年来，中国人民积极探索、顽强奋斗，走出了一条中国特色减贫道路。党的十八大以来，习近平几十次谈到"人类命运共同体"，并特别强调"我们要继承和弘扬联合国宪章的宗旨和原则，构建以合作共赢为核心的新型国际关系，打造人类命运共同体"。"人类命运共同体"是国与国关系的最大公约数，是超越民族国家和意识形态的"全球治理"新理念，同时也是"全球治理"的目标追求。中国脱贫攻坚的目标是全面建成小康社会，全面建成小康社会是中国梦的一部分，中国梦与世界各国人民的美好梦想是相通的，都是"人类命运共同体"的重要组成部分。

习近平在党的十九大报告中指出，让贫困人口和贫困地区同全国一道进入全面小康社会是我们党的庄严承诺。要动员全党全国全社会力量，坚持精准扶贫、精准脱贫，坚持中央统筹、省负总责、市县抓落实的工作机制，强化党政一把手负总责的责任制，坚持大扶贫格局，注重扶贫同扶志、扶智相结合，深入实施东西部扶贫协作，重点攻克深度贫困地区脱贫任务，确保到2020年我国现行标准下农村贫困人口实现脱贫，贫困县全部摘帽，解决区域性整体贫困，做到脱真贫、真脱贫。

党的十九大作出了中国特色社会主义进入了新时代、我国社会主要矛盾已经转化为人民日益增长的美好生活需要和不平衡不充分的发展之间的矛盾等重大政治论断，深刻阐述了新时代中国共产党的历史使命，确立了习近平新时代中国特色社会主义思想，提出了新时代坚持和发展中国特色社会主义的基本方略，制定了决胜全面建成小康社会、开启全面建设社会主义现代化国家新征程的目标，对新时代推进中国特色社会主义伟大事业和党的建设新的伟大工程作出了全面部署。这些新理论、新思想、新战略的提出，为打赢精准脱贫攻坚战提供了行动指南和政治保障。习近平新时代中国特色社会主义思想的指引，精准扶贫精准脱贫战略思想的贯彻落实，中国共产党的坚强领导，中国特色社会主义的制度优势，以人民为中心的发展思想，共创共富共享的目标追求，打造人类命运共同体的全球治理情怀。——这就是中国共产党、中国政府和中国人民为世界减贫事业提供的"中国方案"。"中国式扶贫"也必将为打造人类命运共同体作出更大更多的贡献。

第一章 正视"木桶上的短板"

——中国贫困现状分析

习近平总书记指出,全面建成小康社会、实现第一个百年奋斗目标,最艰巨的任务是脱贫攻坚,这是一个最大的短板,也是一个标志性指标。反贫困是古今中外生民、立民、安民之大事,是治国理政之大事。消除贫困、改善民生、逐步实现共同富裕,是社会主义的本质要求,是中国共产党的重要使命。

一、中国反贫困取得举世瞩目的成就

小康,是中华民族几千年的不懈追求。新中国成立以来,我们党带领人民持续向贫困宣战。特别是改革开放以来,经过全国范围有计划有组织的大规模扶贫开发行动,先后实施了"三西"农业建设计划、《国家八七扶贫攻坚计划(1994—2000年)》《中国农村扶贫开发纲要(2001—2010年)》《中国农村扶贫开发纲要(2011—2020年)》,我国脱贫工作取得了举世瞩目的成就。贫困人口大幅减少,贫困群众生活水平显著提高,贫困地区面貌发生翻天覆地的变化,经济快速发展,基础设施建设、社会事业发展和生态环境建设得到明显加强。特别是党的十八大以来,以习近平同志为核心的党中央把扶贫开发工作纳入"五位一体"总体布局和"四个全面"战略布局,实施精准扶贫精准脱贫,加大扶贫投入,创新扶贫方式,扶贫开发工作呈现新局面。

回顾改革开放以来的发展历程,中国共产党成功走出一条中国特色扶贫开发道路,使7亿多农村贫困人口成功脱贫,为全面建成小康社会打下了坚实基础。这个数字,放在人类历史上看,也是前无古人的。我国已成为世界上减贫人口最多的国家,也是世界上率先完成联合国千年发展目标中贫困人口减半目标的国家。我国的扶贫扶贫取得的伟大成就，为全球减贫事业做出了重大贡献，得到了国际社会的广泛赞誉。这个成就，已经载入人类社会发展史册，也向世界证明了中国共产党领导和中国特色社会主义制度的优越性。

2015年7月6日，联合国发布的《千年发展目标2015年报告》显示，中国是千年发展目标积极参与者和贡献者，已经基本实现了大部分千年发展目标。从1990算起，25年间，全球极端贫困人口减少10.64亿，中国的贡献率超过70%。国家统计局公布的数据显示，按照年人均收入2300元（2010年不变价）的农村扶贫标准计算，2012年年末农村贫困人口为9899万人，比2011年末减少2339万人。2013年农村贫困人口为8249万人，比2012年减少1650万人。2014年农村贫困人口为7017万人，比2013年减少1232万人。按照每人每天1.25美元的国际贫困线标准测算，1978~2014年中国减贫人数累计超过7亿人，年均减贫人口规模1945万人，贫困发生率下降90.3个百分点，贫困人口年均减少6.4%。若按中国贫困线标准测算，农村贫困人口从1978年的2.5亿减少至2014年的7017万，贫困发生率相应地从30.7%减少至7.2%。2015年我国农村贫困人口从2014年的7017万人减少到5575万人，减少1442万人（比上年多减210万人），贫困发生率从上年的7.2%下降到5.7%。这意味着2015年度减贫1000万人以上的任务超额完成，"十二五"扶贫开发圆满收官。2016年中国农村贫困人口4335万人，比上一年减少1240万人。脱贫攻坚逐年推进。

中国扶贫开发工作的进展对于全球减贫进程有着至关重要的影响。用联合国扶贫开发署官员文霭洁的话来说："许多发展中国家可以从中国的发展经验中获取灵感，因为这些国家遇到的发展问题和面临的挑战与30年前的中国十分相似。同时，中国也一直释放信号，表示愿意在其他国家完成全球发展目标的过程中，发挥积极的作用。"[①]

唯物辩证法启示我们，贫困是绝对的，也是相对的。一方面，贫困是绝对的，从人的生存发展的客观生理需求来说，必然有个最低的标准，即在一定的时间、空间和社会发展阶段的条件下，维持人们的基本生存所必需消费的物品和服务的最低费用，这个标准就是绝对贫困线，当前全球为之努力解决的目标

---

① 联合国开发计划署：《中国对全球减贫贡献率达76%》，访问时间：2015年10月19日。

就是消除绝对贫困现象。另一方面，贫困又是相对的，从人的发展的更高层次的生理和心理需求来说，贫困总是和富裕相比较、相对应而存在的，相对贫困现象在很长的历史时期都将存在，需要我们不断在发展中取努力加以解决。因此，我们要辩证地看贫困问题，从自身所处的历史发展阶段出发，必须清醒地认识到我们仍将长期处于社会主义初级阶段，必须清醒地认识到贫困问题的长期性、艰巨性、复杂性，实现全面小康只是取得了阶段性胜利，随着贫困标准的不断提高，我们还要以更高的标准和要求做好新的反贫困工作。

二、贫困人口数量及其分布

全面建成小康社会，最艰巨最繁重的任务在农村、特别是贫困地区。没有农村的小康，特别是没有贫困地区的小康，就没有全面建成小康社会。

成绩有目共睹，任务依然艰巨。在实现全面建成小康社会宏伟目标的伟大历史进程中，贫困无疑是最大的"短板"，最难啃的"硬骨头"。中国是世界上最大的发展中国家，农业人口众多，又长期受到城乡二元结构的影响，农村的经济、政治、文化、社会发展总体仍然较为落后。为了补齐这块"短板"，啃下这根"硬骨头"，党中央带领全国人民，正在推进一项世所罕见的脱贫攻坚行动，就是到 2020 年实现"两个确保"：确保农村贫困人口实现脱贫，确保贫困县全部脱贫摘帽。实现这一目标，意味着我国要比世界银行确定的在全球消除绝对贫困现象的时间上要整整提前 10 年。这就要求我们在实际工作中，必须先摸清底数、弄清实情、解真贫、扶真贫。

根据中国社会科学院和国务院扶贫办 2016 年 12 月 27 日联合发布的《中国扶贫开发报告 2016》(扶贫蓝皮书)，改革开放以来，中国实现了"迄今人类历史上最快速度的大规模减贫"。按照 2010 年价格农民年人均纯收入 2300 元扶贫标准，农村贫困人口从 1978 年的 7.7 亿人减少到 2015 年的 5575 万人，减少了 71464 万人或者 92.8%。从贫困现状看，截至 2016 年底，全国农村贫困人口还有 4335 万人，其中贫困人口规模在 300 万人以上的省份还有 6 个（贵州、云南、河南、湖南、广西、四川）。全国贫困发生率高于 10% 的省份有 5 个（西藏、新疆、贵州、甘肃、云南），贫困发生率超过 20% 的县和贫困村分别有 100 多个和近 3 万个。到 2020 年还有不到 4 年时间，平均每年需减少贫困人口近

1100万人，越往后脱贫成本越高、难度越大。

目前，我国贫困人口分布的具有以下几个特征：

第一，贫困人口主要是在偏远落后农村地区。中国现在的绝对贫困人口分布呈现点（10多万个贫困村）、片（14个集中连片特困地区）、线（沿边境贫困带）并存的特征。从总体上看，这些贫困人口大部分分布在边远农村地区，而且其贫困程度深于城镇贫困居民。农村的贫困主要是绝对贫困；城市的贫困主要是相对贫困，但绝对贫困问题也日益凸显出来。

第二，贫困人口分布同地理环境有极强的正相关性。由于地理环境的影响，农村贫困人口的分布由分散逐步向某些具有明显地域特征的地域集中。进入21世纪，贫困人口大多数集中在我国深石山区、高寒区、生态脆弱区、灾害频发区和生态保护区，这些地区自然条件差，农业生产率低，生存条件恶劣，贫困代际传递明显，减贫边际效应不断下降，增收难度较大，成为中国农村贫困的一个主要原因。据国家统计局统计：贫困人口57%的所有收入仍然来自农业，贫困人口对农业有着严重的依赖性。此外，地理和自然条件的恶劣，对贫困的影响仍然很大。从目前我国贫困地区分布来看，垂直分布特点非常明显，在592个国家级贫困县中，其中有384个是山区县，占总数的65%。

第三，少数民族地区贫困人口所占比重较大。在我国55个少数民族中90%以上的少数民族都分布在贫困地区，涉及5个民族自治区、24个自治州、44个民族自治县。少数民族占全国人口的9%，但是却占剩余绝对贫困人口的40%，而且大多数生活在深度贫困之中。在国家级贫困县中，少数民族自治县占总数的40%。

第四，贫困人口的分布和区域经济发展整体水平密切相关。中国不同地区的经济与社会发展水平历史上就有很大的差距。改革开放后由于梯度发展战略的实施，使东、中、西三个经济地带的差距又进一步扩大。经济发展差距扩大的直接后果就是人们富裕程度的差距拉大。中西部地区的贫困人口多、比重大、程度深，贫困人口比例在全国约占到80%左右。

可以说，现有贫困人口贫困程度更深、减贫成本更高，脱贫难度更大，依靠常规举措难以摆脱贫困状况。从发展环境看，经济形势更加错综复杂，经济下行压力大，地区经济发展分化对缩小贫困地区与全国发展差距带来新挑战；贫困地区县级财力薄弱，基础设施瓶颈制约依然明显，基本公共服务供给能力不足；产业发展活力不强，结构单一，环境约束趋紧，粗放式资源开发模式难以为继；贫困人口就业渠道狭窄，转移就业和增收难度大。实现到2020年打赢脱贫攻坚战的目标，时间特别紧迫，任务特别艰巨。

表1-1 "十三五"时期贫困地区发展和贫困人口脱贫主要指标

指标	2015年	2020年	属性	数据来源
建档立卡贫困人口（万人）	5630[①]	实现脱贫	约束性	国务院扶贫办
建档立卡贫困村（万个）	12.8	0	约束性	国务院扶贫办
贫困县（个）	832[②]	0	约束性	国务院扶贫办
实施易地扶贫搬迁贫困人口（万人）	—	981	约束性	国家发展改革委、国务院扶贫办
贫困地区农民人均可支配收入增速（%）	11.7	年均增速高于全国平均水平	预期性	国家统计局
贫困地区农村集中供水率（%）	75	≥83	预期性	水利部
建档立卡贫困户存量危房改造率（%）	—	近100	约束性	住房城乡建设部、国务院扶贫办
贫困县义务教育巩固率（%）	90	93	预期性	教育部
建档立卡贫困户因病致（返）贫户数（万户）	838.5	基本解决	预期性	国家卫生计生委
建档立卡贫困村村集体经济年收入（万元）	2	≥5	预期性	国务院扶贫办

三、贫困群众的现实诉求

古语云："善为国者，遇民如父母，闻之饥寒为之哀，见其劳苦为之悲"。这就告诉我们，扶贫工作必须坚持以人民为中心的扶贫发展理念，只有真正了解贫困群众利益诉求，想其所想，忧其所忧，急其所急，设身处地为困难群众作想，才能有的放矢，采取针对性的措施进行脱贫攻坚。

[①] 国家统计局抽样统计调查显示，截至2015年底全国农村贫困人口为5575万人。根据国务院扶贫办扶贫开发建档立卡信息系统识别认定，截至2015年底全国农村建档立卡贫困人口为5630万人。按照精准扶贫、精准脱贫要求，为确保脱贫一户、销号一户，本规划使用扶贫开发建档立卡信息系统核定的贫困人口数。

[②] 此外，还有新疆维吾尔自治区阿克苏地区6县1市享受片区政策。

2015年11月27日，习近平总书记在中央扶贫开发工作会议上明确要求，我国"十三五"期间脱贫攻坚的总目标是，到2020年实现"两不愁，三保障"。"两不愁"，就是稳定实现农村贫困人口不愁吃、不愁穿；"三保障"，就是农村贫困人口义务教育、基本医疗、住房安全有保障；同时实现贫困地区农民人均可支配收入增长幅度高于全国平均水平、基本公共服务主要领域指标接近全国平均水平。这就是当前广大贫困群众最大的现实诉求，也是我们必须努力为之奋斗的目标。

从当前我国扶贫实际看，贫困人口的脱贫需求具体又可以分为两类：生存类需求和发展类需求。生存类需求大体包括兜底政策（比如低保和五保）、医疗保障、基础设施建设（比如饮水安全和架桥修路）、危房改造等；发展类需求大体包括教育资助、产业扶贫、就业扶贫、创业扶贫、资产收益扶贫（比如土地流转）、金融扶贫等。

从理论上看，马斯洛的需求层次理论对扶贫攻坚也有一定启发。马斯洛提出，人类需求像阶梯一样从低到高按层次分为五种，分别是生理需求、安全需求、社交需求、尊重需求和自我实现需求。这一理论从人的生理和心理的双重需求出发，符合人的发展规律。除了满足贫困群众的基本生存需求外，还应关照贫困群众的幸福感获得感。

比如要满足贫困群众起码的群体归属需求。人的本质是社会性动物，人人都希望得到相互的关系和照顾。感情上的需要比生理上的需要来的细致，它和一个人的生理特性、经历、教育、信仰都有关系。最典型的例子就是贫困家庭的孩子，在成长过程中需要寻求情感和建立友谊，从而避免孤独感，获得归属感，但往往由于其原有的教育条件相对薄弱以及受其自身经济条件的限制，使得他们在经济、知识、人际交往等技能方面与其他同学还存有一定差距，甚至有的形成自我认识偏差，过多否定自己，容易产生自卑、自闭心理。

比如要满足贫困群众获得他人尊重的需求。人人都希望自己有稳定的社会地位，希望个人的能力和成就得到社会的承认。尊重的需求得到满足，能使人对自己充满信心，对社会满腔热情，体验到自身的价值。然而，在实际扶贫工作中，仍然存在一些忽视贫困户尊严的现象。这就告诉我们，在帮扶过程中要注重方式方法，更多地从贫困户的角度出发，充分考虑到贫困户被尊重的需求。

比如要满足贫困群众个人自我价值实现的需求。自我价值的实现，一定是建立在对自己与社会、与国家,乃至与世界、与宇宙有一定的认知基础上的。每个人对自我价值的定位可能会各有不同,但是,这种实现自我、完善自我的追求是普遍存在的。马克思17岁的时候,就在中学毕业文章《青年在选择职业时的考虑》中表达了为人类谋幸福的崇高理想,立下了为人类而牺牲自己的宏大志愿,并终身践行。[①] 在社会主义初级阶段,自我价值的实现,主要是指通过努力奋斗实现个人理想、抱负,力求将个人的能力发挥到最大限度,从而实现个人价值和社会价值的统一,特别强调的是在实现社会价值中实现个人价值。具体到扶贫工作来说,就是要鼓励激发贫困户通过自己的劳动与参与,达到脱贫标准,成功脱贫,让他们在自我奋斗实现脱贫过程中感到最大的快乐。

四、致贫原因剖析

我国贫困人口问题是多种因素综合作用的结果,归结起来,主要是两个方面的因素。一是客观因素,主要包括自然条件等方面的因素,不为人的意志而转移,不少贫困地区受资源环境约束,一方水土养活不了一方人。二是主观因素,也就是人为的因素,包括内在的人为因素和外在的人为因素。在当前,主客观两个方面的因素有的甚至互为影响、互相作用,交织构成一种贫困综合征。

(一)客观因素

从自然地理环境来看,地理区位不利、自然条件较差是我国贫困地区贫困的主要原因。由于我国大部分贫困地区分布在边远地区、山区、半山区和丘陵地区。特别从东西部差异来看,经济发展落后的省份主要集中在中西部地区。这些地区贫困人口主要集聚在山地丘陵区、生态脆弱区、高寒区、革命老区、边境地区等区域,形成农村贫困化的特有现象——孤岛效应。孤岛效应主要表现为某一区域较少或难以与外界进行物质、信息、人员交流,长期处于封闭、半封闭状态下形成的地域性贫困现象。在空间上孤立存在、形似岛状,如陕西秦岭山区、四川大凉山区、河北太行深山区等。由于这些区域的贫困县、贫困

---

① 马克思:《青年在选择职业时的考虑》,见《马克思恩格斯全集》第1卷,北京:人民出版社1995年版。

村、贫困户长期远离城市、产业和技术带动，造成与外界的经济联系日益弱化、发展差距持续拉大，贫困化程度不断加剧，成为新时期扶贫开发"攻坚拔寨"的主战场。

从历史因素看，新中国成立后，我国在一穷二白的大背景下开展社会主义经济建设，以苏联模式为参照，在全国采取高度集中的计划经济体制。当时为了优先发展重工业，以保证工业较低成本和高速发展，国家实施了工农业产品价格"剪刀差"等形式的城市倾向政策，转移农业利润来加速城市部门的工业化进程，这在一定程度上造成了农村发展的滞后。同时，它也很大程度上限制了农村劳动力的自由流动，影响了农村产业的发展、农村市场的发育，形成了城乡二元的经济结构、社会结构、文化结构。

从不可预期因素看，因病致贫、因灾致贫也是导致贫困的重要原因。建档立卡数据显示，贫困人口中因病致贫比例从2015年的42%上升到2016年的44%，医疗支出负担重，解决这些人的贫困问题，成本高，难度大。单亲家庭，有残疾人、重疾患者、无养老保障的老年人的家庭，往往经济负担较重，容易陷入贫困。孤寡老人和孤儿，残疾人，重症患者，受教育程度低者，通常是贫困人口的基本成员，等等。

（二）主观因素

从外在人为因素看，主要是一些短期的、片面的、不科学不合理的政策性原因。比如，急功近利的盲目决策，从而造成政策失误，使社会中某一群体或某些区域处于不利地位而导致的贫困。比如，有的地方基础设施跟不上、资源开发不合理、教育卫生投入不足、人力资本的投资不够、农村金融体系不健全，等等，导致该地区的区域性贫困。

从内在的人为因素看，主要还是自身的思想观念问题。有的贫困人口"等靠要"思想严重，"靠着墙根晒太阳，等着别人送小康"。几年前，有人在某地看到一户农民家的大门上贴着这样一副春联——上下联是：一天三顿饭，无须多流汗。横批：心满意足。从这副春联我们就可以看出在中国农村，由于受数千年小农经济的影响，一些农民不思进取的思想长期存在。在扶贫工作中我们发现，有的贫困户，国家给其修建了大棚，还等着政府买种子买机械，供肥料供技术，连换个草帘子都指望政府干。有的地方低保补助水平较高，低保户什么都不干，躺着吃低保。从家庭教育的角度看，贫困的代际传递，也在于有些父母对子女教育不重视，使得子女错过受教育机会，知识水平、技术水平、工作能力无法适应社会需求，无法摆脱贫困。

五、减贫薄弱环节

当前，我国扶贫开发既面临着一些多年未解决的深层次矛盾和问题，也面临不少新情况新挑战。要看到，容易脱贫的地区和人口已经解决得差不多了，接下来的大量集中在自然环境恶劣、区位条件差、基础设施落后、区域发展不均衡的地理空间位置上，所面对的都是贫中之贫、困中之困，越往后脱贫攻坚成本越高、难度越大、见效越慢。要顺利实现到2020年摆脱贫困的既定目标，平均每年至少要减贫1000万人，时间十分紧迫、任务相当繁重。从实际情况看，还存在不少薄弱环节，突出表现在以下几个方面：

第一，精准扶贫体制机制还不健全。在统计建档立卡信息的标准上，各级单位落实到基层入户登记的时候，存在多次改标准，重复做工，耗费人力、财力、物力的现象。无论是专项扶贫，还是行业扶贫、社会扶贫，都还存在"大水漫灌"或缩小版"大水漫灌"现象，有的甚至"垒大户""造盆景"。我国目前区域优先发展反贫困战略是以开发利用自然资源作为其基本出发点的，在区域开发中，注重物质资源的开发利用，相对忽视人力资源开发及重新配置；注重短缺要素的单向输入，忽视生产要素的双向流动。从理论上说，生产要素的流动范围越大，要素配置的效率就越高。而我国区域开发反贫困战略是在一个较小范围内配置生产要素特别是劳动力的，这势必降低配置效率，从更深层次上说，也降低了消除或缓减贫困的速度。在机制方法上，需要从重视有形资本投资向重视人力资本投资的转变，即着重培养创新精神，改造文化环境，通过一定的激励机制，促进物质资本和人力资本的双向流动，以提高资源的配置效率。

第二，扶贫开发责任还没有完全落到实处。有的地方特别是一些贫困县党委和政府没有把脱贫攻坚摆在首位，重县城建设、轻农村发展，重区域开发、轻贫困人口脱贫，重"面子工程"、轻扶贫脱贫实效等现象仍然存在。有的地方在落实帮扶责任人后，帮扶者不上心，敷衍了事，统计建档立卡信息错误状况频出，有的在统计信息上造假漏报谎报。有的地方以贫困为名要政策要资金，拿到政策资金后却大搞"政绩工程",县城建设得富丽堂皇,而边远农村面貌依旧。有的行业部门缺乏支持脱贫攻坚的政策安排,针对贫困村、贫困户特惠政策少。

第三,扶贫合力还没有汇聚到位。国务院扶贫办负责专项扶贫,但实际上其掌握的扶贫资金和资源相对较少,统筹协调各个部委单位的综合措施有限;行业扶贫各自形成了相对独立的施策方案,根据各自部门的职责及其所能支配的扶贫资源,重点投向联系片区或扶贫联系点,缺少对整个行业扶贫资源的统筹考虑,造成有的地区扶贫资源过度集中,而有的地区扶贫资源相对匮乏,况且单一行业的扶贫资源很难有效解决贫困地区综合性发展问题,造成扶贫资源低效利用;社会扶贫相对松散,与行业扶贫、专项扶贫的配合不够,难以形成精准扶贫的社会合力。这就需要进一步明确各相关责任部门精准扶贫的每一项责任,形成详细的责任清单,避免扶贫任务重叠或者漏出。小而观之,扶贫同农村低保、新农保、医疗救助、危房改造、家庭经济困难学生资助等政策衔接不够。社会扶贫缺乏有效可信的平台和参与渠道,潜力还没有充分激发出来。

第四,扶贫资金投入还不能满足需要。扶贫资金是扶贫工作能否顺利实施并取得卓有成效的动力。近几年,中央和省级财政投入扶贫的资金总量一直在增加,但同脱贫攻坚的需求相比仍显不足。另外,扶贫资金使用的效率也需要注意,随意、渗漏等不合理的低资金使用效率现象也需要各级扶贫部门加强关注。我国扶贫资金管理机构组织庞大,审批手段繁杂,本意是加强扶贫资金管理,但在一定程度上造成了扶贫资金运作的低效率,因为扶贫机构臃肿,相应行政事业费用支出沉重,这样势必增大了扶贫资金管理成本。

第五,贫困地区和贫困人口的主观能动性有待进一步提振。有的地方不注重调动贫困群众积极性、主动性、创造性,包办代替大包大揽的做法助长了等靠要思想。个别贫困户认为国家有保障他们实现"生存权"和"发展权"的道义责任,"好吃懒做"导致贫困的家庭等救济、等补贴、等扶持,甚至以被建档立卡划为贫困户为荣,当成一种不劳而获的经济增收方式。有些地方,驻村干部帮贫困户打扫庭院,贫困户却在打麻将。有的贫困户,国家给了种牛种羊,过几天就卖了吃了。俗话说,救穷不救懒。穷固然可怕,但靠穷吃穷更可怕。

第六,因地制宜分类指导还有待于进一步科学化。一些扶贫项目缺乏充分调研论证,贫困群众参与少,没有经过通盘考虑和具体分析,就盲目或执意上马某一项目,属于拍脑袋决策、长官意志,导致项目在本地"水土不服",没有适合生存的土壤，造成"设施建好就闲置、项目交付就成摆设"的局面。这不仅浪费了国家扶贫资金，更打击了贫困群众的一腔热情。

党的十八大以来的五年，为确保实现脱贫攻坚目标，中央出台一系列含金量高的政策和举措，打出组合拳。加大财政扶贫投入力度，发挥政府投入的主体和主导作用，开拓脱贫攻坚资金渠道，确保政府扶贫投入力度与脱贫攻坚任务相适应。加大金融扶贫力度，为贫困户提供扶贫小额信贷，设立扶贫再贷款、易地扶贫搬迁金融债，出台证券、保险支持脱贫攻坚政策。实施脱贫攻坚土地优惠政策，允许贫困县城乡建设用地增减挂钩指标在省域内流转使用。重点支持革命老区、民族地区、边疆地区、连片特困地区脱贫攻坚，加快交通、水利、电力建设，加大"互联网+"扶贫力度，推进农村危房改造和人居环境整治。发挥科技人才支撑作用。健全留守儿童、留守妇女、留守老人和残疾人关爱服务体系。加大社会动员力度，深化东西部扶贫协作、定点扶贫、军队和武警部队扶贫，实化民营企业、社会组织、公民个人扶贫。创新扶贫开发理论，建立国家扶贫荣誉制度，加强乡风文明建设，宣传先进典型，营造良好氛围。

成绩不容忽视，但当前脱贫攻坚正处在爬坡过坎、不断深化、不断精准发力的过程中，打赢脱贫攻坚战，责任重大、使命光荣。面对困难和挑战，我们要认真学习贯彻习近平总书记精准扶贫精准脱贫战略思想，深入领会习近平新时代中国特色社会主义思想，坚决同以习近平同志为核心的党中央保持高度一致，凝心聚力，攻坚克难，开拓创新，狠抓脱贫攻坚各项工作落实，争取向党和人民交出满意的答卷。

第二章 "一个都不能掉队"

——以人民为中心的扶贫逻辑

党的十九大报告指出,中国共产党人的初心和使命,就是为中国人民谋幸福,为中华民族谋复兴。这个初心和使命是激励中国共产党人不断前进的根本动力。全党同志一定要永远与人民同呼吸、共命运、心连心,永远把人民对美好生活的向往作为奋斗目标,以永不懈怠的精神状态和一往无前的奋斗姿态,继续朝着实现中华民族伟大复兴的宏伟目标奋勇前进。

"得民心者得天下""民为邦本,未有本摇而枝叶不动者""天听自我民听,天视自我民视""去民之患,如除腹心之疾"。中国历史上这些脍炙人口的格言警句告诉我们一个颠扑不破的真理:人民,只有人民,才是我们全部事业的根本目的,才是我们推进伟大事业、实现伟大梦想的最大依靠。

党的十八大以来,以习近平同志为核心的党中央将扶贫开发工作摆到了事关全面建成小康社会的战略高度来思考谋划,标志着我国的脱贫攻坚进入到了总攻阶段。党的十八届五中全会将"扶贫攻坚战"上升到了"脱贫攻坚战"。从扶贫到脱贫,这一字之变,显示出当前任务的新变化,体现的是以习近平同志为核心的党中央对治理贫困的深思熟虑和良苦用心,体现的是在小康冲刺关键阶段扶贫攻坚和脱贫攻坚的坚强意志,是摆脱贫困大决战的总动员。以习近平同志为核心的党中央提出和实施精准扶贫精准脱贫战略思想,践行了以人民为中心的扶贫逻辑,不仅体现了全面深化改革的逻辑要求,体现了共同富裕、全面小康的逻辑要求,也体现了推进国家治理体系和治理能力现代化的逻辑要求。

一、改革：公平与共享

习近平新时代中国特色社会主义思想，明确必须坚持以人民为中心的发展思想，强调坚持在发展中保障和改善民生。增进民生福祉是发展的根本目的。必须多谋民生之利、多解民生之忧，在发展中补齐民生短板、促进社会公平正义，开展脱贫攻坚，保证全体人民在共建共享发展中有更多获得感，不断促进人的全面发展、全体人民共同富裕。

党的十八届三中全会通过的《中共中央关于全面深化改革若干重大问题的决定》，全面总结了改革开放以来的伟大历程，明确指出"改革开放是党在新的时代条件下带领全国各族人民进行的新的伟大革命，是当代中国最鲜明的特色"，强调"面对新形势新任务，全面建成小康社会，进而建成富强民主文明和谐的社会主义现代化国家、实现中华民族伟大复兴的中国梦，必须在新的历史起点上全面深化改革"。这些重大论述深刻揭示了全面深化改革的重大意义。那么，当前我们实施精准扶贫精准脱贫的重大战略，提出贫困治理的顶层设计，则是我们在改革开放的过程中追求社会公平正义的重要实践。

当前，我国发展面临一系列突出矛盾和问题，如发展中不平衡、不协调、不可持续问题，贫富差距依然很大，贫困人口规模依然较大，长期仍然存在贫困居民底数不清、状况不明，针对性不强等问题，各地区在扶贫问题工作中普遍存在"谁是贫困居民""贫困原因是什么""怎么帮扶"等一些重大问题。新时代，要使发展成果更多更公平惠及全体人民，朝着共同富裕方向稳步前进。能否让改革红利惠及全体人民，是未来改革成败的关键所在。

众所周知，公平正义是社会主义的本质要求，体现着社会主义的基本价值。发展中国特色社会主义必须在坚持社会主义本质的基础上，牢牢把握两大历史任务。社会主义的本质是解放生产力，发展生产力，消灭剥削，消除两极分化，最终达到共同富裕。这就是说，巩固和发展社会主义制度，必须认识和把握好两大任务：一是解放和发展生产力，极大地增加社会的物质财富；二是逐步实现社会公平正义，极大地激发全社会的创造力和促进社会和谐。我们国家的发展不仅是要搞好经济建设，还要推进社会公平正义，促进人全面而自由的发展，其中集中精力发展生产，其根本目的是满足人们日益增长的物质文化需求，而公平正义是社会稳定的基础。

当前，实施精准扶贫精准脱贫的重大战略，加快改革是大势所趋、民心所向，也是推动社会公平，让改革的红利让全体人民共享的必然要求。回顾改革开放的历程，我们深深体会到，没有改革开放，我们就不可能有今天这样的大好局面；没有改革开放，我国不知还要在封闭半封闭和停滞不前的状态下徘徊多久。我们深深体会到，改革开放是当代中国最鲜明的时代特色，是我们党最鲜明的时代旗帜，是中国人民最为自信和自豪的伟大创举。在新的历史起点上，时代要求进一步深化改革，经济社会发展呼唤进一步深化改革，人民群众期待进一步深化改革，改革的步伐决不能停顿，更不能倒退。中国共产党充分认识并自觉顺应人民愿望和时代要求，反复强调必须以更大决心冲破思想观念的束缚、突破利益固化的藩篱，坚定不移把改革推向前进。同时，全面建成小康社会，进而建成富强民主文明和谐美丽的社会主义现代化国家、实现中华民族伟大复兴的中国梦，也迫切要求顶层设计贫困治理，实施精准扶贫精准脱贫。全面建成小康社会，意味着在未来几年的时间里，我国经济社会发展必须在原有基础上实现新的全面提升，使经济更加发展、民主更加健全、科教更加进步、文化更加繁荣、社会更加和谐、人民生活更加殷实。当前我国贫困人口依然较多，规模也依然较大，扶贫开发事关全面建成小康社会，事关人民福祉，事关巩固党的执政基础，事关国家长治久安，事关我国国际形象，解决好贫困人口问题，打赢脱贫攻坚战，这些必须依靠全面深化改革才能完成。

改革为了人民，也必须紧紧依靠人民。只有让全体人民共享改革发展成果，让改革红利惠及全体人民，才能使人民的切身利益同改革的命运紧密联系在一起，使改革得到人民的广泛认同、拥护和支持，成为全体人民的共同事业。当前，我们大力实施精准脱贫，不断丰富和拓展中国特色扶贫开发道路，是为让全体人民共享改革红利，促进社会更好地朝着公平有序地方向发展。可以说，改革能否得到人民的认同，在很大程度上取决于改革能否使人民基本生活状态得到明显的改善，能否使人民切身利益得到明显增进。如果改革只是让一小部分社会成员富裕起来，而多数人的基本状态却没有得到应有的改善，那么，改革就必然会失去全体人民的广泛认同、拥护和支持，失去最为基本的推动力量。正如邓小平同志所指出的那样，"如果导致两极分化，改革就算失败了"。因而，我们进行扶贫开发工作中也是如此，是为了更好地促进全社会的公平，也是巩固党的执政基础，推动国家长治久安的必然要求。

践行以人民为中心的发展思想，要求在扶贫攻坚的道路上"一个都不能掉队"，使改革红利有效惠及全体人民，就要在扶贫开发的工作中应做到"两个统一"。一是努力做到"共享"改革红利和"共创"改革红利的有机统一。我们不能只强调"共享"而忽略了"共创"。切不可将"惠及""共享"等同于平均主义。从长远的眼光来看，"共享"并不是要让一部分社会成员来供养另一部分社会成员，而是要为那些暂时处在不利生活境地的贫困居民提供必要的条件，提供必要的生活保障，维护他们的基本尊严底线，并通过必要的"输血"使这些贫困人口恢复"造血"的机能，恢复他们对社会做贡献的能力。如果只是重视"共享"而不以"共创"为必要的前提条件，就可能使这些贫困居民养成一种严重的依赖思想，形成一种非劳动意识，甚至会形成一个新的寄生人群，从而违背了"共享"的初衷。将全体人民"共享"改革红利和"共创"改革红利两者有机地结合在一起，才能保证让改革红利惠及全体人民的做法不走入误区。二是努力做到尽力而为和量力而行的有机统一。我们应当清醒地看到，中国毕竟还有几千万贫困人口，切忌试图在短时间内使惠及全体人民的目标一步到位。如果违背了"量力而行"的原则，脱离实际状况而盲目追求惠及全体人民的话，就会造成两种可能的后果。一种是使社会成员过高的期望值得不到满足，造成程度不同的挫折感，从而不利于社会的安全运行；另一种是使中国过早地步入"高福利社会"，从而削弱发展的活力和后续推动力。只有将尽力而为和量力而行这两者结合好，加强顶层设计贫困治理，建立科学的贫困治理的方针政策，才能确保中国社会的安全运行和健康发展。

今天，我们大规模实施扶贫开发，把精准扶贫精准脱贫作为基本方略，是新形势下全面深化改革的具体要求。改革是为了创造更多的公平机会，促进社会更好地走向公平。另外，真正做到让改革红利惠及全体人民，让全体人民共享改革发展的成果，从而确保中国社会的安全运行和健康发展，确保改革更好更快地向前稳步推进。当前，我国扶贫开发已进入啃硬骨头、攻坚拔寨的冲刺期，中西部一些地区贫困人口规模依然较大，剩下的贫困人口贫困程度较深，减贫成本更高，脱贫难度更大。实现到2020年摆脱贫困的既定目标，时间十分紧迫、任务相当繁重。这就需要我们顶层设计贫困治理，在现有的基础上不断创新扶贫开发的思路和办法，坚决打赢这场脱贫攻坚战。

二、路径：先富与共富

党的十九大报告强调，全党必须牢记，为什么人的问题，是检验一个政党、一个政权性质的试金石。带领人民创造美好生活，是我们党始终不渝的奋斗目标。必须始终把人民利益摆在至高无上的地位，让改革发展成果更多更公平惠及全体人民，朝着实现全体人民共同富裕不断迈进。

共同富裕，是千百年来人类孜孜以求的理想目标。在通向共同富裕道路上，古今中外无数仁人志士进行过艰辛的探索。时至今日，共同富裕仍是一个全球性的难题。中国改革开放的总设计师邓小平，在前人探索的基础上，结合了改革开放的伟大实践，为实现中国人民的共同富裕进行了探索，形成了共同富裕理论。邓小平共同富裕理论，是邓小平理论的重要组成部分，极大地推动了中国人民共同富裕的进程。

习近平总书记指出："人民对美好生活的向往，就是我们的奋斗目标。""我们的责任，就是要团结带领全党全国各族人民，继续解放思想，坚持改革开放，不断解放和发展社会生产力，努力解决群众的生产生活困难，坚定不移走共同富裕的道路。"坚持走共同富裕道路，是夺取新时代中国特色社会主义新胜利的基本要求。沿着共同富裕道路如期全面建成小康社会，是在达到了总体小康、实现了部分先富而又出现了较大的贫富差距之后，走向共同富裕还是导致两极分化的历史关口，决定前途命运的关键之举，是以"逢山开路，遇水架桥"的勇气和智慧，解决发展起来以后所遇到的不平衡、不协调、不可持续难题，不断发展中国、发展社会主义、实现民族复兴梦想的必经之道。近年来，与少数先富群体相比，广大普通群众一系列民生问题突显，人民对美好生活的向往日益向共同富裕聚焦。行动的坚定与认识的自觉紧密相连，只有更加自觉坚定地走共同富裕道路，才能如期全面建成小康社会、最终实现共同富裕目标。

改革开放以来，我们为逐步实现共同富裕，在扶贫开发的道路上面取得重大进展，7亿农村贫困人口摆脱贫困，是举世瞩目的伟大成就，从而谱写了人类反贫困历史上的辉煌篇章。但是，我们也应该认识到，近些年来，在人民生活普遍提高的同时，出现了贫富差距过大的严重问题。当前贫困人口规模依旧很大是我们实现共同富裕、全面小康的短板，这块短板也让人们意识到共同富裕的问题已经非常急迫地摆在全党和全国人民面前。发展起来后遇到的问题比发展问题更难解决，解决好共同富裕的问题，就是解决中国特色社会主义发展的重要问题。在这种客观态势面前，高举中国特色社会主义旗帜，把握新的历史脉搏，回应人民现实关切，坚定不移走共同富裕道路，释放亿万人民对共富梦想的追求所蕴藏的巨大正能量，逐步实现共同富裕目标，越发成为需要攻坚克难加以实现的梦想。

邓小平总结社会主义发展道路的经验教训，提出"先富—共富论"。也就是让一部分人、一部分地区先富起来，先富带动后富，呈波浪式发展状态，最后达到共同富裕。这是实现共同富裕的必由之路，也是从我国实际出发，加速发展达到共同富裕的捷径。1978年12月13日，邓小平在中央工作会议上提出："在经济政策上，我认为要允许一部分地区、一部分企业、一部分工人农民，由于辛勤努力成绩大而收入先多一些，生活先好起来。一部分人生活先好起来，就必然产生极大的示范力量，影响左邻右舍，带动其他地区、其他单位的人们向他们学习。这样，就会使整个国民经济不断地波浪式地向前发展，使全国各族人民都能比较快地富裕起来。"1992年，邓小平在视察南方时强调，"走社会主义道路，就是要逐步实现共同富裕。共同富裕的构想是这样提出的：一部分地区有条件先发展起来，一部分地区发展慢点，先发展起来的地区带动后发展的地区，最终达到共同富裕"。邓小平说，这是一个能够影响和带动整个国民经济的大政策。他还说，"一部分地区发展快一点，带动大部分地区，这是加速发展、达到共同富裕的捷径"。

邓小平的"先富—共富论"具有特定内涵，必须完整准确理解，并切实贯彻执行，这样才会既不扭曲原意，又能真正贯彻落实，最终实现共同富裕，不至于离共同富裕越来越远，同时，理解这一深刻内涵也能够在当前实施精准扶贫的重大战略，顶层设计贫困治理提供了重要的理论依据。

在社会主义社会，"先富"与"共富"具有统一性。一则"先富"是部分，"共富"是整体。"共富"包括"先富"，"先富"是"共富"的一部分。一部分人、一部分地区先富起来，是前提，通过不断的积累和扩展，并积极带动后富，最后达到整体共富。二则"先富"是过程，"共富"是结果。"共富"的实现是一个长期积累过程，这个过程由无数小阶段组成，"先富"是组成这个长远过程的一个小阶段，一个个小阶段的出现，是致富过程中快慢、先后的交替过程。"走社会主义道路，就是要逐步实现共同富裕。"再则"先富"是手段，"共富"

是目的。"我们允许一些地区、一些人先富起来,是为了最终达到共同富裕,所以要防止两极分化。""先富"是"共富"的必由之路,"共富"是"先富"的最终归宿。"共富"是"先富"的灵魂,失去了这个灵魂,"先富"就必然是两极分化,所以"先富"就必须始终服务于"共富"这个总目标,受其制约。富裕先后、富裕程度高低的底线应固定于"不搞两极分化"否则,如果搞两极分化,情况就不同了,民族矛盾、区域间矛盾、阶层矛盾都会发展,就可能出乱子,我们"就走了邪路",改革开放就失败了,共同富裕就会化为泡影。

习近平总书记指出:"广大人民群众共享改革发展成果,是社会主义的本质要求,是我们党全心全意为人民服务根本宗旨的重要体现。"党的十八届六中全会提出了"创新、协调、绿色、开放、共享"五大发展理念。五大发展理念表明,共享理念已成为新发展理念系统工程中的重要一环。从邓小平"先富"与"共富"论到当前的"共创、共享",从改革到全面深化改革,从建设小康社会到全面建成小康社会,从这一系列的变化中我们也可以看出,中国的改革已从"摸着石头过河"到更加注重对改革的顶层设计,在发展和完善中国特色社会主义制度上解决改革发展为了谁、依靠谁、成果由谁来享有的问题。我们深知,在当前进行扶贫开发的工作中,必须充分考量到精准扶贫的道路上出现的艰难险阻,努力解决好"手段"与"路径"等问题。

一个时期以来,如何解决先富共富的矛盾,以先富带动后富,最终实现共同富裕,是中国特色社会主义制度下必须解决的难题。今天,我们则面临一个崭新的课题:如何在共富理念的基础上解决共创、共享的问题。精准扶贫精准脱贫在实现先富带动后富的过程中,可以发挥最为直接和最为有力的杠杆作用。

习近平总书记强调:"做好扶贫开发工作,支持困难群众脱贫致富,帮助他们排忧解难,使发展成果更多更公平惠及人民,使我们党坚持全心全意为人民服务根本宗旨的重要体现,也是党和政府的重大职责"。从政治上看,我们党领导人民开展了大规模的反贫困工作,巩固了我们党的执政基础,巩固了中国特色社会主义制度。习总书记的重要讲话也深刻地揭示了我们在精准脱贫的道路中克服困难,农村贫困人口脱贫是一个突出短板。短板必须补齐,否则影响全局。只有各地方应找准贫困对象,摸清致贫原因,精确掌握贫困地区和贫困群众的发展需求,才能为精准帮扶和精准脱贫奠定坚实基础,才能在共同富裕的道路中处理好"先富"与"共富"的关系,努力完成好精准脱贫的重大任务,从而更好更快地全面建成小康社会，实现两个一百年奋斗目标和中华民族伟大复兴的中国梦。

三、小康：部分与全面

1979年12月，邓小平在会见日本首相大平正芳时指出："我们要实现的四个现代化，是中国式的四个现代化。我们的四个现代化的概念，不是像你们那样的现代化的概念，而是'小康之家'。到本世纪末，中国的四个现代化即使达到了某种目标，我们的国民生产总值人均水平也还是很低的。要达到第三世界中比较富裕一点的国家的水平，比如国民生产总值人均一千美元，也还得付出很大的努力。就算达到那样的水平，同西方来比，也还是落后的。所以，我只能说，中国到那时也还是一个小康的状态。"

1984年3月，邓小平会见日本首相中曾根康弘时说："中国现在的情况总的是好的。这几年一直摆在我们脑子里的问题是，我们提出的到本世纪末翻两番的目标能不能实现，会不会落空？从提出到现在，五年过去了。从这五年看起来，这个目标不会落空。翻两番，国民生产总值人均达到八百美元，就是到本世纪末在中国建立一个小康社会。这个小康社会，叫做中国式的现代化。"

为了规划中国现代化发展的蓝图，邓小平设想了著名的现代化发展"三步走"战略：第一步，从1981年到1990年，国民生产总值翻一番，实现温饱；第二步，从1991年到20世纪末，再翻一番，达到小康；第三步，到21世纪中叶，再翻两番，达到中等发达国家水平。2000年，我们已胜利实现了"三步走"战略的第一、第二步目标，全国人民的生活总体上达到了小康水平，人均GDP达到848美元，实现了从温饱到小康的历史性跨越。这是中华民族发展史上的一个里程碑。接下来就是全面建设小康社会，而全面小康最硬的考核指标就是13亿中国人全部脱贫。

新时代中国特色社会主义思想，明确坚持和发展中国特色社会主义，总任务是实现社会主义现代化和中华民族伟大复兴，在全面建成小康社会的基础上，分两步走在本世纪中叶建成富强民主文明和谐美丽的社会主义现代化强国。

消除贫困是全面建成小康社会的重要内容。习近平总书记指出，到2020年实现"两个确保"：确保农村贫困人口实现脱贫，确保贫困县全部脱贫摘帽。为了实现全部脱贫的目标，我国从2014年开始建立精准扶贫工作机制。实践证明，精准扶贫精准脱贫是适合我国当前发展阶段新特征的一种扶贫方式，是实现贫困人口全部脱贫的一个重要举措，也是全面建成小康社会的一项关键战略。

全面建成小康社会，核心就在"全面"，我们追求的是多领域协同发展、不分地域、不让一个人掉队、不断发展的全面小康。从内容上看，全面建成小康社会是经济、政治、文化、社会、生态文明建设五位一体的全面小康，是不可分割的整体。

改革开放以来，我国扶贫工作取得巨大成就，大规模减贫成效显著，得到国际社会普遍赞誉。随着经济不断发展，我国贫困人口数量逐渐减少，同时贫困问题呈现新的特征。主要原因有两点：第一，在初始阶段作为农民收入主要来源的种养业占国民经济的比重逐年下降。第一产业增加值在GDP中的比重已经降至2014年的9.2%，农业对农民收入的贡献也在逐年下降。这意味着依靠种养业的农户很难大幅提高收入，容易陷入低收入或贫困状态。第二，随着经济结构转型升级，交通条件好、经济较发达地区的群体以及受教育水平高、市场竞争力强的群体更容易获得经济发展的红利。农村困难群众由于当地经济社会发展水平较低、市场竞争能力较差，继续分享经济发展带来的红利面临较多困难。

目前，农村绝对贫困人群主要有三类：一是没有劳动能力的极端贫困户；二是虽有劳动能力，但家庭负担很重、教育和医疗等支出很大的群体；三是虽有劳动能力，但所处客观条件非常不利于改善生计的群体。党中央国务院提出要实现贫困人口脱贫、贫困县全部摘帽，就是希望通过实施精准扶贫方略帮助贫困群众走出贫困陷阱。精准扶贫意味着将扶贫工作单元从区域瞄准转向农户瞄准，在区域发展格局下更加注重扶持贫困农户发展。同时，精准扶贫方略将社会保障的兜底作用与扶贫开发的增收作用相结合，形成到2020年解决绝对贫困问题的基本框架。通过精准扶贫精准脱贫，最大限度地提高扶贫资金使用效率，满足贫困人口的基本生存和发展需求，在全面建成小康社会进程中不让一个人掉队。

全面建成小康，"部分"尤为关键。当前，我国还有几千万贫困人口，这些贫困人口正处于小康生活水平之下，当然这是"部分"，我们应该看到大部分人民的基本生活水平还处于小康之上。党的十八大确立的到2020年全面建成小康社会是我们工作的基本目标，这就需要我们当前在追求全面小康的进程中，牢牢抓住精准扶贫精准脱贫这一主线，努力解决几千万这一"部分"，从而推动全面建成小康社会这一伟大的宏伟目标能够得以顺利实现。马克思主义的唯物辩证法告诉我们，"部分"是全局中的"部分"，整体是由部分构成的，整体与部分是相互影响、相互制约的两个方面，是对立统一的。今天我们在全面建成小康社会的事业中，应该在精准脱贫上出实招，在精准脱贫上下实功，在精准脱贫上见实效。习近平总书记多次强调，消除贫困、改善民生、实现共同富裕，是社会主义的本质要求；没有农村的小康，特别是没有贫困地区的小康，就没有全面建成小康社会。

"十三五"时期是全面建成小康社会的决胜阶段。"十三五"规划纲要明确提出"六大精准"：扶持对象精准、项目安排精准、资金使用精准、措施到户精准、因村派人精准、脱贫成效精准。习近平总书记指出，"扶贫开发推进到今天这样的程度，贵在精准，重在精准，成败之举在于精准"；坚持精准扶贫精准脱贫"关键是要找准路子、构建好的体制机制，在精准施策上出实招、在精准推进上下实功、在精准落地上见实效"。这为脱贫攻坚明确了方向、提出了要求。

改革开放 40 年来，中国人民积极探索、顽强奋斗，走出了一条坚持改革开放、坚持政府主导、坚持开发式扶贫方针、坚持动员全社会参与、坚持普惠政策和特惠政策相结合的中国特色减贫道路。经过中国政府、社会各界、贫困地区广大干部群众共同努力以及国际社会积极帮助，中国 7 亿多人口摆脱贫困。2015 年，联合国千年发展目标在中国基本实现。中国是全球最早实现千年发展目标中减贫目标的发展中国家，为全球减贫事业做出了重大贡献。全面建成小康社会，农村贫困人口脱贫是一个突出短板。短板必须补齐，否则影响全局。全国各地应找准贫困对象，摸清致贫原因，精确掌握贫困地区和贫困群众的发展需求，才能为精准帮扶和精准脱贫奠定坚实基础。"十三五"脱贫攻坚是场硬仗，更大的挑战、更艰难的考验还在后头，精准帮扶是最关键、最核心的环节。

习近平总书记指出："小康不小康，关键看老乡，关键在贫困的老乡能不能脱贫。""我们不能一边宣布全面建成了小康社会，另一边还有几千万人口的生活水平处在扶贫标准线以下，这既影响人民群众对全面建成小康社会的满意度，也影响国际社会对我国全面建成小康社会的认可度。"我们必须切实增强责任感、使命感和紧迫感，不辱使命、勇于担当，只争朝夕、真抓实干，加快补齐全面建成小康社会的这块突出短板。坚决打赢脱贫攻坚战，确保贫困人口共享改革发展成果。

2016年7月20日，习近平总书记在东西部扶贫协作座谈会上的讲话中指出，"这就像六盘山是当年红军长征要翻越的最后一座高山一样，让全国现有5000多万贫困人口全部脱贫，是我们打赢脱贫攻坚战必须翻越的最后一座高山。只有翻越了这座山，扶贫开发的万里长征才能取得最后的胜利。"党中央国务院把农村贫困人口脱贫作为全面建成小康社会的底线目标进行安排部署，主要就是因为农村贫困人口是脱贫攻坚征途上最后的高山。到2020年我国现行标准下农村人口实现脱贫，贫困县全部摘帽，解决区域性整体贫困，我们就翻越了这座高山。

四、善治：基层与顶层

党的十八届四中全会明确指出，法律是治国之重器，良法是善治之前提。这是"善治"这个政治术语在中央全会层次的文件中首次使用，首次亮相。"善治"一词，向世界释放出这样一个信号：善治已经成为以习近平同志为核心的党中央治国理政的追求目标。

什么是"善治"？顾名思义，就是良好的治理。从说文解字的角度看，"善"字拆开，就是二十口羊，羊是我们的先民最早驯养的家养动物，是美好和温顺的化身。可以说，从"善"的造字起源就能看出，"善"就是美好的意思，从古代的"善治"到今天的"善治"，都体现了对美好生活、对善良美好的追求。翻开历史的书简，我们会发现，"善治"的概念早在几千年前就已经在中华传统文化思想中闪现，它是中华优秀传统文化的优秀因子之一，已经存在了两千多年，中华民族的先贤们一直在思考和践行善治思想。老子《道德经》第八章说，"上善若水。水善利万物而不争，处众人之所恶，故几于道。居善地，心善渊，与善仁，言善信，正善治，事善能，动善时。夫唯不争，故无尤。"在现代政治语境下，善治既是一种目标正义，即实现良好的治理，追求人民利益的最大化；也是一种程序正义，注重的是治理环节的法治化、科学化、现代化。从这个意义上讲，善治强调的是双重内涵，就是要通过治理程序的正义来实现治理目标的正义。

善治有四个最鲜明的特征，这就是：德治＋法治＋共同富裕＋现代化的治理体系和治理能力。历史和实践证明，任何一个社会仅仅靠法治或仅仅靠德治都不能实现善治，只有坚持德法并举，加上共同富裕，再加上现代化的治理体系和治理能力才能走向善治。从这个意义上讲，坚持以人民为中心的发展理念，让贫困群众早日摆脱贫困、实现小康，本身就是善治的题中应有之义。新中国成立以来，我们就一直在为实现好、维护好、发展好最广大人民的根本利益而努力奋斗，不断满足人民日益增长的物质文化需要，做到发展为了人民、发展依靠人民、发展成果由人民共享，促进人的全面发展。从计划经济到商品经济，再到社会主义市场经济，中国经历过一穷二白也经历过曲折发展，到了20世纪末人民生活基本小康，之所以是"基本"，就是说这个小康还是局部的，而不是全面的。我们还要追求全面建成小康社会，之后还要追求基本实现现代化，然后还要追求更高水平的现代化，这是一个螺旋式发展上升的过程。

扶贫工程实质上也是实现基层治理现代化的基础性工程，不仅要帮助干部摆脱"思想贫困""作风贫困"，还可以推动基层摆脱治理能力和治理方式的贫困。习近平总书记在谈到扶贫时曾指出，扶贫"作为一项重要民生工程，要作为一件实事摆在那里，哪怕一次改造量少点，但做一件是一件，让人看了确实觉得党和政府办得好"。此中深意值得认真思量。改革开放以来，中国扶贫取得的成就举世瞩目，在精准扶贫精准脱贫上创造了"中国样板"，为全球扶贫事业提供了"中国方案"，为推动推动全球治理体系变革、促进人类和平与发展崇高事业贡献"中国智慧"，不断地牵动世人目光。

在中华优秀传统文化中，帮助人就是做善事，帮助贫穷的人，使他们过上富足的生活就是善莫大焉！这是一种朴素的善。今天我们讲的善治比朴素的善又大大升级，已不是停留在一件一件地去积善，而是把善化为党和国家意志力，解决大多数人的共同富裕，并使他们过上自由、平等、公正、法治的幸福生活，实现国家富强、民族振兴、人民幸福。而实现上述目标，首先需要善治思维。

善治不是空洞的理念，更是具体的行动。精准扶贫精准脱贫尤其需要"善治"思维。针对精准扶贫，习近平总书记强调要解决好"扶持谁""谁来扶""怎么扶"的问题，并指出："越是进行脱贫攻坚战，越是要加强和改善党的领导。"比如，"谁来扶"的问题，从既往扶贫工作的现状来看，基层扶贫主体弱化成为棘手的问题。例如，在城市化快速发展的背景下，农村人口出现空心化趋势，这不仅侵蚀了扶贫的社会基础，而且弱化了扶贫的发展主体。由于农村人才外流，许多贫困村出现人才断代状况。在农村"两委"换届选举中，人才缺乏问题不同程度地表现出来。破解类似的问题，需要以新理念来引领，强化"治理思维"。另外，加强基层与顶层的治理结合的思维方式，这就要求国家不仅要有大政方针的顶层设计，还需要调动各个基层的积极性，确保以精准扶贫推动精准脱贫，走好全面小康的"最后一公里"。

从基层治理而言，扶贫工作不仅是帮助困难群众拔掉"穷根"，也需要拔掉基层治理中的"穷根"。贫困是一种可逆的状态。通过外力可以较快地改变贫困，但仅仅依靠外力又会强化贫困的依赖性，而且会弱化贫困区域的内生动力与活力。只有强化基层治理，才能更好地推进精准脱贫。完善基层治理体系是促进贫困人口精准脱贫的基础。农村贫困往往表现为群体贫困，是因为那些居住在同样差的生产条件下造成的贫困。贫困人群之所以集中在农村、山区，一个重要的原因就是那里距离市场较远，交通、信息条件较差，资源得不到有效地开发利用，有些地方甚至存在"富饶的贫困"。想推进这些条件性贫困原因造成的贫困人口精准脱贫，只有完善基层治理体系，激发贫困人群的内生动力，激活群众力量来共同脱贫。

1988年，担任宁德任地委书记的习近平在基层调研时发现，一些人只看到眼前的贫穷，而不是历史地、发展地看问题，这就很容易失去自信心，自暴自弃，实践也充分证明了这一点。现实要求基层必须注重培养公民对精准脱贫的社会责任感、合作精神和自我管理能力，提振生活信心，促进自我发展，提升每个公民参与扶贫攻坚的社会强烈愿望和相应能力，促进扩大农村由单向度的"灌输"向多向度的"参与脱贫"转变。基层政府应该从主导角色转为指导角色，动员社会团体及各级组织广泛参与脱贫攻坚活动，拓展和丰富村民参与扶贫攻坚和社会共享内容。同时基层政府还要建立公共物品供给市场化的社会化机制。在抓好底线民生保障的同时，应该把一些可以放手的公共服务交给市场，实现村民公共产品供给市场化、社会化、社区化。

从顶层设计而言，党的十八大以来，以习近平同志为核心的党中央把扶贫开发摆到治国理政的重要位置，提升到事关全面建成小康社会、实现第一个百年奋斗目标的新高度，纳入"五位一体"总体布局和"四个全面"战略布局进行决策部署，因而，加强顶层设计治理贫困尤为关键。所谓"顶层设计"，就是运用系统论的方法，从全局的角度，对某项任务或者某个项目的各方面、各层次、各要素统筹规划，以集中有效资源，高效快捷地实现目标。同样，要集中有效资源，早日实现全面建成小康社会目标，也需要强化"顶层设计"。当然，扶贫工作不仅仅是社会福利体系和社会保障体系，还包括社会管理体制建设、社会组织建设、社会利益关系协调机制建设等内容。就当前来说，在制度层面，精准脱贫工作取得重大进展，但在扶贫主体责任机制、协调推进机制、金融机构承办机制和激励奖惩机制也还有待进一步完善，不利于扶贫攻坚工作的纵深推进。正是在这样的大背景下，习近平总书记提出了关于全方位推进扶贫工作的精准扶贫精准脱贫战略思想，从"顶层设计"对扶贫工作提出精准指导、精准要求。

"不谋万世者，不足谋一时；不谋全局者，不足谋一域"。改革开放以来扶贫事业的成功，恰好是因为顶层设计呼应了来自基层强大发展的渴望。发展为了人民，发展依靠人民，发展成果由人民共享。就目前全国几千万贫困人口来说，要实现"十三五"规划目标，到2020年全面实现小康，扶贫脱贫是一项艰巨的任务。如何在短短五年里打赢这场脱贫攻坚战，精准扶贫无疑是实现"两个一百年"中第一个一百年的收官之作。因此，我们从顶层设计到基层治理都需要凝心聚力，精心设计，真抓实干，不断总结经验，完善创新，坚决打赢这场扶贫工作攻坚战，从而走好全面建成小康社会的"最后一公里"。

得到人民认可，经得起历史检验。这既是对全面建成小康社会的要求，也是对以人民为中心的扶贫逻辑的最好注解。

党的十九大为新时代中国特色社会主义制定了新的发展目标，这就是：从现在到2020年，是全面建成小康社会决胜期。要按照十六大、十七大、十八大提出的全面建成小康社会各项要求，紧扣我国社会主要矛盾变化，统筹推进经济建设、政治建设、文化建设、社会建设、生态文明建设，坚定实施科教兴国战略、人才强国战略、创新驱动发展战略、乡村振兴战略、区域协调发展战略、可持续发展战略、军民融合发展战略，突出抓重点、补短板、强弱项，特别是要坚决打好防范化解重大风险、精准脱贫、污染防治的攻坚战，使全面建成小康社会得到人民认可、经得起历史检验。从十九大到二十大，是"两个一百年"奋斗目标的历史交汇期。我们既要全面建成小康社会、实现第一个百年奋斗目标，又要乘势而上开启全面建设社会主义现代化国家新征程，向第二个百年奋斗目标进军。

综合分析国际国内形势和我国发展条件，从2020年到本世纪中叶可以分两个阶段来安排。第一个阶段，从2020年到2035年，在全面建成小康社会的基础上，再奋斗15年，基本实现社会主义现代化。第二个阶段，从2035年到本世纪中叶，在基本实现现代化的基础上，再奋斗15年，把我国建成富强民主文明和谐美丽的社会主义现代化强国。

中国特色社会主义进入新时代，我们离实现中华民族伟大复兴的中国梦的伟大目标越来越近了。

第三章　彻底拔掉"穷根儿"有"绝招"

——精准扶贫精准脱贫的方法论

党是十九大报告指出，中华民族伟大复兴，绝不是轻轻松松、敲锣打鼓就能实现的。全党必须准备付出更为艰巨、更为艰苦的努力。

脱贫攻坚要取得实实在在的效果，关键是要找准路子、构建好的体制机制，抓重点、解难点、把握着力点。在农村，种庄稼的"老把式"都知道，农作物旱了要灌溉。但灌溉却大有学问。传统的灌溉方式是大水漫灌式，这种方式既费时、费水，效果也不佳。渐渐地人们找到了一种滴灌方式，即对庄稼进行精准滴灌。相比精确到位的滴灌，大水漫灌可谓事倍功半。搞经济建设如此，抓扶贫工作亦是如此。

以习近平同志为核心的党中央提出的精准扶贫精准脱贫战略思想，是对减贫事业的重大理论创新，是消灭贫困、实现全面建成小康社会目标的新理念新思路新战略。强调"精准"二字，就是要最大限度地发挥社会主义制度的优越性，使用超常规措施，将扶贫资源高效地分配到最需要的地方去。这是那种单纯依靠市场的力量、靠个别慈善家的慷慨所不能完成的任务。面对全面建成小康社会的宏伟目标，最艰巨最繁重的任务在农村。扶贫工作如何不留死角？化"漫灌"为"滴灌"的精准扶贫精准脱贫政策已给出答案——运用科学有效程序对扶贫区域对象实施精确识别、精确帮扶、精确管理的扶贫方式，做到"真扶贫""扶真贫"。扶贫方式从原来的"大水漫灌"到现在的"精准滴灌"，变化的不仅是一种扶贫手段，更是体现出了一种科学的态度，一种全新的扶贫视角。

改革开放以来，"中国式扶贫"道路对人类减贫事业做出了巨大贡献，扶贫所取得的成就有目共睹。随着扶贫事业不断向前推进，目前，也留下了一些难啃的"硬骨头"，这些"硬骨头"底子最薄、条件最差、难度最大，所在地方大多生态环境脆弱,生存条件恶劣,自然灾害频发,人口受教育程度低,基础设施和社会事业严重滞后,贫困问题呈现区域性、综合性的特征,扶贫开发任务艰巨繁重,常规手段往往效果有限,必须在体制机制上取得新突破,才能避免"按下葫芦浮起瓢"。同时,由于以往扶贫工作中存在着贫困居民底数不清、贫困县舍不得"脱贫摘帽"、年年扶贫年年贫、干部扶贫积极性不高、人情扶贫、关系扶贫等问题,使得对于具体贫困居民、贫困农户的帮扶工作就存在许多盲点,真正的一些贫困农户和贫困居民没有得到帮扶。随着2020年全面建成小康社会的节点不断迫近,扶贫工作进入了攻坚拔寨的冲刺期,确保贫困人口到2020年如期脱贫,可谓形势逼人。

面对严峻的形势,空喊口号、好大喜功不行,胸中无数、盲目蛮干也是绝对不可取的。习近平总书记强调,扶贫工作要"科学规划、因地制宜、抓住重点,提高精准性、有效性、持续性"。这是做好新形势下扶贫工作的重要指导方针。为此,必须改进传统扶贫工作的体制机制,切实解决传统扶贫工作中存在的不科学、不适应、不到位的问题。

精准扶贫则是解决传统扶贫开发工作中底数不清、目标不准、效果不佳等问题的重要途径。各级党委和政府要根据中央决策部署,落实好精准扶贫的各项要求,解决钱和政策用在谁身上、怎么用、用得怎么样等问题,切实做到扶真贫、真扶贫,挖掘出脱贫致富的内生动力。首先就是要彻底纠正过去一讲到扶贫就想到"给点钱就行"的片面思想、"建几个示范点"的应付思想和"一口吃成胖子"的浮躁思想等;其次就是要打好精准扶贫的"第一战役"——精确识别,扶贫工作要到村到户,要了解哪一村贫、哪一户穷,摸清底数、建档立卡;然后要找准贫困根源,在历史和现实、发展和民生、客观和主观、普遍和个别中科学分析,"一把钥匙开一把锁",合理安排扶贫项目和扶贫资金,恢复贫困地区的"造血功能",这样才能断掉穷根、开掘富源;最后要借助精准识别、精准帮扶以及干部驻村帮扶、党员干部结对等举措,切实加强和改进对党员领导干部脱贫攻坚责任的考核,切实改变过去由扶贫部门"单打独斗的局面",调动各方面形成社会合力,着力形成更加协调、更有效率、更可持续的扶贫开发新机制。只有采取上述措施,才能从以往"大水漫灌"式的粗放式扶贫真正转换为"滴灌"式的精准扶贫,切实提高扶贫工作的针对性和实效性,进而走出一条可持续脱贫致富的新路子,帮助每一个贫困户"斩断穷根",确保贫困人口到 2020 年全部脱贫。

一、从"平均数"到"每一个"

在统计学中,平均数是表示一组数据集中趋势的量数,它是反映数据集中趋势的一项指标,在传统扶贫中,平均数往往成为"成果"和"战绩"。这种"平均数"式的扶贫,表面上看可谓成绩斐然。但是,平均数的"削峰填谷",往往让人忽视那些"被平均"了的低收入者、困难群众。正像一首新民谣中所说的那样:"本来是个穷光蛋,隔壁住了杨百万,两家收入一平均,家家收入五十万。"

因此,对于扶贫工作"平均数"只能是一个参考值,"每一个"才是重中之重。各级党委和政府只有认真分析、研究这些平均数背后的情况,才不会迷失在平均数的数据陷阱里。在以后的扶贫工作中不能仅看面上的成绩,不能以"宏观"代替"微观",以"平均数"代表"大多数",不能仅以数字衡量,更要看到点上的困难。我国地域辽阔,自然条件千差万别,各地贫困状况贫困数量各不相同,这就要求在脱贫指标上不能搞"平均数",在扶贫施策上不能平均用力,而是要做到以下两个方面:一方面,要精准帮扶。针对每家每户的贫困情况,确定帮扶的责任人和具体措施,确保帮扶效果;另一方面,要精准管理。要建立起扶贫对象信息管理系统,把扶贫对象的基本资料、帮扶情况录入系统,进行动态管理,实现扶贫对象有进有出,确保扶贫信息真实、可用。从而目标明确、有的放矢、见效管用,要面向特定人口、具体人口,实现精准脱贫。

(一)精准帮扶"每一个",着力解决"怎么扶"的问题

识别出贫困对象只是第一步。传统扶贫工作中,不少扶贫项目粗放,针对性不强,更多的是在"扶农"而不是"扶贫"。以扶贫搬迁工程为例,居住在边远山区、地质灾害隐患区等地的贫困户,是扶贫开发最难啃的"硬骨头",移民搬迁是较好的出路,但是,因为补助资金少,所以,享受扶贫资金补助搬出来的多是经济条件相对较好的农户,贫困的特别是最穷的农户根本搬不起。新村扶贫、产业扶贫、劳务扶贫等项目,受益多的还是贫困社区中的中高收入农户,只有较小比例贫困农户从中受益,且受益也相对较少。因此,在以后的工作中,

更关键的是深入分析不同贫困对象、贫困家庭的致贫原因，实行精准帮扶。

所谓精准帮扶，就是扶贫对象识别出来以后，通过建档立卡建立翔实的数据资料库，着力分析其致贫原因，分析出致贫原因后针对其贫困情况逐户制定帮扶措施，即每户一本台账、一个脱贫计划、一套帮扶措施。同时确定帮扶责任人、制订帮扶规划、落实帮扶措施，集中力量予以扶持，各项扶贫措施要与建档立卡结果相衔接，有效解决扶不到点上、扶不到根上、扶不到真贫上的问题，确保在规定时间内达到稳定脱贫目标。具体来说就是要做好以下几种工作：

第一，锁定致贫原因。找准贫困对象致贫原因既是印证贫困户贫困的重要依据，也是做好帮扶工作的前提。在完善贫困村、贫困户基本信息的基础上，将根据自然资源禀赋、产业发展现状、基础设施条件、劳动力素质等基本情况，准确查找致贫原因，详细调查发展需求和意愿，科学划分贫困村、贫困户类型，为制定针对性帮扶措施提供精准的信息支撑。

第二，分类实施对策。贫困的症结找到了，就要开对"药方"，分类实施帮扶，确保有的放矢。对因年老体弱、肢体智力精神残疾、家庭成员患大病等丧失了劳动能力的农村生活困难户以及因灾因学返贫等符合城乡最低生活保障制度的人群，要纳入民政救助范畴，根据有关政策切实做到"应保尽保"，通过低保和社会救助保障其基本生活。对有劳动能力和劳动意愿的低收入户，要纳入帮扶对象，根据不同情况进行分类帮扶，要明确具体的到户帮扶措施和年度目标，采取各种扶贫开发方式和方法，扎实开展针对性的帮扶。比如，对既有产业发展愿望、又有产业发展能力的贫困人口，可以在政府组织和引导下，直接参与区域特色产业开发；通过以奖代扶、贷款贴息等方式，予以直接帮扶。再比如，在尊重贫困人口个人或集体意愿的原则下，可以鼓励探索将贫困人口户的政策扶持资金、土地、林地和水面等生产资料折价入股，由农业企业、农民合作社、家庭农场统一管理和生产经营，结成利益共同体，实现股份到户、利益到人。

第三，建立帮扶制度。建立和完善驻村工作队（组）制度，确保每一个贫困村都有驻村工作队（组），每一个贫困户都有帮扶责任人。同时，每一个村（处）都要建立本村（处）的结对帮扶台账，帮扶台账要有帮扶责任人、帮扶措施、年度目标、帮扶投入、实施过程、实施结果和扶贫对象户收入变动等内容和指标；每一个村（处）要有各级领导联系、有驻村扶贫工作队帮扶、有龙头企业带动、有科技人员指导、有金融网点覆盖；每一个贫困户都要有基础台账、帮扶计划、脱贫措施、有增收项目、有资金扶持（包括财政资金、金融资金和其他帮扶资金）、有干部联系帮扶。

（二）精准管理"每一个"，确保帮扶措施落到实处

精准管理，就是要建立贫困村、贫困户帮扶信息档案，加强精准扶贫监测，跟踪贫困村、贫困户帮扶情况，确保贫困村、贫困户得到有效扶持，在规定时间内达到稳定脱贫目标。实施精准管理需要做好几个方面的工作：

第一，建立扶贫信息管理制度。首先，按照"信息到户、真实准确，动态调整、进出有序"的要求，以信息化技术为依托，建立贫困户动态调整机制为重点，加强扶贫对象信息管理，定期识别贫困对象、及时更新贫困户信息，实现精准识别有证可查、精准扶贫有据可依，确保扶贫政策与扶贫对象始终精准对接。其次，做好贫困村、贫困户的帮扶记录。驻村帮扶干部或贫困村信息员应将贫困村、贫困户的帮扶情况、帮扶效果等及时登记，并及时录入扶贫信息系统，以便各级各相关部门及时掌握贫困村、贫困户获得扶持情况，更有针对性地督促、推动各地各部门落实好精准帮扶措施。最后，建立扶贫工作台账管理办法。按照扶贫对象、目标、任务、措施、时限、责任明确的要求，建立健全精准扶贫工作台账，做到户有卡、村有簿、乡有册、县有档，加强督促检查，实施动态管理。

第二，强化扶贫资金管理制度。各级党委和政府要按照国家《财政专项扶贫资金管理办法》，对扶贫资金建立完善严格的管理制度。首先，严格扶贫到户资金管理。进一步完善扶贫资金运行和项目管理机制，规范扶贫资金投向和使用范围，实行扶贫资金专户管理、封闭运行，确保资金专款专用；其次，实行扶贫到户资金"一卡通"制度。扶贫到户资金实行实名制"一卡通"管理，确保资金及时足额安全到位；再次，建立扶贫到户资金使用管理公开、公示制度，接受群众和社会的监督，做到公开透明，避免暗箱操作导致的应扶未扶，保证财政专项扶贫资金在阳光下进行，确保扶贫到户资金用于扶贫对象发展生产和增加收入。与此同时，还可以引入第三方监督，严格扶贫资金管理，确保扶贫资金用准用足，不至于"张冠李戴"。

第三，建立扶贫绩效管理制度。建立扶贫工作绩效评估制度，对重大扶贫举措、重点扶贫项目、专项扶贫资金加强绩效评估，采取群众评议、专门检查和专业评估相结合的办法，评估效果、总结成绩、找出问题、增添措施，不断改进和完善扶贫到户的方式方法。加大扶贫工作绩效考核力度，将扶贫到户纳入到当地党政班子年度考核的重要内容进行考核，科学设置考核指标，完善考核奖惩措施，强化考核结果运用，促进扶贫到户落到实处、取得实效。与此同时，各地应把实施扶贫到户的资金落实、目标任务、完成进度等进行细化分解，逐项落实，综合评比，奖惩激励。对组织实施完成任务好的给予奖励，对未完成任务的给予通报批评。

二、从"输血"到"造血"

当前，中国的扶贫任务已进入攻坚克难的重要阶段，党的十八届五中全会以来，"脱贫攻坚战"一词出现的频率越来越高。习近平总书记指出："脱贫攻坚已经到了啃硬骨头、攻坚拔寨的冲刺阶段，必须以更大的决心、更明确的思路、更精准的举措、超常规的力度，众志成城实现脱贫攻坚目标，决不能落下一个贫困地区、一个贫困群众"。李克强总理强调，既要注重"输血"，也要增强"造血"功能。现阶段，一味地靠国家"输血"显然是会"营养不良"的，只有靠自身充分"造血"，才能实现健康长久发展。

"输血"，顾名思义，就是直接输入血液。就扶贫工作而言，就是直接对贫困户给予物质、资金上的帮扶。在传统扶贫中，这种帮扶手段见效快、效果好。很多贫困户都喜欢这种看得见"实惠"的帮扶手段。然而，"输血"扶贫却存在很大的局限性。首先，"输血"扶贫模式侧重于钱财物的发放，只能解一时之'贫'，却不能根除贫困之源；其次，输血扶贫救助的贫困人口一直处在普遍的被动接受状况，生活热情和生产积极性未得到充分激发和调动，反而养成了一种惰性心理，也就是说这种扶贫模式容易使贫困者养成"等、靠、要"的消极依赖心理；最后，输血扶贫不能充分利用各种资源，造成资源的浪费。上述事实表明："输血"扶贫已经不能适应近年来的社会新变化，不仅农村返贫率较高，而且不能从根本上帮助贫困者有效脱贫。因此，"输血"模式主要应该针对失去劳动力的贫困户使用，比如老年人、重病、残疾等人群，只有给予必要的政策兜底、资金帮扶，才能改善他们的生活。

"造血"就是帮助产生造血功能。就扶贫工作而言，就是扶贫主体通过投入一定的扶贫资源扶持贫困地区和农户改善生产和生活条件、发展生产、提高教育和文化科学水平，帮助贫困户找到致富手段，使其走上自我发展之路，以促使贫困地区和农户生产自救，逐步走上致富路的扶贫行为方式。"造血"的基本思路是"采取项目开发、科技培训、专业合作等措施来提升农村整体生产力，改进生产方式，以增强贫困者自身的造血机能"。"造血"扶贫最大的优点就是能够为贫困地区和贫困人口脱贫致富打下基础、创造条件、提供支持，通过激发贫困地区和贫困人口自身的积极性和创造力。显然，"造血"模式，运作较复杂、风险较大、见效比较缓慢，需要帮扶者俯下身子、沉下心，找准适合贫困户的项目，通过技术、产业等形式脱贫。因此，"造血"比简单的"输血"更加考验各级党委和政府的智慧，更加需要各级党委和政府走进群众，了解群众的意愿和需要，明确方向和目标，汇聚民智，让地上跑的"丑小鸭"变成展翅高飞的"白天鹅"。诺贝尔经济学奖获得者、美国芝加哥大学的西奥多·舒尔茨教授在他的代表作《改造传统农业》一书中，提出了贫困农民"贫困而有效"的结论。他认为，贫困人口同样有能力根据自己掌握的知识、技能、经验、信息和可利用的基础设施等条件，使其可支配的资源配置最优化。外部帮扶应从增加知识、技能、经验和信息以及改善基础设施条件等方面入手，激活贫困村和贫困户内生的发展潜力。

综上所述，要实现脱贫致富，"输血"扶贫虽能在短期内见成效，但毕竟只能治标，不能治本。也就是说，要实现脱贫摘帽，光依靠"国家的手来拉，干部的手来推"是不够的。古语说得好："授人以鱼，三餐之需；授人以渔，终生之用。"这就告诉我们，在扶贫工作中，要避免一味"输血"，给贫困户造成"不劳可获"的假象。在"输血"的同时，要通过扶志气、扶智力、扶技能、扶产业等方式强身健体，重塑"造血"功能，通过外在"输血"和内在"造血"相结合，剔除"贫困细胞"，拔掉"穷根儿"，根治"贫病"。这样，农村贫困人口才能如期实现脱贫致富奔小康。

现在，有的地方扶贫实践中之所以会出现"返贫现象"，一个很重要的原因就是贫困群众缺乏持续致"造血"的智慧与能力，缺乏发家致富的志气与勇气。党中央的扶贫政策再精准再完善，也只是贫困群众脱贫的外因；外因只有通过内因才能发挥作用。内因是什么？是贫困群众的主观能动性。授人以鱼，再多的鱼，也有吃完的那一天；只有授人以渔，鱼才能源源不断。

三、从"反复扶"到"防返贫"

"扶贫效果不彻底，刚脱贫就又陷入贫困，不得不再次扶贫"——这种现象的反复出现，是扶贫工作中一个需要引起高度重视的问题。返贫现象尽管表现在少数贫困户身上，却影响到贫困乡村整体脱贫目标的实现。如果这个问题解决不好，在扶贫上花再多的精力，最后也只能是打了水漂，如果任其发展，势必会影响全面小康的进程。返贫的原因有很多，有的是没有扶到点上、根上；有的是贫困户自身的思想观念原因；有的是缺少致富门路和发展资金、失业、自然灾害或突发事件、家庭成员重病或残疾、子女上学和婚丧嫁娶负担、生育负担等因素引起的。换句话说，返贫现象是自然、社会、观念等多种相关要素共同作用的结果。为防范返贫，提高脱贫巩固率，我们要综合施策、多措并举，实行政策性保障兜底，并运用法律法规手段管理扶贫资金，对革命老区给予更多资金、项目、政策的倾斜。

（一）加强对群众的思想教育，从思想上筑起防返贫的坚强防线

一些贫困村、贫困群众的扶贫工作，主要还是靠驻村工作队、帮扶干部在后面推着干、前面拖着走。但是，脱贫决不能仅仅靠政府把群众拖出贫困、推出贫困，说到底还是要靠群众自己干起来。正如一位扶贫干部所说，政府能做的只是决策、引导、发动、帮助，而真正的主体是广大贫困农民。不明白这一点，"扶贫羊"变成"餐桌羊"的故事，一个扶贫项目7天就垮掉的荒诞故事仍有可能重演。

那么，到底如何改变政府干、群众看的局面？首先，要教育群众深刻认识返贫的危害性。返贫现象的发生，不仅增加扶贫攻坚的难度，而且出现多次返贫后，使人们自卑自贱、消极畏难，对脱贫的信心会越来越小，丧失脱贫的斗志。其次，要教育群众克服"等、靠、要"的思想。要对他们进行"懒惰可耻贫困不光彩、勤劳致富才光荣"的思想教育，帮助他们解放思想，转变观念，摒弃小农意识，树立与市场经济发展要求相适应的竞争观念、科技观念、风险

观念等，使他们从思想上"要我脱贫"变为"我要脱贫"。再次，要教育群众改变生育观念。教育群众转变"多子多福"的旧传统生育观念，走少生、优生、快富的路子；最后，要教育群众转变消费方式，做到能挣钱会花钱，把钱主要用在发展经济上，进一步增强防返贫的后劲。

（二）促进贫困地区基本公共服务均等化，构筑稳定脱贫的根基

完善基本公共服务体系既是扶贫开发的重要内容，也是各级党委和政府的重要职责。基本公共服务可以提高贫困地区农业生产率、增强贫困地区人口的发展能力、降低贫困地区的脆弱性，因此将基本公共服务纳入反贫困的政策框架中是十分必要的。

各级党委和政府必须下大工夫、花大力气，促进基本公共服务向贫困地区延伸、覆盖，不断加大中央财政对贫困地区基本公共服务领域的倾斜力度，提高贫困地区基本公共服务的均等化程度。首先，要持之以恒地下大力改善基础设施建设，尤其是与人民生产生活息息相关的道路设施、农田水利、危房改造、安全饮水、电力、广播电视、通信网络等方面的建设，切实改善贫困地区生产生活条件。对于改善价值太小的地区，要严格按照"群众自愿、因地制宜"的原则，实行异地搬迁。其次，要优先发展贫困地区的教育事业，统筹发展农村义务教育、职业教育和学前教育，科学规划学校布局，加快乡村幼儿园和师资队伍建设，让广大农村适龄儿童就近就地入园入学，不能让贫困地区孩子输在起跑线上。对于进入高校学习的贫困学生，政府和高校必须真正落实各项资助制度，尽可能解决家庭教育费用支出造成的返贫问题。然后，在医疗卫生方面，要强化贫困地区医疗卫生服务，加强乡镇卫生院和村卫生室标准化建设，建立县乡村三级卫生服务网络，健全农村疫病防控体系，加强贫困地区乡村医生队伍建设，全面落实基本医疗制度，减少因病致贫发生。最后，要满足群众日益增长的文化需求，加大贫困乡村文化设施建设力度，广泛开展各种文化惠民活动，丰富贫困乡村群众文化体育生活。

（三）提高贫地区社会保障水平，构建预防性返贫战略

"去民之患，如除腹心之疾"。社会保障体系是保障社会成员基本生活条件的措施，也是一项社会公平制度。社会保障具有防止非贫困的社会成员沦为贫

困群体及帮助贫困的社会成员摆脱生活困境的双重功能，这从根本上决定了社会保障在脱贫攻坚中的重要作用。

各级党委和政府要着力提高自身服务群众、凝聚人心、推动发展、促进和谐的能力，积极为贫困地区、贫困群众解决社会保障方面的难题。首先，要把因缺少劳动力和收人造成的生活困难家庭，因病灾及残疾致贫的家庭和无劳动能力、无生活来源和和无法定抚养人的老年人、未成年人和残疾人等纳入到社会保障对象的范围内，通过对这部分人实施社会保障，使之逐步脱离贫困。其次，要以救济式扶贫为主，发挥社会救助制度在反贫困中的兜底性作用。最低生活保障制度要重点覆盖丧失劳动能力、无法通过产业扶持和就业帮助实现脱贫的贫困人口。对在一定的自然和市场风险下极易返贫的贫困户，政府也要加大对他们的社会保障扶持力度，实现应保尽保，防止他们再度陷入贫困。最后，要根据本地实际，建立健全与扶贫政策相衔接的城乡居民基本养老保险、医疗保险等社会保障制度，逐步提高社会保障的标准，实现最低生活保障制度与扶贫开发政策的协调一致。

（四）注重人力资源开发，从根本上解决返贫问题

人力资本是现代经济发展的内生变量，是解决返贫问题的根本因素。返贫现象大多数是因为脱贫者缺乏稳定的、持久的致富技术和能力。只有通过开发人力资源，才能开发科技含量高、能占领市场的产品，才能提高抵御风险的能力，从根本上解决返贫问题。

因此，在扶贫攻坚中，必须把人力资源开发当作治穷治本的一件大事来抓，并采取切实有效的措施，切实提高贫困人口综合素质。首先，要提高贫困地区群众的技能水平，即扩大实用技术培训，使贫困地区的有劳动能力的人员都能有1~2项实用技能资格认证，从而提高他们的实用技术水平和经营管理能力。其次，要培育科技致富典型。通过专业大户、致富状元和多种经营能手典型带动，使广大农民群众在学中干、干中学，不断掌握稳定脱贫、防范返贫的实际本领。最后，要在开发人力资源过程中实行扶抑并重。在开发贫困地区人力资源的过程中除提高技能水平外，还应加强计划生育的宣传，严格控制贫困人口的过快增长，特别是抑制那些身体素质缺陷和障碍严重的人口再生产，以缓解低素质劳动力快速度、高剩余的供给。

四、从"单打独斗"到"兵团作战"

传统的扶贫工作主要是政府唱主角,几乎没有其他社会力量投入。此外,改革开放以来相当长一段时间,我国市场经济的发育程度和国际社会的参与度都较低,还无法培育多元化的扶贫主体,政府唱主角的扶贫模式是历史必然的选择。随着时代的发展和全面建成小康社会目标的接近,这种扶贫模式已经明显不适应形势任务的要求。首先,政府单打独斗,形不成社会合力,导致扶贫力量分散"碎片化",扶贫收效见微。同时,在政府唱主角的扶贫模式中,扶贫项目、资金分配的决策权、使用权和控制权掌握在政府手中,在实践中常常会出现资源的误配置和扶贫的低效率,无法达到资源配置的最优状态。而且单对政府部门而言,国家资金管理权也分散在各主管部门,各自为政、各自强调部门利益,缺乏统筹安排的问题较为突出,难以形成扶贫攻坚的合力,国家政策难以落实,最后只能是一句口号。如不改变,要在2020年彻底摆脱贫困,全面建成小康社会,任务十分严峻。

众人拾柴火焰高。扶贫攻坚是全党全国全社会的一件大事,也是我们全面建成小康社会的重要内容,所以扶贫不只是党和政府的事,也不单是贫困群众的事,而是全国、全社会共同的事。正如习近平总书记强调的,全面小康"一个都不能少"。扶贫必须改变过去"撒胡椒面"的办法,不能再各唱各的调,各吹各的号,要万众一心,追求聚合效应,共同来完成脱贫攻坚工作。我国已将每年的10月17日设为"扶贫日",有志于扶贫事业的人士将"1017"谐音为"邀您一起",意在最广泛地动员社会力量投入扶贫济困工作。目前,专项扶贫、行业扶贫、社会扶贫等多方力量互为支撑,拓展着全新的扶贫格局。从各方"单打独斗"到"兵团作战",这也是精准扶贫思维的重要体现。

(一)充分发挥各级党委和政府的主导作用

以习近平同志为核心的党中央向全国人民做了庄严的承诺。各级党委政府和领导干部都应认真贯彻落实习近平总书记的指示精神,以讲政治的高度拿出干劲,多方突破,切实将各项措施落实到扶贫工作中来。

第一,加大对贫困地区的政策支持力度。贫困问题由来已久,有地理环境导致的贫困，也有因病致贫，还有因家庭结构导致的结果。俗话说，给金给银不如给政策。一条好的政策，牵动的是一个地方脱贫攻坚的思想、思路和举措，往往能起到化腐朽为神奇的作用。

第二，充分发挥政府各职能部门的作用。各级扶贫领导组成员单位结合各自职能，将业务工作与精准扶贫的要求有效衔接，围绕改善贫困地区生产生活条件和提升产业发展水平，在制定政策、分配资金、安排项目时向贫困地区、贫困户倾斜，组织实施好贫困村道路、水利、农村电网改造、学校、卫生院、文化活动场所、危房改造等基础设施工程和社会事业发展工程，合力推动贫困地区的小康建设步伐。同时，要全面落实"单位包村、干部包户"定点帮扶制度，进行点对点帮扶和支持。各帮扶单位要充分发挥行业优势和自身特点，创新帮扶形式，做到帮扶重心下移，措施到位有效，工作到村，帮扶到户，多渠道筹措帮扶资源向贫困地区倾斜。与此同时，定期选派优秀中青年干部挂职扶贫、驻村帮扶，切实解决贫困地区经济社会发展中的突出问题。

第三，加强政府各部门的协作沟通。实施精准扶贫精准脱贫不只是哪个部门的事情，而是全社会的共同任务和使命。为实现到2020年全面建成小康社会的奋斗目标，各部门单打独斗是行不通的，只会造成精准扶贫精准脱贫工作事倍功半。这就需要各级各部门齐心协力、共同担当、资源共享、信息互通。例如：住建部门提供房产信息，民政部门提供最低生活保障情况，社保部门提供社保资金发放情况，林业部门提供林权持证情况，农业部门提供良种补贴发放情况，国土资源部门提供土地承包情况，公安交通部门提供车辆持有情况，金融部门提供信贷情况等等。同时，还需要实现上下级之间沟通渠道畅通无阻，也就是通过一个大数据平台来实现中央、省、市、县、乡信息共享。只有这样，才能避免统计数据失真、对困难户识别不准确情况，精准扶贫精准脱贫工作才能取得更好成效。

第四，建立脱贫攻坚考核评估体系。中央出台了省级党委和政府扶贫开发工作成效考核办法。从2016年到2020年，每年开展一次考核，由国务院扶贫开发领导小组组织进行。主要考核减贫成效、精准识别、精准帮扶、扶贫资金使用管理等方面，涉及建档立卡贫困人口减少和贫困县退出计划完成、贫困地区农村居民收入增长、贫困人口识别和退出准确率、群众帮扶满意度、扶贫资金绩效等指标，树立脱贫实效导向，确保脱贫攻坚质量经得起实践和历史检验。

第五，脱贫攻坚工作要切实防止形式主义，不能搞花拳绣腿，不能搞繁文缛节，不能做表面文章。一段时间以来，一些材料反映，一些地方为了做到精准识贫、精准扶贫，搞了一大堆表格要下面填写。一些基层干部忙于填写各类表格，加班加点，甚至没有时间进村入户调研办实事。还有一些表格需要贫困群众亲自填报，但表格设计太复杂，填写项目太多，而且有很多术语，农民也弄不清楚。这类问题要注意纠正，精准识贫、精准扶贫要坚持，但要讲究科学、讲究方法、讲究效率，把各方面信息集中起来，建立信息库，实现信息资源共享。

（二）充分发挥贫困地区群众的主体作用

在脱贫攻坚中，党和政府能提供的只是政治和资金保障，"拔苗"毕竟不能"助长"。"乞火不若取燧，寄汲不若凿井。"贫困群众脱贫还得依靠自己，还得自身寻找致富的门路。党和政府提供了保障，优惠政策、创业贷款资金、产业引导看起来都是很多有利条件，但是如果只是"衣来伸手，饭来张口"何谈脱贫致富。现在，一些地方出现干部作用发挥有余、群众作用发挥不足现象，"干部干，群众看""干部着急，群众不急"。一些贫困群众"等、靠、要"思想严重，"靠着墙根晒太阳，等着别人送小康"。所以，我们的贫困群众务必自己行动起来，不管是因病致贫，还是因地域偏僻、因无资源可利用等原因，都要积极从自身寻找突破口。有了脱贫意愿，还得有脱贫的行动，不能以"贫困"为借口，只知伸手要"救济"。自救者，人恒救之；自爱者，人恒爱之。各级党委和政府要引导群众参加扶贫项目建设，积极树立推广先进典型，鼓励支持群众实施自建工程。要注重调动贫困群众的积极性、主动性、创造性，注重培育贫困群众发展生产和务工经商的基本技能，注重激发贫困地区和贫困群众脱贫致富的内在活力，注重提高贫困地区和贫困群众自我发展能力。与此同时，贫困群众自身也应当借着脱贫攻坚的东风，扬帆起航，找到适合自己的脱贫之路。

（三）引导各方面力量以多种形式参与扶贫开发

扶贫工作是一项系统性工程，涉及的人口众多、区域众多、领域众多，绝不是某一个地方某一个领域某一部分人的事情，也绝不是单靠政府或者贫困群众自身的力量就能完成的任务，而是要团结凝聚全社会各方面的力量，特别是要整合各类企业、社会组织、军队以及公民个人的力量，以多种形式参与扶贫开发，让他们成为脱贫攻坚的重要力量，共同为精准脱贫攻坚战开辟出一条大道。

第一，大力倡导企业扶贫。一方面，强化国有企业帮扶责任。深入推进中央企业定点帮扶贫困革命老区"百县万村"活动。用好贫困地区产业发展基金。引导中央企业设立贫困地区产业投资基金，采取市场化运作，吸引企业到贫困地区从事资源开发、产业园区建设、新型城镇化发展等。继续实施"同舟工程——中央企业参与'救急难'行动"，充分发挥中央企业在社会救助工作中的补充作用。地方政府要动员本地国有企业积极承担包村帮扶等扶贫开发任务。另一方面，引导民营企业参与扶贫开发。要让民营企业愿意投身到扶贫事业之中，就不能单讲社会责任，而是要坚持义利并重。关键是要激发企业到贫困地区投资的积极性，使企业愿意来、留得住、发展好。要把握好供需关系，让市场说话，不能搞长官意志、乱点鸳鸯谱。要鼓励民营企业积极承担社会责任，充分激发市场活力，发挥资金、技术、市场、管理等优势，通过资源开发、产业培育、市场开拓、村企共建等多种形式到贫困地区投资兴业、技能培训、吸纳就业、捐资助贫，参与扶贫开发，鼓励引导民营企业与贫困村开展结对共建，发挥辐射和带动作用。对推动贫困地区形成市场活力，培育壮大贫困村集体经济和帮助贫困人口增收致富，意义重大。同时，要鼓励支持民营企业在扶贫过程中挖掘商机，开拓市场，要注重按照市场规律办事，努力实现多赢格局。

第二，积极引导社会组织扶贫。社会组织有人员，有技术，能够有效解决贫困群众智力方面的不足，而贫困地区也是这些社会组织提供了新的发展领域，只要能有效配合，必然是双赢的格局，这还有利于减少政府的行政指导风险，使扶贫效率更高。社会组织扶贫通常以特定的项目为载体，以特定的群体为目标，指向清晰、互动性强。支持社会团体、基金会、民办非企业单位等各类社会组织积极从事扶贫开发，鼓励其创建各类形式的扶贫公益项目，打造优秀扶贫公益品牌。各级政府和有关部门应对社会组织开展扶贫活动提供信息服务、业务指导，鼓励其参与社会扶贫资源动员、配置和使用等环节，建立充满活力的社会组织参与扶贫机制。

第三，注重发挥军队帮扶作用。人民军队爱人民，人民军队人民爱。军队和人民之间的鱼水情，不仅体现在群众拥军援军上，而且体现在军队帮助困难群众上。军队帮扶，重点是把地方所需、群众所盼与部队所能结合起来，优先扶持家境困难的军烈属、退役军人等群体。发挥思想政治工作优势，深入贫困地区开展脱贫攻坚宣传教育，组织军民共建活动，传播文明新风，丰富贫困群众精神文化生活。发挥战斗力突击力优势，积极支持和参与农业农村基础设施建设、生态环境治理、易地扶贫搬迁等工作。发挥人才培育优势，配合实施教育扶贫工程，采取军地联训、代培代训等方式，帮助贫困地区培养实用人才，培育一批退役军人和民兵预备役人员致富带头人。发挥科技、医疗等资源优势，促进军民两用科技成果转化运用，组织对口帮扶贫困县县级医院，开展送医送药和巡诊治病活动。帮助革命老区加强红色资源开发，培育壮大红色旅游产业。

第四，广泛动员个人志愿者扶贫。各级党委和政府要大力弘扬社会主义核心价值观，积极倡导"我为人人，人人为我"的全民公益理念，大兴友善互助、守望相助的社会风尚，开展丰富多样的体验走访等社会实践活动，畅通社会各阶层交流交融、互帮互助的渠道。创新完善人人皆愿为、人人皆可为、人人皆能为社会扶贫参与机制，引导广大社会成员通过爱心捐赠、志愿服务、结对帮扶等多种形式参与扶贫。

第五，注重开展扶贫国际交流合作。坚持"引进来"和"走出去"相结合，加强国际交流合作。引进资金、信息、技术、智力、理念、经验等方面的国际资源，服务我国扶贫事业。通过对外援助、项目合作、技术扩散、智库交流等形式，加强与发展中国家和国际机构在减贫领域的交流合作，加强减贫知识分享，加大南南合作力度，响应联合国2030年可持续发展议程，增强国际社会对我国精准扶贫精准脱贫基本方略的认同，提升国际影响力和话语权。

现代社会是一个资源共享、信息共享、协调发展的时代，这就决定了我们做任何事业都不可能"单打独斗"了。"精准脱贫攻坚战"作为当前全面小康建设的要事大事，更是离开不了全社会各方面的力量汇聚。在"政府主导、群众主体、社会参与"的大扶贫格局下，全面小康已经近在咫尺。我们坚信，沿着党中央擘画的精准扶贫战略的路子，依托全社会合力的推动，必将如期实现到2020年贫困人口脱贫的目标。

五、扶贫辩证法：实践中要处理好六个关系

我们正在进行的脱贫攻坚战是一场前无古人的伟大战役，是人类减贫史上的光辉篇章。要打赢这场战役，我们没有先例可循，没有成法可效，只能靠我们自己解放思想、大胆探索，在摸着石头过河和注重对扶贫的顶层设计中走出一条具有中国特色的扶贫之路。马克思主义经典著作虽然没有为我们提供摆脱贫困的具体方案，但马克思主义关于历史唯物主义和辩证唯物主义的主要原理，却为我们认识和改造世界提供了强大的思想武器，是我们打赢这场精准脱贫攻坚战的根本遵循。习近平总书记在二十多年前出版的《摆脱贫困》一书中就明确提出，在进行扶贫开发实践时，必须正确处理好六个重要关系。可以说，习总书记的这一"扶贫辩证法"，是对马克思主义理论的实践创新，是指导我们推进扶贫开发工作的行动指南。

第一，处理好长期目标和近期规划的关系。马克思在《〈政治经济学批判〉序言》中说："人类始终只提出自己能够解决的任务，因为只仔细考察就可以发现，任务本身只有在解决它的物质条件已经存在或至少是在形成过程中的时候，才会产生。"习近平总书记指出，经济发展需要长期目标和近期规划的相互结合。对于精准扶贫精准脱贫工作来讲，既要避免把近期难以实施的远期目标超前化，又要防止把近期规划简单化，即着眼点只能放在切实可行的基础上，远期目标只能脚踏实地地逐步实现。

第二，处理好经济发展速度与经济效益的关系。经济发展速度与经济效益的关系，是决定和影响国民经济运行质量的重要关系。因此，必须正确处理好速度和效益的关系。习近平总书记指出，应该在追求更高效益的基础上来促进发展速度与经济效益的统一。"欲速则不达"，应当看到，立足于追求高速度，往往对资源挤榨过甚，整个经济生活没有回旋余地，不恰当的速度会对生产力发展产生一种破坏作用。因此，在精准扶贫精准脱贫工作中，要正确认识和处理好经济发展速度与经济效益之间的关系，彻底克服以挂那种单纯地重速度、轻效益，确保我国经济运行中较高的速度与质量二者兼得，使国民经济在一段较长时期能够持续、健康发展。

第三，处理好资源开发与产业结构调整的关系。资源开发与产业结构调整是密切相关的。习近平总书记指出，不论是发达国家还是发展中国家的区域经

济发展，如果没有正确地制定产业政策，结构生产力得不到充分释放，经济增长就不可能取得应有的速度和效益。因此，在精准扶贫精准脱贫工作中，贫困地区的产业结构调整，要根据本地区的资源和生产力状况制定出相应的主导产业以及产业群体。主导产业可以实行投资倾斜政策，使之超前发展，并通过主导产业的上下游联系带动其他相关产业的发展。对于原料充足、市场销路看好的产业，要采取有力措施，促其上规模、上批量，追求规模经济效益。此外，在立足于本地区资源的加工利用的基础之上，要适当利用相当数量的外来原料。

第四，处理好改革开放与扶贫的关系。改革开放作为一场新的伟大革命，放手让一切劳动、知识、技术、管理和资本的活力竞相迸发，让一切创造社会财富的源泉充分涌流，以造福于人民。习近平总书记指出，改革开放和扶贫，出发点和归宿都是为了市场经济的发展，所以都应统一于商品经济规律的运动之中。首先，改革开放和扶贫有一定差异，具体地表现在两者都有自己的运动形式和规律，所以必须有不同的政策和措施；其次，改革开放和扶贫彼此融合，所以我们提倡的是，用改革开放意识来推动扶贫工作和在扶贫工作上运用改革开放政策；再次，改革开放和扶贫相互依存，互相促进，扶贫的成果将是改革开放的新起点，改革开放将使扶贫工作迈向新台阶，所以我们必须争取整体功能效益。因此，在精准扶贫精准脱贫工作中，要坚持改革开放，不断深化金融扶贫、电商扶贫、旅游扶贫和资产扶贫工作，着力解决脱贫攻坚工作中出现的难点问题。

第五，处理好科技教育与经济发展的关系。教育是人类文明进步的重要标志，更是社会经济发展的重要动力源泉。习近平总书记指出，经济的不发达，决不能成为不办科技教育的理由。相反，正因为经济不发达，我们更要有兴办科技教育的动力和压力。对贫困地区来说，要强调科技教育对经济发展的重大意义，但由于经济实力有限，科技教育又面临着资金不足的局面，于是矛盾就出现了。科技教育和经济发展的矛盾只是提醒我们注意：首先，要用长远的战略眼光来看待科技教育，要把科技教育作为经济社会发展的头等大事来抓；其次，在经济实力不足的情况下，要讲求办科技教育的效益；再次，要努力把科技教育的热能转化为经济发展的动能，既强调科技教育的普及，又讲究科技教育的实效。因此，在精准扶贫精准脱贫工作中，要充分发挥教育扶贫的人才、智力、科技、信息优势，提高贫困家庭脱贫能力，遏制贫困代际传递，为精准扶贫、全面小康注入强大正能量。

　　第六，正确认识脱贫致富和建设精神文明的关系。建设社会主义精神文明是建设有中国特色社会主义的重要战略任务，能够为全国各族人民的不断前进提供坚强的思想保证、强大的精神力量、丰润的道德滋养。习近平总书记指出，精神文明建设是实施脱贫致富战略的重大内容之一。移风易俗，提倡文明的健康的生活方式是脱贫致富的必要条件。我们应当有意识地从政策上规范人们的行为，引导人们把生活建立在文明健康的共产主义道德轨道上来。文明礼貌、爱护公物、遵守公共秩序、维护社会治安、尊重他人、洁身自好、尊老爱幼等等都是文明社会所不可缺少的。因此，在精准扶贫精准脱贫工作中，要大力加强贫困地区和困难群众的精神文明建设，帮助贫困户改变传统保守、不求进取、等靠要的思想和一些不良的生活习惯，把贫困户"想甩掉贫困帽子、不当穷人"的思想愿望激发出来，把"发家致富"的脱贫行动带动起来，通过精神的力量让贫困户振奋思想"醒过来"，主动参与脱贫"动起来"，最后脱贫致富"站起来"。

第四章 "时间表""任务包"和"路线图"

——精准扶贫精准脱贫基本蓝图

党的十九大报告指出,改革开放之后,我们党对我国社会主义现代化建设作出战略安排,提出"三步走"战略目标。解决人民温饱问题、人民生活总体上达到小康水平这两个目标已提前实现。在这个基础上,我们党提出,到建党一百年时建成经济更加发展、民主更加健全、科教更加进步、文化更加繁荣、社会更加和谐、人民生活更加殷实的小康社会,然后再奋斗三十年,到新中国成立一百年时,基本实现现代化,把我国建成社会主义现代化国家。全面建成小康社会核心要义在"全面",重点方向在"脱贫",如何制定好脱贫攻坚"时间表""任务包""路线图",在短时间内使全国众多贫困人口摆脱贫困,过上更加美好的生活,努力补齐民生保障的短板,是当前重大而紧迫的发展硬任务。围绕落实脱贫攻坚决策部署,着力构建适应精准扶贫需要、强力支撑的政策体系。十八大以来,中共中央、国务院出台扶贫文件5个,中共中央办公厅、国务院办公厅出台扶贫文件20个,启动实施"十三五"脱贫攻坚规划。中央和国家机关各部门出台政策文件或实施方案227个,形成政策合力。各地也不断完善"1+N"脱贫攻坚系列文件,内容涉及产业扶贫、易地扶贫搬迁、劳务输出扶贫、交通扶贫、水利扶贫、教育扶贫、健康扶贫、金融扶贫、农村危房改造、土地增减挂钩、资产收益扶贫等,瞄准贫困人口,因地制宜,分类施策。

一、脱贫攻坚"时间表"

站在脱贫攻坚新的历史起点上,党的十八届五中全会谋划"十三五"时期经济社会发展时,统筹规划全国贫困地区和人口,将脱贫攻坚作为全面建成小康社会的底线目标进行部署，明确到2020年我国在现行标准下农村贫困人口实现脱贫，贫困县全部摘帽，解决区域性整体贫困。

2015年11月，党中央召开扶贫工作开发会议，习近平总书记、李克强总理发表重要讲话，出台了《中共中央、国务院关于打赢脱贫攻坚战的决定》（以下称《决定》），对"十三五"脱贫攻坚做出了全面部署。这次中央扶贫开发工作会议可以说是历来扶贫会议中最高规格的一次，吹响了消除绝对贫困、决胜小康社会的号角。习近平总书记在会上强调指出，脱贫攻坚已经到了啃硬骨头、攻坚拔寨的冲刺阶段，必须以更大的决心、更明确的思路、更精准的举措、超常规的力度，众志成城实现脱贫攻坚目标，绝不能落下一个贫困地区、一个贫困群众。面对脱贫攻坚决战，因循守旧没有出路，墨守成规没有出路，必须以打破常规的力度实施局限在条条框框的举措，才能攻克全面建成小康社会路上这个最大的"拦路虎"。

这次意义重大的扶贫工作开发会议为"十三五"时期进行脱贫攻坚制定了总体时间表，在时间上明确了全面建成小康社会的脱贫总体安排，主要体现在以下几个方面：

（一）打赢攻坚战

《决定》要求到2020年，稳定实现农村贫困人口不愁吃、不愁穿，义务教育、基本医疗和住房安全有保障。实现贫困地区农民人均可支配收入增长幅度高于全国平均水平，基本公共服务主要领域指标接近全国平均水平。确保我国现行标准下农村贫困人口实现脱贫，贫困县全部摘帽，解决区域性整体贫困。全面建成小康社会时间节点日渐迫近，扶贫开发任务艰巨而繁重。形势逼人，时不我待。创新思路、凝神聚力，以精准、精准、再精准来啃下这块扶贫攻坚的"硬骨头"，是一场严峻的历史大考。"绝不能让一个少数民族、一个地区掉队"，这是一份庄严承诺，更是一种使命责任。各级党委和政府务必要科学谋划、攻克难关、只争朝夕，把扶贫攻坚各项任务落到实处，为如期全面建成小康社会交上一份令党和人民满意的合格答卷。

（二）适度留出缓冲期

全面建成小康社会要求2020年贫困县全部"摘帽"的目标，贫困帽怎摘，摘掉的标准是什么，广大干部群众十分关注。截至2015年底，我国共有592个国家扶贫开发工作重点县，14个集中连片特困地区有680个连片特困地区县。剔除其中重合部分，共有832个县区享受国家相关扶贫政策。习近平总书记指出，要设定时间表，实现有序退出，既要防止拖延病，又要防止急躁症。中国社科院农村所研究员李国祥表示，设定时间表凸显出中央稳步推进脱贫工作的决心，同时也是向贫困县党政领导干部发出信号。要留出缓冲期是对扶贫脱贫规律的认识上的深化，在一定时间内实行摘帽不摘政策，有利于各个地区做到真扶贫、扶真贫、真脱贫。此次会议明确摘帽不摘政策，这种'扶上马，送一程'的超常规退出机制，充分考虑到了贫困县的实际情况，有助于贫困地区稳步脱贫、避免返贫，具有合理性。设定时间表凸显出中央稳步推进脱贫工作的决心，同时也是向贫困县党政领导干部提出严格要求，必须把精力真正放到带领贫困群众脱贫致富上，而不是挖空心思向国家要政策福利。

（三）倒排时间表，立下军令状

脱贫攻坚是一项繁重任务，如何确保到2020年实现脱贫目标，打赢这场攻坚战，完成"军令状"就是最好的回答。习近平总书记强调指出，脱贫攻坚任务重的地区党委和政府要把脱贫攻坚作为"十三五"期间头等大事和第一民生工程来抓，坚持以脱贫攻坚统揽经济社会发展全局，要层层签订脱贫攻坚责任书、立下军令状。[①]"军令状"意味着中央将对扶贫工作一抓到底，而脱贫攻坚责任书要层层签订，意味着说明中央对于脱贫攻坚的决心到了空前程度，各级政府必须倒排时间真抓实干，全力完成中央制定的各项脱贫目标。与此同时，脱贫攻坚实绩也将成为选拔任用干部的重要依据，脱贫攻坚第一线将成为考察识别干部、激励各级干部大显身手的重要舞台。中国人民大学反贫困问题研究中心主任汪三贵认为，中央出台的各项脱贫攻坚政策，最终能不能完成，效果好不好，精不精准，主要靠地方党委政府实施，特别是县级以下党委政府，所以必须增强他们的紧迫感、责任感、使命感。

---

① 林晖、王宇：《"史上最高规格"扶贫会透露哪些"超常规"脱贫攻坚信号？》，http://news.xinhuanet.com/politics/2015-11-28/c_1117292280.htm，访问时间：2015年11月28日。

（四）按照时间节点投资金

资金投入是实现脱贫攻坚的重要武器。习近平总书记要求，扶贫开发投入力度，要同打赢脱贫攻坚战的要求相匹配。随着5年脱贫攻坚目标的确定，中央财政专项扶贫资金、中央基建投资用于扶贫的资金等，增长幅度要体现加大脱贫攻坚力度的要求。中央财政一般性转移支付、各类涉及民生的专项转移支付，要进一步向贫困地区倾斜。省级财政、对口扶贫的东部地区要相应向各对口地区和单位增加扶贫资金投入。从历史数据看，从2011年以来，我国年度财政专项扶贫资金不断增长。除财政投入外，金融资金也将成为助力扶贫的一大亮点。中央明确，扶贫投入力度要与打赢脱贫攻坚战的要求相匹配。在财政投入上，2016年中央和省级财政专项扶贫资金首次突破1000亿元，其中中央为667亿元，同比增长43.4%；省级为493.5亿元，同比增长56.1%。2013—2017年，中央财政累计安排财政专项资金2787亿元，年均增长22.7%。"十三五"时期，国家将向省级扶贫开发投融资主体注入约2500亿元资本金，用于易地扶贫搬迁。设立扶贫再贷款，实行比支农再贷款更优惠的利率。鼓励和引导商业性、政策性、开发性、合作性等各类金融机构加大对扶贫开发的金融支持。"十三五"期间我国将对1000万左右贫困人口开展易地搬迁，仅靠财政支持很难完成，需要大量资金。根据相关调研数据，包括征地费用、基建投入、新房建设等，贫困地区平均搬迁一户需要20万元左右的费用，按每户3个人计算，1000万人就需要五六千亿元的资金，这种形势下，就必须加大金融扶贫产品的创新力度。

（五）每年推进一批重大民生工程

到2020年完成相应保质保量民生工程指标，是实现精准扶贫脱贫胜利的关键。国家扶贫战略明确，"十三五"期间，要通过发展产业脱贫3000万人左右，通过劳务输出脱贫1000万人左右，通过易地搬迁、生态转移等措施脱贫1000万人左右，通过社会最低保障制度进行兜底脱贫2000万人左右。通过几大方面的民生工程作为主要渠道，一个时间节点一个时间节点推进，确保按时按期保质保量地完成相应扶贫脱贫人口指标，有利于扶贫脱贫任务的顺利完成。从具体民生工程内容看，扶贫脱贫工作重点难点在于贫困村和贫困户，要因地制宜，因村因户因人施策。各地在实践中，重点通过组织实施干部驻村帮扶工程、职业教育培训工程、扶贫小额信贷工程、易地扶贫搬迁工程、电商扶贫工程、旅游扶贫工程、光伏扶贫工程、构树扶贫工程、贫困村创业致富带头人培训工程、扶贫龙头企业带动工程这十大工程细化民生扶贫脱贫任务，保证在2020年务必深入推进到贫困地区脱贫标准，这是扶贫脱贫攻坚战的主要战场，必须要坚定信心，按时按序、保质保量打赢。

二、扶贫克难"任务包"

打赢脱贫攻坚战，事关能否顺利全面建成小康社会，能否维护好人民根本利益和福祉，能否扎实巩固党的执政基础，能否实现国家长治久安，能否树立我国良好的国际形象。打赢脱贫攻坚战，是落实共享发展理念、促进全体人民共享改革发展成果、实现共同富裕的重大举措，是中国特色社会主义制度优越性的重要体现，也是当前经济发展新常态形势下扩大国内需求、稳定经济增长的重要途径。

在规定的"时间表"下打赢脱贫攻坚战，面临多重矛盾风险挑战和诸多改革发展稳定任务。在脱贫攻坚"时间表"指导下，各级党委和政府必须按照精准施策、脱贫攻坚要求，以重点人口、重点地区、重点领域为着力点，推进脱贫攻坚全面发展，在中央统一部署下坚决完成各项扶贫克难"任务包"，才能确保补齐全面建成小康社会这一短板，绝不让一个地区、一个民族掉队，为全面建成小康社会决胜提供有力保障。

（一）加强重大基础设施建设，破解发展瓶颈制约

对贫困地区而言，基础设施建设的重要性不言而喻。如交通、信息技术等条件改善，就可以进一步改善经济和社会发展的条件，也有利于改善当地投资环境，加快各种资源的开发和利用，为实现当地经济发展提供基本前提。基础设施建设的加快，对于贫困地区尤其是中西部贫困地区来说是一个新的机遇，将会给当地经济发展注入新鲜活力。

重大基础设施建设主要包括交通、水利、电力三大方面建设任务。在交通建设方面，要加大对铁路、公路建设投入力度，加快铁路网和高速公路网覆盖

到贫困地区，提高省道、国道道路标准，改造贫困地区村通硬化路建设，打造便利进出通道，从而构建全面的贫困地区内外联通交通运输体系。现在中国已经进入高铁时代，对地方特别是贫困落后地方来说，搭上高铁这班车，就意味着是一次经济地理格局的重大机遇。2016年修订完善的《中长期铁路网规划》，特别提出了要善于抓住国家中长期"八纵八横"主通道高铁网建设的宝贵时间窗口来进行精准扶贫。在水利建设方面，首先是通过增强水库蓄水和跨区域调水灌溉能力，配备灌溉区域相关节水设备，防范水利风险，建立完善的农业用水保障体系；其次是加大对区域河流、水土流失等治理力度，防范发生危及到村民的地质气象灾害；再次是加强农村饮水安全，保证家家户户都能用上自来水，切实保障村民日常基本生活。在电力建设方面，加强农村地区电网改造升级，增加农村发电量，提升安全服务水平，保持有效供电量和供电指标，在有条件地区发展光伏发电等节能发电工程。通过主攻交通、水利和电力建设三大方面基础设施建设任务，能够为贫困地区提供脱贫致富的最基本前提条件，从而能够突破贫困地区发展最大的瓶颈制约，为后续脱贫攻坚奠定坚实基础。

（二）坚决打赢破解深度贫困这一硬仗

从总的情况和发展趋势看，到2020年完成脱贫攻坚任务的难点就在深度贫困地区。特别是西藏和四省藏区、南疆四地州、四川凉山州、云南怒江州、甘肃临夏州（以下简称"三区三州"）生存环境依然恶劣，基础设施和公共服务缺口依然很大。

打赢深度贫困地区脱贫攻坚战是"硬仗中的硬仗"，我们要充分认识艰巨性复杂性。习近平总书记指出："脱贫攻坚本来就是一场硬仗，深度贫困地区脱贫攻坚更是这场硬仗中的硬仗"。这是习近平总书记立足全局作出的科学判断，目的在于警醒全党对脱贫攻坚的困难不能低估、问题不能回避。我们一定要守住"两不愁、三保障"的底线，坚持"中央统筹、省负总责、市县落实"的管理体制，深入实施精准扶贫精准脱贫基本方略，打好深度贫困地区脱贫攻坚歼灭战。

中央统筹，重点支持"三区三州"。这些地区是全面建成小康社会进程中短板中的短板，是必须克服的难关。要把新增脱贫攻坚资金、新增脱贫攻坚项目、新增脱贫攻坚举措集中于"三区三州"。发挥金融、土地政策作用，加大交通、水利、产业、教育、健康扶贫等支持力度，集中优势兵力打好歼灭战。东西部扶贫协作和对口支援，党政机关定点扶贫、社会扶贫都要向深度贫困地区倾斜，向乡村基层延伸，向"三区三州"发力。

省负总责，解决辖区内的深度贫困问题。除"三区三州"外，全国还有约120个贫困县贫困发生率在18%以上，是全国贫困发生率4.5%的4倍。还有约7.7万个建档立卡贫困村，其中近3万个村的贫困发生率超过20%。这些地区要紧盯自己辖区内最困难的地方，瞄准最困难的群体，扭住最急需解决的问题，组织实施贫困村提升工程，集中力量解决本省范围内的深度贫困问题。

落实部门责任，支持解决特殊困难群体脱贫问题。对"三区三州"外的深度贫困地区和因病因残致贫、住危房、饮水安全保障程度低等特殊困难群体和低保对象，有关行业主管部门要坚持"两不愁、三保障"标准，落实行业主管责任，制定专项计划，加大工作力度，通过调整使用现有资金和落实政策措施，予以统筹支持解决。

（三）综合运用财政金融工具，保证资金有效投入

财政金融是现代经济的核心，也是精准扶贫的关键"武器"。进一步加大财政金融支持力度，是推动贫困地区经济社会加快发展的基本条件。加大中央和地方财政对贫困地区投入，鼓励银行等金融机构下乡解决贫困村、贫困户贷款困难，是扶贫对象脱贫致富的重要途径。第一，扶贫部门要积极做好相关工作，在实施精准扶贫的基础上，主动与财政和金融部门合作，搞好工作对接，共同推进扶贫开发财政转移拨付和金融服务机制的创新与完善。第二，实施扶贫开发政策与财政金融政策有机结合。充分考虑扶贫开发的特殊性，中央与地方财政根据扶贫攻坚需要加大向贫困地区、贫困村、贫困人口投入安排各项民生工程。推进扶贫脱贫专项财政资金使用监督检查机制建设和完善，防止违规使用，保证资金专款专用和在阳光运行。探索建立免担保、免抵押的扶贫小额信用贷款制度。可以更好推动金融扶贫产品的创新，积极探索雨露计划、易地扶贫搬迁实施信用贷款的方式和途径，打造贷款到村到户的新平台。同时，规范完善贫困村互助资金试点。第三，努力营造财政金融扶贫良好环境。扶贫部门要通过建档立卡、摸清底数，提出财政金融扶贫的需求，论证好扶贫项目，组织搞好资金供需对接。在贫困地区普遍建立贫困村、贫困户转移支付便捷通道和信贷诚信体系，改善财政和金融生态，配合财政金融部门在贫困地区形成资金

能够得到最大利用效率的良性机制。在金融融资方面还可以探索设立扶贫贷款风险基金，建立扶贫小额信贷保险，健全风险分散和补偿机制，有效预防金融风险。通过及时宣传金融扶贫的做法和成效，推广金融扶贫的经验，及时表彰诚实守信的贫困农户、专业大户、农民合作社、扶贫龙头企业。

（四）合理有序开发特色资源，培育当地特色产业

特色资源是贫困地区发展特色产业的必由之路。如何把特色资源盘活用好，进而发展壮大特色产业，关系到贫困地区贫困人口生活和收入的主要来源。我国现有农村贫困人口中，有近一半需要通过发展产业脱贫。因此，合理有序开发贫困地区特色资源，做好特色产业扶贫工作，是贯彻落实中央脱贫攻坚重大部署、促进农村贫困人口脱贫致富、全面建成小康社会的重大任务。第一，必须准确把握特色产业的基本特性和基本内涵，结合不同地区的自然资源潜力和产业分布特点，选准贫困地区特色产业，合理确定不同类型贫困地区产业发展的方向和重点。第二，必须要创新支持方式和经营方式，充分发挥新型经营主体的带动作用。在中央统筹规划、地方狠抓落实的扶贫开发工作机制下，创新组织方式，做到分工明确、责任清晰、责任到人、考核到位。充分利用好财政金融资金，聚集社会资本，助推特色产业发展，以贫困人口脱贫增收为目标，完善利益共享机制，确保贫困人口精准受益。第三，各地农业和扶贫开发部门要切实根据中央统一决策部署要求，进一步加强组织领导，做好协调配合工作，各级领导干部带头要真抓实干、主动作为、务实推进，紧紧围绕产业发展精准到村到户到人的要求，做好科学规划。要充分结合各地实际，创新扶贫方式，出台扶持政策，不断完善工作机制，调动各方面特别是贫困农户的积极性，发展特色产业，促进精准脱贫。

（五）积极推进民生工程落实，提升公共服务水平

积极推进民生工程建设是精准扶贫精准脱贫的基本要求。必须坚持把保障和改善贫困地区民生作为各级党政部门工作的根本出发点和落脚点，着力解决广大贫困群众最关心、最直接、最现实的利益问题，在学有所教、劳有所得、病有所医、老有所养、住有所居、幼有所育上持续取得新进展，努力改变贫困地区和贫困群众落后状态。首先，要努力扩大贫困地区人口就业。落实更加积

极的就业政策，突出抓好农村转移劳动力、农村困难人员、农村剩余劳动力就业工作，继续实施零就业家庭就业援助计划，加强劳务输出基地建设，创新职业技能培训方式，提升贫困地区劳动者就业创业能力。其次，要健全贫困地区社会保障体系。坚持全覆盖、保基本、多层次的目标定位，不断提高新农合、新农保、新医保的筹资能力和保障水平，全面建成覆盖贫困农村的社会保障体系。完善贫困人员救助体系，提高大病救助比例，健全社会福利制度，支持发展慈善事业，做好优抚安置工作，关爱残疾人和农村空巢老人、留守儿童等弱势群体。加快保障性住房建设，全面推进农村危房改造，充分发挥住房公积金保障作用，切实改善低收入人群的住房条件。再次，要统筹发展贫困地区社会事业。坚持教育优先发展，推进义务教育均衡发展，将教育资源更多向贫困地区倾斜，普及学前教育和高中阶段教育，大力促进教育公平，努力办好人民满意教育。继续加强贫困学生救助工作，切实解决边远山区学生就读困难。加快发展卫生事业，全面推进基本医疗和公共卫生服务体系建设，提高公共卫生和基本医疗服务水平。积极发展文化事业和文化产业，深入实施文化惠民工程，开展群众性文艺活动，丰富贫困地区群众精神生活。

（六）注重结合生态保护脱贫，实现人与自然和谐共生

党的十九大报告指出，人与自然是生命共同体，人类必须尊重自然、顺应自然、保护自然。人类只有遵循自然规律才能有效防止在开发利用自然上走弯路，人类对大自然的伤害最终会伤及人类自身，这是无法抗拒的规律。报告强调，我们要建设的现代化是人与自然和谐共生的现代化，既要创造更多物质财富和精神财富以满足人民日益增长的美好生活需要，也要提供更多优质生态产品以满足人民日益增长的优美生态环境需要。必须坚持节约优先、保护优先、自然恢复为主的方针，形成节约资源和保护环境的空间格局、产业结构、生产方式、生活方式，还自然以宁静、和谐、美丽。

生态环境是贫困地区经济社会发展的生命线。生态环境脆弱是导致贫困的主要因素，生态问题解决不好，发展难以为继。生态环境也是一种宝贵资源，是一个地区健康发展的坚实基础，在新一轮脱贫攻坚战中，改善生产条件、生态环境，进而改善生存条件、增强发展能力仍是主要发展方向。要想打赢脱贫攻坚战，实现人与自然和谐发展，必须树立绿水青山就是金山银山的绿色发展

理念，遵循自然生态规律和经济发展规律，走好生态脱贫之路。必须辩证地看待和处理贫困地区经济发展和环境保护的关系，遵循发展的客观规律，把脱贫致富与生态良好有机结合起来，必须坚持物质文明建设与生态文明建设、产业竞争力与环境承载力、经济效益与环境效益相统一，探索经济系统与生态系统的互动发展关系机制，主动寻求二者良性互动发展的途径与模式，制定兼顾经济与生态的产业政策，确保经济发展与环境保护同步发展，协调推进。必须树立保护生态环境就是保护生产力，改善生态环境就是发展生产力的意识，坚定不移地在适合的贫困地区实施新一轮退耕还林草、林业资源保护、水源涵养建设、移民迁出生态修复等生态工程。同时要根据当地具体情况大力发展循环经济，盘活绿色资源，从发展林业产业、生态旅游、现代农业等方面挖掘潜力，走生态富民之路。坚决摒弃山清水秀但贫穷落后和生活富裕但环境恶化两种极端现象，必须要有强烈的生态环境忧患意识，下更大的决心，以更有力的措施，将生态文明建设融入到贫困地区经济、政治、文化、社会各个方面的建设和全过程，守住生态底线，坚持保护生态，实现贫困地区生态文明建设与经济社会和各项事业共同发展。

（七）营造脱贫攻坚良好氛围，凝聚强大精神动力

打赢脱贫攻坚战，没有强大的精神动力是不能前行的。必须营造全社会脱贫攻坚良好氛围，凝聚强大精神动力。

第一，注重继承与创新中国特色扶贫开发理论。深刻领会习近平总书记关于新时期扶贫开发的重要战略思想，系统总结我们党和政府领导亿万人民摆脱贫困的历史经验，提炼升华精准扶贫的实践成果，不断丰富完善中国特色扶贫开发理论，为脱贫攻坚注入强大思想动力。

第二，妥善做好脱贫攻坚宣传工作。紧紧围绕中央关于脱贫攻坚最新部署，坚持正确舆论导向，大力宣传我国扶贫事业取得的重大成就，准确解读党和政府扶贫开发的各项政策举措，着重报道各地区各部门精准扶贫精准脱贫丰富实践和先进典型。探索建立国家扶贫荣誉制度，表彰对脱贫攻坚做出杰出贡献的组织或个人。

第三，加强贫困地区乡风村容文化建设。积极培育和践行社会主义核心价值观，大力弘扬中华民族自强不息、扶贫济困传统美德，振奋贫困地区广大干

部群众精神，坚定改变贫困落后面貌的信心和决心，凝聚全党全社会扶贫开发强大合力。倡导现代文明理念和生活方式，改变落后风俗习惯，善于发挥乡规民约在扶贫济困中的积极作用，激发贫困群众奋发脱贫的热情。

第四，提升国际减贫扶贫领域交流合作。通过对外援助、项目合作、论坛交流等多种形式，加强与发展中国家和国际机构在减贫领域的交流合作，积极借鉴国际先进减贫理念与经验，履行国际减贫扶贫责任，对全球减贫事业做出更大贡献。只有通过国内国际以各种实际行动宣传脱贫攻坚行动，从思想上统一行动，才能增强战胜贫困的坚决信心，最终取得脱贫攻坚最后胜利。

三、扶贫脱贫"路线图"

党中央明确的精准扶贫精准脱贫基本方略，就是我们如何扶贫、怎样脱贫的路线图。其核心内容是实现四个转变，实施五个一批，做到六个精准，落实十大工程，可以简称为"四、五、六、十"。四个转变是精准扶贫精准脱贫的工作模式转变，五个一批是精准扶贫精准脱贫分类施策的实现途径，六个精准是精准扶贫精准脱贫具体工作思路的展开，十大工程是实施精准扶贫精准脱贫的重要突破口。

（一）"四个转变"开新局

党中央提出实施精准扶贫精准脱贫方略，标志着我国扶贫开发工作开始实现了"四个转变"：一是创新扶贫开发路径，由"大水漫灌"向"精准滴灌"转变，让资金、项目、措施精准落户到村到人，实现资源高效利用，做到真扶贫、扶真贫、真脱贫。二是创新扶贫资源使用方式，由多头分散向统筹集中转变，集中优势资源打好贫困歼灭战，在短时间内战胜贫困，彻底解决多年贫困局面，走上持续健康发展轨道。三是创新扶贫开发模式，由偏重"输血"向注重"造血"转变，着重提升贫困地区自力更生能力，依靠自身发展，实现脱贫上的真正质变。四是创新扶贫考评体系，由侧重考核地区经济发展指标向主要考核脱贫成效转变，这有利于经济社会整体协调可持续发展，有利于改善民生，促进社会和谐稳定，是全面建成小康社会的底线要求，必须在考核体系上进行改革。"四个转变"反映出以习近平同志为核心的党中央部署扶贫脱贫开发攻坚战的新理念新思想新战略，必将引领我国扶贫脱贫工作不断开拓新境界。

（二）"五个一批"显重点

"五个一批"包括发展生产脱贫一批、异地扶贫搬迁脱贫一批、生态补偿脱贫一批、发展教育脱贫一批、社会保障兜底一批。"五个一批"的目标就是要锁定贫困地区的贫困人口，根据各地实际情况分类施策，以不同形式协调发展，不留锅底，实现全面脱贫。按照既定目标和人物，"十三五"期间，发展生产脱贫一批要重点通过发展产业脱贫3000万人左右，发展教育脱贫一批要重点通过职业技能培训，通过劳务输出脱贫1000万人左右，异地扶贫搬迁脱贫一批和生态补偿脱贫一批要通过易地搬迁、生态转移等措施脱贫1000万人左右，社会保障兜底一批主要是通过社会最低保障制度进行兜底脱贫2000万人左右，全面创新推进教育脱贫、医疗保险和医疗救助脱贫、生态保护脱贫、资产收益脱贫。"五个一批"鲜明体现出脱贫工作分类施策的工作思路，是打赢我国脱贫攻坚战的有效途径。

（三）"六个精准"把方向

习近平总书记在部分省区市扶贫攻坚与"十三五"时期经济社会发展座谈会上提出了"六个精准"：扶持对象精准、项目安排精准、资金使用精准、措施到户精准、因村派人（第一书记）精准、脱贫成效精准。习近平总书记的精准扶贫思路，强调把真正的贫困人口、贫困程度、致贫原因搞清楚，再因户制宜，因人施策，帮助各地各户找到适合他们实际情况的脱贫对策。[1]扶持对象精准主要通过调查贫困情况，进行精确识别，建立贫困档案和贫困记录卡制度，力争将贫困人口分布在哪里、具体贫困现状、致贫原因等彻底搞清楚，解决"扶持谁"的问题，抓住主要矛盾对象，做到精准到户到家；项目安排精准和资金使用精准主要是通过引导贫困群众参与脱贫规划制订，做到项目跟着规划走，资金跟着项目走，项目资金跟着穷人走，因村因户因人分类施策，搞清楚什么扶

---

[1] 李警锐、洪蔚琳：《攻克最后堡垒 习近平发出脱贫"总动员令"》，http://politics.people.com.cn/n1/2016/0806/c1001-28616185.html，访问时间：2016年8月6日。

贫对象适合什么项目安排，具体项目适合分配多少资金，做好精准对接，解决"怎么扶"的问题；措施到户精准主要是在项目到位、资金到位情况下通过坚持一切从实际出发，针对不同地区的不同贫困问题的特点有针对性制定脱贫措施，保证项目资金都用在刀刃上，发挥最大效益。因村派人（第一书记）精准主要是通过向贫困村选派第一书记和驻村工作队，强化组织人力保障，增强一线扶贫力量，解决"谁来扶"的问题；脱贫成效精准主要是通过明确贫困退出标准、程序和核查办法，严格规范贫困退出，确保贫困人口、贫困村、贫困县稳定脱贫、有序退出，解决"如何退"的问题。

（四）"十大工程"要先行

有计划有步骤地实施一批重点工程，是推进精准扶贫精准脱贫的重要载体。扶贫脱贫工作重点难点在于贫困村和贫困户，改进扶贫脱贫工作，必须要瞄准贫困村和贫困户建档立卡。精准记录，因地制宜，因村因户因人施策，通过组织实施干部驻村帮扶工程、职业教育培训工程、扶贫小额信贷工程、易地扶贫搬迁工程、电商扶贫工程、旅游扶贫工程、光伏扶贫工程、构树扶贫工程、贫困村创业致富带头人培训工程、扶贫龙头企业带动工程这十大工程实现精准到村到户，切实改变贫困农村落后状况，实现广大贫困村民基本小康。干部驻村帮扶工程着眼于各个地区贫困落后村落这个"硬骨头"，抓住驻村干部这个关键少数，带动广大贫困群众辛勤劳动、埋头苦干，实现贫困村整体脱贫，村民生活达到小康水平；职业教育培训工程重点将贫困人口劳动力培养成为符合现代化需要的新型农民、新型工人，实现贫困人口充分就业，获得稳定收入；扶贫小额信贷工程将运用低息信贷工具为贫困地区资金投入提供可靠来源，尤其对口有自主脱贫意愿的贫困家庭或个体户群体，实现资金充分利用，为脱贫提供良好资金条件；易地扶贫搬迁工程是将客观自然社会等条件不适合大力扶贫开发的区域人口搬迁至事宜发展生产区域，同时也有利于保护生态环境；电商扶贫工程主要通过网络电商下村下乡，运用信息化直接带动贫困地区优势资源和产品走出去，实现可观经济效益；旅游扶贫工程重在利用当地优势旅游资源潜力，打造特色"美丽小镇""美丽乡村"，推动旅游业发展；光伏扶贫工程通过在适合地区发展光伏产业产品，实现光伏市场扩大、农民增收就业和生活方式变革；构树扶贫工程通过调整部分地区农业结构，加快生产加工销售"一条龙"产业链，实现农民大幅增收；贫困村创业致富带头人培训工程重在培训创业致富领军人物，以点带面，带动广大贫困群众共同发家致富；扶贫龙头企业带动工程通过相关龙头企业进驻贫困村，将地方资源优势转化为经济优势，通过承包经营等形式贫困群众增收和就业。"十大工程"相互配合、联动发展，就一定能够有效带动贫困地区和贫困人口在短时间内摆脱贫困，从而走向共同富裕之路。

第五章　扶贫要扶到"点上""根上"

——"六个精准""分类施策""扶志扶智"

习近平总书记强调:"脱贫攻坚要打好两个战役,一个是持久战,一个是攻坚战。"我们党要领导广大人民群众脱贫困、奔小康,要让广大人民群众过上好日子,就要进一步理清思路、强化责任,以更大的决心、更明确的思路、更精准的举措、采取力度更大、针对性更强、作用更直接、效果更可持续的措施,进行精准扶贫精准脱贫,决不能落下一个贫困地区、一个贫困群众。

精准扶贫的"六个精准""四个施策""扶志扶智"就是要在把握共性要求、研究个性特点的基础上,从精准识别、精准帮扶、精准管理与考核等几个方面进行精准发力,从而区别不同情况,做到对症下药、精准滴灌、靶向治疗,彻底改变以往大水漫灌、走马观花、大而化之的模式,解决好"扶持谁""谁来扶""怎么扶""如何退"的问题的一种行之有效的方法。

一、六个精准

扶贫开发如何做到精准?习近平总书记强调要做到"扶持对象精准、项目安排精准、资金使用精准、措施到户精准、因村派人精准、脱贫成效精准"。"六个精准"覆盖了扶贫对象识别、帮扶和管理等各环节,用精准理念贯通了扶贫开发全流程,改革了现行扶贫思路和方式,能够有效引导贫困群众参与脱贫规划制订,做到项目跟着规划走、资金跟着项目走、项目资金跟着穷人走,对贫困农户实行一户一本台账、一个脱贫计划、一套帮扶措施,确保扶到最需要扶持的群众、扶到群众最需要扶持的地方。

（一）扶持对象精准

扶贫是全面小康的关键点，而全面小康突出的短板工程是让农村贫困人口脱贫。换句话说，扶贫就是要对准贫困群众的根本需求，让他们拥有实实在在的获得感。扶贫政策是不是落到了真贫的根上，扶贫资金是不是能用到真正的贫困人口身上，如果不能解决这两个问题，不能切实提高地方政府各项工作的"含真量"，精准帮扶扶贫对象脱贫的目标就会平添许多变数。

"扶持对象精准"是精准扶贫的第一步，如果扶持谁的问题都没搞清楚，那么所有的工作都等于是南辕北辙。长期以来，地方农村贫困人口大部分都是国家统计局根据住户调查数据推算出来的结果，这个数据对于掌握研究贫困人口的规模、分析判断贫困的发展趋势有指导作用。但是在实际工作中还存在着"谁是贫困人口""贫困原因是什么""如何针对不同贫困情况进行帮扶"等不确定问题，导致扶贫政策实施存在"大水漫灌"现象。解决此问题的一个关键就是，通过科学有效的程序和方法把贫困村、贫困人口精准识别出来，并逐村逐户建档立卡。只有准确地确定贫困村、贫困人口，才可能避免普惠政策代替特惠政策、区域政策代替到户政策，进而提高扶贫效果。开展扶贫对象识别到户工作，是一项政策性很强的工作，也是事关群众切身利益很具体实在的工作，更是实施精准扶贫的一项基础性工作。因此，在实施精准扶贫工作中，必须建立扶贫对象精准识别机制，用"定位仪"和"瞄准器"对扶贫对象进行准确定位和精确瞄准，这样才能有的放矢找准"靶子"。

在脱贫攻坚中，各级党委和政府要以最快的速度和最高的质量完成本地区做好贫困村、贫困人口的精准识别和建档立卡工作，并录入全国贫困农户信息系统。重点要做好以下三项工作。

第一，做好宣传工作，发动群众参与。贫困人口识别和建档立卡工作要真正取得成功，离不开群众的参与和支持，而群众参与的关键是对贫困户、贫困人口识别和建档立卡工作必须有全面了解。为此，要通过多种形式进行广泛深入宣传，向群众宣传贫困人口识别和建档立卡工作的必要性和重要性，介绍贫困人口识别的政策、程序和建档立卡工作的内容要求，使广大群众在全面了解的基础上积极参与和大力配合。

第二，核准底数，精准识别。非严谨细致不足以求公平，非实事求是不足以树公信。能不能真真实实把情况摸清楚，原原本本把政策落实好，关乎国家精准扶贫的整体战略部署。在这方面，四川宜宾等一些地方探索的"比选"确定扶贫对象的扶贫"首扶制度"，就是一个精确识别的好办法，有着较强的借鉴意义。其具体做法是：根据国家公布的扶贫标准，村民先填申请表，首先由村民小组召开户主会进行比选，再由村"两委"召开村、组干部和村民代表会议进行比选，并张榜公示；根据公示意见，再次召开村、社两级干部和村民代表会议进行比选，并再次公示；如无异议，根据村内贫困农户指标数量，把收入低但有劳动能力的确定为贫困农户。总之，不论采取何种方式识别，都要制定统一规范的操作流程，明确识别标准、申请、评议、公示公告、核验、填报信息等要求，采取量化指标、定性指标与村民代表民主评议相结合等方法，要严把入户调查、申请评议、公示公告、抽检核查、信息录入等关口，规避人为因素，杜绝优亲厚友，认真审核，层层把关，确保识别过程公开透明、公平公正，确保扶贫信息准确、真实、可靠，进而确保建档立卡户是真贫困，确保做到扶真贫。

第三，不断完善动态监测体系。贫困人口情况的数据是动态的不断变化的，以往的扶贫工作短板就在于，识别认定制度的随意和监管制度的缺失，要精准了解贫困户的真实情况，就要建立更新周期短、内容详细的扶贫档案。在国家农村扶贫识别标准的基础上，结合本地实际，严格按照规模控制、分级负责、精准识别、动态管理的原则，对经确认并录入贫困户信息管理系统中的贫困村、贫困户信息进行进一步的核查、完善，确保贫困村、贫困户建档立卡基本信息准确、全面，为精准扶贫工作奠定扎实的基础。运用大数据、互联网技术，结合目前贫困村和贫困户的建档立卡工作，整合各方面的扶贫动态数据，对扶贫建档立卡信息管理系统实施动态管理，及时做好贫困村、贫困户信息的年度更新和动态监测工作，建立贫困人口进入退出机制，让脱贫的农民及时"出库"，因各种原因返贫的农民及时"入库"，增强扶贫的针对性和实效性。

贫困人口被准确识别和建档立卡后，"帮谁扶"的问题就彻底解决了，这样就能通过"量身定做"有针对性的帮扶措施，把贫困人口托在"底线"之上，帮助他们迈入全面建成小康社会的第一道"门槛"，进而提高扶贫工作的针对性、有效性、持续性。

（二）项目安排精准

长期以来，中国农村扶贫的主要特点是区域瞄准，以贫困地区的区域开发为主要手段，通过区域发展带动贫困人口脱贫。虽然中国经济的持续中高速增长和对贫困地区的持续开发带来了大规模的减贫，但同时也使贫困地区内部的收入分配差距不断扩大。因此，要使精准扶贫有效，就必须在扶贫对象精准的基础上，因户因人制宜，做精做细扶贫规划、找准扶贫项目和致富产业，进而根据贫困户和贫困人口的实际需要进行有针对性的项目帮扶。

所谓"项目安排精准"，就是在项目安排过程中，要根据贫困户和贫困人口的实际需要进行有针对性的项目帮扶，在找准每个贫困家庭致贫原因的基础上进行有针对性的项目安排。众所周知，贫困往往是缺资金、缺劳力、缺技术等多种因素导致的结果，具有综合性。实际上，从另一个角度来讲，贫困也存在地区差异性。因此，扶贫项目也应具有针对性和精确性。具体来讲，从中央到地方各级部门要齐抓共管，夯实基层基础，共同精准发力，并严格责任落实。要按照权责一致原则，以扶贫规划为引领，以重点扶贫项目为平台；在项目规划上要坚持"基础先行、规划到村、项目到户、责任到人"；项目决策上要深入基层了解村情民意，因地制宜确定项目；项目落实上要坚持"项目跟着规划走，资金跟着项目走，监督跟着资金走"的原则，严格按照精准扶贫的标准、程序实施项目，建好精准扶贫项目台账，实现全程监管。在责任分工上，中央要统筹制定好大政方针，出台好重大政策举措，规划好重大工程项目；各省级部门要抓好目标确定、项目下达、资金投放、组织动员、监督考核等工作；各地级市做好上下衔接、域内协调、督促检查等工作；县级相关部门要做好脱贫攻坚的责任主体，抓好具体落实。由此实现脱贫攻坚的多规划衔接、多部门协调的长效机制，整合项目安排，使扶贫项目为农、惠农。

在具体的实施过程中，项目安排在贫困户之间应具体问题具体分析，要对症下药，即在找准每个贫困户"贫根"的基础上进行有针对性的项目安排。做到短期和长期扶持项目相结合、普遍帮扶项目和地区特色帮扶项目安排相结合，进一步增强精准扶贫的针对性和有效性，从而让贫困群众得到真正的实惠，进一步扩大扶贫开发项目惠及人群，共享扶贫开发成果，缩小贫困地区内部收入差距，将项目安排落到实处，减少返贫率。

（三）资金使用精准

资金投入是扶持项目得以落实的重要保障，是精准扶贫落实的重要支撑。资金使用精准，就是要保证到户项目有资金支持，资金要跟着精准扶贫的项目走。因为我国贫困人口基数大，而且致贫原因千差万别，对扶持项目和扶持方式的需求也大不相同。所以要保证精准扶贫的有效和可持续性，必须根据贫困户的实际情况，因户因人制宜进行安排项目和资金，使资金精准使用，能把钱用在刀刃上。另外，再加上以往的各类扶贫资金（包括专项扶贫资金和部门扶贫资金）在管理方式缺乏足够的灵活性，从而造成地方政府缺乏资金使用的自主权，难以做到精准扶贫。无独有偶，在以往的扶贫资金管理体制中也有同样的弊端，为了保证资金安全和便于审计，往往对资金的用途、使用的方式、扶持的标准规定过死，缺乏灵活性，导致一些贫困户需要的项目没有资金来源，不需要的项目却安排了资金，大大降低了扶贫资金的使用效率。

由此可见，扶贫基数大、致贫成因复杂交错以及管理过程中的弊端均造成了以往扶贫资金使用率不高，所以这就需要将资金的分配和使用权适当下放，让基层根据实际情况确定项目和分配资金，进一步增强地方精准扶贫自主权；考虑到致贫因素的综合性和复杂性，这就需对贫困农户进行多方面扶持的基础上，鼓励支持民营企业、社会组织、个人参与扶贫开发，实现社会帮扶资源和精准扶贫有效对接，对各个行业部门的资金进行捆绑和整合，以便于综合扶持。

针对扶贫资金使用精准度存在的偏差，要多措并举管好用好扶贫资金。首先，要阳光操作和管理扶贫资金。按照国家《财政专项扶贫资金管理办法》，对扶贫资金建立完善严格的管理制度，全面推行扶贫资金、扶贫项目公告公示制度，对扶贫资金实行直接拨付和实时监控，增加资金使用和项目实施的透明度；充分发挥财政基层人员和人民群众对扶贫资金的监管作用，并加大对扶贫资金违纪违法案件的查处力度。其次，要调整扶贫资金分配机制。要加大资金的投入，进一步加强资金的整合力度，提高资金使用率；要增强扶贫指标制定的灵活性，不能简单地与各地扶贫人数挂钩，要根据各地经济社会发展水平、农民人均纯收入、资金管理使用绩效等因素，以及财政分类分档补助办法分配。要不断完善扶贫小额贷款贴息、奖励政策，适当调整贷款利率，完善风险补偿、奖励政策，使财政扶持政策更多惠及帮扶对象。最后，要加强扶贫资金使用的事权管理。扶贫资金涉及教育、金融、农业等多个部门，要明确事权，加强统筹，整合资源，形成扶贫工作的强大合力。要确定省、市、县三级所承担的任务、责任和权力，省市两级政府主要负责扶贫资金和项目监管，要将扶贫项目审批管理权限下放到县，实行目标、任务、资金和权责"四到县"制度；要促使各部门加大资金整合力度，从而确保资金使用精准度，能够集中解决突出问题。

（四）措施到户精准

因户施策，精确帮扶，是精准扶贫的关键。习近平总书记2013年11月3日至5日在湖南考察时强调："发展是甩掉贫困帽子的总办法，贫困地区要从实际出发，因地制宜，把种什么、养什么、从哪里增收想明白，帮助乡亲们寻找脱贫致富的好路子。""抓扶贫开发，既要整体联动、有共性的要求和措施，又要突出重点、加强对特困村和特困户的帮扶。"这些都充分体现了措施到户、因地制宜的针对性和精准性思想。

实事求是地讲，在以往的扶贫中，存在着扶贫项目落实不到户的现象或到户效率低的问题。比如，贫困户由于缺乏商品化的产业而普遍没有利用基础设施（如道路）；一些到户项目（如水窖、沼气）因为贫困户负担不起配套资金而不能平等参与；扶贫移民搬迁中，因搬迁成本高而出现"搬富不搬穷"的现象；金融扶贫中因没有抵押和担保而经常被排除在外，难以获得贷款用于创收等。措施到户精准是为了解决上述问题，使扶贫成效切实惠及到贫困人口，保证基础设施到村到户、产业扶持到村到户、教育培训到村到户、农村危房改造到村到户、扶贫生态移民到村到户、结对帮扶到村到户，以此来确保扶贫效果。

要做到措施到户精准，就要深入分析贫困村和贫困户的致贫原因，抓住困难群众最急需、最直接、最迫切解决的热点、难点问题，重点探索和建立贫困户的受益机制，确保帮扶到最需要帮扶的群众、帮扶到群众最需要扶持的地方。对群众的脱贫致富措施要精准到户，对不同情况的贫困户，要区别对待、靶向治疗、个性扶贫，做到"一把钥匙开一把锁""一户一条致富路"，真正形成"实打实、点对点"的效果，逐步帮助困难群众摆脱贫困。具体来讲，在产业发展和创收方面，要重点探索如何将贫困户纳入现代产业链，解决贫困农户经常面临的技术、资金、市场等方面的困难。在移民搬迁项目中，需要采用差异化的补贴政策,增加对建档立卡贫困户的建房补贴,同时通过控制建房标准来降低搬迁成本;在金融扶贫中,可以通过信贷、保险和抵押市场的综合金融改革,进一步加强贫困户获得金融服务的能力。

因此,在落实措施到户的过程中,一方面,村"两委"要制定精准扶贫打算,坚持"因村施策、一村一策",逐村制定一个内容简洁清晰的整村脱贫工作打算,进一步健全完善扶贫台账,实现基础设施、产业扶持、教育培训、危房改造、生态移民、结对帮扶"六个到村到户",做到"规划到村、扶持到户、脱贫到人"。

另一方面,针对贫困户因灾、因病、因学、缺产业、缺技术、缺劳力等致贫因素,帮扶干部要围绕基本情况、收入水平、贫困原因、扶持措施、帮扶人员、脱贫时限等重点,逐户完善结对帮扶贫困户的精准脱贫卡册,真正实现"一对一、点到点"精准帮扶。

(五)因村派人精准

相对而言,贫困村干部的文化程度普遍较低,加上大量年轻人外出打工,一些地方导致贫困状况变得更为严重,这都给精准扶贫精准脱贫工作带来挑战。因村派人精准,就是要做到精准选派、精准发力,努力建设一支能打硬仗的扶贫攻坚突击队,从而增强村级实施精准扶贫精准脱贫的能力,为加快贫困村生产发展、增收脱贫奠定坚实的组织基础和作风保障。

各级党委和政府在推进精准扶贫精准脱贫时,要注意通过选派思想好、作风正、能力强的优秀年轻干部到贫困地区驻村,选聘高校毕业生到贫困村工作。根据贫困村的实际需求,提高县以上机关派出干部比例的方式,精准选配第一书记,精准选派驻村工作队,从而在短期内大幅提高贫困村的管理水平。

一方面,要精准选派驻村干部。各级党委和政府要在充分调研摸底、实现帮扶干部和贫困村双方情况清的基础上,做到帮扶干部和贫困村合理匹配。比如,对矛盾纠纷集中、上访问题多的村,注重选派熟悉法律、群众工作经验丰富的干部;对富民产业不明确,群众种养知识贫乏的村,注重选派熟悉产业发展的技术干部;对村党组织软弱涣散、凝聚力不强的村,注重选派熟悉党务的干部。通过有针对性地选派,最大限度地让选派干部发挥自身优势,在群众观念转变、富民产业发展、基层组织建设、文明乡风培育、破解发展难题等方面做贡献、出实绩。另一方面，要精准管理驻村干部。为了让驻村帮扶工作出实绩、有实效，必须严格到村任职干部的实绩考核，把脱贫攻坚实绩作为选拔任用干部的重要依据，在脱贫攻坚第一线考察识别干部。要强化日常监管，建立组织部门、派出单位、乡镇党委、扶贫部门等相关部门的联动管理机制，全方位了解选派干部履职情况，不断激励各级干部到脱贫攻坚战场上大显身手。与此同时，驻村干部本身要将工作重点放在精准扶贫精准脱贫上，帮助村两委改进贫困户的识别方法，积极协助解决识别过程中容易出现的矛盾，促使村"两委"建立有效的扶贫到户机制，并对村级的精准扶贫精准脱贫工作进行有效监督，让贫困户真正受益。

党的十八大以来，党中央高度重视选派机关优秀干部到村担任第一书记，目前全国共有19.5万名第一书记奋战在脱贫攻坚第一线。第一书记和驻村工作队在组织动员群众、宣传政策措施、开展贫困识别建档立卡、编制脱贫规划和年度计划、落实脱贫攻坚政策措施、发展特色产业脱贫和壮大集体经济、组织劳务输出脱贫、实施易地扶贫搬迁、监管扶贫资金项目、加强基层组织建设等方面发挥了重要作用。第一书记的做法，不仅有力推动了脱贫攻坚，而且成为全面从严治党向下延伸的重要抓手。

（六）脱贫成效精准

习近平总书记指出，"贫困退出要预防两种情况，一个是拖延病，一个是急躁症。贫困退出既要看数量，更要看质量，质量就是稳定脱贫、精准脱贫。要设定时间表，实现有序退出，要留出缓冲期，在一定时间内实行摘帽不摘政策。要实行严格评估，按照摘帽标准验收。要实行逐户销号，做到脱贫到人"。脱贫成效精准，即精准脱贫，是精准扶贫的出发点和归宿，就是要使扶贫成果真实可靠，扶贫开发工作具有可持续性。

要达到脱贫成效精准，前面五个精准是保障。在此基础上，要一步一个脚印，确保各项扶贫政策措施落到实处，积小胜为大胜，最终取得全面胜利。首先，要层层落实责任。要坚持党的领导，五级书记一起抓，发挥政府的主导作用。要落实贫困县主体责任，促使其把主要精力用在扶贫开发上。积极落实相关部门的行业扶贫责任，把扶贫任务优先纳入行业规划并认真实施。与此同时，要落实驻村工作队和第一书记的帮扶责任，不脱贫不脱钩。其次，要夯实精准扶贫基础。要建立分类施策政策体系,确保扶贫资金和政策精准落实到村到户到人。不断加强贫困村基层组织建设,充分调动贫困群众的积极性,提高其参与度、获得感,激励其自力更生,激发其脱贫的内生动力与活力。再次,要实施更广泛的社会动员。要提高党政机关和企事业单位定点帮扶、东西部扶贫协作的精准性、针对性、有效性,进一步动员民营企业、社会组织和公民个人广泛参与,凝聚扶贫攻坚强大合力。此外,要不断加强扶贫机构队伍能力建设,提高干部攻坚克难能力和水平。最后,要大力加强宣传。宣传习近平总书记精准扶贫精准脱贫战略思想;宣传扶贫成就,坚定全国人民走中国特色社会主义道路的信心;宣传脱贫致富典型,坚定贫困群众改变命运的决心;宣传社会各界对贫困人口的关心,弘扬中华民族扶危济困优良传统;宣传党的扶贫政策,促进政策落实到村到户到人。

二、分类施策

精准扶贫精准脱贫关键在"对症下药"、分类施策、因地制宜。这就要求我们在推进扶贫开发工作中必须讲究方式方法,善于分析、区分不同的对象,做到具体问题具体分析,切实抓住贫困问题的主要矛盾和矛盾的主要方面,根据致贫原因和脱贫需求,对贫困人口实行分类扶持。

(一)因人因地施策

我国贫困人口致贫原因不尽相同,不能眉毛胡子一把抓,必须根据实际情况瞄准"贫根",对症下药。因人因地施策,就是在瞄准建档立卡贫困村和贫困户的基础上,既要向基层、到农户、扶到人,又要着眼于贫困地区的自身发展条件,实现不同空间尺度的区域精准扶贫,从而进一步推进扶贫开发的精准性。习近平总书记在湖南调研中曾指出:"抓扶贫开发,既要整体联动、有共性的求和措施,又要突出重点、加强对特困村和特困户的帮扶。"各地情况千差万别,不要形而上学都照一个模式去做,而要因地制宜,探索多渠道、多元化的精准扶贫新路径,开对"药方子",才能拔掉"穷根子"。要按照"有的放矢、有力放矢、有效放矢"的工作要求,积极寻求"一把钥匙开一把锁",切忌"眉毛胡子一把抓",变"大水漫灌"为定向"喷灌"、定点"滴灌",确保不遗漏每一个贫困户。不能花拳绣腿、形式主义和表面文章，做到实实在在、稳扎稳打。因此，确保到2020年如期脱贫，精准扶贫是根本，要因人因地施策，实施差异化分类扶贫政策。

《中国农村扶贫开发纲要（2011—2020年）》将扶贫对象明确分为：集中连片特殊困难地区、国家重点贫困县、贫困村。需要针对不同尺度和类型的扶贫对象采取不同的扶贫政策。一方面，对于集中连片特殊困难地区和国家重点贫困县，需要加大区域综合扶贫力度。首先，要将基础设施建设和基础事业发展放在第一位，全面改造提升贫困地区的公路等级和通达程度，加快实施农村饮水安全工程；其次，加大产业扶贫的力度，以区域经济发展带动脱贫致富；第三，加大教育、医疗等基本公共服务投入，不断改善教育和医疗条件，力争在一定时期内达到国家规定的标准，切实增强贫困人口的自我发展能力。而对于集中连片贫困区内部的非贫困行政单元，可以将其纳入片区并参照实施集中连片区的相关政策，实施区域协调发展战略，发挥相对发达的行政单元的辐射带动作用。

另一方面，对于集中连片贫困区和重点贫困县以外的贫困村，要继续实施整村推进，加快改善贫困村生产生活条件。对贫困村相对集中的地方，可出台系列政策，整合扶贫资源，激发发展活力，全力推进贫困村整村脱贫、"突围摘帽"，切实提升整村推进连片开发的规模效益。在整村推进的过程中，应明确区分村内部的贫困户和非贫困户，通过进村入户，分析掌握致贫原因，逐户落实帮扶责任人、帮扶项目和帮扶资金。按照缺啥补啥的原则，遵循"宜农则农，宜工则工、宜商则商、宜游则游"，发展现代服务业，不拘一格，不搞"一刀切"，实施水、电、路、气、房和环境改善"六到农家"工程，不断调整完善资源开发收益分配政策，科学制订贫困地区特色产业发展规划，加大对贫困地区农产品品牌推介营销支持力度，加快一二三产业融合发展，让贫困户更多分享农业产业链和价值链的增值收益。

（二）因贫困原因施策

结果是由于原因的作用而引起的现象。贫困是由致贫因素引起的。由此，精准扶贫要由果溯因，摸清贫因，要根据贫困原因开处方，拿良药。贫困是由于自然—生态、社会—经济、制度—政策等因素相互制约，地域功能及其价值实现机制出现障碍，以致区域发展落后、居民生活水平偏低的特殊现象。贫困是一个区域性、结构性问题，受所在贫困地区致贫因素以及自身致贫因素影响，多数贫困户的致贫原因往往不止一个，而是多个致贫因素综合作用的结果，因此要综合考虑致贫原因，从而进行卓有成效的有针对性的项目帮扶。

根据全国建档立卡数据分析，疾病、缺资金、缺技术、缺劳力是贫困户主要的致贫原因。42.1%的贫困农户因病致贫，35.5%的贫困农户因缺资金致贫，22.4%的贫困农户因缺技术致贫，16.8%的贫困农户因缺劳力致贫，而且致贫因素在区域之间存在明显的差异。①

东部地区贫困人口致贫原因主要为人力资本因素，因病因残致贫、缺劳力致贫的比例在东部地区最高，由于东部贫困人口中老年人、没有劳动力的人和文化程度低的人口所占比例较高，所以58.1%的农户存在因病致贫的现象，远高于西部地区28.9%。②这种情况的产生是由于大多是青壮年劳动力均进城务工，农村多为老弱病残、幼年儿童等留守，他们均是劳动力欠缺、文化素质较低的人群，长此发展导致贫困的代际传递。针对此类贫困因素就要加强医疗扶贫力度，加大教育、医疗等基本公共服务投入，提高贫困人口的文化素质和健康水平；增强贫困人口的生存发展能力，阻断贫困代际传递。

中西部是贫困区的集中地区，中部地区因病致贫和缺资金致贫的问题最为突出，分别为51.6%和28.9%。③资金紧缺是制约中部地区经济发展的重要因素。一方面是由于中部地区经济发展水平不高，另一个方面是由于区域主体严重缺乏高水平的招商项目，资金筹措能力不足，对外交往不活跃。针对此类致贫因素，要做到扶持生产和就业脱贫，国家政策、技术、资金上予以支持，规划好项目资金安排，发掘产业深加工，扩大中部地区市场开发，对外招商引资，发展开放型经济，延长产业链，带动生产和就业。

西部地区致贫因素更加复杂和多样化，既有地理、生态和自然资源的因素，

---

① 参见中国人民大学反贫困问题研究中心：《全国扶贫开发建档立卡数据分析报告》.2015。

② 参见中国人民大学反贫困问题研究中心：《全国扶贫开发建档立卡数据分析报告》.2015。

③ 参见中国人民大学反贫困问题研究中心：《全国扶贫开发建档立卡数据分析报告》.2015。

也有经济和社会发展不足的影响，还有家庭人力资本不足的限制。西部44.9%的农户存在缺资金致贫的现象，缺技术、缺土地、缺水、因灾、因学、交通条件落后等因素致贫的比例在西部地区都是最高的。西部地区虽然拥有丰富的资源，但都难以开发利用。西部地区生态和环境问题严重，人力资本不足，受教育程度普遍较低，基础设施比较落后，交通设施的密度稀，通达深度差，公路网等级低，通信设施与全国平均水平依然存在较大差距等，这些都造成西部地区贫困。针对此类致贫因素，要加大贫困地区基础设施建设，交通、水电、网络覆盖等保证西部贫困地区与外界的联系，引进技术，开发资源；增大教育、医疗资金投入，提高受教育水平，保障贫困人口身体健康；实施生态脱贫，使贫困人口转化为生态保护人员。

（三）因贫困类型施策

贫困依据不同的划分标准有不同的贫困类型。根据《中国农村扶贫开发纲要（2011—2020年）》确定的我国贫困的主要区域进行划分，它们集中在山区、高海拔地区和生态环境恶化地区。那么依据这些地区贫困现状进行分类大致可分为资源型贫困、生产型贫困、主体性贫困、政策性贫困。

资源性贫困，一般是由于自然资源匮乏或不能开发利用，导致人类赖以生存的基本生产要素缺乏而产生的贫困。我国特困地区存在因自然资源不能满足人类物质生产实践活动的需要而产生的贫困，主要有两方面：一是自然资源、生产要素缺乏，生态环境脆弱，导致资源约束性贫困。二是自然资源充足，但没有可持续开发利用，自然资源没有转化为资金财富，导致资源富足性贫困。因此，对于资源约束性贫困应大力实施移民搬迁工程，逐步实现居民在自然资源、生产要素相对优越的地区定居；对于资源富足性贫困，应加大对资源的可持续开发力度，对矿物、油、气和煤等不可再生资源，要提高利用率。对自然资源加工产业的布局进行科学规划，从而带动片区自然资源的生产，逐步增加当地居民的资源性财产，实现资源富民。

生产性贫困，表现为物质生产实践活动效率低下，生产投入的刚性支出与收入差较小，从而产生了生产性贫困。在我国贫困地区，产生生产性贫困的主因是连片特困地区产业结构的传统单一。传统单一的产业结构，直接造成了连片特困地区的贫困落后。因此，对于生产性贫困应结合贫困地区自然资源特点，要转变农业发展方式，因地制宜，拓展农业发展空间。

主体性贫困，劳动主体由于自身的贫困而产生的贫困。主要是劳动主体的知识文化素养不高，发展能力不强，体力和智力水平低下，人的健康、知识、能力等成为制约人自身发展的因素，进而影响到劳动主体从事的生产实践活动。如利用自然资源的能力不强，从事农业生产的方式单一、传统，思想趋于保守落后。因此，对于主体性贫困要重视现有贫困地区人力资源的开发，依托现有农民教育部门，大力发展普惠型农民职业教育，着力提高片区劳动者的农业生产等技能，更加重视乡土人才和农村实用人才培养。此外，还应通过创新机制，鼓励更多的人参与到片区农业生产实践中，为片区发展输入人力资本。[①]

政策性贫困，是政府部门为推进某一领域发展而制定的政策，由于带有一定的倾向性，使得一领域得到政策性支持后而实现了较快发展；另一领域，由于没有政策支持，发展处于自然或无序的状态，由此造成恶性循环，造成长期贫困。因此，对于政策性贫困在国家层面，加大对三农的投入，落实好精准扶贫精准脱贫各项支农惠农政策，进一步推进农村基础设施建设；进一步改善公共产品的供给，在教育、医疗、社会保障、邮电、通讯等方面不断给农民带来实惠，逐步达到城乡均等化、一体化等。进一步加大督查地方对政策落实情况、资金使用情况的力度。地方层面，尤其是连片特困地区，应以精准脱贫攻坚为契机，在落实政策中大胆创新有利于片区脱贫致富的各项政策，在实践中完善相关机制，为国家科学制定各项扶贫开发政策提供依据。

三、既"扶志"也"扶智"

有效的精准扶贫，要创新扶贫思路，开拓多种渠道多元化的方式，特别是要在实实在在扶志气、扶智力上下工夫。

（一）扶志气

人穷最怕志短，扶贫必先扶志。所谓"志一立，则天下无不可为之事"[②]，

[①] 张立群：《连片特困地区贫困的类型及对策》，载《红旗文稿》，2012 第 26 期。
[②] 〔明〕思想家、政治家王守仁：《教条示龙场诸生》，见《王阳明全集》，北京：中央编译出版社，2014 年版。

"只要有信心，黄土变成金"。习近平总书记指出："贫困地区独特的地理位置和经济发展的具体条件，决定了它的发展变化只能是渐进的过程。根本改变贫困、落后面貌，需要广大人民群众发扬'滴水穿石'般的韧劲和默默奉献的艰苦创业精神，进行长期不懈的努力，才能实现。"因此，他强调"扶贫先要扶志，要从思想上淡化贫困意识"。现在，一些地方出现干部作用发挥有余、群众作用发挥不足现象，"干部干，群众看""干部着急，群众不急"。一些贫困群众"等、靠、要"思想严重，"靠着墙根晒太阳，等着别人送小康"。因而，在大力开展扶贫工作的过程中，要注重教育引导当地群众坚定战胜贫穷、改变落后面貌的信心和决心，克服"等靠要"的思想，依靠自己勤劳的双手，创造幸福美好新生活，首先就要在在精神上与贫困绝缘。

功崇惟志，业广惟勤。依靠精准扶贫推动中国扶贫事业迈上新台阶，党员领导干部既要树立如期完成扶贫攻坚任务的"志向"，也要在勤劳的扶贫工作中，身为典范，教育带动建档立卡贫困户树立依靠自己的勤劳双手摆脱贫困的"志向"。扶贫工作中，物质财富投入得再多再丰富，也不能自动增加财富。归根到底，劳动人民只有依靠辛勤的劳动，才能在消耗物质财富的同时，创造更多的物质财富和精神财富。精准扶贫精准脱贫，一定要始终坚持以马克思主义政治经济学基本原理为指导，在投入资金发展经济的同时，更要注重创新工作思路，以多样化的方法，唤醒贫困群众勤劳致富的志气与勇气。没有志气，穷根难绝；没有勇气，志气为零，最多是逗一时之气，而要真正过上幸福美好的生活，终究只是镜中花、水中月。因为扶贫政策再完美，终究只是脱贫致富的外因，而贫困群众的致富动力，才是脱贫致富的内因。外因通过内因起作用，只有首先在精神上扶起贫困群众的致富志，才能最大限度发挥精准扶贫的政策效果。

民谚说得好，"富贵本无种，尽从勤里得"。懒惰的人，难以收获属于自己的幸福生活。在保护合法财产的法律框架下，尤其是缺乏遗产税征收的制度环境里，也许有人因为父辈的辛勤劳动，而直接继承了巨额的财富。但是，拥有财富，不等于守得住财富，更不等于增加财富。现代社会，市场在资源配置中起决定性作用，市场内在具有参与者的竞争性，资源配置的流动性。只有那些明白市场发展大趋势，肯于辛勤劳动的人们，才能始终掌握竞争的主动权，始终占据高效配置资源的有利地位。现代社会里，财富不属于某一特定阶层，更不属于某一特定个人,而是永远属于"智慧"与"汗水"。在现实世界里,人与人之间,也许会因为这样或那样的机缘,拥有不同程度的"智慧",拥有不同价值的"机会"。但是,每个人都掌握着一定数量的资源,有的人,天生就"资源多""禀赋好""机会好",有的人,也许有这样那样的不满意。这是"此刻的事实",但不是"未来的事实"。每一个人,只要在精神上与贫困绝缘,只要肯于开动脑筋,只要善于辛勤劳动,只要诚于学习先进,只要勇于尝试机会,不相信贫困的宿命,坚持一段时间,就能在现有的基础上,有所进步。所谓的"进步",就是今日之"我",胜过昨日之"我"。有进步,就是胜利,并不是只有财富超过身边人,才叫胜利。但是进步应该是"持续的",不是"瞬间的",摆脱贫困,收获物质上的财富,既要有短期的成果,更要有打赢脱贫持久战的恒心,绵绵用力,久久为功,才能真正走上致富的快车道。尤其不能片面依靠外部力量来改变现状,不能因为遇到困难而丧失斗志,要在困难中寻找冲出重围的办法。

在精神上与贫困绝缘,这是习近平同志在《摆脱贫困》一书中反复论述的。他精辟地指出:"人们说起闽东,便是五个字:'老、少、边、岛、贫。'处于这么一种弱鸟的境地,有没有'先飞'这个话题的一席之地呢?我看,不但有一席之地,还有大讲一下的必要。地方贫困,观念不能'贫困'。'安贫乐道''穷自在''等、靠、要',怨天尤人,等等,这些观念全应在扫荡之列。弱鸟渴望先飞,至贫可能先富,但能否实现'先飞''先富',首先要看我们头脑里有无这种意识。所以我认为,当务之急,是我们的党员、我们的干部、我们的群众都要来一个思想解放,观念更新,四面八方讲一讲'弱鸟渴望先飞,至贫可能先富'的辩证法。这样,既可跳出老框框看问题,也可以振奋我们的精神"。[1]这段话振聋发聩,旨在批评不思进取的"穷"思想。某些条件不如人,不等于所有条件都不如人。利用自己掌握的符合比较优势的条件,就算综合实力不如人,也能在某几个领域实现突破发展。条件不如人,不是借口,更不是"等、靠、要"的理由,更不能成为安于贫穷的精神慰藉。

习近平在论证"弱鸟渴望先飞,至贫可能先富"的观点时,提出了一条适合宁德发展的脱贫道路。"比如说,可以着眼于挖掘潜力,降低成本;可以通过

---

[1] 习近平:《摆脱贫困》,福建:福建人民出版社,1992年版。

外引内联,建立稳定的物资协作网络;可以鼓励各县制定一些让利政策。我们完全有能力在一些未受制约的领域,在贫困地区中具备独特优势的地方搞超常发展。也就是说,贫困地区完全可能依靠自身的努力、政策、长处、优势在特定领域'先飞',以弥补贫困带来的劣势。""挖掘潜力""内引外联"都是工作思路,具体怎么落实,需要结合宁德实际。"在大城市乃至特区的电子行业中的许多重要企业开工不足、举步维艰的情况下,我们贫困地区的霞浦却让自己的电子按摩器等源源不断进入国内外市场,而且供不应求,声誉甚好。显然,不能说霞浦的条件优于大城市和特区,也不能说明霞浦的电子产业条件优于那些重要的电子企业;这只能证明,'先飞'不仅是可能的,而且是现实的。"

改革开放40年来,社会主义市场经济体制逐步完善,人民群众通过劳动、技术、知识和生产要素,进行发家致富的渠道日益增加,平台日益扩大。虽然东中西部地区在市场经济机制、市场经济意识、致富技能方法等方面,存在差距,但是,勤劳致富的观念,已经在群众中普遍确立。40年的改革开放,实际上,就是放开束缚人民群众创业创新的体制机制,让人民群众在市场经济的平台上,充分实现人生价值。改革开放之初的贫困状态,普遍消失,群众生活水平显著提高。这种情况下依旧存在年收入3000元以下的贫困群众。这部分群众的贫困状态,是最难改变的。化解这个问题,要更好地发挥政府作用。通过沟通教育激励,唤醒贫困群众改变贫穷面貌的志气与勇气。

当然,扶贫要"精准",扶志也要"精准"。扶志,并不等于所有建档立卡的贫困户,都要做动员工作,都要讲述"弱鸟渴望先飞,至贫可能先富"的辩证法。如果这样做了,工作人员的敬业精神值得肯定,但是不值得推广。所有贫困户都"扶志",是"滴灌"中的"漫灌"。每个建档立卡的贫困户,都可以鼓励拥有致富梦。但是,扶贫工作人员的工作,要有侧重。贫困户拥有可以挖掘的致富潜力的,可以适当倾斜工作重点。比如,年轻夫妇,带几个小孩,赡养老人,生活压力较大,致富无门而陷入贫困,则可以多沟通多开导,帮助其树立致富的信心,帮助其寻找致富的办法,帮助其掌握致富的技能。而对于孤寡老人以及完全丧失劳动力的贫困户,则主要通过低保政策兜底,通过社会团体进行资助,而与他们的沟通交流,主要在于关心其心理问题,树立致富梦则不是工作重点。如果劳动能力远远低于平均水平的贫困户,依然坚持致富梦并付出力所能及的实践,也应该鼓励,而且可以考虑树立为精神榜样,动员一切可以动员的力量，营造脱贫致富的舆论氛围。一个可行的办法，就是基层组织创新工作思路，可以寻找条件相似的但已经实现脱贫致富的案例，挑选贫困群众代表，组织实地参观，现场教学。用脱贫致富的事实，唤醒贫困群众的致富梦。设想的办法，毕竟有局限，只有扶贫工作人员，结合扶贫实际，开动脑筋，探索具体途径，才能真正精准扶贫、精准扶志。

第一，让党和政府的扶贫政策第一时间为广大贫困群众所知晓。贫困地区大多交通不便，信息闭塞，贫困群众长期以来形成了安于现状的思维定势，扶贫脱困可谓"剃头挑子一头热"。坚持把扶志作为做好扶贫开发工作的先决条件，将各级出台的惠民政策进行归纳梳理，免费发放给贫困群众，把政策装进群众的口袋。同时，通过电视、网络、手机短信、文化旅游活动、农村物资交流会、"文化科技三下乡"等方式深入宣传党的惠农富民政策，财政、农业、林业、扶贫等部门"一把手"面对面向群众解读政策，现场咨询解答问题，广大机关干部深入包扶户积极宣讲政策，用政策激发群众脱贫致富的信心和决心。

第二，想方设法激励广大贫困地区群众改变落后的精神面貌。在扶贫工作中，各级党委和政府要积极采取多种措施引导村民转变观念、解放思想，培养贫困地区群众的市场意识，提升村民的进取意识和精神，振奋他们自力更生、艰苦奋斗的精神。贫困户的志气一旦树立起来了，观念一旦更新了，致富的办法和干劲自然就有了，他们也就不会再坐等别人送钱送物上门，而是树立用自己的双手、自己的聪明才智脱贫致富的观念。只有这样，贫困地区才能具备自我积累、自我发展的能力，最终靠努力摆脱贫困，走上富裕之路。

第三，通过先进典型的模范带动来鼓励贫困群众与贫困作斗争。俗话说，榜样的力量是无穷的。要善于利用身边的典型案例来引导和带动广大贫困群众激扬斗志，誓与贫困斗争到底，不消灭贫困绝不罢休。摆脱贫困的路有千万条，每一条都会有成功的案例。要引导贫困群众找到合适自己的脱贫之路，跟已经脱贫的成功典范学习请教。要注重带着贫困群众全程参与项目建设，在项目建设中找到脱贫的办法。要让贫困群众参与扶贫开发规划制订、扶贫项目建设、扶贫项目管理和监督的全过程，充分尊重他们的意愿和民主权利，充分调动他们自我脱贫致富的积极性、主动性和创造性。

（二）扶智力

有志气、有勇气，但如果没有能力，到头来只能是志气、勇气一起泄气。唤醒贫困群众的致富梦，只是起点，而不是终点。要在时机适合的条件下，趁热打铁，组织创业就业技能培训，以实现致富梦为导向，切实提高贫困群众的创业就业能力。创业就业能力的显著提高，与促进贫困群众在精神上与贫困绝缘，是相辅相成的。拥有创业就业的能力，并在一定条件下，把这项能力转化为财富，用看得见摸得着的成果说话，最能激发贫困群众的致富动力。事实上，精准扶贫十大工程中"职业教育培训工程""贫困村创业致富带头人培训工程"，其直接目的，就是要通过有针对性的教育培训，提高贫困群众的脱贫能力。

脱贫能力，是蕴藏在贫困群众身上的巨大潜力和无形资产。这项潜力和资产，不是现实的财富，但是却可以源源不断地创造现实的财富。

建档立卡贫困户，普遍存在知识文化层次较低、掌握的生产技术较简单、参加在职培训的机会较少等问题，这就导致贫困户并没有随着劳动时间的增加而较快地提高自身能力。贫困户从事的大多是简单劳动，从事的行业主要局限在传统农业，很大程度上靠天吃饭，缺乏应对各类生产生活困难的科技手段。随着实现第一个一百年奋斗目标的时间迫近，固守依靠廉价劳动力优势的老路子，很难满足脱贫致富的要求。当前，必须通过提升劳动者的能力，充分挖掘贫困地区贫困户的智力资源，真正提高贫困群众劳动的技术含量，切实增加贫困地区产品的附加值。

事实上，在中国经济新常态背景下，国内经济增速由高速向中高速转变，适应这样的国内经济形势，最根本的，就是搞好供给侧结构性改革，各地结合经济发展实际，探索落实"三去一降一补"的任务。这个过程，推动着中国经济由大到强，其中，经济结构优化升级加速。适应经济结构的优化升级，要求从衰落的产业中流动出来的劳动者，适应新兴的产业发展，这就要求劳动者具备新岗位要求的技能和素质。如果不能迅速适应这个变化这个要求，劳动者则有可能因为失业而陷入贫困，而原本缺乏劳动技能的贫困群众，则抓不到新一轮的致富创富机会，继续处在贫困状态，难以依靠掌握的生产要素，分得新一轮经济改革发展的成果和红利。

精准扶贫，不能停留于"扶志"，更不能只做舆论宣传、营造声势，雷声大雨点小是不行的,更重要的在于"扶智",赋予贫困群众摆脱贫困的能力。而扶贫部门怎么样才能有效地"扶智"呢?主要渠道在于充分调研了解贫困地区脱贫攻坚任务的具体情况,形成系统的工作思路,充分调动一切可以调动的培训资源,周密地组织有针对性的在职培训。

做好贫困户的在职培训,要弄清楚"培训谁""谁组织""谁来培训""培训什么"这几个问题。弄清"培训谁",目的在于精准配置培训资源。也许会有人疑惑,难道不是培训建档立卡的贫困户吗?确实是培训建档立卡贫困户。但是,要根据贫困户的具体差异,开展进一步细化,考察贫困户接受培训的愿意,掌握贫困户接受培训的目的,预测贫困户接受培训后的效果。可以通过基层组织,把有相同需求的贫困户组织到一起,根据他们的需求,量身定做培训方案。在对贫困户进行分组时,为了提高培训效率,降低培训成本,可以探索以区县为单位或者以地级市为单位,进行划分,跨地区组织培训。

通过分类,有了培训对象,那么谁来组织培训呢?政府,具体到各级扶贫办,应该成为组织培训的主体。此外,社会培训机构也可以参与培训。各级扶贫办,根据培训对象的需要,积极协调相关部门,共同服务于贫困户的培训。社会培训机构,可以进行公益培训,也可以提供培训,由政府进行补贴,或者可以和政府部门进行合作,共同组织培训。

明确了"谁组织",解决了负责人问题,还要解决"谁来培训"的问题。"谁来培训"就是谁来当老师。培训质量,主要有师资力量来决定。谁站在讲台上,谁就决定了培训质量。所以,必须选好老师,慎择良师。组织在职培训,尤其是针对文化层次一般的贫困户,必须选择适应这个特殊群体培训要求的老师。选好老师的关键标准有两条,一条是自身具有丰富的社会实践和深刻的理论思考,还有一条就是要能用老百姓喜欢听听得懂的大白话深入浅出地把道理讲清楚。要想讲得好,这两条缺一不可。

选好老师,还要选好老师讲授的内容。换言之,要解决"培训什么"的问题。组织者,可以在正式培训前,将贫困户的培训需求,整理出来,交给老师。老师具体研发课程之后,要与组织者,进行沟通,谋求最大限度满足贫困群众的需要,即培训的内容要管用。部分已经开展培训的实践,存在老师讲得很辛苦,培训对象听得很认真,但是学得内容不管用的现象。在职培训,要以实用管用为目标。如果内容严重脱离实际,只会浪费社会资源,浪费群众时间而收不到任何效果。

在实际工作中,"扶智"需要资金投入,需要时间成本,贫困群众增加的能力,要在实际工作中,转化为财富,也需要资金投入,也需要一段时间。这个过程,难以控制进度;提升能力的效果,难以量化衡量。面对这样的情况,扶贫工作者,要有耐心,有信心,有恒心,持之以恒帮助贫困群众提高能力,决不能因为见效慢而流于形式,而要始终把提升贫困群众的能力,作为扶贫工作的重点。事实上,贫困群众的能力提高了,扶贫攻坚的难度也就降低了。

扶智力,极其重要的一条就是要大力发展教育,用教育阻断贫困代际传递。教育扶贫具有长远性、可持续性和根本性的鲜明特征。扶贫先扶智,扶贫先治愚。彻底改写贫困户的命运,必须依靠教育,有效阻断贫困的代际传递问题。这是因为只有依靠教育,才能从根本上实现"观念脱贫"。

现在贫困地区存在的观念贫困,归根到底,是由于教育落后造成的。观念贫困,突出地体现贫困群众在对贫困现状没有认识,对脱贫梦想没有追求,对脱贫政策没有认同。由于历史原因,中国一定程度上存在城乡之间、东西部之间教育资源分配不均的问题,这是实现"用教育阻断贫困代际传递"的最大障碍。此外,贫困户从上一辈开始,往往就文化层次较低,决定了下一代拥有的教育资源,相对较少。

贫困家庭的孩子,获取教育资源的途径,主要就是九年义务教育,由于受家庭环境的影响,学校提供的教育资源,还不能充分运用。贫困地区普遍存在教育条件差、教育观念落后等突出问题,以至于学生流失相对严重。经过持续的扫盲工作,以及成绩显著的义务教育,大多数人已经认同"知识就是力量""知识改变命运"的观念,也提高了对教育的重视程度,不论是国家,还是个人,在教育方面的投入比以往大的多。但是,对于大部分贫困家庭而言,教育仍然是造成生活压力的重要原因。调查发现,许多贫困家庭,只能勉强供孩子接受完九年义务教育,部分地区,甚至普遍存在初一、初二就辍学的情况。

孩子尚未成熟,便离开家门,外出打工,成为农民工的一员。这就导致贫困家庭的孩子往往是:第一,学历偏低,文化层次偏低;第二,实用技能缺乏,社会适应能力缺失,普遍面临"打工没技术,创业没思路,务农没出路"的困境。不外出打工的孩子,留在农村,其人生轨迹的极端例子,就是造成"放羊、娶媳妇、生娃,放羊、娶媳妇、生娃"的恶性循环。而外出打工的孩子,由于户籍制度、自身能力等问题，往往不能真正融入城市，只能徘徊在城市边缘，为城市的发展做出了巨大贡献，却难以较好地分享城市发展的成果。一个人只有接受了足够的良好教育，依靠自己能力，找到一份合适的工作，真正融入社会，才能根本解决家庭的贫困问题。

依靠教育实现观念脱贫，既要贫困家庭做出努力，更离不开党和政府的重视和支持。中共中央、国务院在《关于打赢脱贫攻坚战的决定》中，在脱贫的"五个一批"中，专门列出了"发展教育脱贫一批"。这样的政策规定，体现了党中央国务院依靠教育公平实现分配公平的政策意图，强调了教育在脱贫攻坚中的巨大作用。党的十八大以来，全国教育经费投入持续提高。党和国家实施一系列向贫困地区倾斜的教育政策。《国家贫困地区儿童发展规划（2014—2020年）》中指出，计划为680个连片特困县编就一张保障贫困地区儿童成长的安全网；中央和地方财政投入1440多亿元，改善贫困地区义务教育薄弱学校办学条件；截至目前，3000多万农村小学和初中学生免费吃上营养餐；《乡村教师支持计划（2015—2020年）》拓展乡村教师补充渠道，提高乡村教师生活待遇；"面向贫困地区定向招生专项计划"，使贫困地区农村学生上重点高校人数连续两年增长10%以上。在持续改善的政策扶贫环境里，建档立卡贫困家庭的孩子，改变了人生起跑线，一定程度上实现了"起点公平"。比如，从2016年3月起，贫困地区集中的甘肃省，有70余万名在园幼儿，每人每年得到1000元保育教育费补助。提出精准扶贫以来，中国西部多个省份，在义务教育"两免一补"的基础上，加大对高中教育、中职教育、学前教育等的支持力度。

在精准脱贫攻坚战的伟大实践中，让贫困地区的每一名处于义务教育阶段的学生，享受同等的教育资源，就能在阻断贫困代际传递的事业上，结出硕果。贫困地区办教育，困难更大，阻力更多。但是，只要功夫深，铁杵磨成绣花针。根据精准扶智政策要求，结合各地方实际情况，提升贫困户的脱贫能力，要做好以下四个方面的工作。

第一，有效推动城乡教育资源配置均衡化。立足贫困村教育发展实际，优先发展义务教育。在集中连片的贫困地区，可以重点发展义务教育，合理布局中小学校，优先安排易地扶贫搬迁学校建设。积极探索以县为单位，统筹分配县内教师资源，建立灵活机制，慎重实施城区与乡村、重点学校与普通学校的教师交流机制。积极发展多媒体教学、远程教育，以多种多样的方式，将发达地区先进的教学资源，引入贫困地区。

第二，有效提高贫困家庭的教育经费支持力度。以政府财政支持为主体，合理扩大教育扶贫资金的筹集渠道，根据建档立卡贫困户的情况，进一步健全完善资助政策。在现有的各教育阶段家庭经济困难学生资助政策体系基础上，坚定不移实行教育"三包"和助学金补助政策，对城乡家庭经济困难子女高等教育阶段实行免除学杂费、住宿费，补助生活费政策。继续实施中职教育免除学杂费、补助生活费政策。同时要解决好在民办高职就学的贫困户子女相关费用的补贴政策。

第三，有效提高贫困家庭子女的职场竞争力。适度扩大学校教育的业务范围，由政府协调，促进学校与用人单位的合作，以提高贫困家庭学生的就业率为渠道，实现依靠教育扶贫实现经济扶贫。提高贫困家庭学生的就业率，就是降低贫困率。教育部门和"关心下一代工作委员会"等机构，要积极引导贫困家庭学生，树立阳光的职业观和择业观，鼓励积极就业、倡导到基层工作、扶持到社会创业。有条件的地方，可以探索贫困家庭毕业生的长效扶贫机制，跟踪贫困家庭毕业生的发展情况。动员社会力量，试行"一生一策"动态管理。在贫困地区，可以将未升学的初高中毕业生，全部纳入职业教育或职业技能培训，确保他们至少掌握一门致富技能，实现依靠技能脱贫。

第四，有效健全职业技术教育培训体系。积极促进贫困地区的职业技术中学、职业技术学院等以培训专业技能为主的学校体系的健康发展，同时创新民办学校以及各类社会教育培训机构的监督管理方式与财政补助方式，形成错落有致的教育格局，提高贫困家庭学生的学习质量。这样可以保证在下一代身上，弥补上一代脱贫能力的缺陷。真正实现永续脱贫，对于贫困户而言，创造财富的能力，比财富本身更重要。发展立竿见影的职业技术培训，最能有效地提高贫困家庭学生创造财富的能力。中国的职业技术教育事业，在持之以恒的努力下，取得了喜人的成绩。但是，依旧存在部分亟待解决的问题，比如虚报冒用补助经费、财政支持费用被层层节流、课程设置不能有效对接市场需求、师资力量依旧薄弱等问题。只有坚持问题导向，强化问题意识，久久为功，不断推进职业技术教育事业改革建设步伐，不断健全职业技术教育事业的体制机制，一定能让中国的职业技术教育事业成为贫困家庭阻断贫困代际传递的主要力量。

习近平在《建设好贫困地区的精神文明》一文中，介绍了宁德地区依靠精神文明建设实施脱贫致富战略的实践经验，讲清了三个问题：第一，正确认识脱贫致富和建设精神文明的关系；第二，正确分析精神文明建设的历史和现实的关系；第三，正确处理精神文明建设中"破"与"立"的关系。在《我们应怎样办好教育》一文中，他把脱贫致富的能力与教育扶贫之间的关系，概括为："教育发达—科技进步—经济振兴是一个相辅相成、循序渐进的统一过程"。教育中的马太效应——"穷"与"愚"互为因果的恶性循环，制约着欠发达地区的可持续发展。那么，该怎么破解制约瓶颈呢？习近平立足宁德实际，提炼出三点办学理念："正确处理数量与质量的关系""适应闽东农村经济的发展""重视扫盲工作"。其中，为适应闽东农村经济的发展，"泥土味十足"的特色教育，可以培养更多知识型劳动者，更好地适应农村富余劳动力转移的社会需要。这就启示我们，念好"人才经"，需要发展教育永不停顿，学习升级永无止境，要让"努力具备符合时代要求的知识结构"成为广大人民群众克服本领恐慌，适应环境变化的最强大武器。

在精准扶智的实践中，我们要把习近平总书记教育扶贫的战略思想落地、落实、落细，真正提高贫困家庭学生的脱贫致富能力，这对于全面建成小康社会，具有基石性意义。各级党委政府在深入推进精准扶贫的进程中，都必须深刻领会习近平总书记精准扶贫精准脱贫战略思想，必须深入调研扶贫开发工作的现实问题和实际要求，必须不断探索依靠教育阻断贫困代际传递的贫困链条。

国务院扶贫办党组公布的数据表明：2014年开始，在全国开展建档立卡工作。对贫困人口按照收入低于国家扶贫标准，综合考虑"不愁吃、不愁穿，义务教育、基本医疗和住房安全有保障"情况进行识别。对贫困村依据"贫困发生率高于全省贫困发生率一倍以上、农民人均纯收入低于全省平均水平60%、没有集体经济收入"的标准进行识别。全国共识别2948万贫困户、8962万贫困人口、12.8万个贫困村，基本摸清贫困人口分布、致贫原因、帮扶需求等信息。以每年12月31日为节点，各地对建档立卡贫困人口进行动态调整，标注脱贫人口，建卡返贫人口。2015年8月至2016年6月，开展建档立卡"回头看"，补录贫困人口807万，剔除识别不准人口929万，数据精准度进一步提高。2017年2月，组织各地对2016年脱贫不实的问题开展自查自纠。2017年6月，组织各地完善动态管理，把已经稳定脱贫的贫困户标注出去，把符合条件遗漏在外的贫困人口和返贫的人口纳入进来，确保应扶尽扶。建档立卡在我国扶贫开发历史上第一次实现贫困信息精准到户到人，第一次逐户分析致贫原因和脱贫需求，第一次构建起全国统一的扶贫开发信息系统，为实施精准扶贫精准脱贫基本方略、出台"五个一批"政策举措提供了数据支撑，扣好了脱贫攻坚工作的"第一粒扣子"。[①]

[①] 中共国务院扶贫办党组：《脱贫攻坚砥砺奋进的五年》，载《人民日报》，2017年10月17日第8版。

第六章 "条条大道通小康"

——精准扶贫五个一批

党的十九大报告指出,让贫困人口和贫困地区同全国一道进入全面小康社会是我们党的庄严承诺。要动员全党全国全社会力量,坚持精准扶贫、精准脱贫,坚持中央统筹省负总责市县抓落实的工作机制,强化党政一把手负总责的责任制,坚持大扶贫格局,注重扶贫同扶志、扶智相结合,深入实施东西部扶贫协作,重点攻克深度贫困地区脱贫任务,确保到2020年我国现行标准下农村贫困人口实现脱贫,贫困县全部摘帽,解决区域性整体贫困,做到脱真贫、真脱贫。

全面建成小康社会,最艰巨最繁重的任务在农村、特别是在贫困地区。没有农村的小康,特别是没有贫困地区的小康,就没有全面建成小康社会。目前,我国在脱贫攻坚工作中采取的重要举措就是实施精准扶贫方略,找到"贫根",对症下药,靶向治疗。

精准扶贫精准脱贫战略源于中国特色社会主义的制度优势。实现脱贫攻坚目标,要通过"五个一批"政策(即扶持生产和就业发展一批、易地搬迁安置一批、生态保护脱贫一批、教育扶贫脱贫一批、低保政策兜底一批)的实施,助力脱贫攻坚战,全面小康是全体中国人民的小康,不能出现有人掉队,要"精准扶贫、不落一人",实现"条条大道通小康",为解决贫困问题贡献"中国智慧",提供"中国方案"。

一、通过扶持生产和就业发展一批

通过扶持生产和就业发展一批,是精准扶贫"五个一批"的重要内容,也是向绝对贫困发起总攻的一个主战场、主阵地。《贫困地区发展特色产业促进精准脱贫指导意见》指出，发展特色产业是提高贫困地区自我发展能力的根本举措。产业扶贫涉及对象最广、涵盖面最大，易地搬迁脱贫、生态保护脱贫、发展教育脱贫都需要通过发展产业实现长期稳定、就业增收。当前贫困地区特色产业发展总体水平不高，资源优势尚未有效转化为产业优势、经济优势和就业优势，成为农村贫困人口增收、就业脱贫的瓶颈。做好产业扶贫工作是党中央国务院赋予的光荣职责和神圣使命，对于贯彻落实中央扶贫开发工作的重大部署、全面建成小康社会具有重要的现实意义。

特色产业扶贫，就是要引导和扶持有劳动能力的人，开发当地特色资源，通过发展特色产业，依靠自己的双手开创美好明天，实现就地脱贫、就业脱贫。打赢脱贫攻坚战，做好扶持生产和就业发展一批的工作关键在"精准"和"特色"。所谓"精准"，即选定落户贫困地区范围精准，选定产业项目精准，因地制宜，科学设计；所谓"特色"，就是因地制宜，深入挖掘本地特色自然资源、旅游资源、文化资源等，从而探索出切合本地实际的产业发展模式，具体来说需要注意以下四个方面。

（一）对准当地优势资源，科学确定特色产业

习近平总书记深刻指出："一个地方的发展，关键在于找准路子、突出特色。欠发达地区抓发展，更要立足资源禀赋和产业基础，做好特色文章。"[1]我国贫困地区自然条件千差万别，资源禀赋各不相同，发展基础迥然有异。对贫困地区自身发展来说，产业扶贫是一个外来先进经济因素深度介入的过程，贫困地区自身能不能有效吸收并加以整合，既要考虑地域差异和群体特性，还要考虑传统习惯和文化因素等，不能简单地照搬。

各贫困地区要科学分析本地方的资源禀赋、产业现状、市场空间、环境容量、新型主体带动能力和产业覆盖面，选准适合自身发展的特色产业。制订贫困地区特色产业发展规划，做大做强特色产业，促进农民就业、增收、致富。重点支持贫困村发展种养业和传统手工业，大力推进"一村一品""一乡一业"，

---

[1] 李斌：《习近平的"扶贫"牵挂》，http://politics.people.com.cn/n/2014/1019/c70731-25861327.html，访问时间：2014年10月18日。

宜农则农、宜菜则菜、宜果则果、宜草则草、宜牧则牧、宜林则林，适合什么就发展什么。在发展特色产业方面，浙江省走在了全国前列。近几年浙江省创新发展模式，打造了一批融合产业、文化、旅游、社区功能为一体的特色小镇。2016年经国家有关部委认定的127个特色小镇，浙江省有8个小镇入围。山东特色产业镇发展较晚，但发展速度很快，目前，山东省已经形成了全国重点镇、省级示范镇、省级中心镇、特色镇等分层分类、梯度培育、特色发展的小城镇发展格局。以山东省青岛市为例，当地根据自身独特优势资源，现已发展玫瑰小镇、葡萄小镇、西瓜小镇、茶叶小镇、蓝莓小镇等几十个特色小镇，带动了一批特色种植专业村。

（二）打开产品的市场销路，提高产出效益

特色产业扶贫从根本上讲是一种经济活动，具有市场经济属性和产业特点，需要科学合理的资源配置和投入，应有产出和收益，并避免市场风险。积极发展特色产品加工，拓展产业多种功能，精细化打造一头连接基地、一头连接市场的扶贫产业园区，增强产业支撑保障能力。

大多数贫困地区都面临同样的困境，即村民购买力低、需求量小、市场空间有限，所以要大力实施电商扶贫工程，加快实施农村信息基础设施建设，推动光缆入乡、进村、到户，实现贫困村、老区村互联网全覆盖，按照"一县一业""一村一品"的原则，大力发展特色产业，培育特色品牌。支持贫困地区网店的发展，采取教育培训、资源投入、市场对接、政策支持、提供服务等方式方法，帮助贫困户开办网店，销售农产品。同时加快贫困地区物流配送体系建设，支持邮政、供销合作等系统在贫困乡村建立服务网点，立足资源禀赋，以市场为导向，打造扶贫特色优势产业，促进扶贫产业品种、品质、品牌的提升。

（三）打造特色乡村旅游，延伸产业价值链

绿水青山，要想变成金山银山，就要花大心思去琢磨、去开发。要依托贫困地区特有的自然人文资源，大力发展休闲农业、乡村旅游和森林旅游休闲康养，拓宽贫困户就业增收渠道，让贫困户更多分享农业全产业链和价值链增值收益。把精准扶贫与拓展农业功能相结合，推动农区变景区、田园变公园、农舍变旅舍，推动贫困户贫困村的转型发展。要坚持全域旅游发展，景区不能孤

立发展,一开始就要统筹考虑周边区域要素配置、沿途沿线村寨怎么服务于这个景区等。

需要特别注意的是,有生态自然和人文历史条件的贫困地区搞旅游发展,绝不能搞低水平落后的旅游项目,要放眼长远,做前瞻性布局,在硬件和软件上都要坚持高标准,要更多依靠市场的力量来运作,如果还是简单拼凑景区,一味铺摊子,以营利为唯一目的,不进行内涵式挖掘,不提升层次和品质,这样的景区还不如不搞。即便搞了,也只能是资源浪费,破坏风貌。另外,有些地区可以通过开发旅游商品进行扶贫。在开发旅游商品时,可能当地并不搞接待,不直接和游客面对面,但可以通过供应链体系输送出去。农副土特产品要旅游化。在农副土特产品转化为旅游产品的过程中,不能简单地将农副产品视作旅游产品,旅游产品必须符合游客消费心理,要便于携带,易于馈赠,要富有地方文化特色,形成"风貌特色化、功能现代化、服务标准化"的旅游产业。

(四)创新金融扶贫模式,保障扶贫资金链

产业扶贫的题中应有之义就是要善于利用金融杠杆,加强金融扶贫。特色产业扶贫必须改变以往大水漫灌、跑冒滴漏、"手榴弹炸跳蚤"的帮扶方式,切实提高扶贫效率,做到对症下药、靶向治疗、量身定制、精准投放,集中人力、物力、财力,打好脱贫攻坚战。要在统筹整合使用现有各类财政扶贫资金的同时,创新金融和保险扶持机制,撬动更多的社会资本支持贫困地区特色产业发展。一要充分利用好国家已有的扶贫小额贷款、扶贫再贷款、专项建设基金等金融扶贫政策。二要鼓励地方积极创新金融扶贫模式,引导金融机构加大对贫困户和新型经营主体支持力度。三要积极探索特色产业扶贫的PPP模式,鼓励私募、众筹、慈善等社会资本参与特色产业扶贫。四要加大保险支持力度,根据贫困地区特色产业发展需要,积极发展特色产品保险,探索开展价格保险试点。鼓励保险机构和贫困地区开展特色产品保险和扶贫小额贷款保证保险,加大产品创新力度。发挥好金融扶贫,利用到户贴息贷款和互助资金撬动林果、畜牧、手工业等短平快产业发展,从而增加就业、提高收入。[①]

总之,创新脱贫攻坚模式,科学统筹施策,力争到2020年,贫困县扶持建

[①] 余欣荣:《特色产业扶贫重在"精准"》,载《行政管理改革》,2016年第4期。

设一批贫困人口参与度高的特色产业基地，建成一批对贫困户脱贫带动能力强的特色产品加工、就业基地，初步形成特色产业体系；贫困乡镇、贫困村特色产业突出，特色产业附加值显著提升；贫困户自我发展能力明显增强。实现贫困地区资源的优势性与发展产业、就业扶贫脱贫的经济性同步，结构性匹配。

二、通过易地搬迁安置一批

目前，我国脱贫攻坚已经从以解决贫困人口温饱问题为主要任务阶段，转入巩固温饱成果、加快脱贫致富、改善生态环境、提高发展能力、缩小发展差距新阶段。但是，目前农村贫困人口依然量大面广，特别是还有相当一部分居住在深山、石山、地方病多发等生存环境恶劣、不具备基本发展条件的地区，这些地区是我国扶贫开发工作中最大难点。上述地区，就地加快发展、脱贫致富特别是改善教育医疗等基本公共服务的难度大、投入高，易地扶贫搬迁是解决问题的治本之策。因此，要按规划、分年度、有计划组织实施，坚持群众自愿、积极稳妥的原则，因地制宜施行搬迁安置，做到"搬得出、稳得住、有事做、能致富"。

（一）搬得出是前提，做好前期准备工作

切实做好易地扶贫搬迁前期工作是改变贫困地区群众生产生活条件，帮助困难群众拓展发展空间。要加强组织领导，按照易地扶贫搬迁的标准和精准扶贫所掌握的资料进村入户进行全面摸排，确保瞄准贫困对象，做到有的放矢。加大易地扶贫工作宣传力度，使易地扶贫工作做到家家知道、户户知晓，确保易地扶贫搬迁工作有序开展。

第一，确定搬迁对象、搬迁方式。确定易地搬迁对象和搬迁方式是政府组织易地扶贫搬迁工程的前提准备和必要环节。搬迁对象一般是居住在环境恶劣、生态脆弱、不具备基本生产和发展条件、"一方水土养不活一方人"的深山区、石山区、荒漠区、高寒区、地方病多发区的农村贫困人口，优先安排位于地震活跃带及受泥石流、滑坡等地质灾害威胁的贫困人口。对于上述地区以外的贫困人口和因采矿沉陷、开发占地、工程建设、城镇扩建、生态保护区设立和建设等原因需搬迁的人口，以及平原地区、行蓄洪区、重大自然灾害恢复重建区

等的农村贫困人口，不作为易地扶贫搬迁对象。

搬迁方式按照分类实施的原则，根据迁出地的村落分布情况，原则上采取以自然村落为单元的整体迁出方式。对于住户零散分布的自然村落，一次性全部迁出；对于规模较大且必须全部迁出的自然村落，根据安置地情况统一规划，分批迁出，优先安排最为贫困的自然村落和农户。

第二，坚持政府主导、群众自愿原则，做好思想动员工作。易地扶贫搬迁是一项由政府组织实施的专项扶贫工程，必须尊重群众意愿，不能搞强迫命令。各级政府是移民工程实施的责任主体，要高度重视、加强领导、统筹协调，积极稳妥组织实施。要统筹谋划、突出重点，根据当地资源条件和环境承载能力，科学布局安置区域，合理确定搬迁重点和规模，结合精准扶贫的相关要求，优先安排自然环境特别恶劣地区的深度贫困群众。要量力而行、稳步推进，根据安置资源条件和资金筹措能力，科学编制实施规划，优化安置方案，区分轻重缓急，明确搬迁目标任务和建设时序，按规划、分年度、有计划地组织实施。

同时，迁出地要加强搬迁区贫困人口的思想动员工作，广泛宣传易地安置方式、补偿标准、工作程序、时间要求、法律责任，要实事求是地宣传安置点的交通、经济状况和发展空间等优势，使移民群众认识到搬迁后虽有一时困难，但也是一次极好的发展机遇，有利于子孙后代长远发展，提高贫困户"搬得出、安下心"的积极性。进一步统一广大干部和移民群众的思想，使广大干部增强做好移民工作的责任感，使移民群众增强依法移民意识，树立光荣感，主动配合工作，主动搬迁，尽早理顺情绪，早规划、早动手、早安排，从源头上解决让群众想"搬出来"、能"留下来"的问题。

第三，树立正面典型，以典型说服移民，以事实感动移民。要深入细致做好迁出地搬迁户的政策宣传工作，熟练掌握移民政策口径，及时为搬迁户提供国家政策、税收优惠政策和户籍管理等政策，扎根移民一线，把准移民群众思想动态，善于用政策教育移民，用事实说服移民，用典型引导移民，向移民群众列举已经完成易地搬迁工程的移民搬迁后生活水平不断提高的生动例子，动之以情，晓之以理，化解移民心中的疑虑疙瘩，安排好搬迁户搬迁中的生产和生活问题，解答搬迁户提出的各种问题，取得移民群众对工程建设更多的理解和支持，增强了移民自觉搬迁的积极性，变"要我搬"为"我要搬"。

（二）住得稳是保障，消除移民搬迁顾虑

移民搬得出只是易地移民工程的第一步，还要解决搬出来的移民在新的生活环境下的新问题，解决集中安置点基础设施建设问题。对易地扶贫搬迁试点工程的群众满意度测评，是总结经验教训，解决移民问题，消除移民顾虑的必要环节。

解决集中安置点基础设施建设问题。由于集中安置点基础设施本来就比较脆弱，集中安置点地区的交通、水利、住建、扶贫、电力、电信等部门，要进一步按照各自职能分工，深入实地调研，深入了解基础设施建设需要；各安置点要积极与部门衔接沟通，按照脱贫计划年度制订基础设施建设规划，积极向上级争取项目资金，倒排建设工期，适当超前谋划，确保贫困户脱贫、贫困村摘帽与贫困村基础设施完善同步到位，最终达到移民有房住，有地种，有学上，通路、通电、通水、通信等条件，如期实现脱贫目标。另外，解决安置点基础设施建设问题还需要合理筹集和使用资金。易地扶贫搬迁项目资金用于基础设施建设的投入很大，需要政府加大力度集中解决，多渠道筹集移民搬迁资金，充分发挥资金使用效益。一方面多渠道争取国家项目资金；另一方面采取整体搬迁、零星搬迁和插花搬迁等多种易地搬迁安置方式相结合，物资和科技配套相结合。

完善后续保障工作。移民搬迁后贫困问题仍然很深，经济压力大，存在着一定的恢复周期，特别是搬迁的前三年仍处于扶贫和脱贫的关键时期。对易地扶贫搬迁试点工程进行后期评估和群众满意度测评，是总结经验教训、提出政策建议、确保试点工程顺利成功实施的重要手段和必要措施。[①] 移民工程负责人要把维护移民群众合法合理的利益作为工作的出发点和落脚点，树立移民所想就是负责人应所想，移民的所需就是负责人的首要工作，处处、时时、事事为移民着想，不仅严格按照政策开展移民工作，还深入一线倾听移民诉求，注重保障移民合法权益，与移民促膝谈心交朋友，倾听他们的呼声，了解他们所想、所求、所盼，真正做到"情况在移民一线了解，作用在移民一线发挥，问题在移民一线解决，成效在移民一线检验"。

---

① 李林军：《易地扶贫搬迁的三点操作体会》，载《中国投资》，2008年第5期。

(三) 能致富是关键，实现脱贫致富

易地扶贫搬迁是手段，通过搬迁来实现脱贫是目的。从根本上解决搬迁户长期发展、脱贫的问题，更重要的是通过搬迁转变贫困群众的思想观念，落实好脱贫致富的后续发展措施。

第一，加大政府投入力度，发挥群众主体作用。由于搬迁户家底薄，自身素质较差，且缺乏实用技术和市场意识，搬迁群众后续产业需政府大力扶持。因此就急需通过政府因地制宜地帮助他们发展成本小、技术要求不高、风险不大、有市场、见效快的后续产业，确保其收入稳定。同时在政府加大投入力度，动员引导各方力量共同支持的同时，充分发挥搬迁群众的主体作用，发扬自力更生精神，尽快实现自我发展脱贫致富。

第二，完善脱贫致富的扶持政策。大力开展科技扶贫，提高劳动者素质，确保搬迁对象有业可就、稳定脱贫使搬迁农户有科学种植、养殖的实用技能和寻求致富门路的本领。通过科技下乡等形式，抓好科技扶贫，加强农村实用技术培训，提高村干部的综合素质和培养科技致富带头人，并在有关部门的支持下，在有条件的地方开展信息扶贫。提倡有组织、有计划地动员部分富裕村与搬迁村"结对子"，开展"富帮穷"活动，实行优势互补、经济协作、互惠互利，走共同发展的双赢之路。

第三，合理利用当地资源，发展特色产业。从农村基本情况和农业生产条件看，农业仍然是易地移民搬迁村的主导产业，也是农民收入的重要来源。要发挥自身的比较优势，进一步推进农业结构的战略性调整。山区、丘陵、平原各具特色，要以市场为导向，合理开发和配置山林、水面、滩涂、非耕地等农业资源。充分尊重群众的生产生活习惯，立足资源禀赋和区位特点，合理确定安置方式，宜集中则集中、宜分散则分散，宜农则农、宜工则工。选准主导产业，连片开发，建设优质农产品基地；可发展水产养殖，建立鱼、蟹、虾等种苗生产基地；发展畜牧养殖，建立合理的粮食、畜牧农业产业结构；利用特有的丘陵土质，发展蔬菜生产。

总之，易地扶贫搬迁工程有利于优化人口与村镇布局、调整改善产业结构，有利于加快脱贫致富步伐、提高扶贫投入效益，有利于迁出区生态环境恢复与治理、促进可持续发展，对于加快推进扶贫开发进程、促进区域协调发展、更

好地提供基本公共服务、全面建成小康社会具有十分重要的意义。

三、通过生态保护脱贫一批

生态保护脱贫，是一举两得、两全其美的好事，既能把生态环境保护好，又能解决当地群众的贫困问题。据统计，95%的贫困人口和大多数贫困地区分布在生态环境脆弱、敏感和重点保护的地区，发挥着"生态保障""资源储备"和"风景建设"的功能。这些地区的最大优势就是生态环境，特别是云贵川地区、皖鄂大别山地区、湘鄂部分地区等，但"富饶的贫困"是这些地区普遍面临的尴尬境地。如果只强调消除贫困和发展经济，不重视生态环境保护，国家生态安全、资源安全和景观建设将很难保障；如果只强调保护生态环境，不考虑贫困人口的小康进程，也不符合"决不能让困难地区和困难群众掉队"的脱贫攻坚要义，也难以实现共同富裕的奋斗目标。所以，通过生态保护脱贫一批，挖掘生态建设与保护就业岗位，加大国家生态功能区生态补偿力度，增加重点生态功能区转移支付，发展生态保护产业链，是解决这些地区脱贫步入小康的重要举措。

（一）健全生态补偿制度建设，保障生态治理资金

贫困山区要改善生态环境，就要限制其大规模、高强度的工业化、城镇化开发。因此，需要建立一套保障贫困地区经济收益与生态建设协调发展的制度安排，建立贫困地区生态补偿机制是其中最重要的制度。它重点解决贫困地区因提供生态服务而损失的经济利益或发展权利问题，跨越"生态不经济、经济不生态"的生态经济鸿沟和区域发展鸿沟，实现贫困地区保护生态和经济利益双赢的发展目标。[①]

2016年5月国务院印发的《关于健全生态保护补偿机制的意见》指出，"结合生态补偿推进精准扶贫，对于生存条件差、生态系统重要、需要保护修复的地区，结合生态环境保护与治理，探索生态脱贫新路子"。这是推进生态保护补

[①] 韩东娥：《实施生态补偿 致力脱贫攻坚》，http://news.163.com/16/0614/06/BP-GIVOUF00014AED.html，访问时间：2016年6月14日。

偿体制机制创新的重要举措，是落实 2015 年习近平总书记在贵州召开部分省区市党委主要负责同志座谈会上提出的"生态补偿脱贫一批"的具体行动，为生态保护补偿推进精准脱贫指明了方向，有望点绿成金。① 同时，"把生态保护补偿资金、国家重大生态工程项目和资金按照精准扶贫精准脱贫的要求向贫困地区倾斜，向建档立卡贫困人口倾斜"。好钢用在刀刃上，这种"造血型"生态保护补偿靶向疗法从根本上找准了生态补偿的切入点，解决贫困地区生态工程建设资金不足、贫困人口因保护生态环境收入不高的问题，确保这些贫困地区生态屏障功能稳定性。此外，各地区还应该根据本地区发展情况，健全生态治理的相关制度政策。例如，山西太原市娄烦县制定和出台了基本农田保护和加快民营林业发展的意见，实行"谁造、谁有、谁管护、谁受益"的制度，从而全面完成了 50 万亩集体林权确权到户任务，被山西省政府评为"全省林权改革先进单位"。以全国劳动模范曹春亮为典型，涌现出万亩以上造林大户 7 户，500 亩以上造林户 161 户，绿化面积 23.3 万亩，形成了全民参与生态建设的格局。

（二）绿色生产力是生态脱贫的"引擎"

2015 年，习近平总书记在贵州考察时，明确提出要守住发展和生态两条底线。从保护生态到发展生态经济再到生态脱贫，直至摆脱贫困不返贫。从长远来看，无论是发展生态经济，还是抓好生态脱贫，都需要产业作支撑。生态就是资源，生态就是生产力，努力形成一个完整的、可持续的产业发展链条，实现绿色生产力是生态脱贫的"引擎"。

引导贫困人口实现绿色转产转业是生态脱贫的根本要义。长期以来，生态脆弱贫困地区脱贫工作的深度、广度、力度和精准度基本上取决于外部"输血量"的多少，一旦输血停止，很容易造成返贫，究其原因是这类区域缺乏有效的造血功能。因此，加大"造血型"生态保护补偿力度，通过创新资金使用方式，利用生态保护补偿引导贫困人口有序转产转业，使当地有劳动能力的部分贫困人口转化为生态保护人员，引导贫困群众依托当地优势资源发展"绿色产业"，这是确保这些地区真正脱贫的根本所在。

---

① 国务院办公厅印发《关于健全生态保护补偿机制的意见》，http://news.xinhuanet.com/politics/2016-05/13/c_1118863839.htm，访问时间：2016 年 5 月 13 日。

在生态恶化地区，大力发展与当地资源相适应的农、林、草产业，生态旅游业，使其自身的经济目标与生态建设目标统一起来，让农民这些治理生态的主力军在生态治理过程中逐步脱贫致富，其实质就是要改变治理生态与脱贫致富相分离的状态，通过生态治理产业的发展，激励农民主动参与小流域治理、植树种草的生态建设。正如国家林业局张鸿文曾提出的，对林业进行"供给侧结构性改革"，通过供给方的改革，不仅可以为公众提供生态福利，还可以就地解决一部分的富余劳动力。"发展林下经济、森林旅游等绿色富民产业，扩大林产品有效供给，吸纳有劳动能力的人口转成护林员，实现稳定就业和脱贫。"① 最终达到兴一方经济、富一方百姓，让群众腰包鼓起来，实现生态美、产业旺、百姓富的有机统一。

（三）政府和市场发挥合力，推进绿色治理

要想通过生态保护实现脱贫，就必须让政府和市场共同发力。贫困地区老百姓受资金、技术、信息、市场等生产要素的制约，仅靠自身力量难以实现突破，一些贫困家庭产业发展途径过窄，仍然缺方向、少办法。贫困地区产业发展还不同程度存在有人力缺技术、有产品少品牌的问题。解决这些问题，需要政府和市场发挥合力。政府要调动资本、技术等各方力量，把贫困地区的好山、好水、好空气等自然要素变为有市场价值的生产要素，将生态和产业融为一体，鼓励实施企业化经营，大力培育生态治理产业，在推进绿色治理的同时实现企业和贫困户多方共赢。

与政府的政策鼓励与支持不同，企业化经营具有活力强、市场化程度高和多种目标相统一的特性，是培育生态治理产业的有效方式。一是在政府生态产业政策的刚性约束下，企业作为理性的经济主体，为了获得预期收益，会竭尽全力组织好林草建设，管护好林草，使生态建设取得良好效果。二是一个上规模的企业可同时开发上万亩的荒山、沙漠，进行生态建设的规模大、持续时间长，可以使山区的林草产业、生态农业取得突破，有助于造就有潜力的生态治理产业。三是与个体承包、购买开发方式相比，企业化经营具有较多的开发资

---

① 开可：《习近平两山论定心 地方实践正心：生态、脱贫可兼得》，http://news.cnr.cn/native/gd/20160709/t20160709_522629731.shtml，访问时间：2016年7月9日。

金、较强的技术和市场营销能力。同时,市场竞争还迫使企业加强生态技术的开发应用,向市场提供更具竞争力的绿色产品。四是通过多年的政府扶持和帮助,企业会在发展生态治理产业中逐步壮大起来,生态建设也会进入良性循环,具有生态建设的持续性效果。五是国家生态建设资金采取与企业资金相结合的方式投入,可避免建设资金过于分散,达到增加就业机会、提高资金使用效率的目的。六是企业实行生产、加工、销售一体化经营,把分散的农户联结起来,纳入企业化管理的轨道,能够降低成本,提高经营管理水平,增加收益。

从健全生态补偿制度建设到政府与市场发挥合力加快绿色生产力的发展,从"富饶的贫困"到"绿水青山就是金山银山",这是通过生态保护脱贫一批的基本路径,也是我国生态文明建设的必然选择。

四、通过教育扶贫脱贫一批

贫困户"一穷穷三代"的现象非常普遍,怎样彻底摆脱贫困,斩断贫根,一直是习近平总书记在扶贫中念兹在兹、萦绕在心的一个大问题。习近平总书记多次强调,要帮助贫困地区群众提高身体素质、文化素质、就业能力,打开孩子们通过学习成长、青壮年通过多渠道就业,改变命运的扎实通道,坚决阻止贫困现象代际传递。因此,扶贫先治愚,扶贫先扶智,把教育当作脱贫致富的根本之策,帮助贫困地区改善办学条件,扩大教育覆盖面,提高教育水平,完善教育结构,就能提高贫困地区的居民受教育程度程度,提升劳动力素质,增强贫困人口接受新技能和适应新环境的能力,进而提高生存能力,阻断贫困的代际传递。

(一)抓好义务教育,打通孩子求学之路

英国前首相布朗曾表示,想要真正脱贫,最重要的一个方法就是使他们和他们的孩子接受最好的教育。在这个世界当中,如果不喝水可以生活八天,如果没有空气可以生活八分钟,但是如果没有希望,我们一秒都活不下来,有了希望,我们才可以让事情变得更好,才可以构建更好的未来,这是教育可以提供的价值。贫困地区的教育水平是脱贫攻坚战中的最短板,脱贫攻坚就是要克服教育这块"短板"。

据国家最新公布的农村教育数据显示，目前我国农村地区特别是老少边穷地区的教育发展还比较滞后。弥补教育"短板"，就得解决城乡、东西部教育资源分配不均的现状。

一方面，要支持农村义务教育薄弱学校改造计划。国务院明确指出，力争用5年时间使贫困地区义务教育的办学条件达到国家标准，重点保障贫困地区学校改善基本办学条件，改善学校生活措施，办好必要的教学点。① 改善贫困地区义务教育阶段薄弱的基本办学条件，不让贫困家庭的孩子输在成长"起点"，既是守住"保基本"民生底线、推进教育公平和社会公正的有力措施，也是增强贫困地区发展后劲、缩小城乡和区域差距的有效途径，关乎国家长远发展。

另一方面，要加强东西部教育资源交流，吸引高端人才投身贫困地区教育事业。从2015年起，"国培计划"集中支持中西部地区乡村教师校长培训。习近平总书记十分关注这个计划，在给"国培计划（2014）"北京师范大学贵州研修班参训教师的回信中曾表示，到2020年全面建成小康社会，最艰巨的任务在贫困地区，我们必须补上这个短板。扶贫必扶智，让贫困地区的孩子们接受良好教育，是扶贫开发的重要任务，也是阻断贫困代际传递的重要途径。积极推进城乡集团化办学，开展以城带乡、以老带新等活动，经验丰富教师为新教师传经验、教方法、带路子，促进城乡教师、老中青教师互帮互助，城乡相融、连片教研、资源共享、共同进步、全面提升，优质的教育资源能够留在农村，让贫困区的孩子接受优质的义务教育。同时提高农村学校信息化水平。利用互联网为贫困地区的孩子提供平等、开放的远程教育平台，从而缩小城乡、东西部的教育资源差距。

党和国家已经制定一系列政策，旨在推动贫困地区教育事业加快发展、教师队伍素质能力不断提高，让贫困地区每一个孩子都能接受良好教育，成为社会有用之才。"教育脱贫"犹如一道温暖的阳光，照亮了贫困孩子的人生道路，改变了他们求学之路、成长之路太艰难的窘境，不仅帮助他们自己实现人生理想，更为他们的家庭彻底摆脱贫困创造了无限可能。

2015年9月29日，北京师范大学中国教育扶贫研究中心成立，"托起未来

---

① 鲁昕：《教育扶贫是实现自我脱贫的关键》，http://news.xinhuanet.com/live/2014-10/16/c_127103225.htm，访问时间：2014年10月16日。

之梦"贫困地区教育扶贫专项基金同时启动。北京师范大学中国教育扶贫研究中心作为国内第一家专职研究教育扶贫的工作机构，挂靠在北京师范大学继续教育与教师培训学院，聘请国务院扶贫办原党组成员、中国老区建设促进会副会长司树杰同志为主任，整合国内外教育扶贫力量，重点围绕"三大任务"展开工作：一是开创富有中国特色的教育扶贫理论研究，建设中国教育扶贫智库；二是面向贫困地区，开展乡村基础教育质量全面提升工程；三是搭建中国教育扶贫研究交流平台，引领中国教育扶贫事业发展与创新。

2017年2月12日，教育扶贫蓝皮书暨《中国教育扶贫报告（2016）》发布。蓝皮书指出，中国教育扶贫面临着贫困家庭无力使子女接受更多教育等六大问题。六大问题包括：其一，基础教育投入仍不足，且不均衡，效益不高。对于教育事业费中的公用经费，有地方几乎为零，教育费附加征而不返或随意挪用现象较为常见。其二，学校数量不足，办学条件较差，办学质量相对较低。贫困地区学习设施建设的严重滞后不仅表现为设施老旧，而且部分设施还存在安全隐患。一些教学用品，如实验仪器、图书配备等都严重不足，大部分学校校舍、图书、实验仪器设备等增设及更新无法得到资金支持。其三，师资投入不足，数量缺额，结构不尽合理，素质亟待提升。一方面，表现为教师整体数量不足，生师比过高，优秀教师外流严重，有地方甚至无法维持正常的教学秩序；另一方面，现有教师队伍整体素质水平偏低，知识深度和广度不够。此外，有地方拖欠教师工资问题尚未彻底解决，一定程度上影响了教学质量提高。其四，贫困家庭无力使子女接受更多教育，教育受重视程度不够。蓝皮书援引相关研究指出，越来越多的辍学并非由经济困难导致，而是因学生学习动力不足、知识改变命运的信心不足和自我期望值不够高等非智力因素。其五，贫困地区教育管理水平相对落后。尤其是对授课教师缺少必要的物质和精神激励机制和倾斜政策，使不少教师不安心、不愿意扎根贫困地区工作，甚至跳槽、逃离教育行列，不能稳定和促进贫困地区教育发展。其六，九年义务教育的完成度有待继续提高。目前"普九"的成果是低标准的，并且基础相当脆弱。近年来，农村学生的辍学、流失率偏高，初中生辍学率上升。

上述六大问题表明，中国的教育扶贫依然任重道远。

（二）发展职业教育，培育现代职业人才

除了大力支持农村义务教育之外，习近平总书记也提出要加大对农村地区、民族地区、贫困地区职业教育支持力度，以就业为导向、以脱贫为根本，着力培养"进得来、留得住、走得出"的现代职业人才，努力让每个人都有人生出彩的机会。

实施中等职业学校基础能力建设政策。在贫困地区高中教育以重点发展中等职业教育为主，通过中等职业教育重点发展来普及贫困地区高中阶段的教育，提高中等职业教育国家助学金资助标准，降低农民接受职业教育与培训的成本，在条件成熟时，实行农村义务职业教育制度和农民免费培训制度，让有意愿接受职业教育的广大农民及其子弟不仅有书读，而且读得起书。通过职业教育尤其是中等职业教育，让贫困地区的农民及其子女能够获得脱贫致富的能力。

实施东西部中等职业学校教育协作计划，教育部对东部地区提出了与中西部贫困地区协作办学的要求，支持帮助西部地区尤其是14个片区680个县，提高他们职业教育的办学水平，师资水平和学生的学习、实习的基本条件。科学设置专业，重点是帮他们根据地区产业特色，地区资源特色，还有地区公共服务所需要的技能性人才，培养这些学生能够留在当地，当然也可以留在东西部，留在东中部，变成有技能有技术的劳动者，为他们脱贫致富，为他们走出大山创造条件。

（三）扶技能，提高贫困地区劳动者素质

传统扶贫工作的重心是放在硬件的建设上，比如道路的建设、水利设施的建设、医院的建设、学校的建设，当然还包括一些产业项目。这种"输血"扶贫具有雪中送炭之功效，但对大多数贫困人群来说，主要是因文化层次低，又没有一技之长而贫困，他们不仅需要物质扶贫，更需要技能扶贫。因此，新时期脱贫致富的根本出路在于通过技能扶贫提高人口素质，使贫困地区群众增强脱贫致富的自我"造血"能力。所以，在新阶段，在硬件建设的基础上，更应该在人的素质提高上下工夫，即把有限的资源投入到更为迫切的技能培训上，促使贫困地区经济增长点转移到提高劳动者素质的轨道上来，做到技术培训到户、提高能力到户、就业脱贫到户，进而推动贫困地区经济社会又好又快发展。

第一,对包扶干部和村干部进行培训。首先,要对村干部进行扶贫政策的培训,使其深刻领会了精准扶贫的目标意义、着力重点和具体措施,提高包扶干部、村干部的政策指导落实能力。其次,要本着"实用、实际、实效"的原则,科学合理设置培训专业,规范培训内容,通过生产现场培训、课堂培训等形式,对包扶干部和村干部进行技能培训,以提高他们的综合素质和实际工作能力,更好地带领广大农民群众转变思想观念。与此同时,还可以全面开展帮扶干部和村干部学历化教育,提高他们带领群众脱贫致富的能力。

第二,实施农村实用技术培训。农村实用技术培训是"科技兴农",增强劳动者致富技能最直接、最有效的方式。要瞄准市场需求、农民需要的专业开展培训,提高培训的针对性和实效性,采取"理论与实践、课堂与田间"相结合方法,积极与农业、科技等方面的科研院校协作,邀请专家、技术人员和专业户,深入到贫困地区,向农户传授种养殖技术,并可以根据培训需要,免费发放作业工具、教材等技术资料和生活补贴。同时,各级党委和政府也可以通过捐赠农业科技图书援建农家书屋,捐赠电脑援建农村多媒体教室等形式,使贫困地区群众能够有机会利用冬季农闲等契机开展自学,切实增强自身谋生致富能力,加快自身脱贫步伐。与此同时,还可以选派科技干部到贫困地区任职,带领和指导当地农民学科技。

第三,强化剩余劳力转移培训。贫困地区劳动力培训转移是群众脱贫致富的重要途径,各级党委和政府要树立起抓劳务输出就是抓产业、抓项目、抓经济的理念,正确引导农村劳动力的有序转移,并稳定转移就业。各级党委和政府把贫困地区农村剩余劳动力转移培训列入农村劳动力转移培训工作范围,统筹安排,分步实施。各级扶贫部门要积极主动配合主管单位,建立转移培训机制,加快贫困地区劳务输出的服务体系建设,搞好劳务供需衔接工作,强化跟踪管理,解决外出务工人员实际困难,保护其合法权益。同时,采取多种形式大力宣传"雨露计划"相关政策,宣传开展农村剩余劳动力转移培训工作的成功经验和做法,大力宣传贫困劳动力转移培训工作的先进典型,吸引更多的贫困劳动力参加培训,为做好贫困劳动力转移培训工作创造良好的舆论氛围。

第四,加大专业技能培训力度。各级党委和政府要继续推广扶贫职业教育和扶贫移民教育的成功经验,加大对贫困家庭学生资助力度,完善贫困地区农民子女免费接受中等职业教育等各类教育的制度和做法,以就业为中心,面向市场开设专业、面向岗位设置课程，做到培养出来的学生送得出，用得上，能致富。与此同时，要分批次招收农村贫困家庭青年接受教育培训，力争"培训一人，转移一人；脱贫一户，带动一片"。

总之，实施教育扶贫有利于促进人力资源开发和发展，是新时期国家脱贫攻坚战略的重要组成部分，也是中央明确的扶贫开发十项工作的重点工作之一。扶贫的目标是做到教育一个青年，培养一技之长，落实一份工作，致富一个家庭。知识就是力量，教育的支撑是赢下脱贫攻坚战的有力保障。贫困地区和贫困家庭有了知识的支撑，发展就有了希望。随着教育扶贫政策的积极推进和不断完善，贫困地区将享受到公平、高质量的教育资源。

五、通过低保政策兜底一批

最低生活保障事关困难群众衣食冷暖，事关社会和谐稳定和公平正义，是维护困难群众基本生活权益的基础性制度安排。对丧失劳动能力、无法通过产业扶持和就业帮助实现脱贫的贫困家庭将全部纳入农村低保，实现低保政策兜底一批，立足"精准扶贫、保障基本"原则，全面推进全区脱贫攻坚农村低保兜底工作，切实解决建档立卡人员中符合农村低保条件群体的基本生活问题，努力实现兜得准、兜得住、兜的好的工作目标。

（一）兜得准，坚持应保尽保、不应保坚决不保原则

低保政策的实施首先要聚焦"兜得准"，严格"兜底"范围，坚持应保尽保、不应保坚决不保原则。低保政策对低保对象有严格的收入界定标准和审核审批要求。既不能将不符合条件的家庭纳入低保，又不能将符合条件的人拒之门外。

各地方及相关部门应高度重视将农村低保兜底工作纳入重要议事日程，要严格执行政策。一是各地方民政局、财政局、扶贫办应会同统计部门建立低收入家庭经济收入评估指标体系和评估办法，确保家庭经济收入评估科学、规范；二是建立低收入家庭经济状况信息核对系统并加强对相关部门的信息核对，确保家庭收入认定准确，保障对象识别精准；三是细化低保经办管理审核审批办法，对贫困户中丧失劳动能力的特困老人、失独老人、重度残疾人、重大疾病

患者、重度精神病患者等无法通过生产扶持、就业发展和其他举措脱贫的贫困家庭全部纳入农村低保，要及时纳入保障范围，不得遗漏，确保应保尽保；四是加强监督检查。要强化各地方的低保工作指导和督促检查，严格纪律，要严格按照现行农村低保政策要求开展"兜底"工作，切实做到符合低保政策的全部纳入保障范围，不符合低保政策的一个不纳入，确保"精准兜底"。严禁徇私舞弊、优亲厚友，违反相关规定的要严肃追究责任，防止出现"政策保""人情保"。

（二）兜得住，落实扶贫工作兜底责任

扎实推进"社会保障兜底一批"的工作，要求各地方及相关部门落实兜底责任，确保兜底扶贫工作"兜得住"。

第一，贯彻"两线合一"的标准。要通过实施兜底化扶贫工程，到"十三五"末，实现农村低保保障标准与扶贫标准"两线合一"。在地区农村低保标准低于脱贫标准的情况下，综合考虑物价水平和其他因素，逐年提高农村低保标准。

第二，落实低保资金保障机制。强化资金保障，积极争取当地财政和上级财政加大资金投入，确保低保资金筹集满足兜底脱贫的需要。统筹使用城乡低保资金，重点向农村倾斜，对困难地区特别是提标幅度较大的地方，给予重点支持，确保贫困地区的补助资金满足保障需求。对通过自身努力无法实现脱贫的低保对象实现"政策性"脱贫。

第三，加强低保家庭动态管理，做到保障对象有进有出，补差水平有升有降。对已经纳入最低生活保障范围的救助对象，要采取多种方式加强管理服务，定期跟踪保障对象家庭变化情况，形成最低生活保障对象有进有出、补助水平有升有降的动态管理机制。各地要建立最低生活保障家庭人口、收入和财产状况定期报告制度，并根据报告情况分类、定期开展核查，将不再符合条件的及时退出保障范围。对于无生活来源、无劳动能力又无法定赡养、抚养、扶养义务人的"三无人员"，可每年核查一次；对于短期内收入变化不大的家庭，可每半年核查一次。

（三）兜得好，拓展救助渠道，彻底消除绝对贫困

对纳入低保的贫困家庭必须保障其基本生活，充分发挥低保兜底一批的作用，帮助其尽快甩掉贫困户帽子，使低保扶贫工作"兜得好"，达到彻底消除绝对贫困的目标。

第一，要全面实施分类救助，坚持分类重点保障的原则。应按照农村低保分类重点救助的规定，对纳入农村低保中的重残人员（一、二级）、患有重大疾病人员、70岁以上老年人、学龄前儿童和在校学生实施分类重点救助，更好地保障特殊困难群众的基本生活。健全留守儿童、留守妇女、留守老人和残疾人关爱服务体系。对农村"三留守"人员和残疾人进行全面摸底排查，建立翔实完备、动态更新的信息管理系统。建立家庭、学校、基层组织、政府和社会力量相衔接的留守儿童关爱服务网络。加强对未成年人的监护，健全孤儿、事实无人抚养儿童、低收入家庭重病重残等困境儿童的福利保障体系。针对残疾人的特殊困难，全面建立困难残疾人生活补贴和重度残疾人护理补贴制度。

第二，实施医疗救助，资助低保家庭参保，对无劳动能力、无收入来源或因重病、慢病导致医疗费用过重的家庭实施医疗救助，将低保家庭全部纳入医疗救助范围，提高救助比例，努力缓解困难低保家庭的看病难问题。同时积极推进医疗救助与新型农村合作医疗、大病保险的有效衔接，实行医疗救助"一站式"即时结算服务。另外，要针对医疗救助类贫困群众，分"正在治疗"和"因病负债"两类情况给予救助，从减少医疗费用和解决因病导致家庭收入降低两端用力，让生病者看得起病，让因病负债者减轻负担，着力从机制上解决因病致贫问题。

第三，健全农村低保与扶贫开发政策衔接机制。坚持"输血"与"造血"并举，使其通过扶贫政策和低保政策的"合力"实现脱贫。积极倡导农村低保对象弘扬自强、自立的劳动精神，鼓励低保对象通过扶贫开发走出低保，减少对低保的依赖。

"低保兜底"是精准扶贫的最后一道屏障，发挥最低生活保障制度在惠民生、解民忧、保稳定、促和谐等方面的独特优势，保障困难群众的基本生活。强化督导，了解基层低保工作开展情况，指导基层低保工作，主动发现、主动

救助，确保低保扶贫工作各项措施有效落实，筑牢基本民生底线，确保困难群众求助有门，受助及时，"一个也不少"跨入小康社会。

  民生所指，即是国运所系；民心所向，便为政之所行。精准扶贫精准脱贫是一篇关乎民生、关乎国家未来发展的大文章，在脱贫攻坚的道路上，只有认真贯彻落实"五个一批"政策措施，怀有"看真贫、扶真贫、真扶贫"的赤子之心，扎根基层，精准施策，合力攻坚，真正做到贫困群众不脱贫干部不收兵，才能确保精准脱贫目标的实现。

第七章　八仙过海，各显神通

——精准扶贫十项工程

推进精准扶贫，实现精准脱贫，各级党委和政府是至关重要的组织力量、执行力量。怎么来组织？如何来执行？这就要求有现实的抓手，可以说，"十项工程"正是精准扶贫精准脱贫事业的具体抓手。当前，一个不容忽视的问题就是，一谈起扶贫，很多人都是头头是道，但是一落到实际操作层面，往往就是抓瞎。因此，对于精准扶贫精准脱贫而言，很重要的一条就是要认认真真整合资源，扎扎实实推进精准扶贫十项工程。

精准扶贫十项工程，既是落实精准扶贫的经济工程，也是实现共同富裕的民心工程。深刻理解这十项工程的政策要求，全面总结这十项工程的建设经验，才能真正依靠这十项工程，完成从"输血"到"造血"的转变。达到这个效果，需要在引进项目时，学习和参照先进经验，切实立足当地资源禀赋条件，根据贫困群众真实需要，选择成本最低、收益最高的扶贫项目。

一、干部驻村帮扶工程

党员干部和群众同吃、同住、同劳动，与群众打成一片，这是我们党的群众工作的优良传统。在推进精准扶贫精准脱贫工作中实行干部驻村帮扶工程，就是继承和发扬这一优良传统的有效举措，就是要着眼于各个地区贫困落后村落这个"硬骨头"，抓住驻村干部这个关键少数，带动广大贫困群众辛勤劳动、埋头苦干，实现贫困村整体脱贫，村民生活达到小康水平。

干部驻村帮扶，一头连着党委政府，一头连着困难群众，是做好各项扶贫开发工作的重要保障。扶贫开发工作的许多具体工作，绝不是仅仅靠文件要求、会议布置就能代替的，如果没有面对面的沟通、手把手的指导，很难落到实处、做到细处。可以说，通过驻村帮扶，就可以把各项扶贫政策更好地落实到贫困村、贫困户，可以把各类扶贫资源精准地用到贫困村和贫困户。

一是要加强组织领导。各级党委政府要始终把坚强有力的组织领导作为驻村工作落到实处、取得实效的关键和保证。主要领导带头深入挂联点调研、带头落实帮扶措施，指导帮扶工作，以上率下、模范带头。要建立专门的工作机制，比如成立联席会议，形成横向到边、纵向到底的干部驻村工作组织领导格局。要把对驻村干部检查督导、管理使用、培训考核、服务保障作为重要职责，加强领导强度、组织力度，有力有序有效推进干部驻村帮扶工作。

二是要强化责任任务。一方面，要建章立制抓管理，对各级驻村干部选派、管理及职责任务、考核奖惩做出具体明确，特别是要明确扶贫工作相关负责人特别是驻村第一书记的职责，切实规范工作程序、压实工作责任。另一方面，要强化职责抓管理，要把驻村扶贫干部的管理作为关键环节来抓，及时总结实践中的成熟做法，建立县为主体、乡镇负责、联席办统筹、派出单位协同的管理机制，形成联席会议办统筹管、成员单位配合管、派出单位参与管、乡镇党委直接管、工作队内部加强管的管理体系。各级党委、政府及派出单位全力为驻村干部提供必要保障、改善工作条件、解决家庭困难、关心干部成长，为干部履职尽责、有所作为创造条件。各地要善于采用 APP 软件、微信群、网络签到等信息网络平台，加强日常管理，确保人人都在组织中、人人都在管理中。

三是要注重能力培训。要坚持问题导向，针对驻村干部普遍存在脱贫攻坚政策掌握不多、"三农"工作经验不足的实际，把培训作为提高驻村干部履职能力的重要途径，突出实效、灵活方式抓全员培训。以提高"三农"工作和扶贫工作能力为切入点，深入实施培训，切实提高驻村干部的政策理解和运用能力。按照缺什么补什么、需求什么培训什么的原则，创新形式抓实培训，采取分层级与划片区培训相结合、集中辅导与电视电话会议培训相结合。

四是要突出考核奖惩。要按照相关管理办法，对驻村干部实行年度考核，把考核情况作为派出单位评优评先的重要依据，切实解决驻村干部不到位、不在岗、不作为等问题。

驻村帮扶如何才能把作用发挥好，关键是要处理好以下两个方面的关系。一是驻村帮扶必须做到身入心入。不仅要扑下身子，到困难群众中了解问题，解决问题；更要沉下心来，把根扎在村里，真情融入困难群众，多做暖心的工作，决不能蜻蜓点水、流于表面。二是驻村帮扶不能越俎代庖。要搞清楚，贫困群众既是扶贫的对象，更是脱贫的主体。说到底，扶贫工作做的好不好，关键要看贫困群众内在的潜力激发得好不好。驻村帮扶干部的主要责任就是要激活贫困群众的发展潜力，给予实实在在的帮助和指导，更加深入地洞察地方实际特点特色，在"吃透上情"与"摸透下情"中，努力推进精准扶贫绩效最优化。

二、职业教育培训工程

中国城乡发展的差异，很大程度上是教育资源分配的差异。而改变这种局面，最头疼的是"贫困的代际传递"。工作中，依靠职业教育培训工程，是有效斩断贫困代际链条的有效途径。

"贫困的代际传递"，指的是"父贫困、子贫困、孙贫困"的社会现象。这个现象，在贫困地区贫困家庭较为普遍。改变这个现象，斩断贫困链条，出路在于发展贫困地区的义务教育，将其摆在长期内为缓解农村人力资本投入不足的战略位置，并根据贫困地区人力资源特点，特别是针对贫困劳动力的脱贫要求，实施职业教育培训工程。

相对于义务教育，职业教育培训工程，效果更明显，更能与其余九大工程，互联互动，如果开展得好，能够"四两拨千斤"。在贫困村中，初、高中毕业后，未能继续升学，也未能参加职业教育的贫困家庭富余劳动力（称为"两后生"），完全可以作为实施职业教育培训的重点对象。培训贫困家庭的"两后生"，能够达到"教育一个青年、培养一技之长、致富一个家庭"的扶贫效果。而建档立卡统计结果，实际上，已经为开展职业培训，铺垫了坚实的基础，紧密衔接两项工作，完全具备条件。

未来，中国农村职业教育的主要内容，在于培训贫困群众掌握实用生产生活技能。这项工程的意义，在改善农村教育资源匮乏现状的同时，促进扶贫对象的观念转变，提高其自我发展的能力，最具"造血"功能。缺乏职业培训，缺乏人力资本投资，难以真正斩断穷根。

现阶段，实施职业教育培训工程，虽然有诸多好处，也存在部分问题。比如，停工学习存在机会成本，少数贫困群众要求发放培训补贴；职业培训内容不符合工作岗位技能要求；培训体系不健全，课程设置不科学，授课教师不专业；部分企业支持培训的积极性不够高，或者担心培训成本，或者担心员工流失。

我国开展职业教育培训时间短，经验少，可以借鉴英美日等国的农民工职业教育培训经验。其经验，概括起来主要有：健全相关法律法规，确保工职业教育培训规范化；构建科学全面的职业教育培训体系，最大限度满足差异化培训需求；扩宽职业教育资金来源渠道；健全培训监督制度，保证培训质量。

根据我国国情及精准扶贫精准脱贫的工作要求，弥补现存职业教育培训的不足，政府可以推动高校与社会机构联合教学，促进理论学习与实地操作配合进行；可以多方筹集资金，健全多元化的投入机制，保证开展职业教育培训资金充足。企业可以根据经营需要，构建工作技能管理体制，建设符合招录贫困群众培训需要的学习型组织，营造"干中学"的浓厚氛围。

只要各级政府转变思维，开阔思路，寻找方法，一定能借助打赢脱贫攻坚战的历史机遇，扎实推进职业教育培训工程，健全中国职业教育培训体系，铺垫贫困群众实现如期脱贫的坚实基础。

三、扶贫小额信贷工程

金融是现代经济的核心。金融搞好了，一着棋活，全盘皆活。现代国家都把金融作为调控经济和民生的基本手段。现阶段，运用金融手段推进精准扶贫，帮助贫困群众融通资金，是切实增强贫困群众致富能力的重要途径。实践中，实施扶贫小额信贷工程，要瞄准"贷款难借难还"的症结，对症下药。

开展扶贫小额信贷工程，也是金融行业承担社会责任，反馈社会的实质性举措。抓好这个工程，要在五个环节发力，即"精准定位需求—政银各守其责—放款专事专办—科学管理过程—务求贷款回收"。

这个五个环节，紧扣小额信贷扶贫工程的各个环节，只要落实好，效果差不了，因此务必确保各项政策落地落实落细。"精准定位需求"是工程的首要环节，也是扶贫"精准"的重要体现。银行业机构，要充分与当地扶贫部门进行合作，根据"建档立卡"的基本信息，对贫困户开展进一步细分，根据群众对贷款的要求急迫程度，排列出先后顺序，确保扶贫资金使用的效率最大化。"政银各守其责"是政府部门与金融部门合作开展工作的基本保障，二者良性互动，是合理使用扶贫资金的前提。监管部门要根据实际需要，科学规划工作内容，细化目标责任，督促责任落实，统筹促进辖区内银行业机构协同做好扶贫小额信贷项目。"放款专事专办"是小额信贷扶贫工程的特点，也是确保有限资源集中配置到精准扶贫领域的保障。商业银行可以为建档立卡的贫困户量身设计授信系统，建立对口贷款渠道。"科学管理过程"是具体开展小额信贷扶贫的过程要求，没有过程的科学管理，就没有满意的工程实施效果。根据各地区扶贫工作实际，创新扶贫小额信贷管理方式，追求高效率，低风险。"务求贷款回收"是扶贫小额信贷工程完成的标志，也是贫困户摆脱贫困的体现。鼓励政府信用为贫困户的担保，鼓励地方财政出资建立专门针对贫困户的坏账损失风险金，多举措保证还款。

开展扶贫小额信贷工程以来，各地区积极响应中央号召，根据中央精神，探索出一系列符合地方实际的做法。比如，四川省巴中市制定了《关于创新开展扶贫小额信贷工作的实施意见》，探索构建"政银互动、信用支撑、精准放贷、发展生产"的扶贫小额信贷工作模式，以政府信用为担保，推动贷款授信从"主要看资产"向"主要看信用"转变。巴中创新，实现了金融扶贫，"贷"动致富，收到了良好的效果，起到了较好的示范作用。

四、易地扶贫搬迁工程

实施易地扶贫搬迁工程，是在贫困地区实施的一项有力推进从"输血"到"造血"转变的扶贫方式。具体指把贫困地区的群众，有计划地迁移到其他宜居区域。具体而言，是把居住在环境恶劣、生态脆弱、不具备基本生活条件和发展条件的深山区、石山区、高寒区、荒漠区、地方病多发区的农牧民，根据个人自愿原则，在地方政府的统一引导下，整体搬迁到一个适宜生产和生活的区域。这项工程，专门解决"一方水土不能养一方人"的问题，特定目标是"搬得出、稳得住、能发展、可致富"，根本原则是"整体搬迁、灵活安置"。

党的十八大以来，习近平总书记关于扶贫开发的重要论述，为精准扶贫工作中科学开展易地扶贫搬迁提供了理论指导。各地区积极理论结合实际，探索出了许多既符合中央精神，又符合地方实情的措施。比如，福建宁德赤溪村探索"扶贫搬迁联动旅游"的新路子，该地依托丰富的生态资源、特色农产品资源，根据地方特色资源想对策，发展生态旅游和休闲观光农业，闯出了一条"生态立村、旅游富村"的旅游扶贫路；广西大化探索"扶贫搬迁联动金融扶持"的新路子，易地扶贫搬迁工程与小额信贷工程双管齐下，农村信用联社主动对接政府生态移民搬迁的重点项目，实现农户小额信用贷款和农户联保贷款，为农户提供创业资金。

综合多地开展易地扶贫搬迁的工作做法，归纳起来有四项经验、五项原则与三项政策要求。四项经验指的是：选准搬迁对象；落实好安置地；合理确定建房的面积标准，严格建房补助标准和发放形式，落实易地扶贫搬迁优惠政策；切实加强组织领导，重视后续发展。五项原则，即易地扶贫搬迁工程的基本原则；政府主导与群众自愿相结合的原则；人口、社会、资源与环境协调发展的原则；降低搬迁成本与提高长期受益相结合的原则；扶贫搬迁与产业发展相结合的原则。三项项政策要求是：加大政府支持力度，坚定实施易地扶贫搬迁政策；科学制订搬迁规划，降低搬迁成本、提高搬迁的长期受益；重视对移民的人文关怀，提高其社会适应能力。这些经验、原则与做法，相辅相成，融为一体，可以把它们看作开展易地扶贫搬迁的坐标。

2017年9月16日至17日，全国易地扶贫搬迁现场会在四川省达州市召开。李克强总理作出重要批示。批示指出：易地扶贫搬迁是推进供给侧结构性改革、补齐贫困地区发展短板、打赢脱贫攻坚战的重要抓手。各地区各相关部门按照党中央、国务院决策部署，在规划建设、搬迁安置、就业安排、后续发展等方面做了大量工作，已完成一半以上搬迁建设任务，成绩应予肯定。要深入贯彻习近平总书记系列重要讲话精神和治国理政新理念新思想新战略，进一步增强使命感、责任感和紧迫感，充分发挥基层干部群众的积极性、主动性和创造性，合理安排搬迁规模和进度，严格抓好工程质量，规范资金项目管理，实现精准搬迁、安全搬迁、阳光搬迁；聚焦培育内生动力，结合各地实际下大力气解决搬迁群众后续产业发展和就业增收问题，确保搬迁一户、稳定脱贫一户，为打赢脱贫攻坚战、全面建成小康社会作出更大贡献。

五、电商扶贫工程

作为"互联网+精准扶贫"的结合点,电商扶贫工程,顺应了互联网时代的生产方式变革趋势,能有效地把信息化建设成果转化为全面建成小康社会的成果。事实上,电商扶贫工程,主要解决贫困地区的市场狭窄问题,通过互联网技术开发贫困地区的特色资源,销售贫困地区的特色产品。

党的十八大以来,以习近平同志为核心的党中央高度重视互联网技术的发展,强调要善于运用互联网技术发展经济。习近平总书记围绕互联网的发表了一系列重要讲话,是科学推进电商扶贫工程的根本遵循。

"互联网+"代表一种新的经济形态,具有"跨界融合、创新驱动、重塑结构、尊重人性、开放生态、连接一切"的突出特点。将互联网的创新成果深度融合于经济社会各领域之中,有利于提升实体经济的创新力和生产力,有利于形成更广泛的以互联网为基础设施和实现工具的经济发展新形态。

各地利用互联网脱贫致富的实践中,涌现出来的"淘宝村",可以作为电商扶贫工程的榜样。"淘宝村"现象是指聚集在某个村落的网上,以淘宝为主要交易平台,以淘宝电商生态系统为依托,形成规模和协同效应的网络商业群聚现象。其认定标准包括三项指标:交易场所、经营场所在农村地区,以行政村为单元;在交易规模方面,电子商务年交易额达到一千万元;在网商规模方面,本村注册网店数量达到五十家,或者注册网店数量达到当地家庭户数的百分之十。根据这个标准,浙江省义乌市江东街道青岩刘村、浙江省丽水市松阳县大东坝镇西山村、广东省揭阳市揭东区锡场镇军埔村、江苏省徐州市睢宁县沙集镇东风村、山东省曹县大集乡丁楼村和张庄村等十个地方,被评为中国淘宝村。目前,这些"淘宝村"基本实现了脱贫致富,但是,主要集中在东部沿海地区,中西部地区较少。这在一定程度上,反映出东部沿海地区的互联网意识、运用互联网的基础设施强于中西部地区。

然而,这并不能说明开展电商扶贫的条件不成熟。虽然贫困地区在物流、宽带以及互联网意识等方面存在一些缺陷,但从根本上讲,这些并不是制约电商发展的决定因素。研究农村电商的实践经验,我们可以看到,电商发展的条件与电商应用规模辩证统一。现有条件制约电商扶贫的发展,但是充分利用现有条件,扩大融资渠道,先推广电商应用规模,做起业务,扩大市场,再根据发展情况，改善发展条件。部分实地调研和电商平台的数据表明，在贫困地区，群众刚刚开始时，利用电商购买产品，充分体会到"买得到、买得对、买得省"的优惠，利用电商平台销售特色农产品，这都刺激着贫困地区群众的互联网意识。

现在，已经涌现出越来越多的草根网商、电商草根英雄。此外，淘宝村、电商镇激发的连片效应越来越显著，电商扶贫的成功案例越来越多，电商扶贫带给群众的希望越来越大。面对这样的发展机遇，随着电商扶贫工程的实施，将会有越来越多的贫困地区借助互联网的大浪潮，实现脱贫致富，共享全面建成小康社会的成果。

2017年9月15日至16日，全国农村电商精准扶贫经验交流会在贵阳召开，汪洋同志出席会议并讲话。他强调，电商扶贫是精准扶贫的有效抓手，也是利用新技术新模式助推脱贫攻坚的创新举措。他充分肯定了电商扶贫在促进贫困群众脱贫和贫困地区发展方面取得的积极成效，并强调，电商扶贫要始终以建档立卡贫困人口脱贫为目标，积极引导贫困群众融入电商产业链条，更多分享产业增值收益。要遵循市场规律和电商发展规律，鼓励各类市场主体利用电商开展扶贫，引导合作社、家庭农场、龙头企业等新型经营主体带动贫困农户参与电商，推进电商扶贫与贫困地区产业融合发展。要加强规划引领，加大政策支持力度，补齐基础设施短板，推进标准化建设、品牌培育和认证追溯，建设农产品网络销售绿色通道，着力培养懂电商、懂扶贫的专业人才，提升电商扶贫发展水平。要强化统筹协调，促进政府、市场、社会协同发力，产业链各环节密切衔接。地方各级政府要加强组织领导，为电商扶贫创造公平竞争、可持续发展的良好环境。

六、旅游扶贫工程

1999年，英国国际发展局首次提出面向贫困人口的旅游扶贫（英文简称PPT）。旅游扶贫目的在于为贫困人口提供一个发展机会，让贫困人口在旅游发展的过程中，获得经济、社会、环境、文化等的收益。

对于旅游资源丰富的贫困地区，旅游扶贫是一种卓有成效的扶贫办法，是贫困地区实现弯道超车的又一法宝。依靠旅游扶贫，一方面能增强连片特困地区的造血能力，另一方面又能一定程度上改善该地区的生态环境。贫困地区往往工业发展滞后，因此拥有"绿水青山"。结合贫困地区特色旅游资源，依靠旅游扶贫工程，可以贯彻落实习近平总书记提出的"绿水青山就是金山银山"思想，可以切实提供贫困地区的就业机会和扩展收入渠道。

我们国家一直比较重视旅游扶贫的积极作用，并下发了一系列相关文件，推进旅游扶贫。比如，2014年，国家发展和改革委员会等部委联合发布《关于实施乡村旅游富民工程推进旅游扶贫工作的通知》，正式提出依靠乡村旅游发展，加快贫困地区脱贫致富的步伐；2015年8月《国务院办公厅关于进一步促进旅游投资和消费的若干意见》强调要推进乡村旅游扶贫。

各地在探索旅游扶贫的实践中，取得了显著的成绩。比如，四川省地处我国西部，老少穷地区分布广，是全国脱贫攻坚主战场之一，全省贫困人口规模、贫困村数量接近全国的十分之一，脱贫攻坚任务十分艰巨。同时，四川省贫困地区的旅游资源十分丰富，九寨沟、稻城亚丁、泸沽湖、光雾山、藏羌彝民族文化、革命老区等绝大部分在秦巴山区、乌蒙山区、藏区和大小凉山彝区连片特殊困难地区。旅游资源与贫困地区高度融合，让旅游扶贫成为四川省脱贫攻坚的重要组成部分。资料显示，2016年前三季度，四川省扶贫开发"四大片区"实现旅游总收入2927.75亿元，同比增长20%，占全省旅游经济总量的47.5%。全省乡村旅游实现总收入1535亿元，同比增长20.96%，相比2015年同期增加266亿元，相当于为全省农民人均增收贡献了411元，人均现金收入增加额为98.6元。在甘孜州乡城县，乡城群众正在旅游业发展中尝到甜头，民宿业像雨后春笋茁壮成长，不仅成为大香格里拉环线上一道风景线，也使乡城全域旅游业得到有效补充。

总结现有的旅游扶贫经验，扎实开展旅游扶贫工程，需要把握"对象选择精准—系统科学规划—高效配置资源—提炼实践经验"四个步骤。对象选择精准，是真正实现旅游扶贫根本效果的第一步，也是检验试点地区是否"扶真贫、真扶贫"的首要标准。走好这一步，基础是依托已有的"建档立卡"成果，摸清所有贫困户的发展需求，以便于在旅游扶贫过程中，根据各地的特色资源，因村施策，因户施法，利用特色经营、特色旅游，让贫困农户融合旅游扶贫，让贫困户共享旅游扶贫成果。系统科学规划，是真正确保旅游扶贫根本效果的前提条件。精准扶贫是个系统工程，旅游扶贫是总工程中的小的系统性工程。各地真正实施旅游扶贫工程，做出系统性的科学规划，既要服从精准扶贫总要求,又要自成系统。依靠调研论证,制订前期规划,包括贫困户参与办法、利益分配等具体内容。高效配置资源,是真正确保旅游扶贫根本效果的主要途径。扶贫的事业是伟大的,但是扶贫的资源是有限,务必根据建档立卡贫困户的真实需要,高效配置资源,务求旅游扶贫资源最大化。提炼实践经验,是真正确保旅游扶贫根本效果的最后一步。各地要根据中央精神要求,结合地方旅游特色,探索接地气的旅游扶贫工程思路,要"成熟一个,总结一个",把成功的案例,提炼为理论,为具有相似经验的地方,开展扶贫工作提供借鉴。

对于已经成为旅游扶贫试点的地方,为确保旅游扶贫工程,稳中有进,要重点抓好五点:做好从业人员专业培训,保证从业人员能够适应旅游扶贫中的新岗位;创新宣传渠道,结合线上线下,推介贫困地区的特色旅游项目;以旅游部门为核心,协调扶贫办、发改委等部门,有效整合扶贫旅游资源;强化各级党委各级政府的领导,把落实旅游扶贫工程放在重要位置,在一定时期内,可以围绕旅游扶贫开发开展其他工作。

我国现在的旅游市场潜力非常巨大,只要开展旅游扶贫的各贫困地区,认真总结思考实践中的问题,积极寻找解决措施,把新问题转化为新成绩新经验,旅游扶贫工程一定能帮助一方群众真正实现脱贫致富。

七、光伏扶贫工程

光伏扶贫工程具有绿色环保节能、实施项目成本低、经济收益可观等优点,尤其是在帮扶丧失劳动能力和缺乏致富能力的贫困群众方面,优势更为明显。因此,各级党委和政府也比较重视发挥光伏扶贫工程在精准扶贫精准脱贫中的作用。

2014年10月17日,国家能源局、国务院扶贫开发领导小组办公室联合印发了《关于实施光伏扶贫工程工作方案》,决定利用六年时间组织实施光伏扶贫工程。

《关于实施光伏扶贫工程工作方案》明确提出,以"统筹规划、分步实施,政策扶持、依托市场,社会动员、合力推进,完善标准、保障质量"为工作原则,这是实施光伏扶贫工程的根本遵循。落实这项工程,需要完成七项主要工作:开展调查摸底;出台政策措施;开展首批光伏扶贫项目;编制全国光伏扶贫规划（2015—2020年）；制订光伏扶贫年度方案并组织实施；加强技术指导；加强实施监管。这七项工作内容，涵盖了光伏扶贫项目的各个环节，各地开展工作，基本上就是把这七项内容具体化。

光伏扶贫，是新技术条件下精准扶贫的新办法，也是化解光伏过剩产能的科学办法。实施光伏扶贫工程，贫困地区可以一举多得。建档立卡贫困户，安装分布式光伏发电系统，既可以满足贫困家庭日常用电，又可以并网卖电，获得长期稳定收益。村集体荒山荒地以及卫生所、村公所等集体资源，也可以用以安装光伏电站，所得收益，可以作为集体资金，投入村公益事业。通过光伏发电，就可以最大限度把闲置的资源盘活，把以前不能带来收益的资源变成增收资源。

开展光伏扶贫，确实存在项目"难落地""落地难，推进更难"的现实问题。而问题的症结，不在于技术不成熟，而在于资金不充足、贫困户房屋不适宜安装光伏电站、配套电力设施缺乏以及安装光伏电站后贫困户不懂电站维护管理等方面。这些问题中，资金问题是核心所在。只有解决好资金问题，才能顺利推进其余问题的解决。贫困地区本来就财政紧张，而实施光伏扶贫需要投入大量资金，一定程度上，加重了财政压力。缓解光伏扶贫的资金压力，可以开展政府和社会资本合作，合理划分"政府+企业+贫困户"的资金承担份额。实际上，政府无法全部承担光伏扶贫的全部费用，也不能全部承担。让贫困户出一定资金，其积极意义不仅是减轻财政负担，更在于让贫困户充分重视光伏扶贫工程，充分发挥主观能动性，积极配合工作，爱护光伏电站。据报道，部分已经安装光伏电站的贫困户，缺乏维护光伏电站的自主意识与管理能力。有的光伏电站，满是灰层，也无人保洁，以至于光伏电站的利用率大大降低。所以，让贫困户自筹部分资金，能够起到督促贫困户主动进行维护光伏电站的积极作用。而针对部分贫困户房屋不具备安装光伏电站条件的情况，要注重创新工作方式，探索划拨公共土地供贫困户使用，但可以由贫困户具体负责管理维护。而解决配套电力设备缺乏的问题，归根到底也是解决资金缺乏问题。在多渠道筹集资金的同时，也可以根据"廉价、实用、易操作"的原则，与光伏公司协商合作，根据扶贫特殊条件，研发专门针对光伏扶贫项目的设备，并开发关于适合贫困户知识结构的运营维护课程，以便于贫困户掌握光伏发电的相关技术。

八、构树扶贫工程

构树扶贫工程,是把"绿水青山"转化为"金山银山"的重要工程,做到了"开发"与"发展"相协调。这项工程,一方面有利于保护和改善贫困地区的自然生态环境,贯彻落实绿色发展理念,切实建设美丽中国,另一方面有利于发挥贫困户长期从事种植业的工作经验优势,增强建档立卡家庭的自我脱贫能力。所以,构树扶贫工程,能够平衡经济建设与生态文明建设。

那么,什么是"构树"呢?构树,别名褚桃,属于落叶乔木,高十米至二十米。树冠张开,卵形至广卵形;树皮平滑,浅灰色或灰褐色,不易裂,全株含乳汁。为强阳性树种,适应性特强,抗逆性强。这一树种,具有快速生长、适应性强、分布广、易繁殖、热量高、轮伐期短的特点。根系浅,侧根分布很广,生长快,萌芽力和分蘖力强,耐修剪。抗污染性强。在中国的温带、热带均有分布,不论平原、丘陵或山地都能生长,其叶是很好的猪饲料,其韧皮纤维是造纸的高级原料,材质洁白,其根和种子均可入药,树液可治皮肤病,经济价值很高。构树鲜叶蛋白含量较高,是畜牧养殖的优质粗蛋白饲料。杂交构树速生丰产、多抗耐伐,在造纸、绿化等方面同样具有重要经济价值。此外,构树生态价值也相当丰富。构树具有极强的吸附二氧化硫的作用,是工矿区的优质绿化树种,大面积种植可以减少酸雨的形成和危害。构树又有吸收抵抗污染物和尘埃的能力,在公路和城镇栽植,可起到净化空气、改善环境的作用。在石漠荒地和低湿滩涂,大力发展构树林,可使不毛之地披上绿装起到绿化环境,促进生态平衡,美化人们生活。中国除了西藏、新疆等地外,各地均有广泛分布。因为构树具有这样的特点,所以,通过构树扶贫工程,既可以促进畜牧业发展,又能减少对进口大豆饲料的依赖,并且构树还能在产业结构调整上,起到显著作用。

开展精准扶贫以来,"构树扶贫工程"被国务院扶贫办列入精准扶贫十大工程,并决定在山西、内蒙古、吉林、安徽、河南、广西、重庆、四川、贵州、甘肃、宁夏等11个省区市先行试点。试点地区结合具体中央政策,根据当地实际情况,在抓好构树扶贫工程的过程中,采用杂交构树品种以及产业化技术,实施杂交构树"林—料—畜"一体化畜牧产业扶贫,充分发挥与构树有关的科研机构的技术支撑作用和农业领域龙头企业及专业合作社的示范带动作用,积极探索试点地区与贫困户增收的利益联结机制,不断创新精准扶贫要求下产业扶贫的政策支撑和推进途径。

贫困地区长期以农业为主要产业,开展构树扶贫工程,属于发展现代化农业。贫困地区群众,长期务农积累的工作经验,可以直接转化为栽种构树的脱贫致富能力。但是,在实际工作过程中,必须明确主管单位部门,及时与参加构树扶贫工程的贫困户进行沟通交流,务求做到及早发现问题,及早解决问题,及早提高贫困户开展构树扶贫工程的能力,确保构树扶贫工程见实效。

九、贫困村创业致富带头人培训工程

贫困村的贫困原因,各有各的不同,但是,综合多个贫困村的情况来看,一个相同点就是缺乏创业致富带头人。俗话说得好,"火车跑得快,全靠车头带"。找到一个创业致富带头人,就能培育一批脱贫致富追随者,就能培育一个因地制宜的贫困村特色产业,就能培育一个适合贫困村的经济增长点。在中国农村,创业致富的示范效应不可忽视,亲缘纽带的带动作用不可低估。但是,在城乡发展一体化的进程中,贫困地区的青壮年劳动力,尤其是中西部地区的劳动力,持续"东南飞"。这是东西部巨大的经济发展差距的必然结果。发达地区良好的公共设施、诱人的薪金收入以及广阔的工作平台,是每一个有梦想的青年人不能拒绝的"诱惑"。农村富余劳动力的转移,在为国家经济发展注入活力的同时,也导致"空心化""三留守"等社会问题,由此也导致在部分农村地区的"创业带头人"成为稀缺资源。

应该说,创业致富带头人在贫困村的创业发展过程中的作用至关重要。创业带头人是贫困村先进生产方式的具体化身,从事的产业很大程度暗示着该地经济的发展趋势,在自己发展的同时,也能够为从事同一行业的农民提供有效信息,交流有效经验,在当地生产经营决策中起着示范、指导和引领作用。创业带头人是激活贫困地区发展动力的"催化剂"。国家将贫困村创业致富带头人培训作为一项重要工程,就是希望通过这个办法,培养一批能够担当促进农村经济发展的创业人才,并且更重要的是创造一个精准脱贫的新模式。

实施贫困村创业致富带头人培训工程,聚焦于建档立卡的贫困户,尤其要注重培养建档立卡贫困户中有潜力的亲属子女,此外,返乡创业的农民工以及返乡大学生,通过村组织推荐或自荐的方式,也可以纳入培训工程考察对象。确定的培训对象,可由相关部门统一筹集培训费用,统一组织培训,也可以创新培训渠道,和已有成果的地方、社会组织或者高校进行合作,把"财富"转化成"带来财富的能力"。与其他工程相比,这项扶贫工程,最大的不同,就在于带动效应明显。塑造一个创业带头人,就能营造全民创业的良好氛围,激发贫困群众发家致富就水到渠成。如果能够在贫困村中,结合当地资源特色,选准适合产业,有目的有规划地培训出一批创业带头人,挖掘一个或几个产业,并且充分发挥贫困乡村的血缘优势和地缘优势,就可以通过一个人的创业,最大限度地拓宽贫困户的收入渠道。燃起一把火,照亮一片天;支持一个人创业,就能带动一批人就业。换言之,这项工程,既是促进创业的培训工程,又是保障就业的民生工程。

抓好这个工程,关键在于实现培训效果的最优化。创业带头人在培训中,要理论联系实际,努力把培训过程中学到的思想理论、先进经验转化为创业实践、创业成果;要在学习中实践中,解放思想,转变观念,增强干劲,在提高创业成功率方面做足硬功夫,切实巩固创业致富的信心和决心。在一定时期一定范围内,贫困地区各级政府,可以根据创业带头人的努力程度与努力成果,把扶持创业带头人,放在脱贫攻坚的主要位置,围绕创业带头人及其产业项目,配置扶贫资源,让创业带头人愿意回来创业,能够安心创业,能够收获创业成果,努力形成一个或多个成功的创业典范。

十、龙头企业带动工程

产业扶贫是贫困地区持续发展的根基、是贫困户精准脱贫的依托。产业扶贫离不开主体支撑带动,特别是经济实力、社会影响力和联结带动能力都比较强的农业产业化龙头企业。近年来龙头企业积极响应中央号召,主动承担社会责任,深度参与扶贫开发,对贫困地区产业"输血、换血、造血",回答了产业扶贫"扶持谁、谁来扶、怎么扶"的问题,探索出很多行之有效的模式和经验。很多企业采取"龙头企业+基地+贫困农户""龙头企业+合作社+贫困农户""龙头企业+一村一品专业村镇"等方式,带动贫困地区开发利用特殊资源禀赋，采取"一村一品"的方式发展特色主导产业，让贫困农户分享农村产业融合发展的增值收益。截止2016年底，832个国家级贫困县已发展一村一品专业村1.4万个，农民人均可支配收入达到9776元。龙头企业积极发挥自身优势，进一步支持带动贫困地区特色产业发展，创新完善与贫困农户的利益联结机制，成为产业扶贫、精准扶贫的主力军，带动贫困农户"摘贫帽、奔富路"，实现共赢发展。

落实精准扶贫精准脱贫任务，主要的组织者是党委政府，但又不局限于党委政府。引入社会力量，尤其是发挥龙头企业的带动作用，更能形成多元化的扶贫力量，更能增强贫困地区贫困人口的造血能力。

培育一个龙头企业，往往就能扶起一个产业，就能带动一批群众就业。就业机会，就有意味着致富机会。贫困户参加龙头企业的经营，在贡献劳动力的同时，还可以根据劳动要素得到报酬，真正实现了脱贫致富。实际上，龙头企业的带动作用，不仅在于经济上的脱贫致富，更重要的在于用实际成绩、实际行动，破除了"等靠要"的思想贫困，搭建了勤劳致富的努力舞台。

发挥龙头企业的带动作用，与其喊破嗓子，层层发文，级级开会，不如树立一个榜样，剖析一个例子，特别是基层组织，要善于挖掘群众当中的典型事例，要善于从普通群众中脱颖而出的榜样身上，发现建设龙头企业的一般规律。改革开放以来，各地涌现的龙头企业，有效地推动了当地经济社会发展，形成了一大批有标志性意义的龙头企业。

在精准扶贫精准脱贫过程中，实施龙头企业带动工程，可以围绕适合该贫困地区的主导产业，实施精准的招商引资政策，确保扶贫开发的资源利用效率最大化。这样做有三个层面的积极作用：宏观上，有利于通过龙头企业引领贫困地区经济的转型升级；中观上，有利于把原本就存在于贫困村的各种产业的"游击队"，通过龙头企业的组织，改组为"集团军"；微观上，有利于激发贫困群众的创业创新热情，让"想致富，肯吃苦"的群众，持有龙头企业的股份，或者独自承担龙头企业的部分业务，让龙头企业的"大老板"带动更多的"小老板"。

当然，也要辩证看待龙头企业的培育和带动问题。党的十八届三中全会提出的让市场在资源配置中的决定性作用和政府更好发挥作用，从根本上讲清了龙头企业发展的根本推动力量在于市场，而不在于政府。精准扶贫，就是要弥补市场失灵，要更好发挥政府作用。扶持龙头企业，绝不是为了扶持而扶持，更不能为了短期内精准脱贫而"制造"龙头企业。违背市场规律的人为创造的龙头企业，短期内繁荣，但是长期来讲，必将成为僵尸企业。避免昔日的致富发动机，变成了明日脱贫群众返贫的总根源。因此，各级政府在扶持龙头企业时，一定要充分考察市场需求，充分尊重市场规律，做到补位而不越位，在顺应市场趋势的情况下扶持龙头企业，保证有足够的市场，消化龙头企业的产品。

五年来，在推进龙头企业带动工程中，涌现出了一大批农业龙头企业。这些企业以强烈的社会责任使命意识，积极投身产业扶贫，为打赢精准脱贫攻坚战作出了巨大贡献。山西大象农牧集团有限公司以"养好一只鸡，发展一头猪"为目标，主要推广"211"发展模式，让一对夫妇经营一栋猪舍，年收入达到20万元以上，基本实现当年投资、当年回本。目前这一模式已在山西省遍地开花，带动全省865户生猪养殖户，户均商品猪规模635头，实现农户增收1.3亿余元。湖北省采花茶业有限公司采茶制茶的季节性用工，优先招用贫困户，每个贫困农户在生产季高峰期每月收入超过5000元。开发了"茶旅结合"的新路子，打造了集土家族茶乡风情和采花茶文化特色的旅游路线，带动全县500多个农户以办农家乐、售卖土特产等形式，成功实现就地就业创业。浏阳河集团股份有限公司成立了专项基金，实行产品销售"两分钱工程"，每销售一件产品提取2分钱用于扶贫帮困，目前已筹集资金600多万元。此外，公司还为贫困户量身定制一个脱贫致富的计划，找准产业项目，从资金、技术等方面给予一对一帮扶。呼伦贝尔（肉业）集团股份有限公司由各乡镇政府把扶贫资金集中购买和养殖肉牛，公司提供牛舍和养殖设备并进行集中育肥饲养，每年按照政府投入扶贫资金的8%来向当地贫困户支付收益。农户还可以在扶贫牛舍中入股，参股养殖户负责日常生产经验的管理，年终盈利部分养殖户可以获得总利润20%的回报。新希望集团在生猪养殖方面创造出了精准扶贫的新模式，精准地把一个乃至几个村的贫困户纳入了现代化生猪养殖的合作平台，使贫困户享有持续股权收益，确保不再返贫、持续增收。让贫困户与合作平台建立起了共投、共管、共享的机制，为村集体经济带来了持续受益，实现了精准扶贫脱贫的多赢局面。北京德青源农业科技有限公司开展"金鸡产业扶贫"，放大政府扶贫资金，按照1:1:1筹措项目资金，建设金鸡产业园，实行标准化的建设和运营，并且组织贫困群众参与就业培训。贫困群众6个月就可以拿到收益，经营风险由运营公司承担，贫困群众可以通过金鸡项目获得15年的长期稳定收益。

五年来，在习近平总书记精准扶贫精准脱贫战略思想是指引下，在党中央的坚强领导下，精准扶贫十项工程全面开花、硕果累累。为加强脱贫攻坚一线工作力量，2013年12月，中共中央办公厅、国务院办公厅印发关于创新机制扎实推进农村扶贫开发工作的意见，要求每个贫困村都有驻村工作队。2015年4月，中央有关单位印发关于做好选派机关优秀干部到村任第一书记工作的通知。各地在以前工作基础上，深入推进抓党建促脱贫攻坚，进一步加大驻村干部选派力度，按照因村派人原则，选派政治素质好、工作能力强、工作作风实的干部驻村扶贫。要求驻村干部一般要任满两年。对干得好的予以表彰宣传、提拔使用，对不符合要求、不胜任工作的及时召回撤换。十八大以来，全国累计选派驻村干部277.8万人，实现驻村工作队对建档立卡贫困村全覆盖。各地逐步完善第一书记和驻村工作队管理，严格选派条件，明确职责任务，建立管理制度，强化考核奖惩。据不完全统计，两年来，全国共提拔工作业绩突出的第一书记1.2万名，召回调整不胜任的第一书记7200名。第一书记和驻村干部广泛宣传党的政策，落实精准扶贫精准脱贫基本方略，把党的温暖送到千家万户，不仅帮助贫困村贫困户实现脱贫，而且自己得到锻炼和提高。

按照因地制宜、因村因户因人施策的工作要求，推进"五个一批"工程。发展特色产业脱贫，支持贫困村、贫困户因地制宜发展种养业和传统手工业。培育贫困地区农民合作社和龙头企业，发挥其对贫困人口的组织和带动作用。引导劳务输出脱贫，支持农村贫困家庭新成长劳动力接受职业教育，动员全国千所技能培训学校为有就业意愿的建档立卡贫困人口免费提供培训就业服务；湖南、湖北两省与广东省开展扶贫劳务协作试点并在全国推开；在贫困村建设扶贫车间，实现贫困人口就近转移就业。截至2017年8月，481万贫困人口通过务工实现稳定就业。实施易地搬迁脱贫，对居住在"一方水土养不起一方人"地区的贫困群众实施易地扶贫搬迁，坚持搬迁与产业、就业、公共服务同步规划，确保搬得出、稳得住、能致富。党的十八大以来，共实施易地扶贫搬迁489.6万人。加强教育脱贫，实施农村义务教育阶段学生营养改善计划、面向贫困地区定向招生专项计划，免除公办普通高中建档立卡等家庭经济困难学生学杂费。推进健康扶贫，城乡居民基本医疗保险、大病保险、医疗救助对建档立卡贫困人口全覆盖，组织实施大病集中救治一批、慢病签约服务管理一批、重病兜底保障一批。推动农村最低生活保障制度与扶贫开发政策有效衔接。还积极探索生态保护扶贫、乡村旅游扶贫、光伏扶贫、电商扶贫等精准扶贫新路径。①

---

① 中共国务院扶贫办党组:《脱贫攻坚砥砺奋进的五年》,载《人民日报》,2017年10月17日第8版。

第八章　先富帮后富，东部帮西部

——下好"东西部扶贫协作"这盘棋

党的十九大报告强调，全党必须牢记，为什么人的问题，是检验一个政党、一个政权性质的试金石。带领人民创造美好生活，是我们党始终不渝的奋斗目标。必须始终把人民利益摆在至高无上的地位，让改革发展成果更多更公平惠及全体人民，朝着实现全体人民共同富裕不断迈进。

1992年的"南方谈话"中，邓小平强调"社会主义的本质，是解放生产力，发展生产力，消灭剥削，消除两极分化，最终达到共同富裕"。党的十八大立足党和国家事业发展全局，把"逐步实现全体人民共同富裕"纳入中国特色社会主义道路的基本内涵，又将"必须坚持走共同富裕道路"纳入夺取中国特色社会主义新胜利的基本要求。党的十八届五中全会又适时提出"创新、协调、绿色、开放、共享"五大发展理念。社会主义的本质是共同富裕，如何实现共同富裕，这就是先富帮后富。坚持共享发展，必须坚持发展为了人民、发展依靠人民、发展成果由人民共享。贯彻共富理论，实现共享发展，就要打好精准扶贫精准脱贫攻坚战，实现东部帮西部，下好"东西部扶贫协作"这盘棋。

2016年7月20日，习近平总书记在银川主持召开东西部扶贫协作座谈会强调，东西部扶贫协作和对口支援，是推动区域协调发展、协同发展、共同发展的大战略，是加强区域合作、优化产业布局、拓展对内对外开放新空间的大布局，是实现先富帮后富、最终实现共同富裕目标的大举措。必须认清形势、聚焦精准、深化帮扶、确保实效，切实提高工作水平，全面打赢脱贫攻坚战。可以说，通过区域协作来开展扶贫，这是我们党和国家在世界上的一个创举，其背后既有深刻的马克思主义发展逻辑，又有深厚的中华民族传统和谐思想底蕴。组织东部地区支援西部地区，并且大规模、长时间开展这项工作，放眼全世界，只有中国共产党领导全国人民能够做到这点,这就是我们党和国家的政治优势和制度优势。正如有学者评价:中国为减贫所做出的努力,其实也是为人类探索更好社会制度提供了一份中国方案,谱写和演绎了最生动的"中国故事"。

一、东西部扶贫协作的历史回顾

改革开放之初,邓小平同志就提出了"两个大局"的著名论断:"沿海地区要加快对外开放,使这个拥有两亿人口的广大地带较快地发展起来,从而带动内地更好地发展,这是一个事关大局的问题。内地要顾全这个大局。反过来,发展到一定的时候,又要求沿海拿出更多力量来帮助内地发展这也是一个大局。那时沿海也要服从这个大局。""可以由沿海一个省包内地一个省或两个省。"

1986年,党和国家启动了全国范围有计划、有组织的大规模扶贫开发。到1992年底,全国农村没有解决温饱的贫困人口,由1978年的2.5亿人减少到8000万人。为了更好推进扶贫开发工作,1995年,党中央在"九五"计划建议中明确提出沿海发达地区对口帮扶西部地区。1996年5月,中央确定北京、上海、天津、辽宁、山东、江苏、浙江、福建、广东、大连、青岛、宁波、深圳等9个东部省市和4个计划单列市与西部10个省区开展扶贫协作,同年10月,中央扶贫开发工作会议进一步做出部署,东西扶贫协作正式启动。

我国组织东部地区支援西部地区20多年来,党中央不断加大工作力度,陆续部署和加强了东西部扶贫协作、对口支援西藏、对口支援新疆、对口支援四省藏区、对口支援老区等方面的工作,形成了多层次、多形式、全方位的扶贫协作和对口支援格局,使区域发展差距扩大的趋势得到逐步扭转,西部贫困地区、革命老区扶贫开发取得重大进展。长期以来,东部地区省市始终坚持从"两个大局"、逐步实现共同富裕的战略高度认识和推动扶贫协作和对口支援工作。从扶贫协作的具体实践看,东部地区省市主动把这项工作纳入重要议事日程,纳入经济社会发展规划,建立完善制度,召开联席会议,开展定期互访,确定协作重点,围绕西部地区群众最关心、受益最直接、需求最迫切的问题开展帮扶,真心实意、真金白银、真抓实干,做了大量工作。

"十二五"以来,西部地区主要经济指标增速连续多年超过东部地区和全国平均水平,在西部地区城乡居民收入大幅提高、基础设施显著改善、综合实力明显增强的同时，国家区域发展总体战略得到有效实施，区域发展协调性增强，开创了优势互补、长期合作、聚焦扶贫、实现共赢的良好局面。特别是西部地区扶贫开发取得显著成绩。2000年至2015年，西部地区贫困人口从5731万人减少到2914万人，贫困县农民人均纯收入显著提高，社会事业加快发展。

二、东西部扶贫协作的宝贵经验

东西部扶贫协作开展20多年来，已经形成了一些具有规律性的东西，可以归结为"三个拓展"：即由最初东部地区单向帮扶西部地区，拓展为在对口帮扶框架下的东西部双向互动、优势互补、共同发展；由最初主要是政府援助拓展为各类市场主体共同参与，再拓展到包括民主党派、人民团体、社会组织、各界人士在内的社会各界广泛参与；由最初给钱给物"输血式"帮扶拓展为增强自我发展能力的"造血式"帮扶，开创了优势互补、长期合作、聚焦扶贫、实现共赢的良好局面。

具体来说，有五个方面的经验值得肯定。

一是始终坚持两个大局、共同富裕的思想。在改革开放起步阶段，全国都集中力量让东部地区、条件好的地区先富起来，西部地区服从这个大局，支持东部地区加快发展；随着我国综合实力的持续发展壮大，特别是东部地区和群众率先富裕以后，又主动帮助带动西部地区共同发展，实现共同富裕。

二是始终坚持党委主导，不断完善政策机制。党政军民学，东西南北中，党是领导一切的。也正是因为有了党的坚强领导核心，中国特色社会主义事业才会无往而不胜。精准扶贫精准脱贫更是离不开党的组织协调领导。这些年来，东部地区的各级党委政府主要领导纷纷带队到西部地区专门研究、专门规划，政府主动示范引领。

三是始终坚持优势互补、促进共同发展。东西部扶贫协作是协作、合作、帮带，东部地区有人才资源、资金资源、管理资源，西部地区有劳动力资源、土地资源、自然资源以及大市场资源，双方有效地互补合作，一直做得比较好。通过扶贫协作，不仅西部得到发展，参与扶贫协作的东部地区企业、产业也不断地提升和发展。

四是始终坚持规划引领，抓好项目落实。谋定而后动，东西部协作不是一句口号，而是要有科学的规划设计，这就要求协作双方共同谋划，拿出切实可行的操作方案来。同时，规划设计也要注意有所侧重、抓住关键，这其中具体的项目是重中之重。西部地区极为期盼，东部地区也拿出大手笔，组织资源的时候和西部实际结合起来进行谋划、规划，落实到具体项目的时候有效推进实施。

五是更加注重面向基层，特别是注重民生导向。打赢脱贫攻坚战要聚焦脱贫攻坚，重点围绕建档立卡贫困人口。贫困地区集中在民族地区、西部地区和边境地区。这一块最难的是贫困乡村的基础设施建设、产业布局、劳动力技能培训和公共服务平台建设，每一项每一件都要实打实地落到行动、见到成效。

三、东西部扶贫协作的薄弱环节

毋庸讳言，东西部扶贫协作和对口支援还存在一些薄弱环节和问题，需要各地在实践中引起高度重视，坚持问题导向，不回避不推脱，以对党、对人民和对历史高度负责的精神，主动把责任扛起来，有的放矢拿出解决方案。

比如，资源分散，聚焦脱贫不够的问题。所谓力分则势单、靶偏则箭脱。扶贫协作必须保持足够的资源集中度和对象精准度。这些年实践中也发现了一些问题，比如由于归口管理部门不同，工作要求不同，帮扶资源重叠分散，很难围绕脱贫攻坚形成合力。特别是西部一些集中连片特困地区，虽然每年对口支援资金量很大，但真正瞄准建档立卡贫困村和贫困人口的资金却很有限，扶贫脱贫的效益不高。

比如，工作不平衡、作风不扎实的问题。应该说，现在全国各地普遍对脱贫攻坚都从思想上高度重视起来了、行动上扎实推进起来了。但有些地方对扶贫协作仍然存在不重视现象，具体到工作中，也还存在重城市投入、轻农村发展，重基础设施建设、轻产业开发培育，重项目大工程大、轻民生和到户项目等问题，有的还习惯于搞"堆盆景"、搞花架子，甚至搞"数字扶贫"。

比如，社会力量未充分发挥作用的问题。社会主义社会的一大优势就是"一方有困，八方来助"。我们推进脱贫攻坚，更是需要充分挖掘和发挥社会力量。东部地区不仅有政府资源，还有大量的企业资源、社会组织资源，很多个人也希望去献爱心、做慈善，但是找不到对接点。实践中社会力量参与不活跃、不深入的问题仍然较为突出，有效的工作网络和联系机制尚未建立，仅仅还是停留在简单的捐款捐物，形式单一。怎么把社会力量调动好、发挥好，这是我们推进脱贫攻坚的一个大课题。

比如，缺乏考核，责任不落实的问题。一些人的观念仍然是做与不做一个样、做多做少一个样、做好做差一个样。反映在机制上，有的没有把扶贫协作和对口支援摆上重要议事日程，没有建立工作联系机制，有的没有建立稳定的资金投入和增长机制，有的没有建立干部选派机制，有的主动对接联系服务意识不强。东西部扶贫协作，要把考核、落实责任作为一个工作重点。当然，考核什么，考核谁，怎么考核，这些问题都要细化实化具体化，可操作可执行，不能大而化之。

四、东西部扶贫协作的重点要求

实践证明，东西部扶贫协作和对口支援，是推动区域协调发展、协同发展、共同发展的大战略，是加强区域合作、优化产业布局、拓展对内对外开放新空间的大布局，必将长期坚持下去。同时，也要看到，随着新形势新任务新情况的发展，东西部扶贫协作的实践也要进一步解放思想、创新举措、大胆探索，走出一条具有中国特色、世界意义的反贫困之路。

（一）提高认识、加强领导

西部地区特别是民族地区、边疆地区、革命老区、连片特困地区贫困程度深、扶贫成本高、脱贫难度大，是脱贫攻坚的短板。这就要求西部地区增强紧迫感和主动性的同时，东部地区也要增强责任意识和大局意识，下更大气力帮助西部地区打赢脱贫攻坚战。要加强组织领导，双方党政主要领导要亲历亲为推动工作，采取联席会议、定期互访等多种形式开展工作，搞好政策设计，细化帮扶举措，加大财政投入，整合扶贫资源，形成扶贫合力，把西部地区现行标准下的农村贫困人口如期脱贫作为主要目标，倒排工期、压实责任、抓紧施工、强力推进。

（二）完善结对、深化帮扶

形势是在不断发展变化的，贫困对象也会不断发生变化。因此，要善于根据贫困对象的变化及时调整扶贫举措。现在省级结对帮扶不平衡现象比较突出，一些东部省市同时承担了西部多个省区的帮扶任务，特别是一些经济下行压力较大、自身扶贫任务较重的省份感觉比较吃力；西部地区受帮扶也不平衡，有的地方是多个东部省市和企业共同帮扶，有的贫困面较大、贫困程度较深的地方只有一个东部省市帮扶。在完善省级结对关系的基础上，重点是要把帮扶的着力点放在县与县层面的精准对接上，要组织经济发达的县市区同对口的贫困县结对帮扶，实施"携手奔小康"行动。可以说，抓住县级结对这个切入点，就抓住了东西扶贫协作的关键点。经济发达县市区在搞活经济、发展产业上有经验，在动员整合资源上有效率，县帮县更能帮上忙、扶到位、出实效。还可以探索东西部乡镇一级、村居一级的结对帮扶。深化帮扶还有一个很重要的方面，就是要实现互利共赢、共同发展。如果还是过去那种单一的、短期的、救济式的送钱送物，是难以从根本上解决问题的。

（三）明确重点、精准聚焦

东西部扶贫协作和对口支援要按照精准扶贫、精准脱贫的要求开展工作，产业合作、劳务协作、人才支援、资金支持都要瞄准建档立卡的贫困人口精准发力，更加注重产业带动、更加注重劳务对接、更加注重人才支持。要在发展经济的基础上，向教育、文化、卫生、科技等领域合作拓展，贯彻"五位一体"总体布局和"四个全面"战略布局要求。要继续发挥互派干部等方面的好经验、好做法，把东部地区的理念、人才、技术、经验等要素传播到西部地区。西部地区要彻底拔掉穷根，就必须把教育作为管长远的事业来抓。东部地区要在基础教育、职业教育、高等教育等方面，通过联合办学、设立分校、扩大招生、培训老师等多种方式，给予西部地区更多帮助。更加注重劳务对接，建立和完善劳务输出对接机制，提高劳务输出脱贫的组织化程度。还要注意解决好因病致贫、因病返贫等问题，东部地区可以通过援建医院、培训医生、远程诊疗、健康快车等帮助西部地区。在扶贫协作中，干部起着关键的作用。要采取双向挂职、两地培训等方式，加大西部地区干部特别是基层干部、贫困村致富带头人的培训力度，帮助西部地区提高当地人才队伍能力和水平，打造一支留得住、能战斗、发展好的干部人才队伍。

（四）加强考核、确保成效

要用严格的制度来要求和监督，不能做与不做一个样，做多做少一个样、做好做差一个样。对东西扶贫协作工作的考核，要突出目标导向、结果导向，不仅要看给了多少钱、派了多少人、给了多少支持，还要看东西部在劳务对接、教育扶贫、产业带动脱贫等方面帮助建档立卡贫困人口脱贫的情况，考核的重点是解决多少建档立卡贫困人口的脱贫上。

五、东西部扶贫协作的关键举措

（一）开展产业合作

帮扶双方要把东西部产业合作、优势互补作为深化供给侧结构性改革的新课题，研究出台相关政策，大力推动落实。2016年以来，东部省市共引导2500多家企业到西部地区投资，实际投资1097亿元，带动69万贫困人口增收脱贫。下一步，要立足资源禀赋和产业基础，激发企业到贫困地区投资的积极性，支持建设一批贫困人口参与度高的特色产业基地，培育一批带动贫困户发展产业的合作组织和龙头企业，引进一批能够提供更多就业岗位的劳动密集型企业、文化旅游企业等，促进产业发展带动脱贫。加大产业合作科技支持，充分发挥科技创新在增强西部地区自我发展能力中的重要作用。

（二）组织劳务协作

帮扶双方要建立和完善劳务输出精准对接机制，提高劳务输出脱贫的组织化程度。西部地区要摸清底数，准确掌握建档立卡贫困人口中有就业意愿和能力的未就业人口信息，以及已在外地就业人员的基本情况，因人因需提供就业服务，与东部地区开展有组织的劳务对接。西部地区要做好本行政区域内劳务对接工作，依托当地产业发展，多渠道开发就业岗位，支持贫困人口在家乡就地就近就业。开展职业教育东西协作行动计划和技能脱贫"千校行动"，积极组织引导贫困家庭子女到东部省份的职业院校、技工学校接受职业教育和职业培训。东部省份要把解决西部贫困人口稳定就业作为帮扶重要内容，创造就业机会，提供用工信息，动员企业参与，实现人岗对接，保障稳定就业。对在东部地区工作生活的建档立卡贫困人口，符合条件的优先落实落户政策，有序实现市民化。

（三）加强人才支援

帮扶双方要选派优秀干部挂职，广泛开展人才交流，促进观念互通、思路互动、技术互学、作风互鉴。采取双向挂职、两地培训、委托培养和组团式支教、支医、支农等方式，加大教育、卫生、科技、文化、社会工作等领域的人才支持，把东部地区的先进理念、人才、技术、信息、经验等要素传播到西部地区。加大政策激励力度，鼓励各类人才扎根西部贫困地区建功立业。帮扶省市选派到被帮扶地区的挂职干部，要把主要精力放到脱贫攻坚上，挂职期限原则上两到三年。加大对西部地区干部特别是基层干部、贫困村创业致富带头人培训力度。

（四）加大资金支持

东部省份要根据财力增长情况，逐步增加扶贫协作和对口支援财政投入，并列入年度预算。西部地区要以扶贫规划为引领，整合扶贫协作和对口支援资金，聚焦脱贫攻坚，形成脱贫合力。要切实加强资金监管，提高使用效益。

（五）动员社会参与

帮扶省市要鼓励支持本行政区域内民营企业、社会组织、公民个人积极参与东西部扶贫协作和对口支援。充分利用全国扶贫日和中国社会扶贫网等平台，组织社会各界到西部地区开展捐资助学、慈善公益医疗救助、支医支教、社会工作和志愿服务等扶贫活动。实施社会工作专业人才服务贫困地区计划和扶贫志愿者行动计划，支持东部地区社会工作机构、志愿服务组织、社会工作者和志愿者结对帮扶西部贫困地区，为西部地区提供专业人才和服务保障。注重发挥军队和武警部队在西部贫困地区脱贫攻坚中的优势和积极作用，因地制宜做好帮扶工作。积极组织民营企业参与"万企帮万村"精准扶贫行动，与被帮扶地区贫困村开展结对帮扶。

六、东西部扶贫协作的生动实践

据统计,"十二五"时期,东部9省市投入扶贫协作、援藏、援疆等方面的资金达740亿多元,引导企业实际投资2万多亿元,实施了一大批帮扶项目和民生工程,选派挂职干部和科技人员数万名。可以说,东西部扶贫协作开展以来已经取得显著成效,对加快西部地区脱贫步伐、促进区域协调发展发挥了重要作用。

随着东西部扶贫协作的持续深入推进,党中央国务院更加注重做好顶层设计。中办国办印发的《关于进一步加强东西部扶贫协作工作的指导意见》对东西部扶贫协作结对关系做出了新的调整完善。在完善省际结对关系的同时,实现对民族自治州和西部贫困程度深的市州全覆盖,落实北京市、天津市与河北省扶贫协作任务。调整后的东西部扶贫协作结对关系为:北京市帮扶内蒙古自治区、河北省张家口市和保定市;天津市帮扶甘肃省、河北省承德市;辽宁省大连市帮扶贵州省六盘水市;上海市帮扶云南省、贵州省遵义市;江苏省帮扶陕西省、青海省西宁市和海东市,苏州市帮扶贵州省铜仁市;浙江省帮扶四川省,杭州市帮扶湖北省恩施土家族苗族自治州、贵州省黔东南苗族侗族自治州,宁波市帮扶吉林省延边朝鲜族自治州、贵州省黔西南布依族苗族自治州;福建省帮扶宁夏回族自治区,福州市帮扶甘肃省定西市,厦门市帮扶甘肃省临夏回族自治州;山东省帮扶重庆市,济南市帮扶湖南省湘西土家族苗族自治州,青岛市帮扶贵州省安顺市、甘肃省陇南市;广东省帮扶广西壮族自治区、四川省甘孜藏族自治州,广州市帮扶贵州省黔南布依族苗族自治州和毕节市,佛山市帮扶四川省凉山彝族自治州,中山市和东莞市帮扶云南省昭通市,珠海市帮扶云南省怒江傈僳族自治州。同时,要求各省(自治区、直辖市)根据实际情况,在本行政区域内组织开展结对帮扶工作。

在具体推进扶贫协作进程中,对开展携手奔小康行动提出明确要求。东部省份组织本行政区域内经济较发达县(市、区),与扶贫协作省份和市州扶贫任务重、脱贫难度大的贫困县开展携手奔小康行动。探索在乡镇之间、行政村之间结对帮扶。2016年10月17日,在全国扶贫日,国务院扶贫办正式启动了这项行动。新时期推进东西部扶贫协作,必然要求深入总结历史经验,借鉴一些先进典型做法,进一步增强责任意识和使命担当,聚焦精准、拓展领域、真抓实干，不断提高东西部扶贫协作水平。

（一）闽宁协作扶贫

闽宁协作扶贫机制经过 30 年的持续推进，已经结出硕果累累，为东西协作扶贫指明了方向、做出了示范、探索了新路。闽宁合作机制是在习近平亲自推动下建立起来的。1996 年 10 月，以时任福建省委副书记的习近平为组长的"福建省对口帮扶宁夏领导小组"正式成立。闽宁第一次对口扶贫协作联席会议随即在福州市举行，并选出沿海的 8 个经济实力较强的县（市、区）对口帮扶宁夏的 8 个贫困县。5 个月后，习近平率团来到宁夏，开始对口扶贫考察，在银川召开了闽宁对口扶贫协作第二次联席会议。双方决定共同建设作为扶贫协作示范窗口的闽宁村。习近平倡议两省区强化顶层设计，建立联席会议制度，每年轮流举办一次，党委、政府主要负责人出席商定协作帮扶方向和重点。20 年来，闽宁联席会议从未间断，承诺的协作事项逐一兑现跟踪落实。习近平先后 5 次出席联席会议，发表重要讲话。他倡导的"优势互补、互惠互利、长期协作、共同发展"的指导原则，他提出的"创新帮扶机制，拓宽合作领域""加大企业和社会力量扶贫协作规模和力度"等前瞻性思想，成为两省区共谋发展的行动指南。2008 年 4 月 7 日至 9 日，时任中共中央政治局常委、中央书记处书记、国家副主席的习近平在宁夏考察工作。在考察现场，习近平强调指出，要以改善民生为重点，进一步加大扶贫开发力度。

在习近平同志提出的"优势互补、互惠互利、长期协作、共同发展"方针指引下，闽宁两省区持续探索完善工作思路、机制，创造出东西扶贫协作的"闽宁模式"。20 年来，闽宁双方通过共同探索，坚持把扶贫开发作为重心，把产业协作扶贫作为关键，把生态环境改造作为基础，把激发内生动力作为根本。双方建立了联席推进、结对帮扶、产业带动、互学互助、社会参与这"20 个字"的扶贫协作机制。福建沿海 6 个市所辖 9 个县（市）同宁夏 8 个贫困县及红寺堡区结成帮扶对子，两省区 64 个乡镇、34 个村、80 多个部门和社会组织建立了结对帮扶关系，从项目、资金、技术、人才等方面给予宁夏帮助。20 年来，双方一年一度的对口扶贫协作联席会议从未间断，一批又一批援宁干部真情奉献，4 万多闽商在宁扎根落户，4 万多宁夏贫困群众在福建稳定就业。

福建在推进扶贫协作工作中，一个突出的做法就是善于通过点上突破带动面上工作，敢于啃硬骨头，善于解决贫中之贫、困中之困问题。闽宁镇，这是由时任福建省长的习近平总书记当年亲自提议设立的以福建、宁夏两省区简称命名的移民开发区。这个镇，位于宁夏的西海固地区。西海固地区被称为最不适宜人类居住的地区之一，史称"苦瘠甲天下"。1982年，西海固地区贫困发生率达74%，有的贫困户可谓"赤贫"。而闽宁镇则是这个赤贫地区的赤贫地区。经过20多年的帮扶和发展，这个当年只有8000多人的贫困移民村，现在已经发展成6万多人的"江南小镇"，从当年的一片干沙滩变成如今的金银滩。截至2015年底，全镇移民人均纯收入由搬迁之初的500元上升到10300多元，生产生活条件明显改善，贫困群众过上了想也不敢想的好日子。而西海固地区的贫困指数也已经降到20.1%，发生的变化可谓天翻地覆。

2017年7月20日，国务院扶贫办，人民日报社，宁夏回族自治区党委、政府与福建省委、政府在银川共同召开深入贯彻落实习近平总书记东西部扶贫协作座谈会重要讲话精神座谈会。宁夏回族自治区党委书记、人大常委会主任石泰峰，人民日报社社长杨振武，福建省委常委、政法委书记王洪祥，国务院扶贫办副主任欧青平出席会议并讲话。会议认为，习近平总书记在东西部扶贫协作座谈会上的重要讲话，体现了中国特色扶贫开发道路的理论创新和实践创新，为打赢脱贫攻坚战注入了思想动力、提供了行动指南。深入贯彻落实习近平总书记在东西部扶贫协作座谈会上的重要讲话精神，要从全面建成小康社会的高度认识脱贫攻坚的重要性和艰巨性，推动脱贫攻坚取得实实在在的成果；要在精准扶贫、精准脱贫上下工夫，大力实施脱贫富民战略，努力打造全国脱贫攻坚示范区；要进一步提高水平，深化闽宁对口扶贫协作，加强与中央部委、央企、东部发达省市、国内高校的交流合作。会议指出，东西部扶贫协作是西部贫困地区加快发展、加速减贫的有效对策，而闽宁对口扶贫协作是教科书般的"扶真贫、真扶贫"样本。打赢脱贫攻坚战，主流媒体责无旁贷，要带头弘扬主旋律、传播正能量，要综合运用各种新技术，让扶贫报道越来越多元、多样、多彩，扩大舆论扶贫的影响力；做好经验宣传，及时反映贫困地区脱贫攻坚的新思路、新模式，让好做法立起来、好典型亮起来、好经验传出来；讲好一线故事，对准扶贫先进人物，传颂感人事迹，增强舆论扶贫的感染力，为脱贫攻坚注入精神力量。与会领导和专家表示，"银川会议"是我国扶贫开发史上的重要里程碑。一年来，东西部扶贫协作取得了新进展。2017年是精准扶贫精准脱贫的深化之年，闽宁两省的领导同志纷纷表示，要按照中央要求，不断提高东西部扶贫协作水平，继续当好标杆、做好示范。

（二）苏陕对口支援

近年来，江苏学习借鉴闽宁合作的经验，调整完善结对关系，建立协调机制，实施"携手奔小康"行动。苏陕对口支援取得显著成效。1996年，中央确定江苏与陕西省开展对口扶贫协作，经多次结对关系的调整，目前全省10个设区市的51个县（市、区）与陕西省9个设区市的56个县（区）建立了扶贫挂钩和友好协作关系。2016年9月13日，时任江苏省委书记李强在苏陕扶贫协作联席会上指出，如期实现陕西贫困地区的脱贫任务是江苏义不容辞的责任。他表示，江苏将深入贯彻习近平总书记重要讲话精神，认真贯彻中央精准扶贫要求，深刻认识东西部扶贫协作的重大战略意义，切实增强责任意识和大局意识，坚决把推动陕西脱贫攻坚作为一项重大政治任务、作为自己分内的事，真情实意、真抓实干，与陕西省一道，携手奔小康，抓紧抓好抓出实效，共同夺取脱贫攻坚全面胜利。[1]

江苏在推进苏陕扶贫协作中，坚持人力、财力、物力和技术多管齐下，特别是明确区县一级结对的具体要求、帮扶工作重点和举措。江苏扶贫协作资金由省、市、县三级统筹，省财政每年安排1000万元，市、县每年承担100万元和30万元，市县资金直接用于结对地区，省级资金用于两省区协商确定的民生项目，2105年实际安排援助资金4175万元。截至2015年底，江苏省向陕西贫困地区投入无偿援助资金64415万元；社会捐赠资金7756.4万元，捐赠物资折价34402.35万元；实施扶贫援建项目3082个。

具体工作中，重点是围绕建档立卡贫困农户，有针对性地开展帮扶活动；加大帮扶投入，聚焦重点帮扶区县，聚焦重点帮扶项目，提高资金使用成效，帮助对口协作地区人民群众改善生产生活条件；进一步突出产业扶贫，做到"输血"与"造血"并重，积极拓展贫困地区农户增收渠道；充分发挥江苏产业优势，鼓励支持企业参与西部地区脱贫攻坚工程，促进苏陕两地企业在优势互

---

[1] 参见时任江苏省委书记李强同志2016年9月13日在苏陕扶贫协作联席会上的讲话。

补、互利互惠基础上加大交流合作，实现共同发展。

一是坚持开发式扶贫，引导当地优化产业结构，按"一村一品"定位，派出专家到陕西传授设施农业技术，发展高效生态农业。比如，无锡市帮助延安市万花山乡尚和年村修建弓棚灌溉和人畜饮水工程，使尚和年村一跃成为万花山乡的棚栽专业村。援建了子长县蚕桑基地，推广小蚕共育、养蚕大棚（蚕房）、方格簇等三大实用技术，使单个劳动力养蚕量大幅增加。

二是坚持智力扶贫，提高人员素质。苏州市、无锡市和南通市教育部门开展了形式多样的教育合作交流活动，在教育项目援建、师资培训、教学研究、扶贫助学等方面对挂钩地区给予了全方位的支持和帮助，为受援地教师进行专业培训，为当地教师举办学术报告和专题讲座，积极开展双向挂职交流工作，交流师资队伍建设的成功经验，共享发展成果。

三是坚持融合式扶贫，互利合作共同发展。"西洽会"是苏陕两省推动东西合作的一大亮点。1997年以来，连年举办"西洽会"。江苏每年作为主办省份组团参加"西洽会"，与陕西等西部省区共同打造东西交流合作的平台，随着国家"一带一路"战略、西部大开发战略的实施，东部产业按照资源优化配置向西转移，江苏有一大批企业在陕西投资合作，促进了苏陕两省产业的融合发展。

（三）沪滇合作扶贫

沪滇扶贫协作坚持"民生为本、产业为重、规划为先、人才为要"，成效显著。从1996年开始，按照党中央、国务院部署，上海对口帮扶云南，重点援助文山、红河、普洱、迪庆4州市，上海14个区结对帮扶云南26个重点县。到2016年，上海累计投入援助资金38.1亿元，实施各类帮扶项目近8000项，90%资金投向县以下基层。先后派出1300多名教师赴滇支教，帮助当地培训教师10万多人次。上海28家三级甲等医院与云南28家州市、县级医院开展共建，帮助建设重点学科，培养医疗骨干，改善软硬件设施。同时援建一批标准化卫生院（室），推动县乡村三级医疗体系建设。

在沪滇合作扶贫中，特别强调的一条就是要"输血"更要"造血"，"造血"机制更要落实在基层，这已经成为上海对口支援坚持的原则。比如"沪企入滇"——光明食品集团云南石斛生物科技开发有限公司，在云南文山、红河、普洱、西双版纳、保山等州市选点建设石斛种植示范园，以"公司+基地+农户"

的模式经营管理,直接带动当地农民"家庭脱贫"。上海纺织、上海医药、上海烟草等企业也纷纷生根云南,在贫困地区建设农业产业园、原材料基地、设立分支机构等。

利用上海优势,根据云南实际,累计实施沪滇经济合作项目近2000个,实际到位资金646亿元。上海与云南两地共建的新型对口支援开放性服务平台——"云品中心"在沪正式投入运行以来,针对当地质优价廉特色产品市场渠道不畅的问题,这一平台集聚了上海各类采购商近500家,云南各类农业企业和合作社近千家,为云南农特产品进入上海市场提供质量品质监控、物流仓储、结算融资、渠道销售等一条龙孵化服务。"云品中心"已成功孵化部分云南企业,入驻的文山三七、红河米线、普洱石斛等产品,都完成了线上营销、品牌打造、包装改良等孵化程序,顺利进入上海市场。

上海在推进沪滇合作扶贫过程中,积极争取社会各界帮扶,注重形成脱贫合力。比如在文山,上海援滇干部联络小组共协调计划外的项目100多个,涉及资金超过3600万元,主要用于帮扶对口市县实施教育、卫生、产业发展、人才培训及新农村基础设施建设等项目。在红河,争取社会力量参与的帮扶项目,援助金平县建立了儿保免疫门诊诊疗系统,在元阳县建设流动科技馆,支持屏边县妇联推进苗族刺绣的传承与发展。在普洱,推进了"美丽乡村,幸福家园"建设,发展教育卫生事业和特色旅游业,促进产业培育,实施职业教育培训。[①]

沪滇帮扶合作已由刚起步时上海单向帮扶云南,拓展为在对口帮扶框架下沪滇双向互动、实现共赢;由最初主要是政府间的援助行为拓展为各类市场主体的共同参与,再发展到包括各类社会团体、民间组织、爱心人士在内的社会各界多形式、宽领域的广泛参与。

(四)深圳与湘鄂劳务合作扶贫

劳务输出是打赢精准脱贫攻坚战的具体行动,是贫困人口短期内增收脱贫最直接最有效的办法。深圳市创建"两个清单"、确保"精细服务"、实行"精

---

① 李荣、叶健:《"创新机制,帮扶结合——沪滇合作最近3年再结硕果"》,http://news.xinhuanet.com/politics/2016-07/21/c_1119257583.htm,访问时间:2016年7月21日。

准培训",形成了可复制、可推广的劳务协作工作机制和办法,为帮助贫困地区打赢精准脱贫攻坚战积累了经验。①

一是通过建立两张清单,确保"找得准出得来"。在劳务输出对接中,深圳市形成了求职需求和岗位供给"两张清单",建立劳务输出地和输入地精准对接工作机制。在求职需求的摸底中摸清"4个底数":输出地贫困劳动力总数、来深就业意愿人数、原已在深就业人数、初高中毕业后未升学"两后生"愿意来深接受技工教育人数等。同时专门编印了《深圳市异地务工人员就业指导手册》《深圳市劳动法律法规常见问题解答》材料,多次派出职业指导师开展就业指导培训,并深入乡、村组织开展上门指导,在招聘活动现场也提供咨询服务。要保证"找得准、出得来",光掌握劳动力求职意向并不够,还要提高求职意愿与企业岗位供给的匹配精准度。为此,深圳市与输出地建立了"三来三往"撮合对接工作模式。首先根据输出地第一次提供的拟来深就业贫困劳动力基础数据,初步收集岗位工种,整理劳动力市场工资价位信息,反馈给输出地,引导有意愿的劳动力根据实际调整求职意向;然后组织发动管理规范、岗位适合、待遇较好、社会责任感较强且有用工需求的企业针对求职意向开发岗位,并再次将相关企业、工种岗位信息反馈输出地;最后,根据输出地开展人岗匹配形成的求职清单,组织拟参加招聘企业再次筛选岗位,引导企业适当放宽年龄、教育程度等限制,提高岗位适配性,形成更具针对性的"岗位供给清单"。

二是通过精细服务,确保"留得下稳得住"。为做好跟踪服务和稳定就业,针对劳动力输出地和输入地路途遥远、信息可能不对称的情况,深圳市利用互联网思维和信息化手段,实行了市、区、街道三级公共就业服务机构的协同工作,从而可为就业贫困劳动力提供高效便捷的精细化服务。着眼信息对称,在建成公共就业服务信息系统基础上,深圳市特别开发建设了贫困劳动力跟踪管理服务子系统,实现从帮扶入库到离深出库的全过程闭环式管理。统一入口、实名制管理,通过比对社保数据,核实原已在深就业贫困劳动力,动态跟踪新招来深、原已在深就业贫困劳动力的就(失)业状况;实名认证招用贫困劳动

---

① 杨阳腾:参阅中国经济网报道:《深圳精准对接湘鄂劳务输出助力脱贫攻坚:既要"找得准",更要"做得好"》,《经济日报》,http://www.ce.cn/xwzx/gnsz/gdxw/201609/08/t20160908_15711904.shtm,访问时间:2016年9月8日。

力的企业，定向开发和收集空缺岗位信息，自动核发稳岗奖励及社保补贴；全流程记录历次跟踪服务的责任人、时间、内容、成效等，按年度生成跟踪服务绩效考核结果。同时，对接广东省精准扶贫信息系统、输出地建档立卡贫困户信息系统，实时将离深贫困劳动力信息反馈给输出地，并获取输出地确认的脱贫摘帽人员信息。深圳市还建立了岗位储备制度，各区按 1∶0.3 的比例储备有效岗位，对失业的贫困劳动力提供"一对一"服务，不挑不拣确保一周内推荐上岗。同时，建立街道公共就业服务机构和招用企业的联系人制度，督促企业及时签订劳动合同、依法参加社会保险、按时发放工资待遇。在为输入劳动力提供贴心服务的同时，深圳市政府也努力提高用工企业的积极性，参照户籍就业困难人员就业援助政策，对符合条件的招用企业予以稳岗奖励和社保补贴政策。

三是通过精准培训，确保"干得了做得好"。深圳市建立了岗前适应性培训、在岗职业技能提升培训和新成长劳动力教育培训相衔接的"梯次教育培训体系"。一方面，对新招入职者开展岗前适应性培训，帮助他们实现从农民到产业工人的转变，培训内容主要包括：融入城市的生活常识、自力更生的就业意识、从事岗位工作的技能和安全知识、遵守企业规章的纪律意识和依法维权的法律意识五个方面内容。另一方面，对在岗工人开展职业技能提升培训，促进实现稳定就业。通过企业技能人才培养评价、社会化鉴定以及职业技能竞赛并取得深圳市职业资格证书或专项能力证书的，政府给予相应补贴。深圳市还开展"企业新型学徒制"，以半工半读方式组织就业者在相应技工院校进行职业教育，系统提升岗位职业能力；对有意愿进一步提升文化水平和专业技术能力的贫困劳动力，鼓励其参加社会化在职学历教育，实现学历、知识、技能的全方位提升，提高就业竞争力，更好地融入城市生活。深圳市还以职业技工教育作为智力扶贫的突破口，招录贫困家庭"两后生"，开展订单式培养。通过提供政策扶持，对"两后生"入读技工学校提供补贴政策，即享受免学费补助、国家助学金，并按每人每年3150元的标准给予生活补助，按每人每年最高不超过1600元的标准，给予往返深圳与输出地之间的交通补助，减轻学生负担。

自党的十八大以来，中央先后出台进一步加强东西部扶贫协作工作、中央单位定点扶贫工作的指导意见，细化实化帮扶任务和工作要求。十八大以来，发达地区和中央单位向贫困地区选派干部12.2万人，支持项目资金超过1万亿元。调整完善东西部扶贫协作结对关系,实现对30个民族自治州结对帮扶的全覆盖。明确京津冀协同发展中京津两市与河北省张家口、承德和保定三市的扶贫协作任务。确定东部267个经济较发达县市区,与西部地区434个贫困县开展"携手奔小康"行动。对口支援新疆、西藏和四省藏区工作在现有机制下更加聚焦精准扶贫精准脱贫,瞄准建档立卡贫困人口精准发力,提高对口支援实效。①

---

① 中共国务院扶贫办党组:《脱贫攻坚砥砺奋进的五年》,载《人民日报》,2017年10月17日第8版。

第九章　发展：减贫的根本途径

——在精准扶贫中培育新的经济增长点

中国特色社会主义进入新时代，新时代我国社会主要矛盾是人民日益增长的美好生活需要和不平衡不充分的发展之间的矛盾，必须坚持以人民为中心的发展思想，不断促进人的全面发展、全体人民共同富裕。

发展是解决所有问题的总钥匙，总开关。在打赢脱贫攻坚战的整体战略中，精准扶贫、脱贫是关键所在，只有通过精准扶贫精准脱贫，我们才能实现全面建成小康社会的重要目标。因此，我们要始终把"精准"作为整体扶贫、脱贫的核心，让精准扶贫精准脱贫在当今经济新常态下给贫困地区带来新的经济增长点和效益生长点。而在这其中如何能够"精准"找到贫困地区的效益生长点，如何能够通过扶贫增加新的经济增长方向，这些都是需要首先解决的问题。深入到这些问题里面来看，一方面需要多方扶贫，由先发展的地方、经济增长较快的地方，提供宝贵经验和先进的经济发展模式，以此来带动贫困地区经济增长；另一方面仍要强调，要让贫困地区、贫困人口自己发展自己，自己帮助自己，根据自身经济发展特点，找到适合本地区的经济增长模式，在精准扶贫的基础上做到自我扶贫从而达到脱贫的真正目的。

在精准扶贫的工作中，我们应该认清并牢记以经济效益为重点，在保障生态环境不被破坏的前提下，探寻贫困地区新的经济增长点从而发展经济，这是精准扶贫整体规划的两条底线。在坚持两条底线不动摇的基础上，各地应积极借鉴其他地区发展经验，开拓创新思维，因地制宜地调整自身的经济发展模式以及调整产业结构，以政府为主导，增强社会合力实现由内部到外部，由主观到客观的全面扶贫。在整体帮助贫困地区精准扶贫精准脱贫的过程中，要始终牢记发挥贫困地区自身的特色，将特色转化为优势，从而发挥贫困地区的后发优势。想要发展贫困地区经济，必须将这三方面整合统一全面兼顾，只有这样才能够找到贫困地区真正的效益生长点与经济增长点，才能够确保贫困地区经济社会实现大发展、扶贫脱贫取得大成效。

一、切实遵循五大发展理念

精准扶贫精准脱贫，充分吸取以往扶贫工作的不足，采取"精确滴灌"，针对不同的贫困情况，采用不同的扶贫方式，受力有侧重点，目标就是要在扶贫工作期间有显著的增长，扶贫工作之后，有持续不断的发展。这是"把发展作为解决贫困的根本途径"的最终追求，也是避免出现大规模返贫的内在要求。

那么，如何实现这样的脱贫目标呢？最根本的，就是要用新发展理念指导扶贫发展新实践。党的十八届五中全会提出的"创新、协调、绿色、开放、共享"五大发展理念，既是各级党委政府组织实施"十三五"规划纲要的指导理念，也是落实精准扶贫精准脱贫的指导理念。把发展新理念贯彻落实到精准扶贫精准脱贫的方方面面，需要详细研究发展新理念如何结合扶贫新实践。

创新发展是精准扶贫精准脱贫的首要动力。相较于以往的扶贫工作，精准扶贫精准脱贫是新提法新任务。深入理解扶贫新提法，认真完成扶贫新任务，需要创新扶贫理论和扶贫方法，突破以往局限，提升扶贫质量。"十三五"规划纲要中明确列出"创新扶贫开发方式"。具体内容是，"根据致贫原因和脱贫需求，对贫困人口实行分类精准扶持。通过发展特色产业、转移就业、易地扶贫搬迁、生态保护扶贫、教育培训、开展医疗保险和医疗救助等措施，实现约5000万建档立卡贫困人口脱贫；通过实行社保政策兜底，实现其余完全或部分丧失劳动能力的贫困人口脱贫。探索资产收益扶持制度，通过土地托管、扶持资金折股量化、农村土地经营权入股等方式，让贫困人口分享更多资产收益"。因此，依靠创新理念指导扶贫方式创新，实际上，是改变以往扶贫工作的局限，从方法论上改革创新，通过方法论的创新，解决扶贫新问题，取得扶贫新成果。

协调发展是精准扶贫精准脱贫的重要条件。中国经济，呈现出东中西部地区发展的不协调性，城市与农村发展的不协调性，而贫困地区，主要集中在中西部地区的农村。通过精准扶贫，实现贫困地区的发展，可以为发达地区提供更为广阔的商品市场和质量更好的原材料，可以有力缩小地区贫富差距，可以切实分担发达地区承受的人口资源环境压力，加快实现城乡发展一体化步伐，努力推动国民经济整体协调发展。"十三五"规划纲要中明确列出"支持贫困地区加快发展"，具体内容是，"把革命老区、民族地区、边疆地区、集中连片贫困地区作为脱贫攻坚重点，持续加大对集中连片特殊困难地区的扶贫投入力度，增强造血能力，实现贫困地区农民人均可支配收入增长幅度高于全国平均水平，基本公共服务主要领域指标接近全国平均水平"。精准扶贫的内涵，已经体现了"协调发展"的基本理念。

绿色发展是精准扶贫精准脱贫的基础条件。在贫困地区开展扶贫工作，实现经济发展，离不开招商引资上项目。这里存在的问题，不是要不要招商引资上项目，要不要开发，而是要怎么招商引资，怎么开发。考察贫困地区的自然生态环境，可以发现，贫困地区不是因为开发力度不足，缺乏工业基础，而依旧保持青山绿水，就是因为穷山恶水、资源贫乏，生态环境本来就脆弱，难以开发。对于前者，招商引资上项目，要充分调研论证项目引进地区的自然环境，是否能够承受这些项目。根据贫困地区以往的发展经验和产业梯度转移理论，发达地区总是把落后产业，通过招商引资迁移到贫困地区，虽然帮助贫困地区实现了脱贫致富，但是极大地牺牲了贫困地区的绿水青山。这样的"得"往往造成不可弥补的"失"，完全走上了"先污染，后治理"的老路，而生态环境本来就脆弱的贫困地区，更加不能为了片面追求经济增长而不顾生态环境的可承受能力，大上项目。经济新常态下，推进精准扶贫，实现跨越式发展，要有意识有能力把"绿水青山"转化为"金山银山"，从而在保护自然生态环境中，促进经济发展。

开放发展是精准扶贫精准脱贫的外在动力。扩大对外开放，目的在于充分利用"两个市场""两种资源"，并且借鉴西方发达国家在救助贫困人口方面的积极经验，有利于增强精准扶贫精准脱贫的活力。具体而言，如果贫困地区的特色资源特色产品，适合国际市场，那么，完全可以积极推动贫困地区的外贸发展。如果贫困地区适合引进外资或者开发为旅游胜地，那么，完全可以引进外资或发展旅游产业。此外，国外发展农业合作社、乡村银行等有益经验，也可以在批判研究的基础上，根据贫困地区的具体情况，加以改造升级，服务于精准扶贫。

共享发展是精准扶贫精准脱贫的最终追求。精准扶贫的方式，可以有效地扩大改革开放成果的共享，为实现共同富裕铺垫基础。改革开放的成果，是由全体人民群众创造的，但是，由于市场经济条件下分配方式的固有局限性，在一定程度上导致共同创造的成果，无法实现共同享受。按生产要素进行分配，在鼓励生产的同时，也存在因为不同的市场主体，拥有不同的生产要素，导致拥有不同的财产收入。事实上，公平的内涵十分丰富，包括"起点公平""过程公平""规则公平""结果公平"。由于资源分配的多样性，"起点公平"很难实现，只能最大限度地缩小。比较合理的是确保"过程公平"和"规则公平"，承认竞争结果的"有效性"。这样的"公平"，虽然不是完美无瑕的，但是最适合现阶段生产力发展要求的。社会主义初级阶段，调节收入分配的差距，着眼点，不能仅限于既有存量，要能继续以经济建设为中心，不断把可以分配的"蛋糕"做大，要在增量分配方面下工夫。而精准扶贫精准脱贫，就是要依靠中国特色社会主义制度的优越性，采取果断措施，合理配置资源，让部分在市场经济中无法依靠自身力量，实现脱贫致富的群众，在外部力量的帮助下，实现致富梦。

二、守住发展与生态两条线

"绿水青山就是金山银山。"习近平总书记提出这项科学论断的主要目的，就是提醒人们保护生态环境、建设生态文明的意义所在。党的十八大明确将生态文明建设纳入到中国特色社会主义建设"五位一体"总体布局中，提出了"将生态文明建设融入经济、政治、文化、社会建设各方面和全过程"的要求。这体现出生态文明建设对于中国特色社会主义建设事业的极端重要性，也表明了以习近平同志为核心的党中央在作顶层设计时已经将生态放在了重要的位置上。因此，在推进精准扶贫精准脱贫的过程中，就必须始终牢记这一点，要在坚守发展与生态两条底线的基础上推动贫困地区早日脱掉贫困帽子。

把生态和发展截然分成两段，相互对立起来，通过牺牲环境来发展经济，这是近代以来西方资本主义国家在发展过程中的通病。这种先发展后治理的经济发展模式，本身就是西方资本主义的恶果之一。在改革开放之初，我国的经济刚开始迅猛发展的初期，由于我们自身的经验不足、认识不够，某种程度上也出现了轻视或者忽视生态的现象。因此，在新形势下，我们坚决不走西方资本主义社会在生态上走过的先发展后治理的老路子，而是要走出一条生态与发展相容互洽的中国特色社会主义生态发展的新路子。

恩格斯在《自然辩证法》一书中深刻指出："我们不要过分陶醉于我们人类对自然界的胜利。对于每一次这样的胜利，自然界都对我们进行了报复。"习近平总书记深刻指出："你善待环境，环境是友好的；你污染环境，环境总有一天会翻脸，会毫不留情地报复你。这是自然界的规律，不以人的意志为转移。"因此，我们在推进精准扶贫精准脱贫的进程中，必须坚持正确处理好发展与生态二者的关系，力求实现贫困地区经济发展与生态和谐双赢。

发展与生态的关系，并不是对立的关系，也不是谁先谁后的关系，更不是谁重要谁不重要的关系，我们应坚持以对立统一的辩证观点来看待发展与生态。发展需要生态环境的稳定与和谐，而生态环境的保护则需要一定的经济基础和物质条件作为保障，经济发展水平的提升，又有利于生态环境的进一步改善。因此发展与生态的关系，应该是相辅相成、相互促进、循环上升的共生关系。尤其是在针对贫困地区的精准扶贫计划中，既要保护贫困地区自身的自然环境不受到破坏，又要保证经济发展的目的逐步实现，既要将发展与生态两项工作统筹并重，共同深入实施，又要从发展与生态两个方面的不同方向具体实施，切实提高精准扶贫的效果。

（一）精准扶贫，坚决守住生态文明这条底线

近年来，党和国家高度重视生态文明建设与生态环境保护。我们国家地大物博，国土面积辽阔，无论是自然环境还是社会城市环境，都是生态环境的一部分，生态环境的恶化就意味着国家的发展环境恶化。

首先，在生态环境方面，我国大部分的贫困地区都是由于当地地理环境等自然因素，所处位置过于偏远，交通不便利，导致与外界的联系较少，各种资源不能及时共享；或由于本地区的自然条件所限，多种类型的自然灾害多发，不适宜采取普通的畜牧业、农业的生产方式，从而造成了当地大面积的自然资源得不到合理利用，土地荒废使得经济发展缓慢。但从另一个角度看，像这样的贫困地区往往拥有其他经济发达地区所不具备的环境优势，正所谓守住绿水青山就是守住金山银山，因此属于这种类型的贫困地区所要抓住的，就是如何在保证生态环境的前提下进行绿色环保的经济发展。

其次，我国现今的发展存在不平衡，贫困地区的成因和贫困现状也是多种

多样，除如上文所述的，占有生态优势的贫困地区外，还存在一些不占有优势的地区，例如一些过度开发自然资源、造成了环境问题从而导致发展落后的地区，或者本身自然资源匮乏、先天自然环境恶劣不适宜发展的地区。

针对过度开发资源，导致生态环境恶劣从而造成贫困的地区，亟待解决的问题就是环境的治理问题。挽救被破坏的自然环境，恢复其正常的生态系统，逐步推进落实退耕还林、退牧还草、石漠化治理、防沙治沙、湿地保护与恢复、水生态治理等生态工程。做到对于过度开发的资源要实行该禁止的禁止，该节约的节约。要加快建立科学的资源开采体系和资源管理方式，做到对自然环境和资源的绿色使用、循环使用、节约使用。

对于先天生态条件不足、自然环境恶劣以及自然灾害多发的贫困地区，我们要始终坚持善用每一块土地的原则，有针对性地发挥人的主观能动作用利用自然，干预或者改变一些环境原本就恶劣，或者资源不足的地区，根据不同地区的情况开展适合本地的生态建设工作。同时，面对自然灾害不能坐以待毙，要时刻防微杜渐，积极对当地水文地质进行定期的观测、检查以保证在自然灾害多发的地区，积极有效应对多种自然灾害。

总之，无论是在生态环境中占有优势的贫困地区，还是不占有优势甚至处于劣势的贫困地区，都要始终坚持以科学保护生态、科学建设生态、科学发展生态为基础，实事求是、因地制宜地采取相应的生态文明建设工作。各级党委和政府要把握好掌控力度、治理力度、专业力度，在自然生态领域中，不仅要有政策性的引导，更要有专业性的操作。要积极聘请专业的专家学者，让具有专业知识的人才真正参与建设贫困地区生态环境，从而起到事半功倍，精准扶贫的成果。

（二）实现脱贫，不忘经济发展这条主线

精准扶贫精准脱贫，最终要解决的是老百姓"贫"的问题，最终的目的是要实现贫困地区百姓脱贫的成果。再多的发展和建设如果不能达到这些目的，那就是劳民伤财的面子工程，因此经济发展必须是精准扶贫中的主要内容。这就要求我们在精准扶贫精准脱贫的总体实施过程中，必须牢牢把握发展为第一要务，根据不同地区不同情况，分析经济发展存在的问题，重点解决，多角度处理贫困地区存在的阻碍经济发展的顽疾。

第一,因地制宜发展特色产业。要找准脱贫路子,立足资源禀赋、产业基础和区位特点,做好特色文章,实现特色发展。要充分发挥资源优势,因地制宜、因户制宜实施产业精准扶贫,宜种则种、宜养则养、宜林则林、宜游则游。具体来说,就是对有产业发展资源的贫困地区,积极引导、扶持贫困群众发展特色优势产业,不断推进产业化经营,把单家独户的小经营变为规模化、集约化、标准化的大生产,通过发展特色优势产业实现脱贫致富;对有林业资源的贫困地区,因地制宜地发展苗木花卉、名特优经济林等特色产业,支持发展林下种养业,优先安排新一轮退耕还林项目,通过林业扶贫实现脱贫致富;对有旅游资源的贫困地区,围绕美丽乡村建设,依托优势旅游资源,加大对农业观光园、乡村农家乐、小型采摘园等建设的政策、资金扶持力度,促进旅游业发展,通过旅游业扶贫实现脱贫致富。同时,还要加强对农业产业的指导和服务,尤其要帮助贫困农民解决技术、防疫、市场销售等问题,真正实现产业增收。支持发展集体经济。制定扶持村发展集体经济政策措施,支持各村盘活资产、开发资源、发展物业、创新服务。

第二,改革经营模式。农民个体小规模经营成本高、效益低,是农村农业发展、农民致富的"拦路虎"。为此,要以培育产业带头人为支点,通过政策上宣传、项目上协调、资金上支持,扶持帮建规模种植、养殖基地,引导成立专业合作社,扶持种植养殖大户、产业带头人,引导联系村群众走上规模化经营的道路,精确破解发展瓶颈。同时,扶持发展现代农业产业化联合体,引导各类农业经营主体联合与合作,构建以龙头企业为核心、农民合作社为纽带、专业大户和家庭农场为基础的产业化联合体。对贫困户参与度高的联合体,相关涉农项目资金支持向其倾斜。同时,围绕与贫困户密切相关的新型农业经营主体,加大培育、引进、扶持力度,引导土地经营权规范流转,推进多种形式的适度规模经营,探索农民土地流转、入股新机制,促进贫困地区农业家庭经营、集体经营、合作经营、企业经营共同发展。最后,还要探索完善金融扶贫、龙头企业和股份合作组织扶贫、家庭农场和能人带动扶贫等模式,促进扶贫产业规模化、集约化发展。

第三,创新实施产业扶持政策。发展产业,资金需求很大,需要相关部门给予大力支持,因此切实加强对贫困地区、贫困群众的金融支持力度。根据本地农业产业化布局的要求,发挥政府主导作用,整合各类扶贫项目资金,集中力量优先扶持有发展潜力的贫困村、有发展能力的贫困户选准产业。支持贫困户直接参与由新型农业经营主体带动的可直接受益、稳定增收的种植、养殖、农产品加工、服务等项目；完善贫困农户小额信用贷款，并给予财政贴息。探索实施新型农业经营主体和贫困户农业政策性保险扩面提标，鼓励在政策性保险基础上叠加商业保险，积极开展保单质押贷款。与此同时，对返乡创业的贫困户，也要免费提供技术和资金支持。通过"扶产业"，真正实现把资源潜力转化为经济效益，切实增强自身"造血"功能，提升自我发展能力。

中央电视台《新闻联播》报道的宁夏西吉红军粉的故事，就能充分说明贫困地区因地制宜把产业扶持好、培育好对脱贫致富的关键作用。1935年8月，红二十五军作为第一支进入宁夏西吉县的红军队伍，他们充分尊重回族群众的宗教信仰和风俗，并把在当时看来很先进的粉条制作技术教授给当地群众，被盛赞为"仁义之师"。如今，不仅红色故事仍在当地口口相传，"红军粉"更为当地百姓带来了收益。80多年过去了，制作"红军粉"改善回族群众生活的传统仍然持续着。靠做"红军粉"，农民摆世忠一家的年收入突破了30万元，还带动了同村的10户人家成功脱贫。2014年，摆世忠所在的王河村，率先摘掉了"贫困村"的帽子。可即使这样，在镇党委副书记李学智看来，还远远不够。生产粗放，卫生条件差，没有自己的品牌，"红军粉"始终停留在低端市场，上不得台面。面对日益严苛的食品标准，手工作坊式的生产难以为继。可是要让大家把延续了几十年的老办法改掉，也不那么容易。李学智从村里的6个致富能人入手，一边给他们进行质量培训，一边从县里争取扶贫资金，把传统作坊改造成标准厂房。在国家进一步推进东西部扶贫协作政策的支持下，马铃薯作为重点产业得到扶持。仅2015年一年，当地给予马铃薯产业的政策性补贴超过1500万元。更多农户还享受到了1380万元"脱毒种薯繁育推广补贴"，在良种繁育、鲜薯外销、深加工等方面不断挖潜。如今，"红军粉"传人不但有了新厂房，合法的经营手续也陆续申办下来了。通过鲜薯外销，深加工，良种繁育等多个渠道，无论在哪个环节上老百姓手里的马铃薯总能卖到好价钱。80年前，红军教会西吉人民把马铃薯初加工成粉条；80年后的今天，当地马铃薯产业的总产值达到了17.2亿元，成为全国依靠马铃薯增收最多、占比最高的县。眼下，如何继续深挖潜力，让马铃薯成为老百姓脱贫致富的"金豆豆"，这里的干部还在努力。

发展与生态既然是两条重要的底线,那么就一定会有契合点,各扫门前雪的做法只会让经济发展和生态建设故步自封,只有做到在生态中搞经济,在经济中促生态才能做到可持续的发展。要做到这一点,首先要改变以往的贫困地区经济生产方式,将生态环保理念融入到经济建设中,要发挥出生态经济效益。政府方面要以优厚的生态经济建设待遇,积极引进、借鉴其他地区的先进技术和生产经营方式,鼓励贫困地区的集体或企业,引导群众在搞活经济建设中不忘生态,保护生态中带动经济建设。例如,发展环保旅游、珍稀动植物研究等一系列文化产业,让经济发展在保护生态的基础上,更富有文化底蕴和思想内涵。比如,广西资源县就开辟出了一条符合自身的,生态经济发展模式:以村屯绿化、水源净化、道路硬化的三化建设为主线建设美丽乡村。在改善了本地村民的生活环境同时,发展了旅游及林下经济;在改善当地生态问题的举措中,引进了大量的经济投资。

(三)生态与发展,守住底线、把握主线

怎样从政策上鼓励、制度上落实、法治上保障、思想上引导贫困地区干部群众,做到在精准扶贫中始终坚定不移的守住发展与生态两条底线不动摇?这一方面取决于政府的积极作为,出台相应的生态保护政策,以及生态经济建设规划等;另一方面更需要有相应的法律制度和有力的监管体系,将精准扶贫与依法治国相结合,在生态保护上对于生态环境没有遭到破坏的贫困地区,建立相应的法律法规,来保障在后续的经济发展中环境不会被过度破坏。在已经存在污染或其他问题的贫困地区,应该以法律的手段来解决环境问题,建立相应的生态环境保护区域。在经济建设中对破坏生态环境的个人、集体、企业实施相应的惩罚。对于一些在经济发展中不可避免的生态破坏问题上,可以积极采取补救措施,例如树木植被移植、严格监控排水水质水量等等。以法律保证贫困地区的生态文明建设良向发展。与此同时还需要加强对贫困地区经济发展建设的法律制定,加强法律对贫困地区生态经济建设的保护,做到有法可依、有法必依、执法必严、违法必究,逐步使生态建设与经济发展走向正规化、合法化、绿色化。

总之,在生态建设中立足于绿水青山精准扶助,在经济建设中寻找新的生态环境发展方式,二者相互融合,创造贫困地区新的生态经济模式,提升贫困

地区的经济收益,以致达到全面小康的最终目的。

三、聚焦经济结构和产业调整

近些年来,我国一直注重开展经济结构的调整、转型升级等工作。作为精准扶贫的重要对象,贫困地区也应该跟随国家经济发展的大方向,从自身的经济结构和产业结构进行调整规划,从而刺激经济社会良性发展。

(一)贫困地区的经济结构调整

一个地区的经济结构怎么样,就决定了整个地区经济发展会怎么样。衡量贫困地区的经济结构是否科学,是推进精准扶贫精准脱贫的先决条件。只有在科学的理论下不断调整贫困地区的经济结构,才能使经济结构进一步优化升级,从而推动贫困地区经济增长。

第一,牢记因地制宜在经济发展中的重要作用。在整体脱贫攻坚、调整贫困地区经济结构的过程中,我们始终要牢记一点,那就是因地制宜。"发展是甩掉贫困帽子的总办法,我们要从实际出发,因地制宜,把种什么、养什么、从哪里增收想明白,共同寻找脱贫致富的好路子。"习近平总书记在湖南湘西考察时反复强调因地制宜的重要性,这就要求我们在制订脱贫规划中,要根据不同贫困地区的不同情况,针对贫困地区的短板及需求,做到扬长避短因地制宜。尤其是在调整贫困地区整体经济结构中,贫困地区本身经济结构就存在不足,若是盲目借鉴或者生搬硬套其他地区的经济结构调整方式,那么只会使得原有的结构更加失衡。所谓因地制宜,就是要充分发挥政府职能部门的专业性的特殊作用,主动结合贫困地区的各自特点,按照政策要求因地制宜,进行系统规划,要根据贫困地区的土壤条件、气候条件和生态环境等区域自然特点,仔细思考经济发展及建设中的效益增长点,结合现状找到适合自身的调整方式,进一步细化扶贫规划。

要做到因地制宜,还要结合市场经济规律,制订适宜的产业分区规划,细化产业发展区域方案,向贫困群众推介好的产业发展思路,在尊重群众意愿的前提下,鼓励引导群众自我发展,不搞行政命令式的大产业大规划,坚持两条腿走路的原则,既要注重集约化、专业化、规模化,又要兼顾新奇特产业的发展。

第二，不要过度依赖自然资源。想要调整贫困地区的经济结构，就要跳出以往过度依赖自然资源的经济发展思维，自然资源作为地区的先天优势，的确应该加以利用，但是过度的依赖自然资源，反而容易使经济增长局限化。短期来看，通过单纯的对自然资源的开采开发，的确可以达到短期经济增长的目的，但却不能形成长期的经济效益，并且过度的对资源进行开采、浪费所造成的工业过剩、能源滞销，以及一系列的环境问题，都会阻碍地区的经济发展。

第三，加强经济结构调整中的协调发展。经济结构的调整绝对不是单一的、孤立的，他所需要的除了经济自身之外，还需要其他各部门的协调配合调整，这就需要政府在经济结构调整中起到宏观调控的作用。在我国整体经济结构调整转型的过程中，曾经出现了因经济结构失衡所造成经济过热、经济结构矛盾突出、通货膨胀等现象。这些问题虽然不会出现在地区经济调整中，但是会缩小映射到贫困地区的经济结构调整过程中，这就需要政府在贫困地区的经济结构调整中，坚决避免由于结构失衡、结构调整所带来的不利冲击。首先就需要从财政政策上对经济加以必要的控制，在经济结构调整的过程中，其经济必然发生震动，这对本身经济基础就薄弱的贫困地区来讲，更是很难单纯依靠市场为导向就能应对的，因此必须加强政府的宏观调控能力，帮助贫困地区稳住经济基础结构。其次要对贫困地区的经济投资以及投资规模进行合理管理。在贫困地区的经济发展过程中，势必会出现一些投资，这些资金、资本的投入都是促进贫困地区经济增长的方式。但在这其中，如何把控好投资的力度，如何掌握好贫困地区的经济发展和投资建设良性发展，这更需要政府对投资的规模、投资资金、投资模式，进行合理化管理。再次政府需要加强对贫困地区的基础设施建设。基础设施贯穿于整个贫困地区经济发展过程中，基础设施建设的完善，能够帮助贫困地区更好地进行经济发展活动，从而调整贫困地区的经济结构。

（二）推进贫困地区产业升级

产业升级涉及一个地区的经济增长方式，以及实际的效益增长。只有落实科学的产业结构升级方式，才能够真正做到改善贫困地区经济及生活的现状。产业升级需要对产业结构进行科学合理的分析，选择不同贫困地区因地制宜的产业发展模式,从而找到适合本地的产业升级方式。

贫困地区中,存在着许多产业问题。在第一产业中,主要存在的就是劳动力过剩以及实际可使用耕地、资源短缺的矛盾问题。许多贫困地区还存在过度开采、耕地面积少等问题,而在这种情况下又没有及时调整产业结构,继续使用传统的农业生产方式,过多剩余的劳动力流向城市,造成了本就短缺的耕地和资源更低的利用率,以此往复恶性循环。在第二产业中主要存在的问题就是技术和创新不足带来的产业水平较低,而农民收入低又造成了本身对第二产业产品的需求不足。在第三产业中,主要涉及交通问题,许多贫困地区最关键的问题就在于与外界的联系困难,造成自身的封闭性过强导致了无法正常地进行经济活动。

面对上述的种种矛盾以及现今我们国家精准扶贫脱贫的目标,加快调整产业结构优化升级、提高贫困地区农民收入是重中之重,这就要求我们做好以下几点:

第一,加快技术创新。当今世界是一个高技术加速发展的世界,而国家的发展更是离不开技术的创新。在面对经济发展的整体规划上,技术也永远是关键的一环,如何拥有技术、发展技术、合理运用技术,这对于经济的发展起到了很大的作用,因此在贫困地区的经济建设中,必须要始终把科学技术创新作为精准扶贫精准脱贫的重要途径。对于贫困地区来讲,想要在原有的基础上发展加工制造、信息网络等产业是离不开高技术支持的,这种技术一是要达到一定的可操作性、可实施性以及一定的效益,二是要确保技术达到一定的环保标准、节能标准,三是要尽可能地由技术带动技术创新。与此同时技术的落后一直是贫困地区较为突出的问题,很多的技术需要其他地区或国家的支持,但是只有把技术留下来,把自己的技术创新出来才能真正为己所用。因此需要各级党委和政府的大力支持,吸引拥有知识技术的人才对贫困地区进行技术援助,鼓励贫困地区大学生毕业后返乡支援家乡技术建设;积极推进各地区技术相互交流借鉴,实现共同发展。

第二,扩大贫困地区需求以及剩余劳动力的利用。想要发展贫困地区,想要调整贫困地区的产业结构带动经济发展,没有需求是不行的,没有劳动力是不行的。以往大量的贫困地区剩余劳动力更多地会选择进城务工,然而这种做法不仅分散了本就薄弱的贫困地区劳动力,更是降低了本地区群众的经济、教育、文化需求，没有了这些贫困地区就丧失了自身的活力，经济自然也就难以搞起来。因此想要调整贫困地区产业结构，尤其是加大第二、三产业的比重，那么就需要充分利用贫困地区剩余劳动力。大力发展加工产业、制造业等在贫困地区的比例，吸引外流务工人员返回家乡进行生产活动，鼓励农民自己创业、自己开办企业，扩大贫困地区基础设施建设并辅助相应的文化、教育、医疗建设。

第三，加快一二三产业融合发展。产业升级是多方向的，每一产业本身也需要其他产业进行配合，任何一个产业都不适合单独发展，对于贫困地区来讲更是这样。我国的贫困地区主要是以第一产业为主，土地仍然是广大农民的生存之本，因此在发展经济的同时，要时刻牢记以农业为主。也就是说，要发挥好农牧业对贫困地区的增收作用。在稳定发展粮食生产、提高粮食自给水平的同时，实时关注市场需求，科学调整种植业和养殖业的内部结构，积极发展生态农业，适当加大经济作物的种植比重，大力发展以牛、羊、猪为重点的畜牧业，并通过电商平台将农牧业产品销售出去，使其成为增加贫困地区群众收入的一条重要渠道。在此之上可以通过技术创新、政府扶植、农民企业等一系列形式开展以加工制造产业为特色的第二产业，这样一来不仅能够提升农业附加值。同时也可以创造贫困地区的就业量，加之现今发达的互联网技术以及人们更多的自然需求，可以适当发展包含服务、物流、旅游等第三产业，做到贫困地区的自我发展、自我建设、自我脱贫。因此贫困地区的产业结构必须要进行融合。

四川广元雄鹰村就是一个典型产业升级的案例。当地充分利用了电力技术，在国家电网公司的"阳光扶贫"计划中，利用农村电网技术，将原先效益低的传统种植农业，升级成为高效益的养殖及中药材种植产业，吸引了流失劳动力回归共同建设本村，并且大大提高了当地村民收入。

四、综合施策发挥后发优势

在精准扶贫的整体规划中，必须要善用和发挥贫困地区一切的有利优势，以贫困地区自身的优势来带动相应的经济、文化、公共事业的发展，才能做到真正的自我脱贫。其中后发优势是贫困地区独有的优势，后发优势包括经济、技术、自然、劳动力等多方因素，涉及贫困地区的各个领域。它既体现出了贫困地区在现阶段的落后之处,又为贫困地区在现阶段的经济建设发展上带来了优势。应善用贫困地区的后发条件,综合全方位配合贫困地区,激发贫困地区的后发优势不断扩大,以此带来更多的经济增长和效益。

(一)技术后发优势

技术是一个长期的科学发展的过程,技术的创新依赖于经济的发展又作用在经济的发展上,对于贫困地区来讲,技术的落后是造成经济落后的一个重要因素,同时落后的经济水平也无法进行技术的研发创新,但这也是其后发的一项优势。改革开放以来,我国经济迅速发展,科学技术也在不断提高,每个地区都在开展自身的技术研发工作,而作为贫困地区来讲正好可以直接吸收和借鉴先进的科学技术,避免了单纯由自身发展技术的漫长等待,更关键的是贫困地区可以通过直接吸收其他先进技术,来进行切合自身的技术创新,这样也大大降低了技术创新的成本。

各级党委和政府要进一步加快对贫困地区的技术投入,加强贫困地区与其他地区的各项联系,鼓励跨区域间的技术交流与技术援助,同时积极加强贫困地区的科技自主研发能力。

(二)劳动力后发优势

劳动力是经济建设中必不可少的要素,由于贫困地区的经济条件所致,贫困地区的劳动力成本要比其他地区更加低,这就从劳动力成本上大大减轻了贫困地区的负担。与此同时随着社会的不断发展,更多的贫困地区农民会选择离开家乡,无论是进城务工人员还是外出求学人员,都在技能或者知识上有了显著提升,这就整体提升了贫困地区的劳动力素质,使得劳动力在进行经济生产的过程中成为新的优势和效益增长点。要发挥其后发优势关在在于要留住贫困地区劳动力,要吸引分散的劳动力回归贫困地区进行建设。劳动力成本低虽然是一种优势,但是随着经济的不断增长,劳动力成本提高也是必然的现象,因此如何处理好劳动价值上仍需要各级党委和政府的引导。

(三)环境后发优势

贫困地区的环境优势已经反复提到多次,这是一项最基本最重要的优势。

贫困地区本往往拥有得天独厚的环境优势，由于没有过早过快地进行自然开发，或者资源获取造成了一些贫困地区落后，但是这些自然环境良好，生态环境绿色健康的环境优势，是许多经济发达地区所不具备的，正所谓绿水青山就是金山银山，因此在发展贫困地区经济建设时，必须要善于利用环境后发优势，在绝不能以环境作为代价的基础上进行经济建设。

（四）制度后发优势

想要发展经济，想要有经济增长和效益增长，离不开一个地区的各项制度体系，在精准扶贫精准脱贫的规划中，如何进行制度建设和建立相关规范也是一项重要内容。我国是当今最大的发展中国家，在经济建设这条漫漫长路中无论是国家还是地方，都积累了许多宝贵的经验。而对于贫困地区来讲，这些经验可以借鉴，这样做一来有利于减轻贫困地区发展的压力弥补制度空白，二来可以有效避免贫困地区自己探索制度的曲折路程，加快经济建设和发展的步伐。但值得注意的是，在借鉴和吸收其他地区的经验时，必须要牢记实事求是，具体问题具体分析，一切以时间、地点、条件为转移，根据借鉴的制度，适时适度的建立符合自身特点的相关制度。

由上述几点可以大致看出贫困地区的后发优势所在，然而这些后发优势如何能够在实际的经济建设中运作起来，关键点在于各个优势能够同时调动，共同实施，协同发展。甘肃陇南市是全国最贫困的地区之一，但是当地充分利用了互联网技术，开展了电子商务，弥补了交通上的缺陷。同时发挥自身的环境优势开展旅游，并且当地在充分尊重市场规律的同时，配合政府推动这双"看得见的手"，探索政府引导、市场推进、社会参与、协会运作、微媒助力"五位一体"的发展模式[①]，从而增加了当地的收入，实现了扶贫脱贫。

党的十九大对于第二个一百年奋斗目标分两个阶段来安排：第一个阶段，从2020年到2035年，在全面建成小康社会的基础上，再奋斗15年，基本实现社会主义现代化。第二个阶段，从2035年到本世纪中叶，在基本实现现代化的基础上，再奋斗15年，把我国建成富强民主文明和谐美丽的社会主义现代化

---

① 孙雪涛：《甘肃陇南市："互联网＋扶贫"激发贫困地区后发优势》，http://news.xinhuanet.com/politics/2015-05/15/c_127805900.htm，访问时间：2015年5月15日。

强国。这个阶段划分也是我们在总结小康社会"分两步走"经验的基础上对现代化建设的科学制度安排。这里,我们看到有两个重大变化:一是两个阶段的划分,提出现代化分为"两步走"即"基本实现现代化"和"现代化强国"。二是目标的丰富和提高,在"富强民主文明和谐"的基础上增加了"美丽"二字,把过去的目标"基本实现现代化"设计为第一阶段,第二阶段则是建成"现代化强国"。从这个变化来看,十九大布局的现代化目标比过去有了较大提高,我们要实现的现代化不仅是建设一个"富强民主文明和谐"的基本现代化国家,而是要建设一个"富强民主文明和谐美丽"的现代化强国。"美丽"一词的出现,给我们的发展目标提出了更高的要求,这就是精准脱贫既要摆脱贫困,还要实现美丽发展。这也是在今后精准扶贫工作中必须遵循的基本原则。

第十章　用制度保障"扶真贫、真扶贫"

——健全精准扶贫脱贫工作机制

习近平总书记强调:"我们要把完善和发展中国特色社会主义制度、推进国家治理体系和治理能力现代化作为全面深化改革的总目标,勇于推进理论创新、实践创新、制度创新以及其他各方面创新,让制度更加成熟定型,让发展更有质量,让治理更有水平,让人民更有获得感。"可以说,成熟完善的制度,不仅是中国特色社会主义各项事业的根本保障,而且是中国特色社会主义事业所追求的重要目标。对于我们正在推进的精准扶贫精准脱贫攻坚战来说,制度的重要性同样是无与伦比的。要打赢精准脱贫攻坚战,实现传统扶贫模式的转变、带领贫困地区摆脱贫困、共享改革发展新成果的战略目标,除了政策红利、财政扶持、扶贫模式转化等显著性变革之外,尤为关键的是要实现扶贫制度、脱贫机制建设。

各级党委和政府要建立和逐步完善完备的扶贫、脱贫领导与评估机制,用制度化的工作机制来保障脱贫攻坚任务的顺利完成;制度化脱贫机制主要包括贫困户脱贫认定机制、贫困县退出机制、扶贫广泛参与机制、扶贫绩效评估与监督机制、脱贫工作责任制在内的层级化、系统化的工作机制,实现政策制定与实施落实的"自上而下"和"自下而上"的双轨协调机制。在资金筹备、项目落实、绩效考核等主要环节实现制度化、程序化、规范化的脱贫攻坚操作机制,构建特色脱贫融资链条和扶贫资金生态圈,打造政府引领、群众主体、多元参与的脱贫模式,用日益完备的制度构建引领精准扶贫开发工作,用制度保障"扶真贫、真扶贫"。

一、贫困户认定机制

习近平总书记在 2015 年 11 月的中央扶贫开发工作会议上指出，要坚持精准扶贫精准脱贫，重在提高脱贫攻坚成效。关键是要找准路子、构建好的体制机制，在精准施策上出实招、在精准推进上下实功、在精准落地上见实效。要解决好"扶持谁"的问题，确保把真正的贫困人口弄清楚，把贫困人口、贫困程度、致贫原因搞清楚，以便做到因户施策、因人施策。要解决好"谁来扶"的问题，加快形成中央统筹、省（自治区、直辖市）负总责、市（地）县抓落实的扶贫开发工作机制，做到分工明确、责任清晰、任务到人、考核到位。习总书记关于"精准扶贫"的"扶持谁""谁来扶"的体制机制建设的指示，为精准脱贫攻坚战的开展实施做出了制度上的设计与规划，为精准扶贫的制度化建设指明了方向。

（一）贫困户"双认定""双承诺"机制

扶贫要精准，必须要弄清谁是真正贫困户，哪些人需要真扶贫。不进百村、不访千户，对象就摸不准，扶贫就可能"水土不服"。解决这一问题的核心是摸清家底。要确保精准扶贫到人，要实现由政府主导的"自上而下"的贫困认定机制与贫困户参与的"自下而上"的自主参与机制，实现贫困户认定机制的"自上而下"与"自下而上"的"双认定"机制，而这种"双认定"贫困识别机制的创新和突破点在于"自下而上"贫困户参与机制。推动认定机制的"自下而上"的有效运作，就必须充分发挥基层民主、透明程序、规范操作，把识别权交给基层群众，让老百姓按照自己的"标准"识别谁是穷人。

广大困难群众是扶贫开发工程的对象和主体，他们应该最有发言权和决策权，必须确保贫困地区的群众能够在扶贫进程中发出自己的呼声，反映自己的需要与诉求。要对于贫困地区的群众在扶贫过程中的"失语"怪象，在落实精准识别的过程中，要重视贫困群众的话语权问题，既坚持"自上而下"的扶贫传统，又融合"自下而上"的贫困群体主导参与的机制，确保贫困群众对贫困认证工作的充分参与，扭转贫困群众在扶贫开发过程中的被动局面。对于"该扶谁""怎样扶"的识别权问题，应该交由贫困地区的群众，他们是扶贫的指向性对象，应充分赋予贫困群众呼表达自己的愿望和诉求的权利和有效途径。对于政府根据地区情况而采取的扶贫政策和扶贫项目、根据地区标准而识别出的贫困对象、根据调研总结出的制约地区发展的贫困问题，应该及时向贫困地区的主要政策落实者和广大贫困群众进行公示，并接受他们的监督，听取他们的意见，集中他们的主要意向，在政府主导的前提下鼓励群众参与，实现政府与贫困群众关于贫困开发的"双向认同"，在"双认定"的基础上政府与贫困户之间还要签署脱贫承诺书，即由政府和贫困户双方沟通协商后达成的关于扶贫开发项目的"双承诺"责任书，既要摸清真正的扶贫对象和脱贫主体，又要明确、细化脱贫工作的时间点、责任人和项目项。"双认定"就是就是要实现以扶贫、脱贫开发工程的主体、客体二者之间的双向互动和彼此认同，改变传统扶贫开发过程中的对象不明、责任不清、策略模糊、决策单线的诸多弊端；"双承诺"就是既要政府主导扶贫开发又要农户自主参与扶贫建设，充分调动贫困主体在扶贫开发过程中的参与性、建设性、主体性作用，转变以往扶贫过程中贫困户"等、靠、要"的被动性和惰性，摆脱传统"救济式"扶贫策略的桎梏，调动广大贫困户参与扶贫开发的积极性和主动性。

"双认定""双承诺"的新型贫困认定机制的要义在于在"精准"的核心要略指导下调动广大贫困主体共同开展扶贫攻坚计划，把扶贫、脱贫的相关基础性工作真正的做实做细。

（二）"建档立卡"与"脱贫台账"机制

贫困户的认定机制要精准，贫困户的信息管理更要精细。我国农村扶贫的政策形成于20世纪80年代中期，从1986年开始实施开发式扶贫战略以来，我国的扶贫瞄准机制一直在调整，并在1994年、2001年进行了两次大的调整，在1994年《八七扶贫攻坚计划》中，开发式扶贫提出"扶勤不扶懒，造血不输血"，它是对以往以救济式扶贫为主的政策的一次大的改变。2001年制定和实施的《农村扶贫开发纲要（2001—2010年）》提出国家关于扶贫工作的总要求是"省负总责、县抓落实、工作到村、扶贫到户"，基本原则是"扶贫开发工作责任到省、任务到省、资金到省、权力到省"；2005年，国务院扶贫办出台了《关于进一步加强贫困人口建档立卡和扶贫动态监测工作的通知》，要求在全国开始进行贫困户的识别和建档立卡，要根据当时的贫困标准将农村贫困人口识别出来；2009年，国务院扶贫办和民政部开展了最低生活保障制度和扶贫开发政策

（称"两项制度"）衔接试点工作；2011年的《扶贫开发纲要》明确提出"建立健全扶贫对象识别机制，做好建档立卡工作，实行动态管理，确保扶贫对象得到有效扶持。"2013年底，中央办公厅印发《关于创新机制扎实推进农村扶贫开发工作的意见》（中办发〔2013〕25号），2014年5月印发《建立精准扶贫工作机制实施方案》，要求每年更新建档立卡信息。在对贫困户进行"双认定""双承诺"的精准识别基础上还要对其贫困现状、致贫原因、帮扶策略、财政补贴等各类贫困信息进行分门别类的筛选与管理，对其实现精细化的处理和管理。既要关于贫困信息的"建档立卡"，又要有脱贫方案的"脱贫台账"。

对于贫困地区而言，要按照"贫困区域—贫困县—贫困村—贫困户"的方式自上而下地逐级细化扶贫对象，又要落实"贫困户"为主体的"自下而上"的"双认定"机制，全面准确地把握贫困对象，锁定每一户人家、每一个人头。在精准识别的条件下对贫困地区的人口进行"建档立卡"，确保"县有档、乡有册、村有薄、户有卡"，逐县、逐村、逐户登记造册，录入电脑，建立起贫困户、贫困村、贫困县的贫困区域信息网络系统，依托信息化处理模式对贫困信息进行精细处理。

"建档立卡"后的一个重要工作就是做好"脱贫台账"，对于贫困户人口总数，现有劳动力数量，劳动力分布情况，家庭成员是否有残疾、疾病以及残疾、疾病人员数量，家庭收入数量，家庭收入来源，家庭现有固定资产（土地数量、牲畜数量、农机数量等）进行详细的调查与统计，对于导致贫困的原因，是因学、因残、缺技术、缺资金、自身发展动力不足还是政策扶持力度不够都进行详细的区分，对于每一户的上述单位项都进行仔细排查和梳理，独立成表，分别处理，有针对性的设定精准扶贫结对帮扶"双确认"卡，精准扶贫结对帮扶联系卡，贫困户脱贫攻坚责任书和承诺书，对于贫困户进入精准脱贫的入户时间、帮扶内容、帮扶干部和责任人都进行系统而详细的安排与对接；根据贫困原因的差异，帮扶责任人要给予不同的帮扶，比如有的贫困户是由于家里孩子上学导致家庭支出相对过多、负担较重，责任负责人就可以帮助申请贫困户子女教学补助，与孩子所在学校进行协商，对孩子的教育支出在贫困资助和申请予以部分的照料以减轻贫困家庭的教育支出，对于因病致贫的则予以一定的医疗补贴等；而对于缺技术而导致的贫困，乡镇政府则可以扮演中介的角色，根据地方现有资源和材料对贫困户进行定向性、专门性的技术培训；对于缺资金

第十章 用制度保障"扶真贫、真扶贫"

而致贫的农户，各级党委和政府则可以简化贫困户授信贷款门槛和手续，提供利息补贴，确保有脱贫意愿、谋求自主发展的农户有充足的启动资金。另外对于脱贫工作，党和国家在粮食生产、水产种植、禽类饲养、住房整改搬迁、养老社保、贫困资助等诸多方面有着极其详细的补足规定和资金配备，负责扶贫工作的干部要做好脱贫的政策宣传，帮贫困地区的群众做好扶贫、脱贫的经济账、明细账，让广大贫困群众对脱贫工程有信心、有决心，敢于放开手脚，大胆尝试脱贫产业项目的发展，自觉的参与到脱贫攻坚的过程中来。从而从源头上摆脱贫困，真正实现贫困地区的自我"造血"。

对于脱贫户的认定机制构建，总体而言在于两个系统的确立，一个是"自下而上"的精细机制，一个是"自上而下"的统筹机制，具体如下图所示：

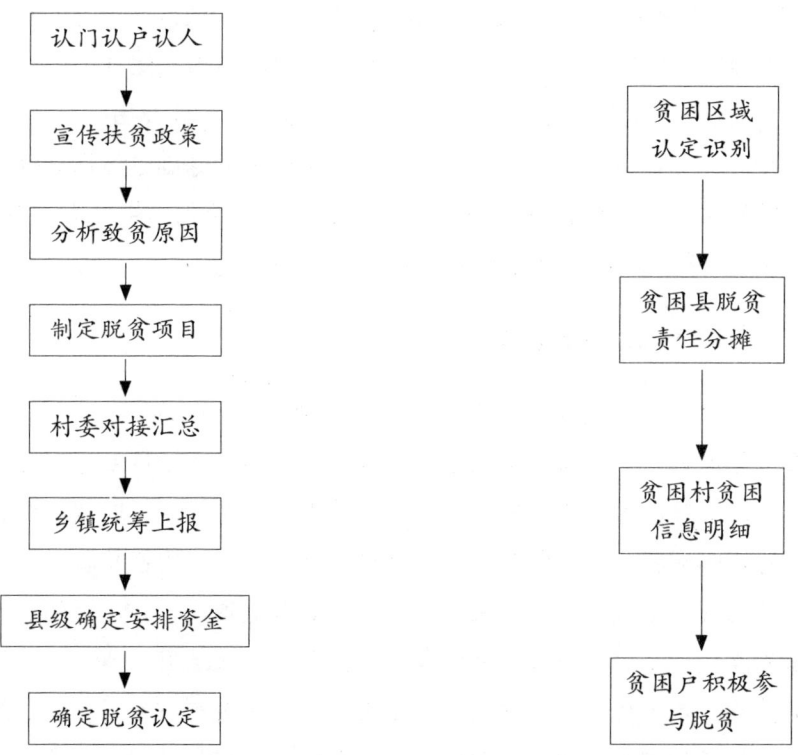

图 10-1 "自下而上"的精细机制　　图 10-2 "自上而下"的统筹机制

脱贫户认定机制的构建在于"自上而下"的统筹系统与"自下而上"的精细机制的双向互动与协调，这是个系统性的工程，它需要各个行为主体的自主自觉参与。

二、贫困县退出机制

习近平总书记在中央扶贫开发工作会议上强调，"精准扶贫是为了精准脱贫。要设定时间表，实现有序退出，既要防止拖延病，又要防止急躁症。要留出缓冲期，在一定时间内实行摘帽不摘政策。要实行严格评估，按照摘帽标准验收。要实行逐户销号，做到脱贫到人，脱没脱贫要同群众一起算账，要群众认账。"2016年4月，中共中央办公厅、国务院办公厅印发了《关于建立贫困退出机制的意见》（以下简称《意见》），明确指出："到2020年，我国现行标准下贫困人口要全部脱贫，国家扶贫开发工作重点县要全部摘帽，要求各地区各部门结合实际认真贯彻执行。"因此，各地要严格按照中央要求，因地制宜，尽快制定符合本地区发展实际的贫困退出具体方案，明确实施办法和工作程序，坚决避免片面追求脱贫进度情况的发生。由于贫困退出工作涉及面广、政策性强，在实施过程中，要在坚持贫困地区退出机制基本原则的基础上细化贫困地区退出标准，精化贫困县退出程序，确保脱贫攻坚任务守原则、依标准、有步骤、按程序的进行，逐步形成完善的贫困县退出体制机制。

（一）细化原则，精化程序

《意见》中对于贫困地区退出机制的基本原则予以了明确规定：一是要坚持坚持实事求是原则。一方面对于稳定达到脱贫标准的贫困地区要及时退出，另一方面对于新增贫困人口或返贫人口要及时纳入扶贫范围。同时要注重脱贫质量，坚决防止虚假脱贫，确保贫困退出反映客观实际、经得起检验。要依据贫困地区具体的实际情况的变化，实事求是的开展脱贫退出工作，严防各类虚假脱贫现象的发生；二是要坚持分级负责原则。实行中央统筹、省（自治区、直辖市）负总责、市（地）县抓落实的工作机制。国务院扶贫开发领导小组制定统一的退出标准和程序，负责督促指导、抽查核查、评估考核、备案登记等工作。省（自治区、直辖市）制订本地脱贫规划、年度计划和实施办法，抓好组织实施和监督检查。市（地）县汇总数据，甄别情况，具体落实，确保贫困退出工作有序推进。进而把脱贫退出工作规范化、层级化、明细化、程序化，逐步确立成熟的脱贫退出机制；三是坚持规范操作原则。严格执行退出标准、规范工作流程，切实做到程序公开、数据准确、档案完整、结果公正。贫困人口退出必须实行民主评议，贫困村、贫困县退出必须进行审核审查，退出结果公示公告，让群众参与评价，做到全程透明。强化监督检查，开展第三方评估，确保脱贫结果真实可信。通过规范的程序化操作、多元化的主体参与、透明的评估与公示把脱贫退出工作落到实处，取得实效。四是坚持正向激励原则。贫困人口、贫困村、贫困县退出后，在一定时期内国家原有扶贫政策保持不变，支持力度不减，留出缓冲期，确保实现稳定脱贫。对提前退出的贫困县，各省（自治区、直辖市）可制定相应奖励政策，鼓励脱贫摘帽。对于脱贫地区的资金政策不因地区完成脱贫任务而全部撤掉，而是在一定时期内保持原有扶贫政策保持不变，给贫困地区的稳定与发展留出缓冲期，实现贫困地区脱贫产业和政策的平稳过渡。

贫困退出机制要遵守贫困人口退出、贫困村退出、贫困县退出的由小到大的层级化退出程序，有步骤、分批次的实现贫困地区退出任务。以广西壮族自治区崇左市龙州镇的脱贫工作为例，负责定点结对帮扶的乡镇干部，按照地区脱贫的"八有一超"（有稳定住房、有安全饮用水、有电用、有路通自然村、有义务教育保障、有医疗保障、有电视看、有稳定收入来源，年人均纯收入超过国家扶贫标准）对帮扶的贫困户逐项进行审定，对于符合脱贫标准的贫困户由村"两委"组织民主评议后提出，经村"两委"和驻村工作队核实、拟退出贫困户认可，在村内公示无异议后，公告退出，并在建档立卡贫困人口中销号。而对于贫困村的退出则以贫困发生率为主要衡量标准，统筹考虑村内基础设施、基本公共服务、产业发展、集体经济收入等综合因素，对于贫困村贫困发生率降至2%以下（西部地区降至3%以下），在乡镇内公示无异议后，公告退出。贫困县的贫困退出同样要以贫困发生率为标准，由县级扶贫开发领导小组提出退出，市级扶贫开发领导小组初审，省级扶贫开发领导小组核查，确定退出名单后向社会公示征求意见。公示无异议的，由各省（自治区、直辖市）扶贫开发领导小组审定后向国务院扶贫开发领导小组报告。对于上报的脱贫退出地区要成立专门的审查监督小组，对提出贫困退出地区的脱贫指标进行专项评估检查，符合要求的准予退出，不符合要求的则通报批评，上地区政务考核黑榜，并做出违纪处理。

（二）动态监管，杜绝虚假

对于贫困群众既要进行静态的精准识又要有动态的实时监管。"常制不可以待变化，一途不可以应万方"，世界是过程的集合体，一切事物都处在不断的运动变化之中；精准脱贫，其中尤为重要的环节就是对贫困信息进行动态监管。每年都应根据扶贫对象、扶贫地区的发展状况所反馈的信息进行及时的采集和处理，确保相关信息的时效性。例如根据贫困农户是否有稳定住房、是否有安全饮用水、是否有通畅道路、是否有义务教育保障、是否有医疗保障、是否有收入来源、是否有最低生活保障等具有差异性和区域性的贫困地区脱贫标准对结对帮扶的贫困户进行仔细审核，对于已经达到脱贫标准的贫困户和已经达到国家扶持标准的贫困县要及时的从扶贫清单中祛除，确保贫困信息的时效性、准确性。另外，要经常组织安排贫困户结对帮扶人员下乡走访，对贫困户发展状况进行统计和梳理，一则实现对结对帮扶项目的具体落实情况进行监督和掌握，一则对帮扶对象的增收数额、增收项目状况、脱贫目标的接近程度都做到心中有本明细账，争取做到对脱贫对象、扶贫地区的实际发展信息采集有进有出，确保扶贫信息真实可靠，扶贫工作的重点在于把最主要的扶贫资金、政策、技术等扶贫资源用到最需要的贫困户身上，做到应扶尽扶，能扶必扶，而不是毫无目的做无用功，记糊涂账。

同时，各地区党委和政府也要组织开展扶贫巡查工作，分年度、分阶段定期或不定期进行督导和专项检查。对贫困退出工作中发生重大失误、造成严重后果的，对存在弄虚作假、违规操作等问题的，要依纪依法追究相关部门和人员责任。

（三）正确对待返贫

扶贫攻坚过程中的一个严峻挑战就是返贫现象的发生。由于脱贫需要诸多因素的配合和整合，因此，局部地区出现返贫的现象也是可以理解的，对于返贫的县区和贫困户，地方政府不能因为已经进行过帮扶就对其返贫现状置之不理，而是要将其重新纳入到帮扶体系中，重新探索适合其脱贫的发展模式和途径。

要积极打造适合区域自身发展的特色脱贫产业和发展模式，对于扶贫开发过程中的各类突发状况也要有针对性地进行适时调整，即使返贫也不要退缩，重新界定扶贫对象和脱贫策略都是正常的现象，没有一蹴而就的事业，尤其像脱贫攻坚这样的事业尤其需要耐力和细工。肩负脱贫任务的相关部门和单位，要做好扶贫、脱贫攻坚战的思想准备，随时应对脱贫工作中的各类情况和挑战，根据持续反馈的信息，不断修正扶贫策略，"当退就退，该扶必扶"保障脱贫工作的时效性和可操作性。

脱贫退出机制的建立与完善既要坚持脱贫退出的"四原则"又要讲求"脱贫标准与程序"，细化原则，精化程序，动态监管，力防返贫，中央部署与地方实情相结合，政策红利与地方特色相融合，分步骤、有条理的开展脱贫退出工作，在实践中建立完善脱贫退出工作的体制机制建设。

三、扶贫工作绩效社会监督机制

效果是行动的果实，对扶贫、脱贫开发工作的评价如何关键在于扶贫开发工程所取得的具体效果，传统扶贫模式重救济而不计长远的实效，由于缺乏对扶贫绩效的考核和衡量，导致了扶贫工作往往"雷声大雨点小"，精准扶贫工程要想从根本上杜绝扶贫政策的形式化就必然要强化对扶贫工作绩效的监督，确保扶贫开的成果绩效发惠及广大贫困地区的群众。

党的十八大以来，中央出台脱贫攻坚督查巡查工作办法，对各地各部门落实中央决策部署开展督查巡查。督查坚持目标导向，着力推动工作落实。巡查坚持问题导向，着力解决突出问题。各民主党派中央开展脱贫攻坚民主监督。扶贫部门加强与纪检监察、巡视、审计、财政、媒体、社会等监督力量的全方位合作，把各方面的监督结果运用到考核评估、督查巡查中。

（一）"系统内"与"系统外"的监督机制

在传统的扶贫开发中，负责落实执行扶贫任务和规划的仅仅是地方政府部门中的某一或某几个具体部门，由于行为主体的单一性、外部权力制约机制和监管的相对真空，就极易引发具体职能部门权力使用的任性、责任担当意识的弱化等潜在危险。因此要打破传统扶贫开发中潜在的来自扶贫主体单一、利益关联方面的固化壁垒，首要的任务是进行新的制度调整、权责分配和监管制衡。

要实现对负责脱贫开发工作的机关单位在脱贫政策和资金使用方面的混乱局面，改变传统扶贫模式中对扶贫绩效考量的忽视，必须首先建立起适用于精准扶贫工作的监督、制约、考察体系。运用系统性思维对扶贫工作开展进行监督。一方面，要建立起扶贫开发工程系统内部的制约监督机制，对于负责扶贫项目政策的制定、扶贫资金的使用、扶贫政策的具体落实的政府部门或机关单位，必须充分发挥其自身体系内的监督机制，把机关条例、行政规则、行政处罚条例、上级对下级的制约监督等约束扶贫项目主体的规范性体制机制建立健全、充分发挥好扶贫机制内的制约监督机制，确保扶贫监督机制自身体系的完备性和可操作性，力争在没有外部环境干预的前提下负责扶贫、脱贫工作的具体行政部门能依托自身对权力运行、资金使用的制约与规范，杜绝扶贫过程中的权力滥用和腐败贪污现象的发生。另一方面，可以组建扶贫机制系统外部的监督体系和约束机制，充分发挥地方人民代表大会、地方政协、地方党组织对扶贫开发工程的监督作用，成立由地方人大、政协、地方党组织所组成的扶贫工作监督系统，对扶贫资金的使用、扶贫政策的落实、扶贫效果进行定期的监察和考量，强化对扶贫工作的监管，确保扶贫的资金、政策、项目的公开性、透明性、有效性，确保扶贫资源都真正的用于扶贫工程的开发上来；同时要强化司法监督，地方法院和检察院可以成立专门关于脱贫工作的司法工作小组和纪律监察工作组，根据地方的社会状况和法制传统制定、修订适用于地方扶贫工程的法律条文和纪律处分条例，健全扶贫法律体系建制，形成完备的法律规范体系和行政制约体系，对结对帮扶的单位和个人进行不定时的抽查与监督，对于有明确时间完成脱贫任务的乡镇单位和领导进行督察，从系统外部形成对扶贫开发单位和个人的压力，从而确保扶贫开发的行政职权合理的利用；同时加大对扶贫工作中违法乱纪现象的监察、加大对扶贫开发过程中出现的贪污腐败分子的量刑，严厉打击一切妨碍扶贫开发工程开展落实的不合理现象。

（二）非权力系统的监督机制

"系统内"的监督机制，发挥监督作用的主体要么是负责扶贫开发工作的机关单位，要么是有别于这一主体的其他权力机关和部门，简而言之这种类型的监督是基于权力分配与制约层面的监督机制，即传统的"用权力管权力"的制衡模式。精准扶贫精准脱贫不仅仅是带领贫困群众摆脱贫困，改变生活面貌的政治任务，同时也是一个调整和规范权力的契机。正如习近平总书记在2015年6月16日考察贵州省花茂村脱贫致富情况时所强调的"群众拥护不拥护是我们检验工作的重要标准。党中央制定的政策好不好，要看乡亲们是哭还是笑。要是笑，就说明政策好。要是有人哭，我们就要注意，需要改正的就要改正，需要完善的就要完善。"对于精准扶贫的绩效认定要把群众评判等"系统外"的监督与评价作用充分地发挥出来。在脱贫攻坚的过程中让新闻媒体、普通群众、贫困农户有更多的机会参与到扶贫开发的过程中来，给予对接脱贫任务的部门形成独立于体制之外的评判标准和舆论压力，让那些不作为、乱作为的单位和个人不能借助由于体制设计或实施的漏洞而蒙混过关，浑水摸鱼，让他们都接受群众的监督，确保贫困户认定、贫困政策落实、贫困资金使用、脱贫项目的落实、帮扶任务的对接、脱贫标准的确立与审核都能有来自社会基层的监督与制约，改变传统的"官本位""一言堂"，让群众作为精准脱贫工作的最终监督者和验收者。

四、扶贫成效第三方评估机制

在全党、全国、全社会的共同努力下，我国扶贫工作取得重大进展，至2015年贫困人口减至5575万人，2016年全国贫困人口减至4335万人，比上年减少1240万，所取得的成绩有目共睹。但与此同时，扶贫工作也面临着扶贫不精准、扶贫资金漏出、底层民众"被脱贫"等问题。出现这种景观的重要原因在于，地方政府自弹自唱，既是扶贫工作的执行者，又是扶贫效果的评判者，虽说上级政府部门会核查监督，但囿于人力精力所限，往往挂一漏万，难以弄清楚底层社会的所有真实图景。为此，引入第三方机构来评估扶贫工作显得尤为重要。

李克强总理曾经指出，第三方评估是政府创新管理方式的重要措施，通过加强外部监督，更好推动国务院各项政策措施落实。在"推进大众创业、万众创新""增加公共产品和公共服务供给""实施精准扶贫精准脱贫"等政策措施落实情况上，国务院就曾委托多家第三方机构进行评估汇报。在相关会议上，第三方评估就扶贫工作，提出过贫困人口精准识别机制有待完善和改变扶贫资金用途分散等真知灼见。

（一）明确第三方评估机构的选择标准

选好第三方评估机构是做好第三方评估的前提。按照2016年2月中共中央办公厅、国务院办公厅印发的《省级党委和政府扶贫开发工作成效考核办法》（以下简称《考核办法》）的要求，由国务院扶贫开发领导小组委托有关科研机构和社会组织，对相关考核指标进行评估。而具体是哪些科研机构和社会组织，《考核办法》并没有给出详细信息。事实上，扶贫不是搞理论化的学术研究，而是要讲究实际效果的实践活动，扶贫效果也并不是坐在办公室简简单单看点儿数据就能够客观评估的。所以，第三方评估机构既要能把握扶贫政策、熟悉理论，又要对基层的实际情况足够熟悉了解。贫困地区多是革命老区、少数民族地区、偏远农村，对这些特殊区域的民生民情没有一定了解，对扶贫效果的评估也就难免失之公正。所以，选择第三方评估机构应慎之又慎，明确选择标准，并采取公开招标等方式，让第三方评估机构首先接受监督，这样最终才能实现对扶贫工作更好监督。

（二）明确第三方评估的方法和内容

第三方评估机构选好之后，就要明确评估的方法和主要内容。为确保扶贫工作的扎实推进，《考核办法》要求未来5年对中西部22个省份党委和政府扶贫开发工作成效进行考核。国务院扶贫开发领导小组将委托有关科研机构和社会组织，采取专项调查、抽样调查和实地核查等方式，收集扶贫、脱贫信息，汇总成效评估基础数据，对相关考核指标进行第三方评估。扶贫成效考核指标主要包括4个方面：即减贫成效、精准识别、精准帮扶、扶贫资金。其中，由第三方评估主要负责精准识别和精准帮扶"两方面（精准识别、精准帮扶）、三项内容（贫困人口识别准确率、贫困人口退出准确率、因村因户帮扶群众满意度）"。可以说，第三方评估是新时期创新管理方式的重大措施，也是全面、客观地评价扶贫开发工作精准度和群众满意度的重要手段，能够为全国精准扶贫工作成效评估奠定基础，为科学、高效地推进精准扶贫工作提供科学参考。

（三）理性对待第三方评估的结果

第三方评估的结果有其独特的优势。精准脱贫是一项攻坚战，广大基层党员干部是脱贫攻坚一线的指挥员。一方面，第三方独立考核凸显了客观性，有利于真实地考核基层脱贫的成效，是对广大基层党员干部的另一层肯定。这种考核不仅能够衡量干部的政绩，而且能够有力的说服群众。另一方面，扶贫成效考核除了贫困人口数量、贫困群众收入等脱贫"硬指标"外，也包括一些群众认不认可、满不满意的"软指标"。在精准帮扶考核内容中，考核指标为第三方评估产生的"群众满意度"，这意味着贫困群众在脱贫成效考核中也将拥有"发言权"，可以有效避免少数干部数字造假、"假脱贫"和"被脱贫"现象，使各项脱贫数据更加可靠、更加公正，能够更好地保证脱贫工作的实际成效。

同时，第三方评估的结果的局限性是不可避免的。因此，在评价脱贫成效时，要避免盲目相信数字说了算、相信第三方评估的倾向，即必须注重听取基层干部的意见，尤其要充分考虑贫困地区群众的直接感受。对于贫困地区来说，摆脱贫困是一场深刻的社会变革，变革首先表现为经济收入的增加，但更重要的是，经济发展必然带动生产和生活方式的变化，也必然带来人们精神面貌的变化，推动社会文化的发展。而这些变化更多时候体现在群众的切身感受中，并不是数据能直接反映的。因此，评价脱贫成效，一定要增加基层群众的参与度。基层群众是脱贫攻坚的奋斗者，也是脱贫成效的评判者。贫困地去有没有发展，脱贫有没有成效，最终的评价应该是基层群众幸福感和获得感的增加。

五、扶贫广泛参与机制

2015年6月18日，习近平总书记在贵州召开的部分省区市党委主要负责同志座谈会上指出，扶贫开发是全党全社会的共同责任，要动员和凝聚全社会力量广泛参与。要坚持专项扶贫、行业扶贫、社会扶贫等多方力量、多种举措有机结合和互为支撑的"三位一体"大扶贫格局，健全东西部协作、党政机关定点扶贫机制，广泛调动社会各界参与扶贫开发积极性。这也就是说今后的脱贫攻坚工作开展的重点在于打破传统扶贫模式的区域格局，倡导互动协作的帮扶模式，改变传统的政府"一肩挑"的扶贫模式，倡导多元互动、共同参与的脱贫策略，形成广泛参与的脱贫工作机制。

（一）多元参与，协调互动

习近平总书记在 2015 减贫与发展高层论坛的演讲中指出："我们坚持动员全社会参与，发挥中国制度优势，构建了政府、社会、市场协同推进的大扶贫格局，形成了跨地区、跨部门、跨单位、全社会共同参与的多元主体的社会扶贫体系"。习近平总书记的这段论述印证了"众人拾柴火焰高"的中国谚语，同时也为我们建立多元参与的扶贫机制指明了方向。我们应该注意到扶贫工作是个系统性的工程，它必然谋求多方参与。传统扶贫模式的行为主体是国家和政府，虽取得了明显成效，但这也在一定程度上分散了地方政府的精力，加大了地方政府开展其他行政事务、搞开发建设的压力。同时导致了极其丰富的社会资源和社会能力被长期忽视，没能充分挖掘社会资源。构建精准脱贫贫的新型脱贫工程，一个必要的条件就是要调动社会整体的力量，寻求多元参与、共同开展，打造扶贫资金新格局和扶贫模式的新格局，努力促成"资金、技术、市场、资源、生态""五位一体"的扶贫、脱贫新态势。

构筑多元互动、广泛参与的扶贫开发机制的战略要素在于扶贫资金的来源多样化，扶贫政策的落实、扶贫项目的开展、人才与技术的引进，市场的开拓与维持等系统性工作的开展与配合在于扶贫资金的充足与稳定，精准扶贫要想超越传统扶贫模式就必然要谋求扶贫资金的多元化，谋求扶贫资金的新格局在于两方面的工作，一是资金来源的多样性，二是资金管理的科学性。传统扶贫资金的主要来源在于政府直接的财政扶持，资金来源渠道相对狭窄，精准扶贫要谋求资金的丰厚性就必须拓宽资金渠道；除了政府的财政支持外，还应该由政府牵头向全社会融资，比如倡导红十字会、社会慈善团体、先进企业或个人参与扶贫开发，充分调动这些具有较大社会影响力的社会性组织和个人在脱贫攻坚工作中的作用，更好的引导社会力量向脱贫攻坚工程的流动，对于配合国家脱贫开发工程的单位和个人给予"先进单位"或"优秀模范"的称号，将其脱贫开发的贡献纳入到国家表彰奖励体系的考虑范围，这样既能彰显国家对个人价值选择的尊重，又能引导社会慈善机构和先进事业单位和个人参与到国家建设中来，充分发挥其社会贡献能力。

(二)要素多元,形式多样

脱贫攻坚任务的顺利完成,既要在脱贫主体上下工夫,又要在脱贫要素上做文章。我国的改革开放事业已经取得了显著的成效,社会的市场化水平在逐步提高,社会发展要依托市场,脱贫工程的开发也要突出市场元素,把贫困户的现有资源加以市场化,增加贫困户在资源开发中的比重,对于脱贫攻坚任务的完成亦是一种可以尝试的选择。随着改革开放和社会主义市场经济的持续深入发展,社会、个人的发展越来越融入到市场竞争的大环境中来,贫困地区的农民要想摆脱贫困的干扰就必须有足够充分的资源和能力去参与社会化、市场化竞争;对于贫困地区的发展资金来源而言,其关注的焦点不仅仅是贫困地区之外的政府财政扶持和社会资源的整合,同时也可以着眼于贫困地区群众自身的条件。诚如习近平总书记2015年6月18日在贵州召开部分省区市委主要负责同志座谈会时所强调的"扶贫开发贵在精准,重在精准,成败之举在于精准。各地都要在扶持对象精准、项目安排精准、资金使用精准、措施到户精准、因村派人(第一书记)精准、脱贫成效精准上想办法、出实招、见真效。要坚持因人因地施策,因贫困原因施策、因贫困类型施策,区别不同情况,做到对症下药、精准滴灌、靶向治疗,不搞大水漫灌、走马观花、大而化之"。对于贫困地区的群众而言,土地、山林是其隐形的资产,因此,地方扶贫政府在对贫困群众的土地资源进行精细统计的情况下,促使扶贫工程与城镇化建设、户籍改革、土地改革等国家政策相衔接,创造条件加快贫困地区的土地、山林资源在市场经济体系中的流转;其具体方式可以是联系某些国有或私营的高信誉银行,以集体土地担保的形式向这些银行贷款,获取发展资金,同时也可以以贫困群众的土地、山林资源集体入股,加入某些低风险的企业开发项目中去,从中取得分红。条件允许的情况下,贫困户可以集体集资(如向乡镇政府申请无息贷款)进行产业项目的开发,政府引导,自主经营,掌握产业项目的所有权,根据贫困户融资比例对产业盈利进行分配。对于扶贫资金的管理而言,要实现其合理化、科学化的管理和应用。依托国家的"互联网+"战略,把信息技术应用到扶贫资金的管理应用中来,将国家扶贫资金、社会融资、金融扶贫的小额信贷等众多资金统一整合起来,构建连接精准扶贫困难农户、金融机构及其他参与扶贫开发各方的"扶贫资金生态圈"(如图10-3),优化扶贫资金管理与开发。

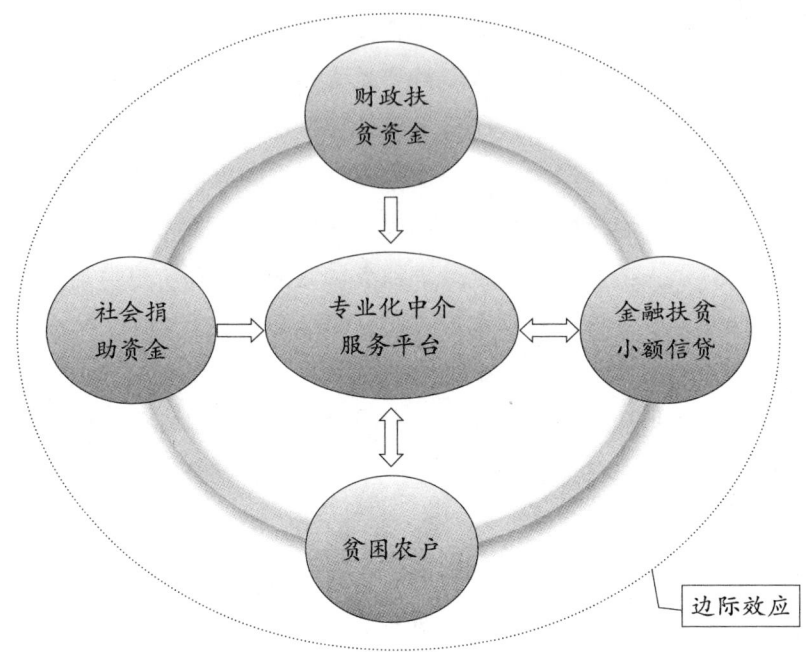

图 10-3 扶贫资金生态圈[1]

通过专业化的网络中介服务平台对扶贫资金的管理、开发和运用进行规范化、科学化的处理，对扶贫资金的使用风险进行实时的模拟评估和过滤，筛选最优的资源资金组合方式，既使扶贫资金直接应用于扶贫产业的开发和脱贫工程的系列建构上，又使扶贫资金的效益得以最大化，从而还可以促使地区产业的合理升级，生态环境改善，村容村貌整治，优化生活环境等系列的边缘效应。

扶贫广泛参与机制不仅仅是指扶贫开发主体参与的多样性，它同时也表明的是扶贫、脱贫资源要素融合的多样性，对于一切可以用来并有利于促进扶贫开发工程的开展落实的要素都可以纳入到扶贫开发的大体系中来，鼓励技术、资料、资金、土地、管理等多种生产要素融入到扶贫开发过程中来，以形成政府主导、贫困户主体、社会多元参与的脱贫开发体制机制。

---

[1] 詹东新，吴滋兴，张茂林：《新时期精准扶贫开发融资模式的实践与创新——以福建省屏南县为样本》，载《福建金融》，2015 年第 10 期。

六、脱贫工作责任制

党的十八大以来，中央出台脱贫攻坚责任制实施办法，强化"中央统筹、省负总责、市县抓落实"的扶贫管理体制，构建起了责任清晰、各负其责、合力攻坚的责任体系。中西部省份党政主要负责同志向中央签署脱贫攻坚责任书，立下军令状，贫困县党政正职攻坚期内保持稳定，形成了五级书记抓扶贫、全党动员促攻坚的局面。扶贫责任体系符合我国国情，契合精准扶贫实际，有利于发挥我们的政治优势和制度优势。

习近平总书记指出，"扶贫开发工作形势逼人，形势不等人。各级党委和政府要切实增强紧迫感和主动性，强化扶贫开发工作领导责任制，推动扶贫工作更加有效地开展"。因此，广大党员领导干部要树立正确的政绩观，坚持把精准扶贫精准脱贫工作作为全面建成小康社会的重大政治任务，切实放在心上、扛在肩上、抓在手上，强化责任、完善措施、加大力度，如期全面完成脱贫任务、确保扶贫攻坚决战决胜。

（一）认清任务，理清工作职责

落实脱贫工作责任的前提是理清扶贫工作职责。理清扶贫工作职责主要包括三个层次的内容。一是理清中央、省（自治区、直辖市）、市（地）县的职责。"中央统筹、省（自治区、直辖市）负总责、市（地）县抓落实"是脱贫攻坚战的总方略，脱贫工作责任制的确立和实施也必然按照这个方略来实施；"中央统筹"是脱贫工作的领导核心，各种脱贫指标和标准以及地方脱贫绩效的审查都必须经中央审核裁决，"省（自治区、直辖市）负总责"明确了地区脱贫工作的总负责方，省级部门直面的是中央指标，承接的是中央任务，因此在地区脱贫工作中必然承担总体责任，而对于市县级则需按省级部署具体开展脱贫工作，其职责在于落实政策布局，这种层级式的工作责任制是我国行政体制的显著特征。二是理清帮扶方与被帮扶方的职责。具体来说，承担帮扶任务的各级政府和各部门、各单位，主要领导为脱贫攻坚工作第一责任人，负责组织实施本地区、本单位定点帮扶工作，制定具体到村到户的帮扶措施并组织落实；建立健全脱贫工作机构，统筹协调指导帮扶工作；积极筹集帮扶资金，并按上级制定的扶贫工作责任制和考评办法组织考评，确保如期完成本地区、本部门、本单位的帮扶工作目标任务。被帮扶方的党委和政府，是脱贫攻坚工作的主要组织者、实施者和责任者，负责组织制订本地脱贫工作的总体规划、年度计划和具体到村到户的帮扶措施，并组织实施。被帮扶方要主动配合帮扶单位开展扶贫开发工作，确保定点帮扶工作落到实处。与此同时，必须从严管理扶贫资金，制定所有到村到户帮扶资金的管理制度并专账管理，接受群众监督，确保帮扶资金发挥效益。对缺乏应有工作能力和精神面貌、未能配合做好帮扶工作的贫困村委会领导班子成员，被帮扶方的党委和政府也应当对其予以调整。

（二）重视考核，做细晋升关联责任制

在脱贫攻坚过程中，要用好考核指挥棒，即对于贫困地区的领导干部的选拔和晋升也要与其所负责的脱贫任务相关联，积极引导贫困地区党政领导干部把主要精力放在脱贫攻坚上。这就要求各地组织部门，在对贫困地区的领导进行调任升迁时，除了进行一般的政绩考核之外，尤其要关注扶贫任务的完成度在地方政绩考核中所占的比重，把扶贫、脱贫工程看作是地方政绩考核、干部晋升的重要组成部分，不仅要审核该领导干部所在地区脱贫工作的整体推进程度和落实状况，还要审核该领导干部个人所负责的乡镇、贫困村、贫困户的脱贫工作的完成质量，把该领导所直接负责与对接帮扶的对象也纳入到政绩考核的序列之中，不仅要考核该地区的经济发展状况在所在省市区经济总况中所占的比重，尤其要考核脱贫产业的数量和质量在所在省市区所占的比重；同时强化脱贫人口在贫困人口中所占比重的考核。通过对脱贫人口数量、脱贫产业扶持数量、结对帮扶贫困地区或贫困户的发展状况等诸多与脱贫工作相衔接的子项目的考核，作为贫困地区干部晋升的重要指标，对于顺利完成贫困任务，较好的帮助贫困地区、贫困群众摆脱贫困的领导干部优先考虑提拔晋升，对于没能完成脱贫任务或完成质量较差的领导干部则不予晋升，直至脱贫任务能顺利完成方可予以晋升。通过严格的政绩考核和仔细的脱贫绩效考察，把地区领导的仕途与脱贫工作紧密结合起来，切实保障扶贫工作的落实和脱贫任务的完成。

（三）强化问责，压实脱贫工作责任

在扶贫攻坚中，分门别类对相关责任人和单位予以问责，要建立健全谁决策谁负责的问责体系。具体来说，可以从以下几个方面着手：一是对于没有按上级要求实行挂村办点的，脱贫攻坚工作年度考评结果不及格的，没有建立扶贫开发"双到"工作本级财政经费保障机制，以及与本级年度财政收入递增幅度相适应的脱贫工作财政保障经费递增机制，影响了本地脱贫攻坚工作开展的，应当对帮扶、被帮扶方所在地党委、政府领导班子主要成员实行问责。二是针对帮扶部门因扶贫开发工作机构不健全或者人员不到位以及对帮扶资金管理使用不当；对脱贫攻坚工作建档立卡不完善、填报数据不真实、驻村干部管理不到位，经书面催促督办仍未改正；进而影响整体工作部署和工作进度，要对帮扶单位主要负责人实行问责。三是帮扶单位、帮扶部门因核实贫困户方法简单、应当公示而没有公示引起群众上访的情形，应当对帮扶、被帮扶方部门、单位负责人实行问责。

党风廉政建设和反腐败斗争永远在路上，在精准脱贫攻坚中，落实"两个责任"任务艰巨繁重。我们必须以严肃问责倒逼"两个责任"的落实，严格扶贫工作程序与扶贫政策标准，及时发现并督促整改问题。在对相关责任单位和责任人实行问责时，各级党组织和纪检监察机关要严格按照问责事实、问责依据，细化问责的各种情形，合理确定问责方式。对于问题较小、情节轻微的，通过约谈、诫勉谈话等方式进行提醒和教育；涉嫌严重违纪的，要严格按照《中国共产党纪律处分条例》等有关规定严肃追究党纪政纪责任；对于涉嫌犯罪的，要及时移送司法机关处理。对违纪违规行为不及时制止、不查处或制止、查处不力甚至包庇袒护，或扶贫开发领域发生重大腐败案件和不正之风长期蔓延滋长的地方、部门和单位，实行"一案双查"，不仅要追究其直接责任，还要追究其主体责任和监督责任。

从目前来看，如期完成脱贫攻坚目标任务是可以实现的。随着脱贫攻坚的不断深入，深度贫困地区和深度贫困问题越发突出，一些深层次矛盾和倾向性问题不断显现。一是贫困人口总量大。截至2016年底，全国农村贫困人口还有4335万人，其中贫困人口规模在300万人以上的省份还有6个。到2020年还有不到4年时间，平均每年需减少贫困人口近1100万人，越往后脱贫成本越高、难度越大。二是深度贫困地区攻坚任务重。西藏、四省藏区、南疆四地州和四川凉山州、云南怒江州、甘肃临夏州等深度贫困地区，生存环境恶劣，致贫原因复杂，交通等基础设施和教育、医疗公共服务缺口大。2016年底，全国贫困发生率高于 10% 的省份有 5 个，贫困发生率超过 20% 的贫困县和贫困村分别有近 200 个和近 3 万个。三是因病致贫占比高。建档立卡数据显示，贫困人口中因病致贫比例从 2015 年的 42% 上升到 2016 年的 44%，医疗支出负担重，解决这些人的贫困问题，成本更高，难度更大。四是形式主义问题凸显。工作中存在着形式主义、官僚主义等问题，弄虚作假、数字脱贫、虚假脱贫开始显现。五是不落实不精准不到位问题突出，资金监管仍需加强。六是部分贫困人口内生动力不足，"等靠要"思想严重。[1]

为了全面贯彻落实习近平总书记精准扶贫精准脱贫战略思想，全力抓好各项工作落实，国务院扶贫办党组决定重点抓好以下六项重点工作：一是坚持目标标准，确保完成任务。二是坚持基本方略，夯实精准基础。三是坚持突出重点，解决深度贫困。四是坚持求真务实，力戒形式主义。五是坚持从严考核，倒逼真抓实干。六是坚持典型引路，总结推广经验。

精准扶贫，任务艰巨；精准脱贫，使命光荣。"中华民族是历经磨难、不屈不挠的伟大民族，中国人民是勤劳勇敢、自强不息的伟大人民，中国共产党是敢于斗争、敢于胜利的伟大政党。""历史车轮滚滚向前，时代潮流浩浩荡荡。历史只会眷顾坚定者、奋进者、搏击者，而不会等待犹豫者、懈怠者、畏难者。"有习近平新时代中国特色社会主义思想和精准扶贫精准脱贫战略思想的引领，有党中央国务院的坚强领导，全党全社会总动员、党政军民齐上阵，我们一定能够打赢这场载入人类发展史册的精准脱贫攻坚战，实现决胜全面建成小康社会的目标。

---

[1] 中共国务院扶贫办党组：《脱贫攻坚砥砺奋进的五年》，载《人民日报》，2017 年 10 月 17 日第 8 版。

附录一

典型案例

精准施策 合力攻坚 走在前列
——山东临沂革命老区推进精准扶贫工作纪实

山东临沂是革命老区，面积1.72万平方公里，人口1124万人，面积、人口均占山东省1/9。全市共有省定贫困村568个、贫困人口44.2万人，均占全省1/6。这些贫困户70%以上集中在山区、库区，69.7%的无劳动能力，脱贫攻坚任务重、难度大。2016年以来，市委、市政府牢记习近平总书记"紧紧拉住老区人民的手，不让他们在全面建成小康社会进程中掉队"的殷切嘱托，按照省委、省政府"走在前列、带个好头"的定位要求，大力弘扬沂蒙精神，探索走出了一条"一村多业、一户多策、一人多岗"临沂脱贫攻坚新路子。2016年全市有29万贫困群众达到脱贫标准，占脱贫总任务的65.6%。

第一，打好首场硬仗"引领扶贫"。 临沂市把"一点两区"作为首场硬仗，率先突破。"一点"，是指费县朱田镇崔家沟和梁邱镇北王庄两个相邻村，共有群众990户3248人，其中贫困户309户898人，贫困人口发生率27.6%。"两区"，是指蒙阴县云蒙湖库区、沂南县西部山区，贫困发生率分别为30%、9.8%，分别有贫困户2145户4411人和15 307户25 318人。临沂市针对"一点两区"贫困程度深、生产生活条件差、自我发展能力弱的实际，确定了率先制订攻坚计划、率先落实扶持措施、率先实现增收致富、率先完成减贫任务的目标，积极打造扶贫开发示范区。一是统筹资金使用。整合扶贫资金和涉农资金，把切块到县的省级以上涉农资金由所在县捆绑使用，先行投向"一点两区"。列入省定扶贫任务的重点村，每村安排30~50万元产业扶贫资金。二是统筹土地供给。优先调剂整合"一点两区"的土地规划空间规模，合理增加城乡建设用地规模，确保项目建设用地需求；充分利用城乡土地增减挂钩政策，优先保障"一点两区"易地搬迁、兴办农产品加工、乡村旅游等项目建设用地。三是统筹社会力量。动员企业通过爱心捐赠、设立加工点、与贫困户签约结对、村企共建等形式参与脱贫攻坚，鼓励工商资本到贫困村投资兴业；动员群众团体、行业协会和社会组织结对帮扶贫困村、贫困户。目前，"一点两区"共有1.2万户、2.17万人实现预脱贫。

第二，誓拔穷根实施"产业扶贫"。把产业扶贫作为精准脱贫的治本之策。坚持因村因户制宜，分类分户施策，指导帮助贫困群众融入产业发展链条，努力实现村增收户脱贫。一是农业产业化助增收。指导扶持贫困村和贫困户大力发展蔬菜、杂粮、优质林果、食用菌等特色产业，引导涉农龙头企业在贫困村设立加工点和特色农产品基地，积极发展订单生产和农产品精深加工。目前，全市已有420个贫困村新上种养加产业项目716个，带动2.3万名贫困群众脱贫。二是发展乡村旅游助增收。抓住创建全国全域旅游示范市机遇，认真落实乡村旅游扶贫行动计划，探索实行"共建共享、直接就业、行业转型、捆绑发展、借力开发"等五种旅游脱贫模式，引导贫困户发展民居民宿、观光采摘、"农家乐"、传统手工艺品加工等乡村旅游项目，促进贫困群众就地就近就业。去年以来，各级累计投入旅游开发资金1.28亿元，受益贫困户2820户，户均增收1500元。三是推广农村电商助增收。依托临沂商城这个平台，加快推进电子商务"百乡千村"工程，动员千家电商进村设店，带动贫困群众开办网店，打造一批"电商县""电商乡""电商村"，让更多贫困户通过发展电商实现脱贫。去年以来，全市新培育电商扶贫网店479个，受益贫困人口2.38万人。四是新上光伏项目助增收。鼓励贫困村利用荒山荒坡，建设集中式光伏发电站；鼓励符合条件的贫困户，安装分布式光伏发电系统，已有800多户贫困群众通过发展光伏产业实现了"用电不花钱、卖电有收入"。

第三，创新模式实施"金融扶贫"。针对贫困群众发展缺资金、贷款受制约问题，制定激励扶持政策，引导金融部门开展金融扶贫信贷业务，为贫困群众创业致富提供资金保障。一是放大财政资金撬动效应。2016年，市县两级分别投入1.75亿元、1.96亿元用于扶贫，总量比去年翻三番；设立1.33亿元金融风险补偿金，用于发放扶贫小额信用贷款和企业再贷款，带动金融机构新增信贷投放资金20亿元，扶持带动贫困群众发展致富项目4133个。二是创新扶贫信贷产品。推广"扶贫小额信贷"经验模式，积极开发富民农户贷、生产贷、发展贷、集体贷等金融产品，为贫困户、新型农业经营主体、村集体发展产业提供强有力资金支撑。2016年以来共发放助农扶贫贷款16.95亿元，为新型农业经营主体发放贷款14.56亿元，受益贫困群众3.7万人。三是大力推广"众筹"模式。引入众筹理念，由消费者预付定金认领农作物或订购农产品，贫困群众按照消费者要求进行生产管理，有效解决了贫困户生产缺资金、农产品销售缺渠道等问题。四是积极引入社会保险。市县两级专门拨付资金为贫困群众购买医疗商业补充保险，患病群众医保报销之后个人担负医疗费用的80%由商业保险公司承担，减轻了群众医疗支出压力，分散化解了群众因病致贫风险，惠及贫困群众17.9万人。在全市范围内推行大病医疗补充保险，惠及贫困群众10万多人。鼓励商业保险公司开展农产品种植、畜牧和水产养殖保险、农村住房保险和农机具保险等业务。

第四，因地制宜实施"搬迁扶贫"。 临沂山区丘陵多、大小水库多，山区库区村大都存在出行难、吃水难、种地难等"多难"问题，不搬迁就没有出路。临沂市坚持"政府主导、群众自愿、科学规划、有序安置"原则，积极推进新型农村社区、高效农业示范区、生态旅游示范区"三区同建"，统筹建设安置区配套设施，培育发展后续产业，确保贫困群众"搬得出、稳得住、能致富"。目前，全市扶贫易地搬迁完成投资4.4亿元，有7298名群众实现整体搬迁入住，其中贫困群众1799人。费县崔家沟易地扶贫搬迁项目区涉及15个自然村、530户1670人，其中贫困户260户768人。该项目投资1亿元在朱田镇驻地建设了滨河社区，配套建设水电暖气及卫生室、图书阅览等公共服务设施，在社区及周边规划建设木业产业园、服装产业园和居家灵活就业中心"两园一中心"，对搬迁后1万余亩土地实施区域整体产业开发，贫困户生产生活条件得到极大改善。

第五，弘扬传统实施"孝善扶贫"。 临沂孝文化源远流长，中国24孝有7孝在临沂。临沂市把孝善扶贫作为践行社会主义核心价值观的重要内容，积极构建"子女尽责、集体担责、社会分责、政府负责"孝善扶贫格局，让家庭和社会共同承担敬老养老义务。主要探索了三种模式：一是基金引领模式。通过乡镇财政设立专项资金、经济条件较好的村集体出资、企业和社会爱心人士捐赠等渠道筹集敬老基金，让贫困老人子女每月拿出一定数额赡养费，政府根据数额给予一定补贴，鼓励子女多尽孝心。二是协议赡养模式。村（社区）结合实际制定老人赡养基本标准，由村"两委"、养老敬老理事会共同组织，在充分尊重老人意愿的基础上达成养老敬老赡养协议，明确规定子女履行经济保障、生活照料、医疗保障、精神慰藉等方面的具体内容和方式方法，确保每位老年人年收入不低于3600元。三是奖补激励模式。对家庭赡养80岁以上老人的，每月给予一定额外奖补，表彰子女孝心，体现政府关心，激励家庭推崇"尊老敬老爱老助老"新风尚。目前，孝善扶贫已惠及全市60岁以上贫困老人19.5万人。

第六，强化责任实施"党建扶贫"。充分发挥老区干部联系群众密切的政治优势，在机关层面实施"百千万"脱贫攻坚行动，动员广大党员干部结对帮扶贫困镇、贫困村和贫困户。一是百名县级干部包镇。县区选派熟悉基层工作、具有扶贫工作经验的县级领导分别联系帮扶156个乡镇，协调指导包扶乡镇开展脱贫攻坚工作，督促落实省市县安排的脱贫攻坚任务，帮助乡镇加快镇域经济发展。二是千名"第一书记"包村。从市县两级党政机关、事业单位和国有企业中选派1537名优秀干部，到省定贫困村和经济薄弱村任职"第一书记"，帮助强班子、带队伍、理思路、谋发展，并明确要求，帮扶期间全面消除软弱涣散班子和经济"空壳村"。2016年以来，"第一书记"共为扶贫村争取帮扶资金9799万元，新上集体增收项目555个，实现新增集体经营性收入1.9亿元，村均增收3.6万元，化解村级债务276.5万元。三是万名机关干部"结亲连心"包户。为积极帮助贫困群众排忧解难，市里要求每名机关干部至少确定3~5个贫困户作为"结亲连心"重点联系户，实现市县乡机关干部对贫困群众联系全覆盖。

"十项扶贫工程"让老区人民过上幸福美好生活

——安徽六安建立长效扶贫机制锲而不舍抓扶贫纪实

2016年4月24日,习近平总书记视察安徽省六安市金寨县时指出,各级党委和政府要怀着对人民的热爱、按照党中央提出的精准扶贫要求,打好脱贫攻坚战,让老区人民过上幸福美好生活。打好扶贫攻坚战,要采取稳定脱贫措施,建立长效扶贫机制,把扶贫工作锲而不舍抓下去。

六安市是大别山革命老区,一直是扶贫开发的重点区域,扶贫开发工作从1986年即全面展开,当时的6个县(寿县、霍邱、金寨、霍山、舒城、原六安县)全部为国家级贫困县。三十年来,扶贫开发工作经历了救济式扶贫、开发式扶贫、八七扶贫攻坚等阶段后,进入到现今精准扶贫精准脱贫攻坚阶段。2011年,中央召开扶贫工作会议,颁布了《中国农村扶贫开发纲要(2011—2020年)》,根据中央和安徽确定的有关标准,六安贫困人口108万人,金寨县、霍邱县列入大别山集中连片特困地区(同时也是国家级重点县),舒城县、裕安区继续作为国家级扶贫开发重点县区,金安区为省扶贫开发重点区。

习近平总书记语重心长的讲话充分体现了对老区人民的深切关怀,老区人民满怀感激,紧抓看真贫、扶真贫、真扶贫,做到精准识别、精准施策、精准帮扶、精准脱贫,不断用脱贫攻坚回报总书记的亲切关怀。金寨县在推进精准扶贫中做到扶贫对象清、贫困原因清、脱贫措施清、责任落实清,以精准界定脱贫,集中时间对全县23个乡镇226个行政村申报的贫困家庭进行逐户清查,认真分析各贫困家庭致贫的具体原因,着力挖"贫"根、寻"困"源,制订了产业脱贫、教育脱贫、移民脱贫、健康脱贫、就业脱贫、兜底脱贫等十项精准扶贫措施,并在实际操作中做到一户一本台账、一户一个脱贫计划,一户一套帮扶措施,确保户增收、人脱贫,建立扶贫对象清单、脱贫时限清单、扶贫措施清单和脱贫责任清单，并将工作责任及任务进行细化分解到单位、到个人，同时实行精准扶贫工作月调度、季通报、年考核制度，确保脱贫攻坚各项任务落到实处。机关单位精准扶贫是六安市扶贫攻坚的另一道缩影，六安市城管局负责舒城县燕春村74户202人精准扶贫，该局先后组织四批调研小组逐户调查，摸清底数，对症下药，随后根据贫困户特点，因地制宜，从强化基层组织入手，派驻第一书记驻点扶贫，通过强化基础设施建设、增强自我造血功能、推动农村产业扶贫、强化住房和社会保障等一系列措施，实现该村一年脱贫39户119人，其中市城管局脱贫27户82人。

在全面推进精准扶贫道路上，六安市通过实施十项扶贫工程，稳步扎实推进各项工作，经逐村逐户逐人核查、摸底统计，2016年全市达到脱贫标准的有4万户、11.5万人，大幅超出既定目标。

实施产业扶贫工程。特色种养业扶贫方面，六安市安排财政专项扶贫资金1.6亿元，近4万贫困户通过扶贫专项资金补贴发展特色种养业。建成户用光伏电站11516个，村级光伏电站306个，贫困户实现年增收3000元左右，贫困村增收6万元左右。建成农村电子商务服务站点近3000个。抓住优势发展旅游产业，60个省级旅游扶贫重点村建设扎实推进，带动贫困人口8万人。2016年度，上报申请将60个建档立卡贫困村确定为省级旅游扶贫重点村，占全省总数20%，其中国家级乡村旅游扶贫重点村14个，省级乡村旅游扶贫重点村46个，建档立卡贫困户8951户，涉及贫困人口24318人，带动贫困人口8万人。开展六安市首批乡村旅游扶贫创客基地建设工作，将每个基地带动20个建档立卡贫困人口列入申报的必备条件。

实施就业扶贫工程。加强基层就业和社会保障服务设施项目建设，大力实施贫困户剩余劳动力转移培训，建立健全劳动力输出与输入地劳务对接机制，促进农村劳动力转移就业和自主创业。加强农村劳动力技能培训和农民工劳动用工管理，推进农民工参加社会保险，加大维护农民工合法权益的力度。组织参加就业技能培训2630人，推荐贫困人口就业27129人，发放各类就业脱贫扶持资金790万元，新增农村劳动力转移就业6.2万人。

实施智力扶贫工程。推进教育扶贫，健全完善资助制度，全力开展扶贫济困助学工作，对贫困家庭子女就学给予补助，对中高职学生补助全覆盖。科学合理布局，全力推进城乡义务教育均衡，积极推动教育资源向贫困地区倾斜，对 1.6 万名贫困农民进行实用技术培训和专业技能培训。加强对留守儿童、特殊儿童群体的关爱，全力维护学生身心健康成长。推进科技文化扶贫，深入推进科技特派员制度，强化科技项目引导，继续实施"三区"科技人员计划。修订出台《六安市创新驱动发展专项资金管理办法》，科技创新激励政策不断完善。

实施健康扶贫工程。 健全贫困地区基本医疗卫生服务体系，优化医疗服务，加强疾病防控。整合城镇居民基本医疗保险和新型农村合作医疗，统一城乡居民基本医疗保险政策，确立了城乡居民基本医疗保险、城乡居民大病保险、城乡居民医疗救助"三位一体"的城乡居民医疗保障体系，同时明确了城乡居民基本医疗保险制度并轨的时间表、路线图和责任单位。为 11.8 万患有慢性病、4.8 万患有大病的贫困人口建立健康扶贫档案。2017 年元月起全面实行健康脱贫工程。

实施社保兜底扶贫工程。 完善农村最低生活保障制度，起草并印发了《六安市人民政府办公室关于社保兜底脱贫工程的实施意见》《六安市人民政府办公室关于调整城乡居民最低生活保障标准的通知》，将农村低保标准由 1944 元 / 人 / 年上调至 3000 元 / 人 / 年，达到国家扶贫线标准的 95% 以上。制定、修订、印发了《六安市农村居民最低生活保障实施办法》、《城乡医疗救助实施办法》、《六安市临时救助实施办法》等一系列社会救助制度性文件。出台《六安市人民政府贯彻落实〈社会救助暂行办法〉的实施意见》，初步构建起六安市综合性的社会救助制度体系，并建立起相应的社会救助各项工作机制。

实施易地搬迁扶贫工程。 加快实施易地扶贫搬迁工程，紧盯"对象、地点、住房、资金、脱贫"五个关键环节，进一步规范基础性档案资料备查；加快项目实施方案和初步设计（施工图）编制审批工作，严格执行建档立卡贫困人口人均住房面积不超过 25 平方米的红线要求。加快实施贫困户危房改造，加强农村危房改造补助资金县级配套力度，确保困难群众能享受最高补助标准。加大贫困村、贫困户危房改造力度，完成 14320 户，超额完成年度建设任务。

实施基础设施建设扶贫工程。 分散供水工程 1667 处，总投资 1.22 亿元。完成小型农田水利改造提升工程投资 3.45 亿元；完成 2016 年农网建设投资 2.18 亿元，建改电站 2 座，新建及更换配变 439 台；完成县级、乡级畅通工程 174 公里、585 公里，较大自然村道路硬化工程、撤并村道路硬化工程、老村道加宽工程 801 公里、701 公里、3610 公里。

实施生态保护扶贫工程。积极争取开展大别山区水环境生态补偿，健全公益林补偿标准动态调整机制，第一批补助项目已建成15个，第二批项目完成申报工作，第三批项目已启动谋划。加快推进"一谷一带"建设，把六安茶谷打造成世界最好绿茶源产地、大别山湖群国家旅游休闲区、国家级绿色发展示范区；把淠河生态经济带打造成国家级山水湿地生态保护区、国家级水利治理开发样板区、国家级绿色"菜篮子"工程示范区。

实施金融扶贫工程。完善金融扶贫组织网络，扩大贫困地区融资规模，创新实施"普惠+特惠+特色"的金融扶贫模式，在"普惠金融"上，推进总行农村信用体系和手机支付试点，创新"拎包银行"、流动银行车等移动金融服务模式，实现行政村全覆盖。在"特惠金融"上，打造光伏扶贫、创业担保贷款品牌；在"特色金融"上，以农村信用体系为基础，以农村地区资源禀赋为依托开展"两权"抵押贷款试点。搭建社会扶贫工作平台，鼓励、调动和引导各类社会组织、企业和个人积极参与精准扶贫。扩大贫困地区融资规模，加大贫困地区创业担保贷款、小额信用贷款实施力度，实现金融扶贫精准对接，全面推行扶贫再贷款"项目化直贷"模式，目前投放7500万元；大力推进小额信贷，现已累计评级11万户、授信7.2万户，其中为4399户贫困户发放扶贫小额贷款9965万元。

实施社会扶贫工程。强化"单位包村、干部包户"定点帮扶，发挥驻村扶贫工作队作用，动员社会力量参与扶贫攻坚，出台鼓励支持社会力量参与扶贫开发的意见，鼓励社会各界和个人参与扶贫，积极推进民营企业参与"百企帮百村"精准扶贫行动。开展"爱心包裹"活动，共接收捐款8.4万元。扎实开展"10·17"扶贫日活动，六安全市认领项目资金1.49亿元，认捐金额840万元。

全国工商联"万企帮万村":精准扶贫在行动

2015年10月16日,习近平总书记在减贫与发展高层论坛上发表重要讲话,吹响了精准扶贫精准脱贫的冲锋号。10月17日,也是国家扶贫日,全国工商联、国务院扶贫办和中国光彩会联合启动了由中共中央政治局委员、国务院副总理汪洋提议命名的"万企帮万村"行动。10月19日,中央政治局委员、中央统战部部长孙春兰在中国光彩会第五次会员代表大会进行了集中动员,将"万企帮万村"行动确定为光彩事业未来五年的重点工作。

2015年11月底,中央扶贫开发工作会议的召开和《关于打赢脱贫攻坚战的决定》的颁布以后,"万企帮万村"行动被明确为脱贫攻坚战十大行动之一,成为党中央国务院交给工商联系统的一项光荣与重要的政治任务。2016年1月18日,全国工商联与国务院扶贫办、中国光彩会联合印发了《关于推进"万企帮万村"精准扶贫行动的实施意见》,并于1月25日召开了推进"万企帮万村"精准扶贫行动全国电视电话会议进行再动员再部署。据会后统计核实,此次全国电视电话会议,各地共设立分会场1512个,实际参会人员达47992人,其中:各级工商联、光彩会干部10601人,占参会人员总数的22%;各级扶贫办干部4774人,占参会人员总数的10%;非公有制经济代表人士21600人,占参会人员总数的45%;各类商会代表11007人,占参会人员总数的23%。此后,各省市县层层发动、层层落实,先后转发下发了3181份文件,召开了3700场会议,直接动员到18.5万民营企业家。

一、"万企帮万村",组织引导是关键

构建指挥体系。"万企帮万村"行动成立了全国行动领导小组,全国工商联、国务院扶贫办主要领导任组长,办公室设在全国工商联,每半年召开一次会议研究行动推进工作。目前有脱贫任务的省份均已成立行动领导小组,市县两级也结合当地实际纷纷成立领导小组,将工商联、扶贫办、光彩会以及相关

组织单位联系起来，构建起上下贯通的指挥推动体系。全国领导小组办公室通过编印行动动态发布领导讲话、典型案例、各地行动开展情况，指导各地开展工作。

深入调查研究。2016年上半年，全国工商联、国务院扶贫办、中国光彩会组成3个联合调研组，分赴12个省区、市开展专题调研，形成了《关于推进"万企帮万村"精准扶贫行动专题调研报告》。2017年2月下旬至3月上旬，全国工商联邀请国务院扶贫办、中国农业发展银行组成联合调研组开展实地调研，形成了《关于支持民营企业参与脱贫攻坚政策落实情况的调研报告》。此外，行动领导小组还开展了台账管理、"扶贫车间"等专题调研，并派员参加中办调研室、国务院参事室等单位关于民营企业参与扶贫的调研活动。

加强台账管理。为防止形式主义、数字扶贫、数字脱贫，行动领导小组专门开发了台账管理数据库，在线实时记录和管理企业的帮扶进度。2016年2月印发《关于做好"万企帮万村"精准扶贫行动信息报送工作的通知》，对各级行动领导小组提出了加强台账管理工作的明确要求；7月行动领导小组召开"万企帮万村"精准扶贫行动台账管理工作培训班；8月台账管理系统数据库正式上线运行；11月召开"万企帮万村"精准扶贫行动台账管理工作电视电话会议，对台账管理工作进行了再部署；2017年7月开发台账管理系统手机APP，方便各级台账管理人员利用手机移动办公录入核实。台账管理由工商联和扶贫办合作实现，工商联组织民营企业填报帮扶对象和帮扶投入，扶贫办组织扶贫驻村工作队对帮扶数据和脱贫成效进行核实，县扶贫办再对扶贫人口确认，一级级上报、一级级把关。

开展典型引路。通过调研发现、各省推荐挖掘出民营企业参与行动的先进典型，梳理出了整县推进、整乡推进、包村推进、一企帮多村、多企帮一村、一企帮多户等多种参与形式，总结出土地集约提升型、能人大户带动型、金融机构助推型、扶贫资金入股型、电商平台拉动型等多种产业帮扶模式，树立了一批各有特点又可信可学可比的先进典型。为推介典型，行动领导小组邀请民营企业在推进"万企帮万村"精准扶贫行动全国电视电话会、全国工商联常委会、中国光彩会理事会、"万企帮万村"精准扶贫行动现场会、片区会座谈会、论坛上作交流发言，为广大民营企业提供了示范和借鉴。

大力宣传表扬。在全国工商联、国务院扶贫办、中国光彩会官方网站和自由媒体上开辟专栏,持续报道各地行动开展情况和民营企业典型案例。推动中央宣传部、国务院新闻办将"万企帮万村"行动被列入宣传重点,组织召开了新闻通气会,协调中央媒体对行动开展情况和民营企业的典型帮扶案例进行了报道。与有关新闻媒体签署合作协议,开辟专刊、专版、专栏进行持续深度报道。互联网和新媒体持续关注行动,网易、腾讯、新浪等众多新闻门户网站大量转载行动相关内容。在2016年、2017年全国脱贫攻坚奖评选表彰活动评选过程中,积极选择推荐优秀民营企业参加评选两年共20位民营企业家荣获全国脱贫攻坚奖。行动领导小组还开展了"万企帮万村"行动先进民营企业的表扬活动,并指导各地通过表扬梳理典型,传递民营企业正能量。

拓展支持服务。为破解民营企业融资难、融资贵问题,2016年9月,全国工商联、国务院扶贫办、中国光彩会和中国农业发展银行签订并联合印发了《政策性金融支持"万企帮万村"精准扶贫行动战略合作协议》,并下发《关于推荐参与"万企帮万村"精准扶贫行动的民营企业纳入政策性金融支持的通知》,指导各级行动领导小组以台账管理数据库为基础,组织推荐积极参与行动、扶贫成效显著、有融资需求的民营企业,供中国农业发展银行纳入项目库并提供融资服务。为破解民营企业在参与精准扶贫中遇到的政策障碍,行动领导小组通过大力调查研究、积极参政议政推动政策落实。

二、"万企帮万村"成效显著

截止2017年6月底,进入"万企帮万村"精准扶贫行动台账管理的民营企业有3.43万家,精准帮扶3.57万个村(其中建档立卡贫困村2.56万个)的538.72万建档立卡贫困人口;产业投入433.48亿元,公益投入91.2亿元,安置就业41.7万人,技能培训44.2万人。

受到中央领导同志的重视和肯定。2016年3月4日,习近平总书记在全国政协十二届四次会议民建、工商联界委员联组会上发表重要讲话,指出:"工商联开展的'万企帮万村'精准扶贫行动很好,要抓好落实、抓出成效。"2017年6月23日深度贫困地区脱贫攻坚座谈会上,习近平总书记再次提到行动,明确要求将民营企业"万企帮万村行动"向深度贫困地区倾斜。8月初,又对行动做出重要批示。俞正声同志、汪洋同志、孙春兰同志也分别对行动多次作出批示。

受到社会各界的认可和关注。国务院扶贫办主任刘永富同志评价"万企帮万村"精准扶贫行动"是脱贫攻坚战中最扎实、最具声势的社会扶贫行动","是十大精准扶贫行动的排头兵和知名品牌"。人民日报、新华社、中央电视台等中央主流媒体纷纷通过刊发稿件、焦点访谈等形式对行动予以报道；人民政协报、中华工商时报等媒体分别设专栏、专刊进行报道；在互联网上搜索关键字"万企帮万村""千企帮千村"有100多万条结果。

取得了良好的经济政治社会效益。经济上，结对双方实现了共赢，企业发展、贫困户脱贫，通过产业项目合作建立起长效脱贫机制，行动带动民营企业成为脱贫攻坚战的生力军。政治上，企业家深入了解国情民情，更加拥护党和政府。不少企业家反映，以前只知道企业难，现在感到脱贫攻坚更难，增进了对党和政府的信任和理解，思想上受到深刻教育。恒大集团一位职工说，参与一年扶贫比过去几年进步都快。湖南年轻企业家与贫困户同吃同住，对城市周边还有这么贫困的地区感到震惊，主动提出做点事情。行动成为国情教育的生动课堂，进一步提高了民营企业的责任担当。同时，行动传递出民营企业的正能量，贫困群众学到了企业家的执着拼搏精神，增强了自我发展的信心。行动促进城乡交流、阶层融合和社会和谐，是先富帮后富，实现共同富裕的生动实践。

三、"万企帮万村"向深度贫困地区倾斜

2017年6月23日，习近平总书记在深度贫困地区脱贫攻坚座谈会上发表的重要讲话，提出了"万企帮万村"行动要向深度贫困地区倾斜的明确要求。6月29日，行动领导小组在深度贫困的甘肃省临夏回族自治州召开座谈会，学习传达总书记重要指示精神；8月2日，全国工商联在四川省凉山彝族自治州召开省级工商联主要负责同志参加的动员部署会，明确要求各地要加强协调引导，组织民营企业聚焦难中之难、困中之困，积极参与东西部扶贫协作和对口支援，努力推动"万企帮万村"行动向深度贫困地区倾斜。8月4日，中国光彩会举办光彩事业"凉山行"，400多位名营企业家参加，与当地签订光彩事业投资项目149个，合同金额2037.77亿元；公益捐赠4037.3万元，精准帮扶凉山州昭觉、美姑两个县20个乡镇49个村的3000户11821名贫困群众改善生产生活条件。

担当国家使命 践行社会责任

——中国银行积极探索可持续金融精准扶贫之路

根据党中央、国务院的决策部署,中国银行充分发挥国际化、多元化的平台优势,积极投身精准扶贫事业,努力探索社会公益性和商业化、市场化相结合的可持续扶贫新模式。

一、硕果累累的扶贫历程

从2002起,中国银行在陕西咸阳永寿、长武、旬邑、淳化四个县(以下简称"北四县")开展定点扶贫工作。中国银行历届党委不断摸索,积累经验,逐年加大资金、人才支持力度;9批30多名挂职干部爬遍旱塬沟壑,付出辛勤汗水;移民搬迁、铺路搭桥、修建学校,一个个民生工程顺利竣工;产业扶贫、干部培训、产学研对接、贫困学子夏令营一次次智力帮扶果实累累。14年来,中国银行累计无偿投入扶贫资金7600余万元,实施15大类共计186个扶贫项目,捐赠款物折合人民币450万元,直接受益群众超过9万人,为促进当地经济社会可持续发展、促进群众脱贫致富提供了必要支持。中央扶贫开发工作会议召开后,中国银行把定点扶贫作为践行社会责任的最好舞台,摆上重要议事日程,推上新的高度。党委数次专题研究扶贫工作,明确提出要加大资源投入,争做扶贫攻坚表率。仅2016年就投入帮扶资金7238.8万元,其中直接投入帮建资金1299.1万元,发放扶贫贷款5750万元,捐赠物资折款189.7万元,帮助2.7万建档立卡贫困人口增收,有力推动了咸阳市县脱贫攻坚工作。

中国银行党委指出:"定点扶贫是中国银行的一件大事,要举全行之力做好扶贫工作,践行'担当社会责任,做最好的银行'的战略目标,在民族复兴中担当重任,替党和国家分忧,为百姓谋福利"。党委班子多位同志先后赴咸阳"北四县",深入农户、企业、政府调研。在深入调研的基础上,中国银行党委提出要把定点扶贫工作纳入与陕西省全面战略合作的大局中统筹谋划，发挥金融优势，整合各类资源，调动和发挥"四种力量"（自身力量、国际力量、客户力量、员工力量），筹划和落实"十个一批"工作任务，具体包括安排一批信贷资金、引进一批企业、推动落地一批金融政策、协助销售一批优质产品、建立一批村镇银行、用好一批慈善基金、引入一批国际慈善基金、帮助培训一批地方干部、增派一批扶贫干部、推荐一批就业岗位。"十个一批"任务的提出，开创了中国银行精准扶贫工作的新局面。

二、精准扶贫模式的多样化探索

中国银行通过跨境撮合、金融支持、农企合作、信息共享等多种途径，注重提升农民技能、拓宽农民视野，注重提高农村信息化水平和互联网渗透率，注重加快农业产业化和技术进步，注重建立持续运作、自我发展、商业可持续的平台，积极探索一条特色鲜明、商业可持续的精准扶贫之路。

（一）发挥跨境撮合平台作用，实现贫困地区资源与外部资金技术对接

中国银行于2014年首创"中银全球中小企业跨境撮合服务"，为全球中小企业互联互通搭建桥梁。在熟悉国内贫困地区情况，同时又掌握国内外优势产业和优势企业信息的基础上，创新推出"科技＋智慧＋载体＋资金"的扶贫撮合模式，帮助咸阳"北四县"对接国内外优质客户和项目。2016年5月，举办"中国陕西中小企业跨境投资与贸易合作洽谈会"，为50家咸阳企业设立了专场。同年9月，又专门举办"咸阳'北四县'精准扶贫跨境撮合洽谈会"，来自7个国家及国内9个省区市的优势产业、龙头企业客户，与陕西省内及咸阳地区的80家企业进行了285场次洽谈。通过撮合，河南南阳肠衣公司在淳化县投资2.1亿元建厂，全线投产将解决近千贫困人口就业；荷兰哈克公司的苹果育苗培训基地和马铃薯加工基地项目在旬邑县落地，为当地带来了技术和资金。还有一批企业签署了合作备忘录，180多项合作意向正在逐一落实。中国银行充分发挥整合社会资源的角色定位和能力优势，把贫困人口、政府、企业等不同主体的需求、供给、能力和资金等有机结合起来，帮助引进先进农业技术，延伸农业产业链，加快产业融合发展，让贫困农户更多分享农业全产业链和价值链增值收益。

（二）开发"公益中行"精准扶贫平台，建设农特产品外销快车道

咸阳地处关中地区，是中国苹果主产地，是苹果优生区，"北四县"年产水

果 200 多万吨。但过去，果品销售难一直困扰当地百姓。为解决当地苹果及其他农产品销售和贫困家庭创收难题，中国银行通过公益理念、市场力量、商业模式和互联网技术的结合，开发出"公益中行"精准扶贫平台。平台供给侧对接咸阳"北四县"10 余万贫困人口，需求侧对接中国银行境内员工。试运行半年来，平台购买端注册员工约 26 万，实现销售额近 800 万。平台效果初现，不仅能够把贫困地区优质农产品销售出去，还通过关口前移、产业倒逼，加快了农产品资质认证、标准制定、品牌培育等工作进程，有效提升了当地农产品竞争力，正在逐步改善着当地互联网经济环境。中国银行致力于把"公益中行"平台打造成贫困户农副产品销售的一个重要渠道，广大员工奉献爱心、开展公益的一个重要载体，也是商业开发农村市场特别是贫困地区市场的重要探索。通过平台的搭建，形成了一种政府财政支持、商业性机构微利经营、贫困人口持续发展受益的扶贫新模式，让贫困者变成生产者，让生产者变成销售者，让销售者变成财富者。

（三）创新方式动员多方慈善力量，拓宽贫困地区扶贫资源

中国银行分支机构遍布全球，有广大的客户群，拥有动员海内外扶贫力量的基础。借助银行掌握高净值人群资源优势，2016 年 10 月中国银行举办了以"乐善济贫、百年相承"为主题的慈善拍卖活动，面向境内中高端客户募集善款 3000 余万元。全部款项将赠予即将成立的中国银行慈善基金会，专项用于咸阳定点扶贫事业。协调香港慈善机构、爱心人士，在"北四县"设立 2000 万港元的奖教助学基金，用于支持贫困地区教育发展。

中国银行与政策性银行优势互补，与中国农业发展银行签署《金融扶贫合作协议》，充分发挥商业银行和政策性银行的资源优势，共同创新金融扶贫模式，双方加强技术合作，重点合作支持国家级、省级政策性金融扶贫实验示范区和双方定点扶贫县脱贫。总投资 2.26 亿元的咸阳市淳化县屯庄水库成为首个合作项目，建成后能有效解决 5 个乡镇 8.71 万群众生活和生产用水问题。

（四）将人才培养与扶贫有机结合，加强对贫困人口的知识和智力帮扶

中国银行领导班子认为，"扶贫工作天地广阔，大有可为，既增进同人民群众的感情，又能经受锻炼，增长才干"。在人力支持、智力扶贫方面，中国银行制定一系列鼓励优秀员工到艰苦地区干事创业的制度措施，鼓励优秀青年员工到"北四县"承担扶贫工作，在基层扶贫工作中锻炼成长、建功立业。在 2016

年5月份派驻5名扶贫干部的基础上，11月份增派5名干部挂职开展扶贫工作，充实扶贫工作力量；派出驻村的第一书记成为当地扶贫的带头人，通过发挥示范引领作用支持了当地发展。同时，中国银行利用自身培训机构和培训力量，每年为咸阳举办一次规模为50人左右的干部金融研修班。建立了当地干部到中国银行交流的工作机制，增强他们利用金融手段发展经济的能力。

贫困农户受自身条件所限，往往缺乏独立发展生产的信心、知识、信息和技术，中国银行党委注重把扶贫与扶志、扶智相结合，在"北四县"筹划组织职业农民技能培训班、"互联网＋扶贫"培训班，积极探索特色农产品产区制，向农民讲解传播"三农"政策、生产技术、金融知识和致富案例，引导培育广大农民的主体意识、金融意识、市场意识、发展意识，开启一次农民启蒙运动，让咸阳"北四县"的农民因中国银行的帮助而开阔眼界、获取新知、改变境遇。

三、积极探索扶贫新模式的几点体会

通过近年实践，中国银行对做好新时期扶贫工作、探索扶贫新思路和新模式有一些体会，可概括为"三个结合"。

一是注重扶贫工作和企业优势相结合。 扶贫要鼓励广大企业各显神通、各显其能，最大限度地突出自身特点，发挥自身优势，打造各有特色的扶贫之路。在近几年的扶贫工作中，中国银行正是利用了自身国际化、多元化的优势，搭建撮合平台，携手各类企业通力合作，围绕贫困地区发展做文章，在产业扶贫、项目扶贫上取得了积极进展。

二是注重公益性和商业性相结合。 扶贫要实现细水长流，就要把公益性和商业性结合起来，走可持续扶贫之路，对于广大企业而言，应把扶贫当作开拓新市场的切入点，把扶贫看作是启动我国农村市场和中低收入居民市场的机会，把扶贫做成产业，载入商业模式，为贫困家庭创造市场化、可持续的增收途径。

三是注重"引进来"和"走出去"相结合。 扶贫是全球共识，也是全球议程。世界银行等总结了不少宝贵的扶贫开发经验，国际上也有一些先进的扶贫理念和模式，都值得我们"引进来"加以借鉴。世界上不少慈善机构具有较强的扶贫意愿，很多跨国公司渴望开拓中国市场，都是可以"引进来"参与扶贫的国际力量。中国银行在境外有机构、有人才、有资源，将在推动境内外扶贫供需双方对接上发挥积极作用。

保险扶贫：中国人寿在路上

作为保险业的旗舰，中国人寿积极履行央企的社会责任，主动参与社会保障体系建设，为改善民生、构建和谐社会做出了积极贡献。长期以来，中国人寿积极承办了政府主导的扶贫保险、计划生育保险、大病保险、农村小额保险、大学生村官保险、"第一书记"保险、军警公安保险、老龄保险等多项服务国计民生的保险。其中，做好扶贫保险工作，助力精准扶贫战略实施是中国人寿重点开展的政保合作业务。

一、开展扶贫保险的主要做法

中国人寿依托专业和规模优势，为推进保险精准扶贫工作，着力在产品研发、业务推广、运营管理等方面加大工作力度，推进扶贫保险深入开展。

（一）创新产品，扩大扶贫保险供给。2008年6月，中国保监会印发了《农村小额人身保险试点方案》的通知，确定中国人寿为全国首个农村小额人身保险试点公司。2010年开始，在"小额保险"成功经验的基础上，中国人寿与国务院扶贫办对"扶贫小额保险"项目开展研究。2011年5月，国务院扶贫办、中国人寿和四川省旺苍县合作启动了"扶贫小额保险"试点项目。扶贫小额保险是一种缴费低、保障全，针对贫困人口特定风险提供的保险服务。经过近年来的努力，在解决农民"买得起、买得到、愿意买"保险方面取得积极成效。2014年底，中国人寿与国务院扶贫办签署了《扶贫小额保险合作协议》。2016年，中国人寿扶贫小额保险承保851.2万人次建档立卡贫困户，提供了5449亿元的风险保障；中国人寿还结合实际情况，积极开展了小额借款人人身保险、外出务工人员意外伤害保险等，不断丰富和完善对贫困人口的保险保障。

（二）精准定位，提升扶贫保险供给有效性。2016年以来，中国人寿推行了"扶贫保"等一揽子扶贫保险方案，涌现出了宁夏"扶贫保"、甘肃"两保一孤"以及重庆扶贫保险等先进典型。这些扶贫保险方案承保对象更加精准、费率体现优惠、全面覆盖人身意外、意外医疗、重大疾病及大病补充等，顺应了供给侧改革背景下保险扶贫的发展方向。其中，宁夏分公司推动开展的"扶贫保"业务得到了国务院汪洋副总理等各级领导的肯定。汪洋副总理在2016年6月17日的金融扶贫电视电话会上指出："像宁夏与保险公司合作，为58万建档立卡贫困人员提供'扶贫保'产品，政府补助80%，解决意外事故、因病因灾返贫出现的致贫返贫问题。"

（三）开展医疗经办业务和大病保险业务，在参与保险扶贫、服务民生方面开展有益探索和实践。 2003年，中国人寿率先参与新农合经办管理，多年来探索出"新乡模式""洛阳模式"和"郑州模式"等具有行业影响力的典型模式。截至目前，公司已在23个省市开展300多个医疗经办项目，年度服务人数5000多万人，管理资金60多亿元。其中包括40多个医疗救助经办项目，中国人寿提供医疗审核、调查、支付服务，有效支持地方健康扶贫工作。

2012年大病保险制度施行后，中国人寿高度重视，积极响应，明确了"积极参与、专业服务、独立核算、公开透明"的工作原则，将大病保险作为战略性业务推进，力争成为政府首选合作商。31个省级分公司在200多个城市与政府合作，开展250多个大病保险项目，覆盖4亿城乡居民，行业领先。四年来，累计为800多万人次（400多万人）支付赔款220多亿元。通过医疗费用越高，报销比例越高的制度设计，大病患者实际报销比例在基本医保基础上提高了十几个百分点，发挥了兜底作用，让许多不幸的家庭渡过难关，"雪中送炭"效果突出。

二、开展扶贫保险的典型模式

2016年以来，中国人寿已经探索出可复制的几个保险扶贫商业模式，如宁夏"扶贫保"、甘肃"两保一孤"和重庆扶贫保险等的有效模式，并将持续地在全国进行深入推广。

一是宁夏"扶贫保"模式。 宁夏分公司推动开展的"扶贫保"业务得到了国务院副总理汪洋的肯定。在2017年宁夏回族自治区的政府工作报告中，自治区主席多次提到扶贫保险相关议题，肯定建档立卡贫困户"扶贫保"政策。该模式以全自治区建档立卡贫困户为承保对象，保费来源为政府补助和贫困户个人自筹相结合，原则上政府补助承担保费金额的80%，贫困户个人承担保费金额的 20%。主要责任为人身意外伤害保险、意外伤害医疗保险以及贫困人员大病补充医疗保险。

2016 年，累计为 44 万贫困户提供 460 亿元的保险保障；累计处理理赔案 700 件，理赔金额 630.99 万元，其中意外伤害和意外医疗理赔案 500 件，理赔金额 465.78 万元，大病补充医疗理赔案 200 件，理赔金额 165.81 万元。

宁夏永宁县闽宁镇园艺村建档立卡贫困户刘某，原本在三沙源打工，由于天气炎热，下班之后便与朋友相约去三沙源游泳，不慎溺水身亡。家中还有年迈的母亲和三个年幼的孩子，大的三岁左右，小的双胞胎不到一岁。家中主要以种地为生，刘某的离开让这个本不富裕的家庭失去了最重要的劳动力，对这个家庭来说无疑是雪上加霜。7 月 29 日，永宁县政府副县长满红带着中国人寿保险公司永宁支公司理赔人员，为他们送去了 1.8 万元的意外伤害理赔金及生活用品，对出险人家属进行了慰问。

二是甘肃"两保一孤"模式。甘肃省委省政府将脱贫攻坚作为"一号工程"，制定了《关于打赢脱贫攻坚战的实施意见》，对中国人寿推行的"两保一孤"精准扶贫模式进行了肯定。该模式以针对农村一、二类低保户、农村五保户和农村孤儿（简称"两保一孤"）特困人群为承保对象，政府扶贫资金出资，主要责任为人身意外伤害、疾病身故和重大疾病保险。

2016 年，累计为 106.7 万贫困户提供 366.9 亿元的保险保障；累计处理理赔案 399 件，支付赔款 646.68 万元。其中重大疾病 326 件，赔款 637.53 万元；意外死亡和残疾案件 73 件，赔款 9.15 万元。

甘肃省秦安县兴国镇贤门村的二类低保户、69 岁老人刘转过突发脑梗塞，71 岁的老伴何旺喜连忙送她到县中医院。但当医生通知刘转过老人需要住院时，何旺喜一摸口袋，身上仅有的 481 元钱，在门诊做完前期检查之后，只剩下 31 元。没办法，他只好硬着头皮找村干部帮忙，村主任安金海借了他 3500 元，并帮他向保险公司报案。大约一周之后，刘转过老两口拿到 2 万元的"两保一孤"保险金。这笔钱不仅帮刘转过老人结清了住院费，还为她提供了后续康复费用，目前刘转过老人已经出院，在家安心静养。

三是重庆扶贫保险模式。中国人寿与重庆市政府推行"精准脱贫"政策以来，取得了良好成效，获得重庆市政府、重庆市扶贫办及重庆市保监局的高度认可和肯定。该模式以建档立卡贫困户为承保对象，保费来源主要为扶贫资金或财政资金，主要责任为人身意外伤害保险、意外伤害医疗保险以及贫困人员大病补充保险。

2016年，累计为125.09万贫困户提供545.41亿元的保险保障；累计处理理赔案4755件，支付赔款2222.36万元，其中意外险案件4518件，赔款2151.23万元，大病案件237件，赔款71.13万元。

2016年10月31日重庆永川区金山沟煤矿瓦斯爆炸事故，33位矿工被困井下，全部不幸遇难。事故发生后，中国人寿重庆分公司立即启动重大突发事故应急预案。11月3日，公司通过现场勘察和信息核对，确认共有三人在公司投保，其中包含两名由重庆市扶贫办出资购买扶贫小额保险的人员。中国人寿开通绿色通道，简化理赔手续，把扶贫小额保险的意外身亡赔付金4万元/人第一时间交到了矿难家属手中。家属们都很感动，并再三感谢政府、感谢保险公司。

三、保险扶贫，永远在路上

精准扶贫，功在不舍。保险扶贫，贵在不懈。中国人寿有关负责人表示，下一步，中国人寿将在各级扶贫办的指导和支持下，加大政策支持，加大资源投入，加快发展步伐，促进扶贫保险深入发展，为服务精准扶贫国家战略做出积极贡献。

（一）加快推广、尽快扩大扶贫保险受益面

中国人寿将按照国家扶贫办及有关部门的要求，成立专门的项目组推动和支持扶贫保险的发展，对扶贫保险的产品开发、业务培训、单证宣传、信息系统建设等方面予以专门支持，确保扶贫保险工作的落地；并通过推广宁夏、甘肃、重庆等典型经验，努力扩大扶贫保险承保面，力争在2017年覆盖30%以上建档立卡贫困人口。

（二）开发扶贫专属保险产品，推动产品升级

中国人寿将会同各级扶贫办摸清建档立卡贫困户的保险需求，发挥公司长期开展政保业务的优势和经验，推出"扶贫保"系列扶贫专属特惠产品，保障内容主要涵盖大病补充医疗保险、重大疾病保险、人身意外险、人身意外医疗险及外出务工人员意外险等，不断丰富完善扶贫保险保障体系。

（三）优化运营，提供优质优惠的保险服务

中国人寿经营扶贫保险遵从"保本微利"的原则，让利于民，让扶贫保险

真正发挥精准扶贫的作用。同时，优化保险扶贫服务，开辟理赔绿色通道，从快从简地开展理赔服务，切实为建档立卡户提供优质优惠的保险服务。

（四）加大宣传、努力扩大社会影响

为深入推进扶贫保险工作，让更多的贫困人口知晓保险、懂得扶贫保险的意义与作用，中国人寿将进一步加大对扶贫保险的宣传工作，通过制作扶贫保险宣传短片、平面彩页等，广泛传播扶贫保险产品的优势和特点、典型理赔案例以及保险发挥的作用等，努力营造扶贫保险发展的良好氛围。

大国重器：哈电集团"产业基金+精准扶贫"

习近平总书记在十九大报告中强调指出，"全党必须牢记，为什么人的问题，是检验一个政党、一个政权性质的试金石"。我们党就是这样一个以人民为中心的执政党、使命党。全面小康的路上，一个也不掉队、一个也不落下，这是我们党的庄严承诺。哈尔滨电气集团公司作为共和国装备制造业的"长子"，承载民族工业希望，彰显中国动力风采，在锻造大国重器的同时，时刻不忘回馈社会反哺斯民，这份承诺深深地烙在哈电人的骨子里，成为每一名哈电人的自觉行动。

文山与哈尔滨电气，一个在天南，一个在海北，两者原本风马牛不相及，却因为人类历史上最伟大最壮观的一场反贫困斗争而紧紧连在了一起。按照国务院扶贫办和国务院国资委的安排，哈电集团从2013年开始对云南省文山市进行定点扶贫。文山市，地处云南东南部山区，少数民族占总人口的53.6%，自然条件恶劣，自我积累不足，缺乏支撑产业。集团董事长斯泽夫亲自带队，深入文山的高岭深壑逐村逐户开展民情调研、把脉问诊，文山的穷根究竟是什么？扶贫从哪里入手？怎么找出一条造血发展的路子？这是哈电扶贫人反复叩问并切实解决的重大问题。

"老百姓是衣食父母，决不能让他们受穷"，哈电人倾注心血关注文山贫困。

哈电集团领导班子非常重视扶贫工作，定期召开扶贫会办会。党的十九大召开前夕，哈电集团党委书记、董事长斯泽夫率队到文山市调研精准扶贫情况。一下飞机，斯泽夫一行就直奔建档立卡贫困户走访调研，查看群众生产生活环境，详细询问家庭经济收入等情况，在送去慰问金慰问品的同时，深入思考如何把扶贫工作抓到点子上，抓出成效来。他勉励困难群众相信组织、自立自强、早日脱贫。随后，斯泽夫一行还考察了文山丰泽农业合作社、三七产业园、氧化铝厂、三一筑工、光伏发电站，进一步了解哈电集团帮扶及当地产业发展情况。"老百姓是衣食父母，决不能让他们受穷"，这是斯泽夫反复提醒大家的一句话。

对口扶贫文山以来，哈电集团领导每年都带队深入实地调研指导扶贫开发工作，深入扶贫第一线，走进田间地头，访贫困问冷暖，了解当地群众真实想法和希望，掌握集团帮扶的效果和不足，帮当地贫困群众谋划实实在在的产业富民之策。近五年的时间，已有包括哈电集团党委书记、董事长斯泽夫、党委副书记冯永强等近20人次深入文山，2013年挂职昆明市副市长的电机公司党委书记张锐还以双重身份调研指导，一任接着一任、一人带动一批，把真情倾注在文山。

"只有集中火力重点突破，才能打开缺口取得实效"，哈电人把精准扶贫的好钢用在刀刃上。

精准扶贫、精准脱贫是习近平总书记扶贫开发战略思想的最鲜明特征和最本质要求，哈电集团积极落实总书记指示要求，在深入调研基础上多途径、多方式开展精准扶贫。

"只有集中火力重点突破，才能打开缺口取得实效"，斯泽夫要求哈电人把文山扶贫当成一场攻坚战来推进。经过反复调研论证，决定集中"火力"，选择城乡接合部的卧龙街道大以古社区，作为哈电集团定点扶贫集中区域，统筹有限的人财物资源集中利用。支部靠前，针对8个党支部的不同情况，确定了相应的帮扶对象，并提供了不同形式的帮扶。组织开展"党支部+贫困户"精准扶贫活动，仅2017年以来就帮扶了建档立卡户12户，为建档立卡户提供资金7万元、协调无偿水泥20吨、党员提供义务劳动50多人次；组织开展了以"强党建、促脱贫、惠群众"为主题的"党建+志愿者"活动，截至2017年6月末社区8个党支部累计献工400多人次，为500多亩土地疏通了灌溉水源，平整道路2.5公里，打扫居民小组卫生4次等。以小见大，塘子边村党支部书记是兽医，几户贫困户又有养殖经验和意愿，2015年从扶贫资金中拨出2万元为10户建档立卡户购买20头能繁母猪，并约定产仔后社区收回2头小母猪用于其他贫困户，形成良性循环。打通脉络，2013年投入20万元用于喜古乡新平新寨村重点村建设，涉及贫困户10户112人；2014年投入20万元用于喜古乡以革勒新寨村异地搬迁，涉及建档立卡户18户72人；2016年投入50万元硬化坝子居民小组2.5公里通村道路，直接服务坝子贫困户5户16人，辐射周边三个村27户贫困户77人，解决贫困户生产生活最大的交通困扰。

"授人以鱼，不如授人以渔"，哈电人从"输血"扶贫转向"造血"扶贫。

哈电集团于2013年设立了100万元产业扶贫发展基金，已经两次用于扶持文山丰泽农业种植专业合作社发展特色种植、养殖业，目前该合作社已发展蔬菜种植500亩、水果150亩，产生经济效益400多万元，解决就业120人（其中建档立卡贫困户30人），人均年务工收入3万余元；流转土地320亩，每年为农户带来40万元租地收入。2015年，利用扶贫资金中的30万元，为贫困户购买228套（台）农村科技致富技术光盘（碟机）及114套农业科技图书，不断增强贫困群众学习意识、生产水平和自我发展的技能。2017年按中组部要求划拨32万元党费，用于支部阵地建设、党员和建档立卡户活动、社区集体经济摘掉"空心社区"帽子。

积极与文山市进行产业对接，组织集团中央研究院、投资管理公司，调研参与小街镇蔬菜、水果中转中心等项目；积极推动文山市与哈药集团、葵花药业集团等单位进行产业对接；协调国药集团、中铝公司到文山考察，帮助有意愿、有能力的贫困户，通过实施种植养殖和工业项目加快脱贫。

哈电集团注重从"输血"向"造血"帮扶转变，帮助文山找到适宜发展的产业项目，培育贫困群众的自我发展能力。

"千扶万扶，不如扶志扶智"，哈电人通过智力支持为文山彻底拔掉穷根打基础。

除了资金扶持、项目帮扶，哈电集团还选派优秀干部挂职、任职，组织文山干部专题培训班，为文山提供智力支持。

哈电集团已选派时任阿继公司总经理的刘滨、时任集团资产财务部副部长的赵鑫两位同志到文山市政府挂职，并连续选派了具有研究生学历的高素质员工王剑新、富庆亮，到大以古社区任第一书记。刘滨同志先后分管市场监督、供销社、爱国卫生运动委员会、红十字会、卫生和计划生育局，协助抓好扶贫、招商引资工作，挂职以来工作尽职尽责，并积极参与其他工作，联系北京基石国际融资租赁公司对文山市旅游资源进行考察、交流，深入了解哈尔滨市人才市场情况、探索人才引进事宜，组织开展文山市健康扶贫工作。赵鑫同志利用3个月简短挂职时间，积极推动文山第二期企业债券发行、市教育局与美联信公司教育设备投资租赁、文山市与砚山县大件合作融资平台等项目。

王剑新、富庆亮两位同志，情系一线、工作在一线，充分利用第一书记这个平台,在加强驻村党建、为民服务、村务治理、精准扶贫等方面开展了一系列卓有实效的工作。"党支部+贫困户""党建+志愿者"活动,就是现任第一书记富庆亮同志深入调研、集思广益推行起来的,而其前任王剑新同志,建立了社区党建微信公众号,建立了《大以古社区两委议事及重大事项决策制度》《大以古社区党员十条红线》等制度,真正实现了党建、扶贫双推进、两促进。

同时,积极把文山干部接进来培养锻炼。安排文山市两名工业园区干部到哈电集团挂职,在集团大型企业管理部门学习体验,到"哈大齐工业走廊"哈尔滨平房工业园区管委会学习交流。组织文山市各级干部在哈尔滨进行集中培训,2017年4月组织第一期"智慧城市创建与发展"培训班(52人)、6月组织第二期"对外贸易促进县域经济发展"培训班(48人),邀请黑龙江经济干部管理学院、省政府参事室、哈尔滨市工信委等领导、专家进行授课,参观调研所属企业及参加哈尔滨经济贸易洽谈会及中俄博览会等现场活动。

为助力全面建成小康社会,不让一个贫困群众掉队,哈电集团将不忘初心、牢记使命。哈电集团党委书记、董事长斯泽夫表示,"精准扶贫,贵在精准,重在实效。哈电集团高度重视定点扶贫工作,下一步将加大精准扶贫力度,有的放矢,突出重点,合力共进,寻找更加精准的项目和方式推进精准扶贫、精准脱贫,和文山市一道打好脱贫攻坚这场硬仗。"

坚持"四个突出"拔穷根

——江西省铅山县切实打好精准脱贫攻坚战

近年来，铅山县委、县政府认真贯彻落实习近平总书记关于脱贫攻坚的新思想新理念，按照省委"核心是精准，关键在落实、确保可持续"的要求，把脱贫攻坚作为最大的政治任务，最大的民生工程来抓，确立了"2017年基本脱贫，比省定时间提前一年"的目标，突出"书记挂帅、产业带动、村庄整治、特困群体"四个关键点，举全县之力打好脱贫攻。2016年有序退出4182名贫困人口，贫困发生率下降到2.28%。

一、突出书记挂帅，把脱贫责任担好。按照习近平总书记"五级书记一起抓"的要求，县、乡、村逐级签订责任书，立下"军令状"，扛起各自责任，构建了县委总揽，乡镇主责，部门联动，干部帮扶，村抓落实的工作格局，形成了多点发力、各方出力、共同给力的精准扶贫强大合力。一是县级书记"领好跑"。县委书记带头在挂点帮扶村蹲点调研，实施了"一栏猪、一亩豆、一锅糖、一份工、一家店"的产业脱贫模式，为全县各级干部结对帮扶树立了标杆。县委出台《脱贫攻坚责任追究办法》，分管副书记扑下身子抓落实，一竿子插到底，通过电话抽查或入户检查及时发现帮扶问题，对作风飘浮、帮扶不实的单位和个人由纪检部门介入调查问责，实行"黄牌警告"和"一票否决"。县四套班子领导落实挂点帮扶责任，因地制宜、因人而异落实帮扶计划。县委实行每天报进度、每周一督查、每月一巡查、每季一评比的调度督查机制，传导压力、压实责任。县委专门抽调10名业务精、责任心强的干部与原单位脱钩，深入各村各户真督实导。二是乡镇书记"守好责"。乡镇实行责任、权力、资金、任务"四到位"制度。统筹把控好本区域内精准识别、精准施策、精准管理、精准监督"四个关口"，做到守土有责、守土尽责。三是村级书记"施好策"。根据贫困退村退出标准，精准实施好贫困村退出需要实施的交通、饮水、住房、通讯、环境和公共设施建设项目。根据贫困户退出标准，精准实施产业扶贫项目，构建起以村党支部为堡垒，龙头企业、合作组织、种养大户等为支撑的扶贫组织体系。全县形成了脱贫攻坚没有旁观者、没有局外人，人人参与脱贫，个个奉献脱贫的生动局面。

二、突出产业带动，把产业扶贫做实。 根据《铅山县"十三五"产业精准扶贫规划》，按照"以企带村、以村带社、以大户带贫困户"的做法，选定"一猪两红"（生猪养殖，红芽芋、河红茶种植）优势产业全力推进产业扶贫，带动贫困户实现稳定增收脱贫。一是依托企业养殖生猪分红。借助国家级农业龙头企业温氏集团投资4亿元建设40万头，康辉公司投资2亿元建设10万头生猪养殖基地的契机，采取"公司＋基地＋贫困户"的扶贫模式，投资6000余万元为贫困户搭建猪棚入股养猪分得红利。为实现可持续发展，分管副书记带领扶贫移民、农业、林业、环保等部门精准选址，确保水源地、村庄、主干道、公益林和基本农田500米范围内不建养殖基地。这种模式覆盖面广，规模不受限制，收益稳定，收益时间长，见效快。生猪出栏后，市场行情好，公司按市场价包销；市场行情低于成本价时，公司按市场保护价收购。2017年生猪养殖覆盖到全部贫困村、贫困人口，可出栏生猪12万头，人均增收超过1000元。二是依托合作社种植红芽芋增收。铅山是"中国红芽芋之乡"、华东地区最大的红芽芋生产基地，红芽芋种植总面积达12万亩，产量达16万吨。以"合作社＋市场＋基地＋贫困户"的模式，吸纳贫困户入社种植红芽芋。为贫困户提供每亩800元扶贫资金，用于购买芋种、化肥等生产资料；为合作社提供每亩500余元基地建设费用。合作社提供代耕、代种、代管、代销服务，红芽芋上市后，合作社以高于市场价2%的价格向贫困户收购红芽芋；如遇市场行情低迷，合作社实行最低保护价收购，确保贫困户每亩利润1000元，当每亩收益超出1000元，超出部分合作社和贫困户按6:4分红。这种模式下，贫困户出租田地每亩收益400元，有劳动能力的到合作社务工每年可获取6000元左右的工资收入，贫困户实现了"一份田，三份钱（分红、田租金、务工费）"的可观收入。三是壮大河红茶产业带动贫困户脱贫。铅山"河红茶"历史悠久，被誉为"红茶鼻祖""茶中皇后"。全县茶叶种植面积达6万亩，产量1200吨。该县在产茶乡镇实行"公司＋合作社＋基地＋贫困户"的扶贫模式，给予每亩1500元的产业扶持资金给茶叶合作社发展茶产业，连续帮扶三年，贫困户每户分得2亩新种植的茶园。合作社按市场价上浮5%收购贫困户的茶青;市场价格低迷时,按市场保护价收购。高山茶收益期长达数百年,贫困户可从茶园租金、劳务费、分红三方面增加收入,2亩茶园成了贫困户的"摇钱树",每亩的利润稳定在1000元左右,实现了省委提出的"确保可持续"的目标。

三、突出环境整治,把村容村貌扮靓。结合秀美乡村建设,打好村庄整治、危房改造、异地搬迁"组合拳",让村容村貌靓起来。一是异地搬迁一批。实施6个乡镇286户1149人异地搬迁,其中建档立卡的贫困群众48户142人。二是危房改造一批。投资近9000万元,将贫困村危旧房全部纳入改造项目,实施贫困村危房改造3273户,拆除空心房1260栋。三是设施改善一批。建设自然村通行政村公路85公里,入户通道146公里;实施贫困村农村安全饮水工程,直接受益2176户;新建卫生室22个,文化室26处。四是民居改造一批。结合各贫困村文化、环境、生态等特色,按照"小青瓦、坡屋顶、雕花窗、穿斗坊、白粉墙"赣东北民居风格,统一规划、统一施工、统一外观、统一颜色,全力打造秀美乡村,改造后的贫困村点成了亮丽的景点。五是村景融合一批。按照"一村一景"要求,打造了汪二镇火田村万亩设施农业、葛仙山项源村千亩白莲和花海景观、湖坊镇濠溪村千亩油葵、紫溪乡柏畈村千亩红芽芋千亩果园、武夷山镇仙山岭茶马古道游、太源畲族乡水美村古寨游等一批产业和村庄高度融合发展的特色村。通过搬迁改造一起抓,贫困群众搬得出、住得好、收益稳,以最短时间实现安居乐业,脱贫致富奔小康。

四、突出特困群体,把保障底线兜牢。全县低保、五保贫困人口4130户5538人,因病致贫2212户3069人,是脱贫攻坚路上最难啃的"硬骨头"。县里在贫困户就医、就学、就业以及社保、医保、低保等方面出台优惠政策,确保贫困户吃穿不愁,义务教育、基本医疗、住房安全有保障,在小康路上不让一个贫困户掉队。农村贫困人口最低保障线达到每月270元,人均月补差195元,五保全额救助达到每月290元。每年向贫困户发放低保、五保金1340万元。对6411名贫困人口对照低保、五保政策进行了再比对、再识别,做到应保尽保、应扶尽扶。构筑城乡居民基本医疗保险、大病保险、农村贫困人口重大疾病商业补充保险、城乡医疗救助四道防线,实施了11949人每人每年150元的大病保险和每人每年90元的重大疾病商业补充保险任务,彻底解决了"因病致贫、因病返贫"的问题。做好了1978名贫困学生的资助、补助工作;解决了1315户贫困户住房安全问题。

"小资金"撬动"大资本"

——湖南省麻阳苗族自治县创新扶贫小额信贷模式

麻阳苗族自治县位于湖南省西部，是全国五个单一苗族自治县之一，属武陵山片区区域发展与扶贫攻坚试点县、湖南省扶贫开发工作重点县、革命老区县、全国农村信用体系建设试验区。2013年以来，为深入推进精准扶贫，麻阳成功探索创新了以"一授二免三优惠四防控五落地"为主要特征的扶贫小额信贷模式，该模式依托政府1000万元小额信贷风险补偿资金，累积撬动了2.1亿元的小额信用贷款，"以一当十"放大了扶贫资金效益，实现了扶贫"小资金"撬动金融"大资本"。

一、建立"一授"即评级授信机制，畅通贫困农户贷款渠道

为解决贫困农户"贷款难"与银行"不敢贷"的问题，麻阳改革以经济指标为核心的传统评级授信模式，构建了专用评级授信体系。一是设定评级授信指标。剔除家庭财产因素，确定诚信评价、人均纯收入和家庭劳动力三项指标，将诚信评价作为贫困农户评级授信主要指标，按照7:2:1的比例设定贫困农户专用评级授信体系分值。评级结果分为好（90~100分）、较好（80~89分）、一般（70~79分）、等外（70分以下）四个等级。好、较好、一般三个等级可分别获得5万元、3万元、1万元的贷款授信，因不守信用等因素不能评上等级的等外级农户原则上不能获得贷款授信。二是严格评级授信程序。由村委会推选的"五老"（老党员、老模范、老军人、老干部、老农民）代表和乡镇干部、村干部、扶贫干部、农村商业银行支行行长等组成评级授信小组，采取投票的方式对贫困农户进行量化计分、评级。评级授信过程严格实行"三会"（"五老"代表推选会、评审小组培训会、入户调查评级会）"三公示"（"五老"代表公示、评级结果公示、授信结果公示）"两审核"（县产业扶贫金融服务中心审核、

农村商业银行支行审核）制度，确保评级授信公开、公平、公正。三是授信等级直接兑现。简化贷款程序，贫困农户可直接凭《信用等级证》和身份证，在所属乡镇农村商业银行支行贷到相应额度的免抵押免担保信用贷款。2015年，麻阳完成贫困农户信用评级24 327户，占贫困农户总数的100%；完成贫困农户授信22 466户，授信率92.35%，授信金额4.65亿元。

二、建立"二免""三优惠"激励机制，调动银行和农户积极性

充分发挥财政扶贫资金的金融杠杆引导作用，通过"二免""三优惠"等手段，极大调动了银行放贷和农户贷款的积极性。一是实行免担保免抵押贷款。即"二免"。对评级授信确定为好、较好、一般等级的贫困农户，无需抵押担保即可获得1~5万元的贷款授信，用于发展产业。2016年，麻阳发放扶贫小额信贷2.1亿元，涉及授信贫困农户4944户。二是实行贷款期限、利率和贴息优惠。即"三优惠"。贷款期限优惠，对贷款周期不做硬性限制，根据产业发展周期，灵活确定。利率优惠，一律实行同档贷款基准利率（即年利率5.35厘），比原利率降低50%左右，其中1年内的贷款实行利随本清，1年以上的按年结息。贴息优惠，扶贫部门凭银行还息凭证，对贫困农户小额信用贷款实行3年全额贴息奖励。三是涉贷政策支持。为调动参与银行积极性，麻阳将大部分涉农资金存入合作银行，增加银行存款量，降低贷款成本，并实行资金奖励制度，由县财政按贷款投放量拿出一定比例的奖励资金，直接奖励基层支行一线工作人员。同时，人民银行给予合作银行麻阳农商行1亿元支农再贷款等优惠政策支持，极大地调动了合作银行发放小额信用贷款的积极性。

三、建立"四防控"监督管理机制，确保扶贫信贷安全运行

坚持"严格管理、规范操作、控制风险、确保效益"的原则，对金融产业扶贫贷款实行规范化、精细化管理，确保了信贷效益和贷款如期偿还。一是建立风险补偿金制度。麻阳筹措1000万元建立了贫困农户小额信贷风险补偿资金，专门用于化解贫困农户小额信贷风险，增强银行资本投入扶贫产业开发的信心，撬动了麻阳农商行小额信用贷款2.1亿元。二是强化政策法规管理。严格依照政策法规实行制度化管理，下发了《贫困农户小额信用贷款管理办法》《金融产业扶贫风险补偿资金管理办法》《金融产业扶贫贷款贴息管理办法》等文

件，形成了健康、稳定、可持续的扶贫小额信贷长效机制。三是实行全程公开监督。推行"五公开一监督"管理办法，即贷款政策条件公开，评级授信标准公开，贷款流程和时限公开，贷款金额、方式、用途、利率公开，贷款违约责任处罚公开，全过程实行社会监督。四是严格考核奖惩制度。将金融产业扶贫纳入乡镇绩效重要考核内容，对到期贷款收回率98%以上的乡镇、村，按产业扶贫贷款投放量2%的标准给予奖励；对不能完成目标任务的乡镇、村，取消单位和相关人员评先评优资格和绩效奖励；对年内到期贷款收回率连续3个月低于98%的乡镇、村，暂停该项贷款业务，风险补偿后组织清收，合格后继续贷款。

四、建立"五落地"落实保障机制，凝聚脱贫攻坚强大合力

麻阳采取超常规举措、过硬办法，通过金融扶贫体制改革和制度执行能力建设，凝聚了打赢脱贫攻坚战的强大合力。一是加强组织领导保障，扶贫小额信贷快捷落地。成立了县乡两级金融产业扶贫工作领导小组，县、乡产业扶贫金融服务中心和村产业扶贫金融服务站三级工作网络，实现了贫困农户与银行的无缝对接，贫困农户2个小时内可办结免抵押免担保信用贷款。二是创新产业开发模式，产业扶贫抓手直接落地。①直接帮扶模式，自主创业落地。贫困农户用小额信贷资金自主进行产业开发，扶贫部门给予贷款贴息奖励，扶贫经济组织给予技术指导。②委托帮扶模式，搭便车分红落地。引进农业企业或成立专业合作社，在农户自愿条件下签订委托帮扶协议书，将小额信贷资金委托给扶贫经济组织统一管理、使用，贫困户每年享受固定比例分红。③股份合作模式，按出资股份收益落地。贫困农户将小额信贷资金入股到农业企业或合作社进行产业开发，入股农户享受股份分红，共同承担经营风险。通过直接帮扶、委托帮扶、过股份合作模式，实施产业发展项目69个，覆盖贫困农户6361户22 264人。"中国冰糖橙之乡"麻阳影响力大大提升，冰糖橙成为扶贫开发的主导产业之一，种植面积20万亩，年产量25万吨，产量约占全市1/2、全省1/3、全国1/4，面积与产量均居全国首位，年产值达8亿元。三是坚持"四跟四走"，转变发展方式适时落地。适应经济新常态，既关注开发式扶贫，更推进发展方式转变，麻阳将发挥好政府作用与市场配置资源决定性作用相结合，将现代农业发展要求与扶贫对象自身特点相结合，坚持"资金跟着穷人走，穷人跟着能人走，能人穷人跟着产业项目走，产业项目跟着市场走"，走出了一条产业扶贫的

农业现代化之路。2016年,麻阳14家龙头企业、57个专业合作社、69家家庭农场,带动4000多户贫困农户发展扶贫产业,贫困农户实现人均增收3000元以上。四是建立扶贫激励机制,经济组织帮扶全面落地。出台了《扶贫经济组织管理办法》,银行和扶贫部门根据扶贫经济组织帮扶贫困人口的多少,增收的幅度,以及贫困农户在产业项目中对扶贫经济组织的依存度,增加授信额度和实行贴息奖励。贷款贴息奖励总额,按照中国人民银行同档次贷款基准利率的60%确定。对生产带动型扶贫经济组织,在贴息总额内按其带动贫困农户稳定增收总额(包括入股分红和务工收入)的10%给予贴息奖励;对劳务带动型扶贫经济组织,在贴息总额内按其带动贫困农户稳定增收总额的5%给予贴息奖励。五是建立"互联网+监督"平台,精准扶贫监督强力落地。借助"互联网+"技术,以大数据为支撑,麻阳构建了"互联网+监督"平台。扶贫监督平台作为子平台,将全县8.64万贫困人口按户进行登记汇总,建立了贫困人口数据库。通过数据比对、快捷高效受理机制,取消违规领取城市和农村低保1051户、2417人,清退不符合条件贫困人口3300人。追回领导干部违规领取危房改造补助、移民后续补贴、贫困寄宿生补助等资金400多万元。挽回易地扶贫搬迁、失地少地农民养老保险、危房改造等经济损失3000余万元。

心连心 手拉手 肩并肩

——山东省青岛市对口帮扶贵州安顺、宁夏永宁纪实

近年来,青岛市委、市政府深入贯彻习近平总书记扶贫开发战略思想特别是全国东西部扶贫协作座谈会重要讲话精神,始终把结对帮扶作为重要政治任务。全市上下坚持带着使命帮、带着责任帮、带着感情帮,推动扶贫协作由单向帮扶向双向合作、由"输血式"帮扶向"造血式"帮扶、由政府帮扶向社会多元化帮扶转变,坚决打赢精准脱贫攻坚战。与对口帮扶的贵州安顺、宁夏银川等地心连心、手拉手、肩并肩,取得了丰硕成果。

奏响"山海协作曲"

早在1996年,中央做出东西扶贫协作战略部署,确定青岛市对口帮扶贵州省安顺市和铜仁地区,架起了青岛与安顺合作交流的"桥梁"。2013年,中央启动新一轮对口帮扶工作,确定由青岛市一对一对口帮扶安顺市,两地交流合作更加密切。

一是让山海情谊更深厚。在新一轮对口帮扶中,青岛市积极与安顺市对接协商,不断完善对口帮扶工作机制,架起了心心相通、情谊深厚的"连心桥"。坚持高层推动。成立了由市委、市政府主要负责同志挂帅的对口支援和扶贫协作工作领导小组,与安顺市签订战略框架协议,确立了"园区共建、引企入安、职业教育、人才培养、旅游合作和农业示范园区建设"等5项重点工作。2013年以来,两地副市级以上领导互访交流达70余人次,推动了对口帮扶工作的全面开展。坚持组织带动。设立了共建园区、引企入安投融资、职业教育发展、人才培养和交流、综合协调等专项工作组,分别由分管常委或副市长牵头,相关职能部门参加,负责对口帮扶中的相关工作。坚持多方联动。结合双方市情,青岛市安排8个所辖区市与安顺的区(县)建立"一对一"结对帮扶关系,组

织20多个部门与安顺市相应部门签订了帮扶合作协议,市慈善总会、市红十字会、市妇联、有关民主党派、青岛银行等社会团体和爱心企业也建立帮扶长效机制,形成了全方位、多层次、立体化帮扶格局。

二是让对口帮扶见实效。青岛市把对口帮扶安顺当作"自家的事""分内的事",围绕重点工作,在精准上发力,2013年至今安排帮扶资金1.2亿元,募集社会资金物资等4500余万元,实打实地推进扶贫协作,努力让贫困群众有更多获得感。一是精准扶贫。青岛每个区市结对帮扶安顺区县的1~2个贫困村,瞄准贫困村、贫困户精准施策,共涉及16个贫困村、贫困人口6566人,受益人口3.03万人。目前,部分区市已投入资金560万元,帮扶贫困村实施了香菇种植大棚、饮水工程、基础设施建设及农业产业园区改造等项目。二是农业扶贫。推进农业发展,贫困农民能够直接受益。近些年,青岛安排农业帮扶资金2381万元,建设现代高效农业扶贫项目27个,带动了贫困农民的增收致富。组织青岛农业龙头企业与平坝县签订投资9.8亿元的现代农业示范园项目,与关岭县签订投资1亿元、占地5000亩的火龙果标准化示范园项目,与西秀区签订了投资3.1亿元的蔬菜种植加工基地及农贸产品批发市场项目等。三是教育扶贫。坚持扶贫先扶智,先后投资2100万元改建平坝第一小学,投入1000万元援建安顺市旅游职业学校,投入1150万元援建安顺职中新校区和民族职业技术学院"班班通"工程,扶持"中职教育(9+3)帮扶项目",筹集社会善款1700多万元和电脑等物资,资助困难中小学生和留守儿童,努力提升安顺市教育质量和水平。

三是让合作之路更宽广。青岛和安顺各具资源禀赋、各有发展特色。在扶贫协作中,青岛既注重合力打好脱贫攻坚战,又注重挖掘潜力、优势互补,把交流合作向更广领域拓展,共同奏响"山海协作曲",让合作共赢的路子越走越宽广。实施园区共建,编制完成《共建产业园建设发展总体规划》,由青岛市出资5亿元、建筑面积7万余平方米的园区城市综合体主体工程已封顶,澳柯玛、华通科技等7家企业入驻,签约金额3.55亿元。实施项目共引。启动"引企入安"活动,组织30余批次、200余家青岛企业赴安顺市考察,协助安顺市在青举办招商引资和经贸洽谈活动10多次,达成中车四方空中轨道、宏达塑胶、青岛小镇等合作项目50余个,总投资额175.6亿元。实施人才共育。为安顺举办党政干部、农业科技人才等培训班40余批次,培训人员1500余人次;互派挂职干部81名;选派300余名中小学校长、教师骨干和教育工作者赴安顺开展支教和教学交流活动；安顺市 430 余名中小校长、教师来青挂职锻炼和跟班学习。实施旅游共促。开通了"追梦青岛·走进安顺"旅游专列，组织开展了"山海游""婚纱摄影游""节日联动游"等旅游活动，推动两地旅游业共同发展、互利双赢。

打好"光伏扶贫牌"

2016 年 7 月，在全国东西部扶贫协作座谈会期间，习近平总书记实地考察了银川市永宁县闽宁镇原隆村的昌盛银川光伏农业扶贫项目，并给予了充分肯定。这一项目，是青岛昌盛日电太阳能科技股份有限公司（以下简称青岛昌盛日电）参与青岛"东西协作扶贫工程"、开展光伏农业扶贫的众多案例之一。

青岛昌盛日电是全国光伏设施农业综合投资领域的领军企业，在国内首创了棚顶发电、棚下经营光伏农业园区的光伏农业科技大棚模式。近年来，该企业响应青岛市委、市政府的部署安排，主动担起扶贫协作的社会责任，在全国率先开展光伏农业扶贫，走出了一条精准扶贫、产业脱贫的新路。青岛市委、市政府对此高度重视，主要领导多次到宁夏、山东等地昌盛日电扶贫项目现场调研指导，推动做好光伏农业扶贫工作。在政企双方的共同推动下，光伏农业扶贫这一新模式不断"开花结果"，既取得了脱贫成果，又促进了产业升级，收到了不俗的成效。目前，青岛昌盛日电拥有国内面积最大的光伏农业园区，遍及全国 28 个省、87 个地市，总面积超过 10 万亩。

一是搭好平台，推进"造血式"扶贫。 在扶贫工作中，青岛昌盛日电把握好"授人以鱼不如授人以渔"这一原则，通过建设光伏农业园区，搭起了产业扶贫的载体和平台。通过园区化、平台化经营，延伸了农业产业链条，扩大了农民就业与致富空间，实现了"造血式"扶贫。据测算，原来一亩农用地每年约有 1000 多元的纯收入，建设光伏农业园区后，仅农民的纯收入就可达 1 万元以上，形成了农业增收、农民增收、企业增收的多赢局面。像闽宁镇原隆村的光伏农业园区占地 1245 亩，通过土地流转、园区就业等途径，村民可获得每年 1300 余万元的收入，使该村 627 户贫困户实现脱贫。这种扶贫模式变"输血"为"造血"，将单纯捐钱捐物变为给"工作机会"，将"一时之策"变为了"长久之计"。

二是因人施策，推进"精准化"扶贫。 青岛昌盛日电坚决贯彻落实习近平总书记"精准扶贫、精准脱贫"扶贫思想,坚持精准识别、因地制宜、因人而异的扶贫方式,针对贫困户的不同情况,采取差异化的扶贫措施。对土地流转给公司的农民,可获得土地流转收入;对入园就业的农民可获得工资收入;对具备一定经营能力的农民,经过培训后可承包大棚,获得经营性收入;对有意向深化合作的农民,在公司提供的农业创客平台上创业,使他们变成"企业主""合伙人"。这种差异化扶贫模式,为贫困农民拓宽了收入来源,有的贫困户实现了"就业—承包—创客"的三级跳,彻底甩掉了穷帽子,走上了致富路、小康路。

三是以工哺农,推进"一体化"扶贫。目前,农业贷款难问题仍比较突出,导致农业产业发展后劲不足,靠农业实现扶贫面临难题。企业针对这一情况,坚持以工业反哺农业,积极化解农业贷款难题,即利用光伏电站这一工业项目回报稳定的优势,将电站二十年的发电权进行抵押,获得国家开发银行、进出口银行等政策性银行的低息中长期贷款,并将资金用于光伏农业园区开发,进而实现了光伏电站的回报提升。下步该公司还将通过走绿色IPO通道登陆资本市场,为脱贫攻坚战提供更有力的资本支撑。这种工业和农业一体化、融合发展的模式,将更多金融资本引入了农业领域,破解了农业贷款难的"障碍",推动了光伏农业产业的可持续发展,解决了扶贫"钱从哪里来"的难题,增强了贫困地区的自我发展能力。

四是提质扩面,推进"大格局"扶贫。青岛昌盛日电在做好点上扶贫的同时,还扩大了覆盖面,优化农业扶贫格局,让光伏农业"红利"惠及更多的群众。该公司依托在全国的光伏农业布局优势,在宁夏扶贫试点成果的基础上,将在山东、内蒙古、宁夏、新疆等省(自治区)选择部分县市,打破园区界限,凸显地域特色,在县域范围内进行扶贫总体设计。他们以农业龙头企业为核心,整合县域优质农业资源,通过PPP方式成立集产业规划、项目开发、产业链整合及资本运作于一体的扶贫开发服务公司,升级发展光伏农业,整体提升当地特色农业的发展水平和集聚程度,扩大扶贫脱困的覆盖面,努力使更多的贫困农民脱贫致富、一起迈入全面小康。

科技安家长岗岭 产业助力促扶贫

——湖北省科技厅驻村工作队精准扶贫工作纪实

按照湖北省委、省政府的统一部署,湖北省科技厅于 2015 年 9 月起,对口帮扶秦巴山连片特困地区的十堰市郧西县安家乡长岗岭村,驻村开展精准扶贫工作。一年多来,省科技厅工作队以"突出科技支撑,发展富民产业"为主题,与长岗岭村广大干部群众密切配合,制订发展规划、加强政策宣传、走访慰问农户、精准识别对象、发展特色产业、加大科技投入、建立长效机制,2016 年累计投入各类资金 344 万元,帮助长岗岭村实现集体收入 12 万元,17 户 50 人"脱贫摘帽",切实为驻点村精准扶贫、致富发展"起好步、开好头",得到了驻点村干部群众的充分肯定。

省科技厅扶贫工作队驻村之后,认真按照精准扶贫工作要求,精准识别帮扶对象,认真调研产业基础,先后 15 次深入长岗岭村的各个村民小组开展实地调研;分别召开 6 次座谈会,听取村党员干部和群众代表意见;先后走访了 60 多户村民,了解群众生产生活现状和发展的意愿诉求。通过民主协商、集体评议等方式,做到"六评六看",明确了贫困户 118 户、317 人为精准扶贫对象,得到了干部群众的认可。通过实地调查,重点对新入驻的长岗岭村村情村貌、产业基础、发展意愿等基本情况,撰写了《长岗岭村精准扶贫调研报告》,仔细分析了缺少青壮劳力、生产空间狭小、劳动效率低下、缺少技术含量是长岗岭村主要致贫原因,提出了发展特色产业是长岗岭村脱贫致富的有力保障,为帮扶工作顺利开展奠定了基础。制定了《2016 年省科技厅精准扶贫工作方案》,撰写了《长岗岭村桑蚕菌产业发展可行性报告》,为高效开展精准扶贫工作奠定了基础。

一、发展科技农特产业

省科技厅扶贫工作队将发展科技农业特色产业作为工作重点，充分发挥科技扶贫特色，切实增强长岗岭发展"造血功能"。延续"一村一品"的发展思路，推广"1+X"产业发展模式，支持长岗岭村食用菌为重点，同时配套发展蚕桑、马头山羊等若干个特色产业，并切实通过"六个一"促进产业发展：

1. 选准一个产业。 重点围绕长岗岭村资源禀赋与产业基础，省科技厅扶贫工作队先后组织华中农业大学、省农科院、十堰市农科院、武汉市农科院等高校、科研院所专家，赴长岗岭村进行实地考察，对已有桑蚕、生猪、核桃、马头山羊等产业"问诊把脉"，分析了现有产业存在的问题和发展的瓶颈。基于长岗岭村山区地理气候条件，结合桑蚕产业桑枝下脚料废物利用，华中农业大学、十堰市农科院专家对发展食用菌产业进行了可行性论证，明确提出发展以食用菌产业为主的山地特色产业，得到了县、乡、村干部群众的高度认可。

2. 制订一个规划。 支持驻点村分别围绕山野葡萄、核桃、食用菌和蚕桑等产业，制定了发展规划，提出了"多维并行"的发展模式，发挥主导产业龙头带动作用，帮助长岗岭村以食用菌产业为主、桑蚕产业为辅，错开主要劳动季节，合理安排劳动时间。同时发展马头山羊、土鸡、林下经济等特色产业，组织专家编制了长岗岭村山区特色产业发展实施方案，投入100余万元资金，保障了项目规划顺利推进。

3. 成立一个主体。 省科技厅扶贫工作队积极宣讲帮扶政策，广泛动员群众，通过村民大会、入户走访、展板宣传等多种形式，宣传扶贫政策与激励机制，重点动员贫困户参与生产。在村两委的组织下，长岗岭村村民成立了"郧西县天珍桑蚕菌合作社"，积极筹措资金，投入产业发展，形成了产业发展的主体，增强了广大农户生产经营抗风险能力。

4. 建立一套机制。 围绕产业主体与贫困户个体的资金筹措与利益分享的问题，省科技厅与乡、村干部、合作社社员多次协商，广泛征求意见，明确省科技厅帮扶资金以股权形式投入、扶贫结束后股权由村集体共享，鼓励村种植大户、致富能人投资入股，科学制定了一套发展食用菌产业的共同劳动生产、共同分享成果、鼓励勤劳致富、杜绝不劳而获、保障公平公正、实现长远发展的激励机制，得到了全体村民的积极响应。

5. 搞好一条龙服务。充分发挥资源优势，积极汇聚人才智力支持与资金项目支持，组织湖北省农科院、十堰市农科院与长岗岭村签订产学研合作协议，为村产业发展提供技术支持；先后组织长岗岭村干部"三上房县""四下随州"，学习种植技术，购置生产设备，聘请技术专家，通过"三区人才""科技特派员"等途径，选聘专家与技术人员驻村开展技术指导，确保生产"万无一失"，确保产品质量优良；邀请中国农科院郑州果树研究所、湖北省林科院专家来长岗岭、田坑、神雾岭等村指导核桃科学种植；邀请武汉市农科院专家赴长岗岭村指导巨菌草种植，为畜牧产业提供所需配套牧草。同时，支持长岗岭村、瓦房沟村、田坑村开展农村信息化服务站点和电商平台建设，支持驻长岗岭村大学生创新创业，为山村生产生活提供便捷的信息化服务和人才支撑。

在省科技厅扶贫工作队的大力支持下，新上的长岗岭村食用菌项目，已建成年产20万袋食用菌生产线一条和6万袋规模的标准化示范大棚，预计当年收益在60万元以上，后期将建成年产50万袋食用菌能力，辐射带动当地及周边贫困户发展产业、脱贫致富。2016年全年食用菌销售收入40万元，利润近30万元，食用菌将成为长岗岭村脱贫发展的主导产业，成为贫困户和广大村民脱贫致富的重要收入来源。

二、促销特色产品

一是针对长岗岭村桑蚕产业发展中剩余桑枝问题，积极出谋划策，联系生猪养殖户收购枝条，变废为宝。组织十堰市张湾区柳家河黑猪养殖基地与长岗岭村郧西县天珍桑蚕菌科技专业合作社正式签订了桑枝收购协议，拓宽了桑树种植户收入渠道。

二是帮助联系随州食用菌企业，达成了食用菌保底收购合作意向，已先后与随州裕国、三友、神农等食用菌企业却了联系，确保全村食用菌生产销售市场无忧。

三是筹划"秦巴好产品"系列推广活动，通过"楚商大会"等活动平台，运用信息化渠道手段，重点宣传推介郧西县长岗岭村马头山羊、瓦房沟村山野葡萄酒、黑毛生猪等特色农产品。2017年新年前夕，协助安家乡开展了"品购生态年货，助推精准扶贫"的农产品推介大会，邀请来自十堰、西安等地游客齐聚安家乡，采购生态年货，促进了当地群众增收，提升了秦巴山区集体品牌影响力。

四是组织省科技厅机关工会开展采购、认购，2016年，省科技厅机关工会认购了一批食用菌，有力地支持了村民生产发展。

三、改善社会民生

一是支持集中安置。 配合长岗岭村食用菌产业发展，积极与县委、县政府主要领导协商，争取县财政专项资金支持，帮助长岗岭村建立集中安置住宅小区，安置32户54人，主要为部分贫困户及五保户，改变了部分贫困户改变居住距离远、居住环境差状况。同时实现就近参与桑蚕菌生产劳动，将极大地便利贫困户的生产、生活。目前，集中安置小区建设已初步完成主体建设，春节前有望实现入住。

二是开展医疗帮扶。 组织郧西县人民医院与长岗岭村新签订医疗帮扶协议，对该村驻村村医进行免费培训，对贫困村民入院治疗给予住院费用20%的减免优惠，实现了对长岗岭、瓦房沟、田坑三村的全覆盖。2016年，组织中南医院专家团队赴长岗岭村开展送医送药活动，在为村民义诊的同时，捐赠各类药品共3万元，为山区群众送去了温暖。

三是加强基础设施建设。 协调县财政资金，支持位于长岗岭村5组的国新水库加固，并组织编制了《安家乡国新水库防汛抢险应急预案》，确保汛期水库安全、确保人民生命财产安全。协调支持修建长岗岭—五龙河、燕子山4~5组村级公路，进一步便利村民交通出行。

四是推进农村信息化建设。 支持长岗岭村开展农村信息化建设，帮助该村建设了1个信息化服务站点，捐赠了1台信息化综合服务设备，搭建了电商平台，提升了网格化管理水平和信息化服务能力。

精准扶贫工作启动以来，湖北省科技厅扶贫工作队得到了郧西县、安家乡党委政府的大力支持，使各项工作得以顺利推进，取得了良好成效，造福了一方群众，得到了干部群众的热情赞扬，工作队也深受鼓舞。工作队在今后的精准扶贫工作中，会继续本着惠民、务实的原则，严格按照中央、省委精准扶贫工作总体要求，在产业发展、信息化服务、电子商务、基础设施建设、惠民工程等方面加大推进力度，聚焦精准扶贫，全面完成驻村扶贫的各项任务，确保脱贫目标如期实现，为建设美丽、富饶的长岗岭村做出贡献。

拉长产业扶贫链条　助推低收入户增收

——江苏省沭阳县实施特色产业扶贫工程纪实

"扶持谁、谁来扶"只是扶贫的开始，关键是要"扶什么、怎么扶"，如何更有效地让扶贫力量有的放矢，实现精准扶贫？江苏省沭阳县给出的答案：统筹产业振兴和产业扶贫，开展特色产业扶贫工程。

2015年，沭阳县出台了《特色产业精准扶贫的实施办法》，通过打造优势、龙头带动、产业融合和电商扶贫推进花木、食用菌、蔬菜鲜果等特色产业发展和低收入农户增收。

打造优势，特色产业成为富民主业。沭阳县地处黄淮平原，属亚热带和暖温带过渡地区，气候温和，四季分明，日照充足，雨量丰沛，是"南花北移、北木南迁"的优质驯化地。当地党委政府坚持把花木、蔬果、畜禽产业作为发展经济的突破口和主导产业。近年来，更是集中力量办大事，不断做大做强特色产业。打造花木特色，建设中国沭阳国际花木城、沭阳花木大世界、周圈盆景市场、新河花木电商采购基地等十余个大型花木集散市场及中心；花木产业实现了由苗木到园艺、由绿色到彩色、由"点"到"线"到"面"转变。提高畜牧业规模化、集约化和标准化水平，全县已建成养殖业家庭农场316个，水产业家庭农场77个。特色产业已成为富民主导产业，在扶贫开发中发挥了重要基石作用。截至2016年，全县花木种植面积由2011年的4万亩发展到50万亩，年实现花木产值52亿元，生猪年出栏量176万头、家禽5200万羽；瓜果、蔬菜、食用菌年生产量260.6万吨，特色产业带动了4万多低收入户实现增收。

龙头带动，农户在产业扶贫中受益。沭阳县充分发挥龙头企业的在特色产业扶贫中的引领作用。该县狠抓内培外引和带动机制创新。对外引进了三叶园林、绿雅集团、立华牧业等一批的大型特色农业龙头企业；对内重点培育了省首家上市花木企业——苏北花卉以及一批大型特色农业种植企业，其中县内单体种植面积超1000亩的企业（大户）达29家，特色产业家庭农场1175个。周集乡低收入户谢建中告诉记者，"我身体有病干不了重活儿，村里帮着把我的农田流转给了企业，每年有固定流转收益，扶贫资金入股每年有8%分红。老婆还能在企业里打工，我平时也能在自留的土地上种点蔬菜，收入稳定。"像谢建中一样，当地已有629户建档立卡低收入农户与生态园林公司签订了帮扶脱贫协议，低收入农户还可以得1~2万元的扶贫贷款支持，种植的花木、多肉植物等农产品都能"加价包销"。沭阳县以"政府＋公司＋金融＋低收入农户"模式，形成产业扶贫"大合唱"，受到低收入农户欢迎，也得到龙头企业、专业合作组织、家庭农场等市场主体的认可，形成帮种、帮养、帮收、帮销以及联户带动、入股分红等多元帮扶格局。目前，全县特色扶贫产业园已发展到43家。

科技创新，农户在品种推广中增效。沭阳县构建起了较为完善的特色产业科技服务体系。依托省市高等院校、科研机构成立了花卉苗木、食用菌、蔬果研发中心，科技培训中心和特色产业科技超市等一批科研机构，做好扶贫技能培训和"科技入户工程"，深入村头、田头、农户家中抓好指导培训，并开展资源保存与展示、扩繁、培训、推广示范等工作，让低收入户迅速掌握种植、养殖、加工技术。地处偏远的张圩乡老百姓常说："这些年好了，经常有免费的技术讲座，怎么种花木、蔬果，食用菌，都讲得明明白白。如今，我们也都成了种花木、蔬果的行家里手。"

加快新品推广和品种转型，主导种植模式正在悄然改变。颜集镇花农荣剑介绍，他和妻子仲秋香经营12个塑料大棚，种植3000多平方米40多种多肉植物，以往种植绿化花木，亩产最多2万元，现在培植的多肉植物能收入十万多元，同样辛苦一年，年收入能翻上几倍。该县在去年建成占地3000亩的苏台（沭阳）花木产业园的基础上，今年又在耿圩镇建设了占地420亩的多肉植物家庭农场集群，年产值达到2000万元。宿迁立华牧业有限公司是沭阳畜禽规模龙头企业，采用国际先进养殖技术，带动全县规模养殖企业实现了品种更新，年增效达一亿元以上。全县先后引进、培育各类新品种240余种，特色产业品种已发展到3200余种，新品种植面积超过30%，2.6万低收入农户从新品推广和品种转型中获利。

产业融合，产业扶贫链条不断拉长。沭阳县把延伸产业链、提升价值链作为提高特色产业整体效益、促进农户稳定增收的重要抓手。近年来，沭阳县以国际花木城建设为契机，加快推进一二三产业融合发展，花木、蔬果、畜禽等特色产业正加速向互联网经济、旅游经济、生态经济融合发展，特色产业社会效应和经济效益大大提升。2016年10月份第四届中国·沭阳花木节、中国盆景制作比赛暨第二届中国精品盆景（沭阳）邀请展，吸引游客22万人次、引进资金17亿元。同时，致力打造"虞姬故里，花乡沭阳"旅游品牌形象，精心打造了扎新线景观路、古栗林生态旅游度假区、新河特色镇、钱集生态扶贫示范镇、山荡特色旅游村等休闲旅游线路。据不完全统计，2016年国庆黄金周期间，该县共接待游客53.5万人次、同比增长11.2%，实现旅游总收入5.28亿元、同比增长9.5%，吸纳了8000多低收入人口参与三产服务。

借网销售，特色产业扶贫搭上快车。人口不足3000人的新河镇周圈村，在外界有个响亮的名头——中国互联网盆景第一村。该村是沭阳县的花木发源地，近年来电商发展红火，全村631户，开的网店就超过560家，自产的400多种苗木花卉基本上都是通过互联网平台售往全国各地。据统计，在全县3万余家网店中，约有90%的网店从事特色农产品及配套物品销售。商品种类从籽种、树苗、鲜花、干花、盆景、资材、食用菌、禽蛋等，应有尽有。阿里研究院专家说，"淘宝上20%的花卉苗木类卖家集中在沭阳"。2015年沭阳县全年网上交易额突破65亿元，快递发货量平均每天超15万件；2016年上半年网络销售额达62亿元，快递业务量3464万件，同比增长124.9%。该县于2015年4月被国家商务部、财政部认定为"国家电子商务进农村综合示范县"，全县有3个镇和22个村分别获评"中国淘宝镇"和"中国淘宝村"。此外，该县专门出台电子商务发展指导意见，围绕低收入户"入门之前缺引导、起步阶段缺培训、发展阶段缺资金、升级阶段缺人才"，开辟农村电商扶贫"绿色通道"，着力打造"镇乡对接""村村联姻"和"大户+低收入农户+电商"模式，助推产业电商扶贫。党员陈静在网上销售花卉、盆栽、种子及园艺用品等，月成交量15000多单，月销售额50余万，她主动帮助村里20多名贫困青年加入到网销的队伍，实现了稳定脱贫。据统计，全县现有1800多户建档立卡户"触网"创办农产品销售网店，实现增收1.3亿元。

通过产业扶贫，强化帮扶责任力、提升精准扶贫力、创新脱贫攻坚力，沭阳2016年实现4.8万低收入农户脱贫，超年度目标10%，15个省定经济薄弱村集体收入超过18万元。

康恩贝集团：探索"产业链扶贫"之路

作为一家以现代植物药为核心的大健康企业集团，康恩贝对"品质是产品的生命线"这一理念的坚持，贯穿了产业链的全程。为从源头上把握产品品质的制高点，同时也响应国家关于西部开发的号召，康恩贝在经过多年的试验性种植和充分考察论证之后，自2010年开始，选择了生物资源丰富、气候条件适宜的云南，进行大规模的药用植物种植。在各地党委、政府的大力支持下，康恩贝先后在云南曲靖、文山、泸西、腾冲、普洱、昆明和浙江兰溪市水亭畲族乡等地，开展了药用植物（包括中药材）的标准化、规模化、产业化种植，以银杏产业为主体，构建了"种植—植物提取—药品、保健品生产—销售"的全产业链，同时带动了基地周边农民脱贫致富，走出了一条独具特色的"产业链扶贫"之路，实现了经济效益、社会效益和生态效益的多赢。

一、以创新发展为活力之源，促进农业增效

创新推行"内股外租"土地流转模式。在兰溪水亭乡，村民以土地使用权入股交由村经济合作社统一流转，康恩贝与合作社签订土地使用权租赁协议，承诺不改变土地用途，耕地年租金为500元/亩，坡地200元/亩，每五年租金提高10%，既保证了村民获得稳定收益，又可以连片开发，避免了村民分散经营的风险。

创新推行"产学研"一体模式。康恩贝在云南的下属公司——云南希康生物科技有限公司、云南希美康农业开发有限公司，先后与中国科学院昆明植物研究所、南京林业大学、云南农业大学、云南中医学院等合作进行产学研联合开发，建立了两个院士工作站，设立了银杏研究院，在土壤改良、植物栽培、病虫害防治、银杏育苗和银杏叶提取技术等领域进行研究，并取得了相应的成果。同时，大力发展设施农业、高效农业，普及滴灌、喷灌等节水灌溉技术，配合建设太阳能垃圾处理设施，实现农业科技化、机械化。

二、以协调发展为稳定基石，促进产业增值

做好产业间的协调发展。树立大农业观念，推动一二三产业融合发展。云南的种植基地已经建成植物提取厂、健康食品加工厂和中药饮片厂，进一步提高了农产品加工转化率和附加值，促进了当地产业结构调整。在曲靖沾益，公司以国家4A级旅游景区——珠江源为依托，大力发展农业观光旅游，实现一二三产的深度融合。目前，投资1.2亿元的银杏文化主题休闲庄园正在建设当中，建成后，每年有望吸引100万人观光旅游，有力推动当地旅游产业发展。

做好扶贫与扶智的协调发展。公司邀请农业专家不定期到基地开展农村实用人才等培训，累计培训人员达1.6万人次，提高了当地农民的自我发展能力。康恩贝集团董事长胡季强还担任了浙江兰溪市水亭乡盖竹里村党支部"第一书记"，每年组织开展"企业家上党课、村干部上市场课、村民上技术培训课"活动，促进村企深度交流。公司还从中国传统文化中汲取精髓，通过帮助炎方乡建立"小康乡约"，对农民进行道德教化，使当地逐步形成与社会主义新农村建设相适应的文明乡风。

此外，因为当地村民有了家门口就业的机会，收入大幅增加，乡村常见的留守儿童、赡养纠纷现象因此而显著减少，既增强了农民的获得感和幸福感，也减轻了政府的维稳压力。

三、以绿色发展为持续之本，促进农村增绿

让荒山变青山。以自身产业为基础，综合考虑当地环境条件，康恩贝确立了以银杏种植为主、林下经济配套（包括中药材、经济作物的种植，以及林下禽类的养殖）的农业发展方向，形成可持续发展的现代农林生态循环经营模式。在水亭、泸西、文山等地，原来已分包到户的零散林地、荒坡都利用了起来。目前，康恩贝已在珠江源头的炎方乡来远村绿化荒山1.5万余亩，进一步筑牢了珠江源生态屏障，地处偏远而贫瘠的水亭乡盖竹里村，如今已是一派山青、水绿、路通、民富的好气象。"绿水青山就是金山银山"在这些地方正在成为现实。

让产业生态更优化。公司在推行种养结合的产业发展模式，建设林下养殖试验基地。同时，推进基本农田改造和农田水利建设，开展农田面源污染的整治工作，实施科学用肥，实现垃圾无害化处理、资源化利用。公司在兰溪的银

杏基地与周边养猪场"联姻"实施沼液综合利用项目,优化了当地的生态环境。这些举措,是康恩贝"生态建设产业化,产业发展生态化"发展思路的具体体现。

四、以开放发展为升级抓手,促进公司增活力

康恩贝巧打开放牌,借"一带一路"倡议的东风,将银杏叶提取物远销至欧洲、印度及东南亚国家。为了提升国内银杏叶提取物的整体质量标准,公司起草了首版银杏叶提取物国际商务标准,并由商务部正式颁布。因为在品质、技术等方面的优异表现,康恩贝被安利(中国)有限公司确定为年度植物提取物类别的最高级别供应商。2014年,公司的银杏叶提取物获得了欧洲药品质量管理局颁发的CEP证书,天保宁胶囊获得了加拿大健康产品证书,为实施国际化战略迈出了坚实的步伐。到2020年,康恩贝有望成为全球产量最大、品质最优的银杏叶提取物生产供应商。

五、以共享发展为企业之责,促进农民增收

实施"就业扶贫"工程。在种植基地,公司就近聘用留守村民从事劳动生产,因人设岗,妥善解决残疾、老年农民的就业,确保"人人有活干"。林下套种和基地的四季养护则确保了农民"季季有活干",收入更加稳定。公司云南曲靖基地所在的来远村由原来的炎方乡贷款第一村变为存款第一村。村民郝宗发一家4口人,有耕地80余亩,原来纯收入只有1.3万元,土地流转后,租金加上劳务收入,每年纯收入达8万余元,5年时间就还清了贷款,还建起新房、买了轿车。精准扶贫的示范效应,大大提高了当地农民脱贫的主动性。

实施"健康扶贫"工程。公司在兰溪设立了"浙江省康恩贝慈善救助基金会",为当地患有重大疾病的贫困人员建立"救助档案",实施更加精准的医疗救助。成立9年来,累计发放救助金超1700万元。此外,还与浙江省红十字会合作,开展"康恩贝健康之旅博爱行动",2010年至今投入已近亿元,逾5万名农村及贫困地区的心脑血管、前列腺疾病患者因此而受益。

实施旅游扶贫工程。2016年,云南希美康公司着手对沾益珠江源景区进行连片开发,将根据统一规划创建8万亩"珠源杏海生态旅游景区",结合炎方乡民族文化特色、自然景观及当地土特产品,大力发展生态乡村旅游业,培育旅游大品牌,为当地农民提供更多的就业机会。力争到2020年,实现乡村旅游综

合收入2亿元，户均年增收4万元。

实施金融扶贫工程。根据公司和沾益区政府签订的协议，由区政府牵头，以炎方乡建档立卡484户贫困户为主体向信用联社贷款，户均5~20万元。康恩贝作为担保平台，以企业带动贫困农户获得小额到户扶贫贷款，贫困户自愿以所贷资金作为股金入股希美康公司，参与特色优势产业项目开发。对获得贷款的贫困农户，康恩贝负责按期偿还贷款，并按不低于6%的利率每年定期兑现给农户进行分红。

实施教育扶贫工程。在云南曲靖，公司根据实际情况开展员工与贫困户子女1对1结对资助帮扶，资助标准为每人每年1000~2000元，确保炎方乡的建档立卡贫困户子女不因贫辍学。希美康还积极助力曲靖市希望工程发展，5年出资200万元，用于对当地贫困大学生的捐助。

实践证明，康恩贝探索的这条扶贫产业链，是一条农业增效的黄金链、农村增绿的绿色链、农民增收的幸福链、企业增值的活力链，生动践行了精准扶贫重要思想和五大发展理念，不仅为贯彻落实精准扶贫重要思想提供了新路径，有效地解决了"谁来扶""扶持谁""怎么扶"等问题，实现"六个精准"的高度统一；也为企业履行精准扶贫社会责任提供了新模式，促进企业充分发挥自身优势，积极主动参与全国打赢脱贫攻坚战，形成社会合力，由"输血"式扶贫到结合产业"造血"、"活血"式扶贫；同时，还为因地制宜、精准施策打赢脱贫攻坚战提供了新借鉴，通过产业扶贫，企业和农业、农村、农民捆绑形成"利益共同体"，以产业链末端效益回溯至产业链源头，将贫瘠土地多、老弱劳动力多等致贫因素转化为增收致富的资源，实现"富民强企"的双赢。

不断探索适合中国国情的公益扶贫模式

——碧桂园集团"产业扶贫"和"教育扶贫"双项推进

碧桂园集团认真落实党中央、国务院关于精准扶贫的方针、政策和工作部署，积极践行企业社会责任，为脱贫攻坚做出了积极贡献，碧桂园集团创始人杨国强因此获得2015"中国消除贫困奖"。在广东省2016年扶贫济困日活动上，杨国强、杨惠妍再次捐赠5亿元，全力以赴参与攻坚战。"我也穷过，我知道贫困是怎么一回事。我会响应中央和省委、省政府的号召，继续努力，精准帮扶相对贫困户，为广东三年精准脱贫打赢脱贫攻坚战做出更大贡献"。谈起碧桂园下一步的工作打算，杨国强这样表态。

一、探索碧桂园扶贫机制

一直以来，碧桂园坚持"授人以鱼"不如"授人以渔"的扶贫理念，专门设立社会责任部，派出12名员工常驻扶贫点，与村民同吃同住，不断探索、创新适合国情的公益慈善模式，将产业扶贫与人才培训、整村推进、转移就业、驻村帮扶等有机结合，形成长效扶贫机制，并持续强化定点扶贫开发力度，取得显著成效。

（一）产业扶贫，精准"滴灌"

碧桂园积极贯彻落实广东省委、省政府"规划到户，责任到人"的扶贫双到政策，提出了改善民生与发展生产并举的"绿色产业扶贫模式"。2010年，杨国强亲力亲为，选定清远英德市西牛镇树山村作为碧桂园产业扶贫的第一个点，实施了苗圃产业加住房改造、饮水、道路、电网、通讯的"一带五"扶贫开发整村推进工程。

如今，树山村已经发生了翻天覆地的变化，从一个污水横流的小村庄，变成了干净卫生的小别墅山庄。特别是产业发展，已逐步形成了市场机制，得到社会各界的认可，产出已超过2000万元，村民实际获益1000多万元，农户户均增收约6万元。

2016年，碧桂园继续响应广东省委省政府和省扶贫办的号召，积极参与到两广协作中。经过前期的调研摸底，了解村民的真切需求，结合广西政府在广东省清远市树山考察后的建议，决定将碧桂园在树山村的"绿色产业扶贫"模式引入广西壮族自治区百色市田阳县桥马片区央律村。

在当地政府的支持与配合之下，碧桂园以桥马片区央律村为核心，引导、扶持片区有种植意愿、有发展条件的贫困户，采取"市场主导、贫困户主体、企业参与、政府帮扶、金融支持"的运作方式，通过"龙头企业＋专业合作社＋贫困农户"的模式，发展苗木花卉种植，拓宽农户增收渠道，打造苗木花卉产业扶贫示范基地，树立桥马片区乡村旅游新品牌。该项目计划总投资约5000万元，预期开发5年，共种植苗木300亩，每年带动桥马片区210户建档立卡贫困户脱贫致富。

（二）扶贫开发，整村推进

2016年10月，碧桂园帮扶广东潮州市饶平县浮滨镇建设黄正幸福新村项目正式启动。黄正村位于潮州市饶平县浮滨镇南面片，是广东省新时期精准扶贫相对贫困村。本项目计划将其下属5个自然村实施整体搬迁，建成集生活、休闲、生态农业和自然景观为一体的生态文明新农村、生态农业示范村，打造成为省扶贫村的示范点。

该项目预计总投资金额3000多万元，规划总用地面积21041平方米（31.59亩），拟建总建筑面积11591平方米。工程将分两期实施，首期建设95间满足村民申报需求，采用"统一选址、统一规划、统一设计、统一建设、统一结算"的方式并实行民主分房。

除此之外，碧桂园还在广东肇庆市怀集县下帅乡、广州市花都区梯面镇、清远市佛冈县生水塘村、潭洞村、四川马边及甘洛等地开展整村推进改造扶贫工作。

（三）"1+1"伴你同行，扶贫更扶志

2016年，碧桂园启动"1+1伴你同行"——1对1帮扶贫困群众公益慈善项目，整合各方资源，为社会各界爱心人士提供一个奉献爱心、参与公益的有效平台。截至年底，"1+1伴你同行"精准扶贫项目已开展三期帮扶活动，涵盖佛冈县水头镇10个行政村48个自然村，共计帮扶64户困难家庭，受益贫困人数

245人，其中受益学生113人。

"1"代表的含义有很多，比如一次相聚，一个拥抱，一顿晚餐等等，这并不是简单的物质捐赠，我们希望能够在精神层面给予他们更多关怀，让他们对未来充满希望。碧桂园工作人员将定期到受助家庭进行回访，了解各个受助家庭的近期情况，并将信息反馈给结对帮扶的单位或爱心人士，根据各个家庭的不同情况，定期进行相应的针对性帮扶。

二、构建碧桂园教育扶贫体系

碧桂园人怀揣着一颗"教育梦"，以教育慈善的模式兴办学校，免费培养贫困学子，在为社会培养职业化人才的同时，带动贫困家庭脱贫致富。在教育扶贫的路上，碧桂园人孜孜追求，不断前行，相信教育是破解贫困的良药。

（一）仲明大学生助学金，保守十年的秘密

1997年，碧桂园就设立了"仲明助学金"，资助贫困大学生完成大学梦，受助学子需签订一份《道义契约》，承诺有能力时返还助学金以帮助更多有需要的人。截至2016年底，受助学生达到9131人。《道义契约》模式至今在慈善领域备受推崇。

杨国强先生以母亲的名字"仲明"命名的"仲明大学生助学金"十年没有公开身份，被社会誉为"保守十年的秘密"。

（二）国华纪念中学，志在民族腾飞

2002年9月，杨国强以顺德一批民营企业家的身份捐资2.6亿创办了纯慈善、全免费的全日制寄宿中学——佛山市顺德区国华纪念中学，为全国各地"最优秀、最贫困"的少年提供最好的高中教育。学校承担学生在校所有费用，并提供助学金直至学生完成大学、硕士、博士所有学业，为国家培养精英人才。截至2016年，国华中学共接收了2588名处于辍学边缘的学生。立校至今，学校一直保持极高的本科升学率，2016年，该校的重本率超98%。但学校不看现在有多少学生考上了清华北大，而看十年二十年后，国华学生都为社会做出了哪些贡献。杨国强定期与学生座谈，他几乎每次都强调，从国华走出去的学生，都记得学校礼堂后刻着的：国华学子当以奉献社会为终身追求。

2016年6月26日，国华纪念中学校友会、校友基金正式成立，校友会基金第一期亦筹得了60多万的善款，传递爱心和希望。

（三）国良职业培训学校，转化农村退伍军人

碧桂园的教育扶贫对象中，还有农村籍复转军人。2007年，在总参军务部支持下，碧桂园人出资5500万元创办了全免费的国良职业培训学校，系统培训农村籍退伍军人，使之成为技能型产业工人。该校被国务院扶贫办授予"雨露计划示范基地"；被总参谋部军务部授予"全军退役士兵职业培训和就业示范基地"。

9年来，杨国强已经出资1.2亿，资助了14466名农村籍退役军人接受职业培训，并走上工作岗位。

（四）碧桂园职业学院，探索新型职业教育模式

2013年，杨国强出资4.5亿元创办了全国唯一全免费的大专院校——广东碧桂园职业学院，目前共招收1019名贫困学子。所有入读学生不仅免除一切费用，还发放日常生活补贴。学院尝试校企结合办学模式，依托碧桂园的企业经验和学院的专业知识，培养真正实干、能干的技术人才。

"让所有行业、岗位的劳动者都接受职业教育，尤其是对那些被贫穷困扰的年青有志者，我们要为他们提供良好的职业教育，为他们打开通往成才、成功的大门，这不但可以让他们掌握一技之长，走向幸福生活，也可以为国家培养出高素质的技术技能型人才，发展生产力，繁荣经济。我们期望从碧桂园职业学院毕业的学生，以良心、奋斗和感恩为信念，实践对人好、对社会好，为实现我们中华民族伟大复兴的中国梦贡献力量。"这是杨国强的办校初衷。

（五）全民技能提升，"一人就业、全家脱贫"

2012年6月，针对农村人口居住分散，集中组织难度大的特点，碧桂园开始探索另外一个教育扶贫方式，我们决定将职业教育的课堂搬到村子里。该项目以自愿为前提，对全镇16~60周岁适龄劳动力开展免费的技术技能培训，派驻工作人员长期驻扎，与村民同吃同住，执行该项目。

除了开展培训，项目还积极探索人才输出，联系人才公司和用工单位，多次组织现场招聘会，疏通就业渠道，帮助受训农民找工作。至2016年底，该项目总共投入2500万元，17 006人，其中长期学历教育上帮扶932人；中期技能培训11 715人，培训叉车、电工技术、焊工技术、财务会计、家政育婴等九种技术；短期农业实用技术（砂糖橘、青花梨种植、鸡鸭鱼养殖）培训4359人。有4064人通过推荐就业进城工作，平均收入提高约20%，月嫂廖休莲，月薪高达1万元，比一般大学生更高。这个项目证明，技术技能能让人脱贫致富、改变命运。

旅游扶贫：民宿助力精准扶贫

——四川省南江县旅游产业资产收益扶贫新模式

如果贫困是一种病，我们首先就要寻找病根病源、治本除根；如果产业是一剂药，我们最终目的是药到病除、健康自生。自2011年《中国农村扶贫开发纲要（2011—2020年）》中首次提出旅游扶贫，到2015年国务院扶贫办提出的精准扶贫十大工程，再到2016年国务院扶贫办、国家旅游局等十二部委联合印发《乡村旅游扶贫工程行动方案》，以及2017年中央一号文件《关于深入推进农业供给侧结构性改革加快培育农业农村发展新动能的若干意见》中重申发展乡村旅游推动精准扶贫工作，旅游与扶贫攻坚的结合越来越紧密，中国扶贫开发服务有限公司坚持以助推脱贫攻坚为使命，以"精准扶贫十大工程"为抓手，结合自身的资源与平台优势，创新提出"旅游扶贫民宿资产收益"的概念，以此成功实现了旅游资产收益长效扶贫模式。

一、政策性导向 市场化运作 促合作共赢

在"十三五"脱贫攻坚规划中明确提出："因地制宜发展乡村旅游。开展贫困村旅游资源普查和旅游扶贫摸底调查，建立乡村旅游扶贫工程重点村名录。以具备发展乡村旅游条件的2.26万个建档立卡贫困村为乡村旅游扶贫重点，推进旅游基础设施建设，实施乡村旅游后备箱工程、旅游基础设施提升工程等一批旅游扶贫重点工程，打造精品旅游线路，推动游客资源共享。安排贫困人口旅游服务能力培训和就业。"同时，规划还指出"拓展扶贫协作有效途径。注重发挥市场机制作用，推动东部人才、资金、技术向贫困地区流动。鼓励援助方利用帮扶资金设立贷款担保基金、风险保障基金、贷款贴息资金和中小企业发展基金等，支持发展特色产业，引导省内优势企业到受援方创业兴业。鼓励企业通过量化股份、提供就业等形式，带动当地贫困人口脱贫增收。"

我国扶贫从全向扶持到实现可持续发展，是市场化经济必然的路径规划。精准产业扶贫是贫困地区摆脱贫困的唯一出路。"旅游扶贫"作为精准产业扶贫的一项重要举措。社会资本在开展旅游产业扶贫工作中需要深入当地农村，进行深度调研。精准定位后，就要在生产设施和经营性资产的开发建设上加大机制创新力度，整合资源，科学规划，打造完整的产业链条，形成具备竞争力的市场品牌。

中国扶贫开发服务有限公司坚持以政策为导向，运用市场化运作机制，精准规划、融会创新，努力通过"旅游扶贫民宿资产收益"扶贫模式实现与贫困人口的共同参与、合作共赢。

二、资源变资产，资产转收益

贫困的原因很多，其中最主要的一个原因是没有劳动能力，据扶贫大数据显示我国老幼病残等丧失劳动能力的贫困人口群体，约占总贫困人口的51%。针对这样的贫困群体，即使给予产业扶持，也无法使其通过直接参与劳动获得报酬来脱贫。

研究分析发现，贫困人口通常拥有的基本资源是一片闲置的土地或一处不宜居住的民居。这些基础资源无法形成收益，没有再生价值。中国扶贫开发服务有限公司通过将这些基础资源改建或重建为旅游民宿，使之成为可经营性的资产，实现了资源变资产、资产变收益，再通过专业化企业的经营产生保障性、可持续性的收益，最后通过资产收益式扶贫来精准济扶丧失劳动能力的特困人群。

"燕溪堂"光雾山山语林民宿酒店坐落在四川省巴中市南江县光雾山风景名胜区境内，总占地面积1408 m^2，总建筑面积2240 m^2，客房40间，项目开发规划定位为中高端市场的精品民宿酒店。通过预算一间精品客房年收入100万以上；餐饮消费收入20万以上；土特产采购收入5~10万。此项目年收入可达5000万元左右，综合收益不低于400万。民宿收益用于资产入股的贫困户分成，让贫困户享受到资产收益扶贫模式的红利。此项目贫困人口综合受益覆盖率达到700人以上，每人增加收入约3000元。

三、"公司+合作社+贫困户"三位一体

山语林燕溪堂精品民宿酒店项目采用了"公司+合作社+贫困户"三位一体、协同发展、共进共赢的经营模式。在南江县政府的协调下,在村党委政府的帮助下,顺利成立了农旅专业合作社,把涉及此次民宿酒店项目的贫困户及资源纳入到合作社中来,并与贫困户签订合作协议,实行统建统管,保证贫困户可持续增收。合作社以社员入股分红及"合作社+银行+农户"的运营模式。

合作社作为项目参与的主体方之一,起到了资源汇集、短线管理、主体明确的平台作用,有效地提高了"旅游扶贫民宿"管理效率。

在国务院扶贫办、国家旅游局、巴中市政府的支持下,由中国扶贫开发服务有限公司与四川省光雾山旅游发展公司共同开发建设的山语林燕溪堂精品民宿酒店,成为了旅游资产收益式扶贫的标杆示范点。

民宿的发展得到了国家政策支持,在国务院十三五脱贫攻坚规划中提出乡村旅游产品建设工程:"建成一批金牌农家乐,中国度假乡村,中国精品民宿。"

通过示范项目的实施和经验总结,中国扶贫开发服务有限公司对精品民宿项目也做了标准化的提炼,使其具备了可复制性的意义和基础。

经过测算,一栋10~20间客房的小规模精品民宿总体建设费用200~300万,设计建设周期短,半年左右可投入使用,通过全程委托专业公司运营当年形成收益,满足了贫困人口及时见效益的需求,同时使精品民宿在脱贫攻坚战剩余的3年时间段彰显了其小规模投资优势和普适意义。

在2014年12月,《国务院办公厅关于进一步动员社会各方面力量参与扶贫开发的意见》发布之后,越来越多的社会力量积极参与到了这场脱贫攻坚战中。由于该项目的精准定位和模式创新,更加吸引了社会资本对于区域旅游投资发展的关注,拟募投10亿元规模的旅游产业基金,对贫困地区旅游产业进行投资。在2020年前,中国扶贫开发服务有限公司将联合一百家企业在贫困地区建立1000个燕溪堂扶贫民宿酒店,带动100万贫困人口的脱贫致富。

四、扶贫工程混搭运用拉长扶贫产业链

在山语林燕溪堂精品民宿酒店项目实施过程中,中国扶贫开发服务有限公司积极探索扶贫工程复合式运用的新路子,把我国目前正在推进实施的"精准

扶贫十大工程"中的"职业教育培训、扶贫小额信贷、易地扶贫搬迁、电商扶贫、旅游扶贫、龙头企业带动"六大工程进行深度融合,增强了产业精准扶贫的功能和应用范围。

通过易地扶贫搬迁工程建设"民宿社区"工程,完成了扶贫民宿项目的基础建设;通过扶贫小额信贷实现"有款可贷、有项目可投产、有还贷支持保障"的金融扶贫创新模式;通过职业教育培训实现"返乡创业"或"返乡就业";通过龙头企业带动实现"产业产品升级迭代"。扶贫政策不仅是国家方略,更是指导性意见,各级政府和各地企业需要在实践中边际创新、复合应用。

在项目实施过程中,中国扶贫开发服务有限公司紧紧围绕习近平总书记"绿水青山就是金山银山"的重要精神,将旅游扶贫与产业投资相结合,形成发展节奏和结构性的支撑。旅游产业精准扶贫的同时,运营需要互联网思维,促进不同产业之间相互融合与支撑形成合力,实现扶贫效益的最大化。

现阶段我国进入脱贫攻坚的关键时期,找准"贫根",对症下药,方可事半功倍。中国扶贫开发服务有限公司在助推脱贫攻坚的过程中,将继续按照党中央、国务院关于精准扶贫的重要部署,牢牢把握旅游扶贫这一重要抓手,脚踏实地攻坚克难,全力开创旅游扶贫新局面,为2020年全面建成小康社会做出应有的贡献。

西藏5100：探索产业精准扶贫之路

由于特殊的地理条件、自然环境和历史文化等因素，西藏长期以单一的农牧经济为主，经济社会发展水平较低，人类发展水平相比国内其他省区长期处于末位。解放几十年来，西藏的发展曾大量依靠中央和其他地区的经济支持。人居环境差、生产方式落后、贫困人口素质低等因素，一直困扰着西藏地区的经济社会发展。

西藏5100作为一家雪域高原土生土长的西藏企业，结合当地水资源较为丰富的特点，通过发展优势特色产业支持扶贫与包容性发展，扶持当地藏族牧民发家致富，加大捐资助学、建设公共设施的力度，极大改善了当地民族贫困地区人民生活质量，实现了从"输血式"扶贫向"造血式"帮扶的转变。

一、产业精准扶贫整体推进

大力发展水产业不仅符合西藏的资源禀赋条件，而且对自然环境破坏小，近些年西藏水产业取得快速发展，显著提高了当地的经济发展水平。西藏5100积极响应、配合当地政府的引导，致力于为经济、就业、教育和民族团结等方面做出贡献，为藏族人民和当地经济带来了新的发展契机，不仅解决了当地人民的就业，更使周边的村庄间接受益。

以当雄县为例，该县地处海拔逾5100米的山脉侧冲，属于原始的农牧区，2005年以前该县典型牧民家庭年收入不足2000元，全县除县城外大部分村镇既不通电也没有柏油公路。自引入西藏5100冰川矿泉水企业入驻以后，在经济上为当地贡献了80%的工业产值和每年上亿元的税收。

与此同时，企业雇佣的员工90%左右来自当地的藏族农牧民，员工入职时由企业为其提供文化培训及岗位技能培训，牧民员工的平均收入水平从企业入驻前的年均1000多元，提高到入驻以后的年均约四五万元。

同时，企业优先雇佣周围牧民家属开展水产业物流运输，进一步带动了为就业牧民的收入提升。在配套设施方面，企业出资铺设了第一条村级柏油公路，并为 18 个村组提供了基本生活用电，每年由企业为牧民提供的电费补贴达 50 万元。在民生改善方面，企业对当地的基础教育、医疗卫生、贫困救助等方面提供了重要支持，还特别成立了"西藏 5100 教育发展专项基金"，每年为当地学校提供不少于 100 万元的教育经费资助。

二、变"输血式"扶贫为"造血式"扶贫

贫困不仅仅指经济条件差、收入水平低，更主要的是指贫困人口参与机会和参与能力的不足。对于中国这样地域广阔、国情复杂、经济发展水平较低，但是贫困人口规模庞大的国家而言，依靠外来援助"输血式"的扶贫难以可持续地解决贫困问题。扩大贫困人口的参与机会、提升参与能力，实行"造血式"的开发扶贫，既是中国过去几十年推进减贫工作的重要经验，也是实现减贫目标的必由之路。进行"造血式"扶贫的重要模式之一是发展地方优势特色产业。

1. 立足企业发展，积极带动当地经济发展

西藏 5100 在发展地方优势特色产业的同时，为当地农牧民带来了新的信息和知识，打破了传统农牧环境中信息极度闭塞、思想简单固化的状态。农牧民在接触和融入企业的生产经营活动时，不仅知识文化水平和劳动技能得到极大提高，而且在思想观念、生活方式等方面，也发生了重大变化，法治规则意识逐步形成，生活方式明显改善，从而为建立更加开放、文明的社会治理体系，打造较好的社会基础。

随着企业的发展，来自工厂周围 800 多位村民间接受益。西藏 5100 的产品出厂后，需要先从生产基地运送到那曲物流中心和拉萨火车西站，再通过青藏铁路发往全国。为了增加当地就业，企业在当地招募村民承包运输队，承担所有短途运输业务。至今，5100 运输队共有 40 辆车，司机每年的收入都在 10 万元以上。这不仅解决了 800 多人的就业问题，也改善了他们的家庭生活条件。

当雄县公塘乡冲嘎村，全村 331 户人的生活和西藏 5100 密切相关，在水厂或其他相关的业务中都有他们的身影。水厂投产之前，当地牧民年收入只有 1000 多元，而现在员工年均现金收入已达四五万元，约有一半的农户家里盖起了新房，几十个家庭买了小轿车。当年的那个贫困村，如今也已经成了远近闻名的小康村。

2. "授人以鱼不如授人以渔"，人才培养与扶贫有机结合

目前 5100 的现代化工厂年产已达 20 万吨，是西藏自治区投资规模最大、产值最大、现代化程度最高的企业，并获得了"世界最佳矿泉水"的殊荣。西藏 5100 的发展为藏族人民和当地经济带来了新的发展契机。

藏族姑娘洛桑，来自当地一个牧民家庭的普通女孩。2005 年成为西藏 5100 的一名员工后，在公司的培养下，勤奋的洛桑如今已成为了厂里的行政主管，去年公司还在拉萨给她分了房子。

如今，西藏 5100 近 20000 平方米的生产车间内共容纳了 200 多名职工，其中 95% 为藏族员工。他们与洛桑一样，都是工厂的直接受益者。

3. 动员多方慈善力量，加强对贫困人口的知识和智力帮扶

"西藏 5100 教育发展专项基金会"由萨马兰奇体育发展基金会联合西藏冰川矿泉水有限公司共同出资发起，是民政部管理下的公益专项基金项目，旨在更好地将发展西藏教育事业，为西藏培养更多的本地人才，和西藏人民一起可持续地科学利用西藏的健康水资源。

基金会积极资助西藏地区教育发展，曾为当雄同学们捐资建设一个现代化的电教室、多次向学校捐赠图书和室外体育器材等，还联络社会各界组织"西藏孩子走出去"活动，让更多西藏孩子走出高原，接触外面的世界，增长见闻。

少年儿童是祖国的花朵，是未来中国发展的最大动力。西藏地区想要走出"脱贫返贫再脱贫"的怪圈，必须加大教育投资，给西藏一个美好的未来。西藏 5100 正在积极努力，期望许给西藏一个更好的未来。

三、"扶贫"与环保并行，既要脱贫发展也要绿水青山

习近平总书记在纳扎尔巴耶夫大学回答学生问题时指出："我们既要绿水青山，也要金山银山。宁要绿水青山，不要金山银山，而且绿水青山就是金山银山。"以自然环境为代价得来的发展都不过是昙花一现，短暂的繁荣过后人们将面对的是满目疮痍。

青藏高原水资源丰富，冰川矿泉水的优质水源圣洁无瑕是中国母亲河长江的发源地。这样的自然环境，容不得半点亵渎。为了保护冰川矿泉水资源不受到过度开发和人为破坏，西藏 5100 一直在努力。

西藏 5100 积极倡导冰川矿泉水资源的合理开发和利用。目前西藏 5100 将

对其的利用严格控制在10%以下，90%的泉水顺河而下流入湿地，使当地的生态环境得到充分的保护。除了遵循国家标准建立起三级保护区外，西藏5100在水源地60平方公里范围以内建立了三个保护区，这三个保护区分别为禁区（全封闭设施防止任何潜在污染并禁止人类活动）、限制区（防止补充泉水的地表水受污染禁止放牧）和监控区（禁止可能污染水源的农业活动）。不仅如此，西藏5100还通过闭路监察电视对水源地进行持续地严密监察，以防人闯入破坏水源。

西藏5100积极推动环保事业的发展。5100西藏冰川矿泉水来源于无污染的青藏高原，对环保有着特殊的情感。因此，西藏5100除了发展自己的企业，更注重工厂所在地的环境保护，推动当地生态文明建设。当地村民闲暇之余主动捡垃圾，企业附近的冲嘎村也成了远近闻名的小康村。企业通过向环保组织、论坛会议捐助等方式，支持环保事业。为此，公司在2011年3月荣获中国低碳行动联盟"爱心会员单位"荣誉证书。

西藏5100积极响应国家的号召，践行社会责任，扶持藏族牧民发家致富，受到了社会各界的一致赞许。联合国开发计划署《2016人类发展报告》，高度赞扬了西藏5100在"输血式"扶贫向"造血式"帮扶等领域作出的巨大成绩。2016年西藏5100荣获中国食品企业"精准扶贫奖"。西藏冰川矿泉水有限公司表示，随着脱贫攻坚逐渐进入攻坚拔寨的关键时期，西藏5100还会再接再厉，尽一切可能支持扶贫事业、为西藏的经济腾飞和祖国的繁荣昌盛贡献自己的力量。

强化党建引领　助力脱贫攻坚

——新疆尼勒克县推进精准扶贫纪实

新疆维吾尔自治区尼勒克县作为国家级贫困县,在全面打赢脱贫攻坚战中,认真贯彻习近平总书记关于扶贫开发工作的重要指示,积极落实区州县关于精准扶贫、精准脱贫方略,有效凝聚全县上下、社会各界力量,努力把政治优势、组织优势转化为脱贫攻坚优势,构建了党建引领脱贫攻坚新格局。

一、健全机制,充分发挥"党建引领"作用

坚持"党建引领"推动脱贫攻坚,压实基层党建工作责任的同时,抓好党建促脱贫攻坚,使党建优势转化为脱贫优势、党建活力转化为攻坚动力,为打好脱贫攻坚战提供坚强组织保障。一是落实党建引领脱贫责任制。将脱贫攻坚纳入基层党建工作年度考核内容,作为党(工)委书记尤其是贫困乡党委书记年底党建述职重要内容,不断强化基层党建引领脱贫攻坚"书记抓、抓书记"的主责意识,压实党组织书记第一责任人职责。二是落实党建引领脱贫的导向考核机制。把脱贫攻坚实绩作为领导班子年底考核和选拔任用干部的重要依据,细化党员干部扶贫能力提升、村集体经济增收、贫困群体帮扶等具体指标,对应确定考核分值,考准考实党组织、党员干部扶贫实绩,将脱贫实绩作为评先评优、晋升、提拔等重要依据,形成"扶真贫、真扶贫、真脱贫"的鲜明导向。三是落实抓乡促村的各项基础保障。按照"好人好马上一线、精兵强将下基层"的理念,围绕脱贫攻坚目标和任务排兵布阵,选拔熟悉现代农牧业,有激情、敢担当、能干事,会做群众工作、善抓脱贫攻坚的干部进入贫困乡党政班子;选派30名有较强工作能力、善做群众、不怕吃苦的县直机关干部担任贫困村第一书记,落实做到工作任务不结束不换人,贫困户不脱贫不脱钩。

二、注重实效，充分发挥战斗堡垒作用

充分发挥党的政治优势、组织优势，延伸党建工作触角，把支部建在产业链上，形成建立一个党组织，带活一批产业、富裕一方群众的良好效果。一是创新方式抓覆盖。为促进贫困村经济发展，尼勒克县主动适应农村经济社会新变化和脱贫攻坚的新形势，坚持把党的工作开展在脱贫攻坚第一线。通过大村带小村、富村带穷村等做法，采取单独建、挂靠建、联合建等方式，在行业协会、合作社中建立党支部，实现党的组织和工作覆盖率100%，涉及红旗土鸡、树上干杏、旱田馕等一批主导产业，实现了基层党建和产业发展的有效对接，呈现出农村产业党旗红的喜人景象。二是规范管理抓提升。采取县级主管部门抓业务指导，乡镇党委抓组织领导，村级党组织协同抓的方式，推动行业协会、农牧民专业合作社党组织规范管理，发挥作用。选准配强产业党支部班子，选配具有一定经营头脑、抵御市场风险能力强、具有开拓创新精神的党员致富带头人担任党支部书记。结合开展"两学一做""学转促"学习教育，根据产业支部的性质和特点，严格落实"三会一课"、联系服务、七步议事法等制度，不断提高党员带领群众脱贫致富的能力。三是搭建载体抓实效。发挥党组织政策引导、组织协调、发动群众的作用和优势，按照"支部＋协会""支部＋公司""支部＋基地"等形式，将产业基地、龙头企业、合作组织、致富能人等紧紧凝聚到了村党组织周围，构建了以村党组织为核心，产业基地、龙头企业、合作组织等为支撑的"一核多元"精准扶贫组织体系，提高了农户在市场中的竞争优势和组织化程度，增强了规避市场风险和自然灾害的能力。依托电子商务产业园服务中心，重点围绕"一课两会三平台"（一课：2017年村级电子商务基础知识普及课；两会：2017年尼勒克电子商务推进会、2017年尼勒克微商交流大会；三平台：京东、苏宁、淘宝）进行拓展，搭建电商平台100余家，以电商发展推进脱贫攻坚工作。

三、典型辐射，充分发挥示范带动作用

坚持把培育和扶持农村党员致富带头人队伍作为打赢脱贫攻坚战的切入点和着力点。通过农村党员致富带头人的示范带动效应，吸引和带动一批农户走上致富的新路子，加快脱贫攻坚步伐。一是严把关口，建强"双带"队伍。结

合党员统计工作,以党支部为单元,对属地党员的经济状况、产业发展、经营能力、生产技能等进行全面摸排,筛选出"双带"能力强的党员 1936 名,并按照"思想好、素质优、实力强"的标准,分为生态养殖、绿色种植、生产加工、企业经营、能工巧匠、劳务输出、管理服务和协会带头人等八种类型,建立农村党员特长分类台账。同时按照村"两委"正职 1 职 2 备、其他成员 1 职 3 备的原则,从致富能手、退伍军人、大学生村官、返乡创业人员中培养选拔村级后备干部 1660 名,切实解决农村事业后继乏人问题。二是素质培训,提高"双带"能力。把培训"充电"作为提高农村党员致富带头人创业带富能力的有效手段,开办贫困村党员致富带头人培训示范班和村级后备干部培训班,整合远程教育、在线学习平台、现场观摩基地等资源,围绕维护稳定、宗教事务、致富带富、脱贫攻坚、村级管理能力等重点内容,分层次、分类别、有计划地对农村党员致富带头人和村级后备干部开展脱贫攻坚内容培训。根据各乡(镇)场地理位置、气候条件和农牧民种养习惯,联合涉农部门认真抓好"农家课堂",开设"田间、地头、林中"课堂,夯实其带民致富的技术基础。三是拓宽平台,发挥"双带"作用。创新实施"1+3+X"链式带富行动(1 名有致富特长的党员结对帮扶 3 户贫困户脱贫致富,示范引领周边若干名群众共同致富),由村党支部牵头,组织召开贫困家庭致富信息座谈会、产业基地现场分析会、庭院经济交流会,根据生态养殖、绿色种植、生产加工、企业经营、能工巧匠、劳务输出、管理服务和协会带头人等八类党员致富能手技能,采取组织直接分配、党员主动认领、群众自愿选定的办法,实施汉族党员与少数民族家庭相互结对、青壮年党员与弱势群体人员相互结对,确立结对帮带关系 247 个,推行"支部+合作社+党员""党员富裕大户+贫困农民""项目+党员+群众"等党建扶贫模式,扶持党员领办致富项目,创办产业协会、专业合作社,带动群众致富。

四、整合资源,充分发挥各界帮扶作用

充分发挥党组织核心作用,进一步动员社会各方力量参与脱贫攻坚,加快贫困群众脱贫致富奔小康步伐,构建各方力量合力推进脱贫攻坚新格局。一是建立"一户一策一干部"帮扶机制。以县直单位联系村队(社区)制度为依托,安排帮扶单位协助村队"两委"班子制订贫困户脱贫三年规划和年度计划,通

过"解剖麻雀"的方式，以减贫、发展、凝心、稳定为主线，找准帮扶的切入点和突破口，做到一村制定一套帮扶方案、一村确定一批扶持项目、一户明确一个帮扶办法、一户落实一名帮扶人员。区、州、县三级177个帮扶单位、7696名党员干部采取"一帮一""多帮一"方式与7555户贫困户建立了对口帮扶关系，实现了单位定点扶贫和干部直接联系服务贫困群众双向全覆盖、常态化。二是建立城乡党的基层组织互帮互助机制。推广村干部兼任义务信贷协管员的"村信联建"机制，以红色信贷模式帮助贫困户贷款增收脱贫。推行"以工哺农、以企带村、村企互动、共利双赢"的"村企共建"机制，制定《尼勒克县"百企帮百村"精准脱贫实施方案》，汇总精准帮扶"一对一"统计表，进一步突出"精准"靶向，明确完善了帮扶单位（企业）、帮扶干部的主要任务、帮扶目标和具体要求，实现村企资源共享、优势互补、共同发展。各级帮扶单位捐资捐物达591.3万元（其中，中石油帮扶资金为500万元，自治区及自治州帮扶资金及物资为50.8万元，县级帮扶资金及物资为40.5万元）。三是建立对口支援帮扶机制。发挥援疆资源优秀，组织对口援疆省市党政机关、企事业单位党员干部职工、爱心人士，开展"万人帮万户，共同奔小康"活动，通过结对子、认亲戚、交朋友、手拉手等形式，携手共奔小康路。依托伊宁市、奎屯市、霍尔果斯市对口支援的金、人才、发展优势，制订三地对口支援尼勒克县加哈乌拉斯台乡、苏布台乡、喀拉苏乡脱贫攻坚实施方案，计划投入1000万元打造套乌拉斯台村牛羊育肥基地建设项目、树上干杏深加工项目、村安居房建设、加哈乡土鸡养殖、屠宰、深加工一体化建设项目；投资1000万元用于打造苏布台乡肉鸽养殖项目、旱田面粉厂二期建设项目；投入1000万元实施喀拉苏乡安居房建设项目、赛普勒村畜牧产业园建设项目、大喀拉苏村产业园项目建设，优化创业环境，增强了贫困群众创业致富的后劲。

甘肃临洮县：改造农村危房 助力脱贫攻坚

临洮，位于甘肃中部、定西西部，是全国最早进行"三西"建设和扶贫开发的县份之一，也是国家扶贫开发工作重点县和六盘山片区连片特困地区之一。全县有18个乡镇323个村、12个社区，总人口55.18万人，其中农业人口49.34万人。近年来，临洮县始终牢固树立"一号工程"意识，紧盯脱贫摘帽目标，举全县之力推动精准扶贫精准脱贫，三年累计减少贫困人口5.55万人，贫困发生率从2013年的22.91%下降到2017年的11.63%。尤其坚持把农村危房改造作为脱贫攻坚的最大短板，综合采取集中供养、易地搬迁、"插花"建房、政府"兜底"建房等模式，全力解决贫困群众住房困难问题，近年累计改造农村危房2.94万户，今年改造农村危房4737户。特别是2016年以来，坚持问题导向，大胆探索、积极实践，创新推行农村C级危房维修改造新模式，走出了一条贫困地区农村危房改造的新路子。2016年6月，成功举办了甘肃省农村危房改造推进暨C级危房加固改造现场会；2017年3月，全国农村危房改造质量安全管理电视电话会议暨农村危房加固改造甘肃现场会议在临洮进行了现场观摩。主要做了四个方面工作：

一、坚持问题导向，积极探索找出路。 近年来，临洮虽然依托危房改造、易地搬迁等项目，有效改善了农村贫困群众的住房条件，但对照全县整体脱贫目标，农村危房改造还存在改造任务重、项目指标少、补贴标准低以及传统推倒重建危房改造方式成本高、极易造成群众因房返贫等问题，加之临洮"4·15"地震造成了2.6万户群众房屋受损。针对这一问题，2015年5月住建部专家来临洮评估鉴定受损房屋情况时，临洮县委、县政府提出了加固维修农村C级危房的构想，并于同年10月邀请住建部村镇司西部农房研究中心主任、西安建筑科技大学周铁钢教授团队，利用2个月时间对县内土木、砖木、砖土木等7种主要结构房屋进行了抽样调查、现场踏勘和评估论证分析。在充分调研分析的基础上，临洮县与西安建筑科技大学签订了《农村危房鉴定加固设计与技术培训》协议，委托编制完成了临洮县加固维修设计方案，形成了单坡土木、单坡前砖后土、单坡砖木、双坡土木、双坡砖土木、双坡砖木和砖土平顶7种典型户设计方案，为临洮县探索推行危房加固维修提供了技术支撑。

二、着眼示范带动，分类施策抓试点。 根据西安建筑科技大学研究创新的危房加固维修技术，在充分尊重群众意愿的基础上，选择具有代表性的典型户进行了试点示范。一是狠抓技术培训。邀请西安建筑科技大学专家团队组建成立专业技术指导组，在全县成功举办危房加固维修技术培训班3期，对1050名乡镇技术人员和农村建筑工匠进行了集中培训，确保每个行政村至少有一名熟练掌握危房加固维修技术的建筑工人和技术指导人员。二是因户施策试点。按照房屋出现部分承重结构不能满足正常使用要求和局部出现险情的7种典型户房屋结构，先期在洮阳镇车刘家村和太石镇三益村确定了16户农户，采取配筋砂浆带、增设圈梁构造柱、锚固木屋架等方式进行加固维修试点，示范带动洮阳镇王家咀、太石镇站沟、站滩乡井儿沟等7个村建成农村危房加固维修示范户175户，为其他乡镇技术人员观摩学习、现场培训起到了良好的示范效应。三是科学论证鉴定。邀请中国建筑科学研究院、甘肃省土木工程科学研究院、甘肃省城乡规划设计院等机构的专家开展论证评审，专家团队在实地调研后，专题召开了农村危房加固技术鉴定会，经过对加固技术数据分析、科学论证，一致认为主要有四个方面的优势：施工程序简便，主要利用双面配筋砂浆带对房屋增设圈梁构造柱，提高了房屋结构整体性和抗震性，施工程序简便、易于操作。施工期限短，加固维修80㎡房屋需7天，较拆除重建缩短工期30多天。工程造价低，加固维修80㎡住房仅需0.8—1万元，较拆除重建节省7—9万元，农户利用政府补助资金就可以实现有安全稳固住房的目标，解决了因建房返贫的问题。保持了传统风貌，加固维修只对房屋墙体结构进行改造，保持了传统民居建筑风貌，留住了乡愁，农村危房加固维修技术成熟、具备全面推广条件。同时，坚持把加固维修与农村环境卫生整治、美丽乡村建设相结合，同步完成村庄风貌改造，促进了美丽乡村建设和乡村旅游发展。

三、严格制定程序，规范操作搞推广。 紧紧围绕全面消除农村危房的目标，按照"试点示范、总结推广"的思路，规范提升了农村危房加固维修程序，全面推开农村危房加固维修，确保所有农户住上安全稳固住房。一是规范操作程序。专门制定下发了《临洮县2016年农村危房加固维修实施方案》，完善提出了"农户申请、入户评估、确定对象、设计方案、编制预算、签订合同、准备材料、组织施工、工程决算、竣工验收"的加固维修"十步"工作法，明确工作流程，细化工作责任，为全面推进危房加固维修提供了依据。二是规范施工技术。委托西安建筑科技大学结合评审鉴定建议，编制印发了《临洮县农村住房危险性鉴定技术指南》、《临洮县农房建设基本要求》、《临洮县农村危房加固技术手册》等5本技术手册，提出了"建筑测绘、结构检测、确定加固方案、施工放线、墙体钻孔"等12道施工工序，逐一明确了技术要求，并成立了4个县级技术指导服务组，为每个村配备了1名技术服务人员，确保所有加固维修房屋达到安全稳固标准。三是加大推广力度。组织群众到农村危房加固维修示范户实地参观，现场讲解技术规程、对比分析效益，充分调动广大群众实施危房加固维修的积极性。目前，已在全县范围内全面推广农村危房加固维修技术，完成C级危房加固维修1123户，年内将全面完成剩余1715户农户危房改造工作，为顺利实现整体脱贫目标奠定坚实基础。

四、围绕凝聚合力，健全机制强保障。坚持把健全机制作为推进加固维修工作的重要保障，重点建立完善了三项机制：一是工作推进机制。成立了临洮县农村危房改造工作领导小组，制定了《临洮县危房改造工作责任追究办法》，建立推行了危房改造联席会议制度和县四大班子分管领导分片包抓责任制，明确了乡镇加固维修主体责任和业务部门的指导服务责任，形成了片区有一名县级领导包抓、有一支技术队伍指导服务、乡镇有一套班子主抓的工作体系。二是资金扶持机制。采取"项目资金+财政兜底"的方式，积极整合农村危房改造、美丽乡村和易地扶贫搬迁贷款等项目资金，加大农村危房加固维修资金扶持力度，对建档立卡贫困户按照每户1.25万元的标准进行全额补助，对示范村非建档立卡户按照每户1万元的标准进行补助，超出部分由改造户自筹，有效解决了贫困群众危房改造资金不足的问题。三是质量监管机制。建立推行监督联系卡制度，将印有选户程序、责任人电话等内容的监督联系卡发放到每户危房加固维修户，方便群众监督联系；成立以县四大班子分管领导牵头的质量监督组，不定期开展质量监督抽查工作；各乡镇为每个村选派1名质量监督员，驻村包户开展技术指导和工程建设质量、进度、风貌等方面的监督检查，确保所有改造房屋都符合技术规范和标准要求。

义务教育有保障 不让一个学生失学

——云南教育精准扶贫的实践和探索

治贫先治愚，扶贫先扶智。云南是全国脱贫攻坚的主战场，而教育脱贫承担着阻断贫困代际传递的光荣使命。云南省委、省政府高度重视教育脱贫攻坚工作，以推进县域义务教育发展基本均衡为抓手，明确提出了"贫困户脱贫"必须做到"就学有保障"、"贫困村出列"必须做到"适龄儿童有学上"和"贫困县摘帽"必须做到"实现县域义务教育发展基本均衡并通过国家认定"的创新性思路，使"义务教育有保障"落到了实处。

一、案例背景

云南省地处中国西南边陲，集边疆、民族、山区、贫困于一体，教育基础相对薄弱。全省共有88个贫困县，建档立卡贫困人口118万户447万人，其中有在校生99万多人，占贫困人口总数的22.32%。贫困面大、贫困程度深，集中连片特困地区特别是深度贫困地区是目前制约云南省教育发展的短板和洼地。这些地区的教育普及水平低、基础薄弱、办学条件差、质量不高，一定程度上拉低了云南省教育发展的整体水平。

《教育脱贫攻坚"十三五"规划》明确提出的工作目标是：发展学前教育，巩固提高义务教育，普及高中阶段教育。到2020年，贫困地区教育总体发展水平显著提升，实现建档立卡等贫困人口教育基本公共服务全覆盖，确保每一个适龄儿童和少年均接受九年义务教育；保障各教育阶段从入学到毕业的全程全部资助，保障贫困家庭孩子都可以上学，不让一个学生因家庭困难而失学；从目标上看，全力落实义务教育有保障是脱贫攻坚全局工作的重中之重。《云南省贫困退出考核实施细则》明确了贫困县只有满足了教育发展"达到国家义务教育发展基本均衡评估验收标准，义务教育阶段学生辍学率在国家规定范围内"

的条件，贫困县的脱贫摘帽才有可能。

二、主要做法及工作成效

（一）落实主体责任，建立完善教育扶贫政策体系。成立云南省委高校工委、省教育厅教育脱贫攻坚工作领导小组，由厅长担任组长、分管副厅长担任办公室主任，任命三名专职副主任具体负责，稳步推进教育脱贫攻坚工作。印发了《云南省加强教育精准扶贫行动计划》《教育精准扶贫责任清单》，《云南省建档立卡贫困户学生精准资助实施方案》《云南省普通高中建档立卡贫困户学生生活补助实施方案》等系列扶贫政策，聚焦"义务教育有保障"、发挥职业教育扶贫直接效能、强化落实"控辍保学"等内容，明确了云南省各州、市、县教育局职责清单。

（二）扎实推进县域义务教育发展基本均衡评估验收。云南省人民政府先后多次对义务教育均衡发展作出安排部署，召开现场推进会，与各州、市签订了责任状，建立了全省义务教育均衡发展"一把手"负责制和"义务教育均衡发展联席会议"制度，实行义务教育均衡发展与脱贫摘帽"同步规划、同步实施、同步考核"，强化激励问责机制。实施学校标准化建设工程、教师队伍建设工程、学生关爱工程、义务教育教学质量提高工程、义务教育学校现代管理工程。坚持比贫困摘帽适度超前或同步谋划县域义务教育基本均衡，把影响贫困县摘帽，贫困村、贫困户退出的关键考核指标和分值都集中在义务教育有保障上。目前，云南省88个贫困县中已有22个县通过国家基本均衡认定，2017年迎接国家基本均衡验收的贫困县有35个，目前省级督导评估基本完成并上报国务院教育督导委员会。2018年有22个贫困县、2019年有9个贫困县将迎接国家基本均衡验收。

（三）稳步推进全面改善贫困地区义务教育薄弱学校基本办学条件工作。省委、省政府高度重视"全面改薄"中县级配套资金问题，实现贫困县零配套。截至2017年9月底，云南省"全面改薄"项目已开工面积1357.48万平方米，占五年规划总面积98.64%，西部排名第一，全国排名第9；竣工面积1216.8万平方米，占五年规划总面积88.42%，西部排名第一，全国排名第7；已完成设施设备购置资金42.93亿元，占五年规划总资金72.54%，西部排名第8，全国排名第21。中央要求确保到2017年底完成校舍建设和设备采购任务"超七成"

的工作目标云南省已提前完成。建立了针对 88 个贫困县和 27 个拟定的深度贫困县"全面改薄"工作台账。88 个贫困县"全面改薄"五年规划校舍建设面积 1151.47 万平方米，其中：开工面积 1035.28 万平方米，开工率 90%；竣工面积 891.02 万平方米，竣工率 77.38%；设施设备规划采购价值 44.9 亿元，已完成采购价值 33.36 亿元，购置完成率 74.3%。27 个深度贫困县"全面改薄"五年规划校舍建设面积 474.5 万平方米，其中：开工面积 360.71 万平方米，开工率 76%；竣工面积 312.36 万平方米，竣工率 65.83%；设施设备规划采购价值 20.78 亿元，已完成采购价值 11.69 亿元，购置完成率 56.26%。

（四）聚力攻坚控辍保学各项工作。把控辍保学作为巩固提高义务教育发展水平和教育精准扶贫的关键，以"不让一个学生失学"为目标，持续加大控辍保学工作力度。今年以来，云南省人大牵头组织开展了义务教育法实施情况专项检查，教育系统实行了 129 个县九年义务教育巩固率、初中辍学率、初中完学率情况通报制度，印发了作好 2017—2018 学年度义务教育精准控辍保学工作的通知，建立了未入学适龄儿童少年和辍学学生分类安置机制。据控辍保学月报情况来看，相关指标均控制在国家规定范围内。各地还着力压实县、乡人民政府和建档立卡帮扶责任人、驻村扶贫工作队员责任，建立县长、乡镇长、村长和教育局长、中心学校校长（中学校长）、校长"双线""六长"控辍保学责任体系。如怒江州兰坪县建立依法控辍"七步曲"：第一步，做实法律法规宣传教育，让家长或监护人意识到"不送子女接受义务教育违法并要承担法律责任"；第二步，乡镇人民政府向本区域内适龄儿童少年的父母或法定监护人发放入学通知书，精准组织入学；第三步，对未按时入学和辍学的适龄儿童少年，学校和乡镇人民政府要上门动员劝返（不少于 2 次）；第四步，通过 2 次以上动员劝返仍然未入学复学的适龄儿童少年，由乡镇人民政府向其父母或法定监护人送达《敦返入学复学通知书》；第五步，在敦促通知书规定时间内仍然未送子女入学复学的，由乡镇人民政府向其父母或法定监护人送达《行政处罚决定书》；第六步，在行政处罚决定规定时间内仍然未入学复学的适龄儿童少年，由乡镇司法所向其父母或法定监护人送达《辍学违法行为告知书》，责令其停止违法行为限期改正；第七步，如到期未矫正违法行为，将由乡镇人民政府和司法所对其父母或法定监护人向县人民法院提起诉讼。目前，兰坪县共发放司法文书 39 份，30 名辍学学生返校复学。

（五）构建从学前教育到高等教育资助全覆盖体系。一是印发实施《云南省建档立卡贫困户学生精准资助实施方案》和《云南省普通高中阶段建档立卡贫困户学生生活补助实施方案》。义务教育阶段全面落实"两免一补"，实施农村义务教育学生营养改善计划和寄宿生生活补助两个"全覆盖"免除学杂费免费提供教科书，建档立卡贫困家庭学生按每生每年800元标准给予营养改善计划补助，并按小学每生每年1000元、初中每生每年1250元标准补助生活费；二是积极协调社会力量捐资助学救助贫困学生，确保家庭经济困难学生不因贫困而失学。截止2017年9月，云南省落实各级各类学生资助资金151.03亿元惠及学生1045万人次，2017年春季学期共下达10.38亿元资金资助建档立卡贫困家庭学生890474人，正在依据贫困对象动态调整结果作分析比对，查缺补漏、及时跟进并精准落实秋季学期建档立卡贫困家庭学生资助政策。三是稳步实施14年免费教育。已面向迪庆、怒江全州范围和昭通镇雄县、彝良县、威信县建档立卡贫困户家庭经济困难学生下达资助资金10,014万元，资助学生46,084人次。

（六）进一步抓好乡村教师队伍建设。紧紧围绕贫困地区农村义务教育教师"下得去、留得住、教得好"这一关键问题精准施策，确保每年有15%的优秀校长和10%的骨干教师在城乡学校之间、优质学校与薄弱学校之间交流轮岗，年底实现集中连片特困地区乡村教师生活补助差别化政策县、乡村学校、乡村教师"三个全覆盖"；认真落实云南省委编办、云南省人社厅联合出台的《关于全省中小学统一编制标准和创新管理的若干意见》（云编〔2017〕31号）有关要求，对学生规模在200人以下的村小、教学点，原则上按照不低于1∶2的班级与教职工比例核定教职工编制。落实推进乡村教师生活补贴"500+X"差异化政策，2016年底实施县（市、区）比例达72%，乡村学校覆盖比例达94%，乡村教师覆盖比例达80%，2017年内力争实现县、乡村学校、乡村教师三个"全覆盖"。启动实施公费师范生教育，省财政2017年预算300万元，征集并确定年度培养计划356人，其中小学全科教师212人，初中一专多能教师144人。下达2016年"特岗计划"招聘指标5,233人（实际招聘4,987人，到岗4,733人），2017年下达指标4,603人。"国培计划"2016年共培训127,351人、2017年计划培训人数不低于2016年。"省培计划"2016年共培训20,996人、2017年计划培训20,701人。

河北临城：打造"六位一体"脱贫攻坚模式

临城县位于河北省西南部，辖8个乡镇、220个行政村，人口21.7万。党的十八大以来，临城县以脱贫攻坚统揽全县发展大局，把精准扶贫、精准脱贫作为重大政治任务和"天字号"工程，强化组织保障，突出产业发展，创新扶贫机制，在全县形成了党建领航、群众用力、精准施策、产业筑基、多方帮促、政策兜底的"六位一体"脱贫攻坚新格局。

一、坚持"党建领航"，把党的力量挺在脱贫攻坚最前线

该县充分发挥各级党组织的核心带头作用，把党的政治优势、组织优势转化为推动脱贫攻坚的强大保障。**一是建强"指挥部"**。成立由县党政一把手挂帅抓总、"四大班子"成员分工联动的脱贫攻坚指挥部，下设退出办、督导办和8个乡镇战区，将"四大班子"成员责任全部细化分解，带头落实包贫困乡村、包贫困户、包扶贫重点工作，帮带扶贫队伍、帮带扶贫群体、帮带脱贫农户"三包三帮带"责任，引导群众发展薄皮核桃、设施蔬菜、特色养殖等产业，带领群众脱贫致富。**二是打造"桥头堡"**。与8个乡镇书记签订年度脱贫责任书，集中人力、物力、财力，对24个党组织软弱涣散村进行整顿，配强班子队伍，谋划致富项目，实现"软弱村""瘫痪村"向"红旗村""小康村"转变。推行"支部+合作组织/党小组+基地+种养户"产业党建模式，通过单独建、联合建、挂靠建等方式，组建核桃、寿桃、小杂粮等产业链党组织58个，把党员聚在产业链上，让群众富在产业链上，带动1600户贫困户实现长效脱贫。**三是培育"领头雁"**。实施贫困村党支部书记"一人学一技、一人一项目"计划，全县74个贫困村中39名党组织书记成为致富带头人，领办产业项目43个。鼓励和选派30多位优秀年轻干部、退伍军人、高校毕业生到贫困村工作，一批思想好、作风正、能力强、善做扶贫工作的党员走上了带富领富岗位。

二、坚持"群众用力",激发脱贫致富的内动力

该县把发动群众作为推动脱贫攻坚的第一推动力,多方施策,引导群众参与脱贫攻坚。**一是开好"引导方"。**通过开辟电视专栏、绘制文化墙、发放连心卡等方式,大力宣传脱贫意义、攻坚环节等工作,教育引导贫困群众正确对待贫困,摒弃等、靠、要思想,树立战胜贫穷的信心和斗志,用自己的双手摘掉贫困帽子。通过系列举措,全县"人人参与扶贫、人人攻坚脱贫"的风气蔚然成风。**二是开好"激励方"。**注重树立先进典型,在全县开展"争做脱贫致富带头人"主题评选活动,精神上给荣誉、物质上给奖励,形成强大榜样力量。组织贫困群众到山东德州、衡水饶阳等地参观学习,激发主动脱贫的内生动力,实现从"要我脱贫"向"我要脱贫"转变。**三是开好"监督方"。**积极落实群众知情权,公开扶贫政策、项目资金,开通微腐败投诉电话,畅通群众了解情况、反映问题渠道,随时受理脱贫攻坚不作为、慢作为、乱作为等监督举报,切实增强群众参与感和责任感。

三、坚持"精准施策",打通脱贫攻坚最后一公里

该县坚持从供给侧改革入手,探索实施"资源变资产、资金变股金、农民变股东"的利益联结机制,让贫困户有股可入、有事可做、有利可获。**一是金融创新扶贫。**建立"政府+银行+企业/合作社+贫困户+基层组织+保险"六位一体的金融扶贫机制,投入风险补偿金3900万元,按比例放大,重点扶持扶贫龙头企业、农民专业合作组织等,累计发放小额信贷3470余万元,为发展产业项目引入了"源头活水"。**二是折股量化扶贫。**在贫困村建立农民专业合作社,大力发展股份合作制经济,吸纳贫困人口以扶贫资金和土地、山场等入股当股东,并将上级扶贫项目资金折合量化到贫困村、贫困户,通过产业链建立企业与贫困户利益联结机制,推行"围场""绿岭""金三角""五龙""南沟"等山区综合开发扶贫模式,让贫困群众拿租金、分股金、挣薪金。**三是设施建设扶贫。**把改善基础设施作为补齐扶贫短板重要抓手,加快推进贫困村道路硬化、饮水安全、危房改造、农电保障等项目建设。党的十八大以来,全县硬化贫困村道路500余公里,完成饮水安全工程92个村,受益8万余人,改造农村危房1384户,34个贫困村实现水泥路、自来水、动力电、乡村客车、网络宽带

"五个全覆盖"。

四、坚持"产业筑基",树牢脱贫攻坚顶梁柱

该县始终把培育产业作为推动脱贫攻坚的根本出路,积极探索产业扶贫方式,逐步构建起"林果+光伏+旅游"的产业扶贫新格局。**一是大力发展林果产业。** 重点发展薄皮核桃、苹果、板栗、寿桃等林果,持续发展杂粮、瓜蒌、柴胡、柴鸡等林下特色种养,全县经济林果总面积超过30万亩,薄皮核桃达到23.5万亩,实现"人均1亩核桃园"。同时,注重延伸产业链条,发展果品深加工产业,实施核桃乳、核桃油、柿子酒等一批优质项目,带动乡村大批劳动力实施就业。**二是科学布局光伏产业。** 立足全县山场面积大、日照资源丰富的优势,引进中核汇能、晶能、协鑫等光伏企业,以建档立卡贫困村和贫困户为重点,实施资产受益分配,促进贫困村集体经济发展和贫困人口稳定增收,解决3363户贫困户脱贫,户年均收益达3000元。**三是精心培育旅游新业态。** 积极探索乡村旅游发展模式,重点打造崆山白云洞—岐山湖—天台山景区特色旅游文化产业,鼓励周边群众发展服务经济,打造采摘乐、农家乐、渔家乐200多家,村民在家门口脱"农衣"穿"商衣","靠旅游生金"已是当地群众增收致富的重要途径。

五、坚持"多方帮促",凝聚脱贫攻坚大合力

该县广泛动员全社会力量参与脱贫攻坚,着力构建大扶贫格局。**一是借助工委力量。** 紧紧抓住中央国家机关工委定点帮扶临城的重大机遇,累计争取各类资金2.2亿余元,谋划推动临城火车站恢复运营、京港澳高速连接线建设、全国休闲农业与乡村旅游示范县、全国电子商务进农村示范县等30多个项目,极大改善了基础设施条件,夯实了脱贫攻坚"底气"。**二是发挥驻村力量。** 强化离职脱岗抓帮扶,74支驻村工作队由所驻乡镇统一管理,吃住在村、工作在村,避免工作"两张皮"问题,做到不脱贫不脱钩、不摘帽不收兵。强化项目建设促脱贫,瞄准市场,精选项目,先后在贫困村推广实施生态采摘、设施蔬菜、服装加工等项目260余个,让贫困群众多参与、能受益、快致富。**三是用好社会力量。** 充分发挥中央国家机关工委联系面广的优势,联系中国扶贫基金会,捐赠价值5万余元的"爱心包裹";争取全国妇联支持,投资11万元建设安康

图书馆；联系中国红十字基金会，为 20 所农村中心小学捐赠价值 20 万元的红十字书库；联系工委机关干部、国家图书馆、商务部配额许可证事务局、北京小学等为贫困山区学生捐赠价值 10 万元的图书、玩具、体育器材等，丰富贫困学生课余生活，关爱孩子们健康成长。

六、坚持"政策兜底"，打好脱贫攻坚组合拳

兜底政策是打好脱贫攻坚战的基石，该县立足"兜底"保基本，按照"应兜尽兜、兜住兜牢"的原则，切实保障贫困群众基本生活。**一是社保兜底**。通过实施"五个一批"工程，特别是落实好社会保障兜底，为农村低保户、五保户等提供托底保障，实现了应保尽保。截至今年 8 月底，全县农村低保对象 4946 户 5920 人全部实现了"两线合一"，农村低保保障标准调整到每人每年 3300 元。**二是保险兜底**。探索推行"3+100"保险兜底新模式，围绕教育、医疗、住房"三保障"目标，为建档立卡贫困户每人缴纳 100 元保险费，保障人身意外、疾病、就学等七大方面，这一做法在河北省尚属首家，目前，已办理资助贫困生 72 人，受理意外、疾病 8 起。**三是搬迁兜底**。把易地扶贫搬迁作为贫困群众"挪穷窝、拔穷根"的根本举措，对生存环境恶劣、不具备发展条件的 6 个村 213 户 558 名贫困人口，实施易地扶贫搬迁工程。同时，统筹开展就业、就学、就医和加强社保等工作，通过政府购买公益性岗位、协调就业等方式，确保贫困户搬得出、稳得住、能致富。

兴伟集团："秀水五股"让农民变股民

2015年，习近平总书记在贵州考察时，对贵州的扶贫工作提出了更高的要求和目标。到2020年，贵州能否摆脱贫困与全国人民一道实现共同小康，将关系到全面建成小康社会的历史重任能否如期实现。2015年10月，全国工商联发起"万企帮万村"精准扶贫战略行动的号召。随后，贵州省委省政府、贵州省工商联对开展"千企帮千村"精准扶贫行动作出部署。在决胜小康的关键时期，这是党和国家对民营企业的召唤。

贵州是全国贫困程度深、贫困范围广的区域之一，党中央、国务院高度重视贵州的精准扶贫工作，一些全国优秀民营企业都积极参与到贵州的脱贫攻坚。兴伟集团作为贵州本土民营企业，义无反顾、坚决响应党和国家的号召，积极主动参与精准扶贫行动。2015年以来，兴伟集团先后在贵州安顺、毕节、黔西南等地展开帮扶活动，积极带领老百姓脱贫致富奔小康。

一、挖出贫困"穷根"，细化帮扶方式

2015年4月，兴伟集团组建帮扶团队进驻贵州省普定县秀水村，无偿投资3.77亿元帮扶秀水（实际投资已超5亿元），以开发农旅结合模式为主，综合开发乡村旅游和现代高效农业，集团投资"一份股份都不留，一分效益都不要，全部送给村民"。

秀水村位于安顺市普定县龙场乡，由七个自然村组成，共计农户1174户，人口3512人，2014年建档立卡贫困户527户，贫困人口1321人。秀水村共有适合种植经济作物的土地5200多亩，人均土地1.48亩，该村2014年人均可支配收入不到2000元。全村无产业、无集体经济、无增收来源，老百姓靠种粮食和外出打工维持生计，是比较典型的"三无"空壳村、空巢村、贫困村。为了因地制宜制定帮扶规划，真扶贫、扶真贫，集团派出100多人的帮扶管理团队进驻秀水村，成立集团扶贫办，先后召开群众大会上百次，兴伟集团董事长

王伟也百余次前往该村贫困户家中,与村民座谈聊天,了解他们的想法和愿望,分析老百姓贫困的原因,找出贫困的"穷根"。集团经过多次召开会议研究讨论帮扶方式,在以下帮扶原则上达成共识:一是企业帮扶不是施舍,而是从贫困百姓期望出发,用心去做工作,为贫困百姓服务。二是企业帮扶要从根本上帮扶,仅仅捐款捐物远远不够,关键是要进行产业扶贫。三是企业帮扶要"取之于民,用之于民",要把企业财富变成老百姓致富的资源,将当地村民没有有效利用的资源变废为宝,让老百姓脱贫致富。四是激励老百姓积极参与,激发老百姓内生动力。

因此,兴伟集团明确帮扶方式为物质帮扶、理念帮扶、精神帮扶相结合。物质帮扶即无偿帮扶开发秀水旅游产业、农业产业;在保持村寨原有风貌的前提下建设基础设施,改善老百姓的居住环境和生活条件。理念帮扶即通过院坝会等方式,加强与老百姓的沟通和交流;对老百姓进行培训,让秀水村村民融入到现代社会生活中来;解放老百姓的思想,让老百姓从小农经济思维转变为社会主义市场经济思维。精神帮扶即在地方党委、政府支持和帮助下,兴伟集团党支部配合和加强秀水村党组织建设工作,发动群众,正确引导老百姓的思想,培养老百姓的感恩情怀,让老百姓爱党爱国家爱家乡。兴伟集团帮扶管理团队挨家挨户进行动员、加强一对一沟通,召集村民进行授课、加强理念传导,还邀请村里德高望重的长辈出面做村民工作,使帮扶秀水村的理念、思路得到全村百姓的支持。

集团帮扶后,2015 年该村人均可支配收入达到 10800 元以上,2016 年该村人均可支配收入达到 18000 元以上。截至 2017 年 7 月,该村外出务工人数已减至 100 人左右,在村公司就业达到 600 人以上,依托秀水帮扶开发,从事相关行业的从业人员达到 600 人以上。秀水项目自 2016 年 1 月试营业以来,共接待游客 300 万人次以上,带动旅游经济收入 5000 多万元,共发放村民工资 1500 多万元。如今的秀水村"五保户,保富保健康;贫困户,脱贫奔小康;脱贫户,和谐创业忙。"

二、用心用情用力帮扶,创新"秀水五股"精准扶贫理念与模式

为了让村民共享发展成果,同时也激发他们参与发展的积极性,兴伟集团帮助村民成立了三家集体经济管理公司,并提出"让农民变股民"的构想。即

村民自愿把土地入股，入股土地归集体所有，运用公司化运营管理模式，依托当地自然优势，发展旅游业和高效农业，村民可优先在相关项目就业，项目完成后的全部收益都是股金，按照"秀水五股"进行分配。兴伟集团一份股份不留，一分效益都不要，所有项目投资及建设全部无偿捐献给秀水村每一个村民。"秀水五股"，一是人头股，占股10%，秀水村民人人都有股；二是土地股，占股30%，村民自愿以土地入股的方式参与，每分土地算一股，入了几分算几股，年终按土地面积分红；三是"效益"股，占股30%，村民们高高兴兴参加劳动，参与劳动就有股，有效益就能分红，一分劳动一分股，包括参与项目建设的劳务报酬和项目运营管理的工资报酬，年终按劳动工分参与分红；四是孝亲股，百善孝为先，孝亲在当前，专为65岁以上老人，每年从项目中提取5%的收益，作为老人们的生活保证金、养老保险、医疗保险等经费；五是发展股，占股25%，从村集体收入及利润中提取25%，用于秀水村旅游项目的后期管理经营、公共基础设施管护、因病因灾临时救助等社会公益性事业。

三、"秀水五股"精准扶贫理念与模式的升级与推广

集团计划三年内，通过项目实施、产业支撑等一揽子综合措施，"把产业布局在农村，把公司办在贫困地区"，在2019年年底前带动贵州省内30万以上的贫困人口实现稳定脱贫。

2015年8月，集团整合多方资源投资200亿元以上建设兴东民族大健康产业园、大兴东国际旅游城项目，该项目将于2017年12月完工并投入使用。该项目传承并创新了"秀水五股"模式，打造以兴东民族大健康产业园为中心、服务于"三农"的大产业扶贫基地，辐射普定县、安顺市，乃至贵州全省，以"公司+农户+基地"的发展模式，建设高科技农业、现代农业、山地休闲农业、文化农业、农旅结合等产业，推动工业、农业、服务业的互利共生，形成产业链，推动以兴伟集团为代表的企业界参与"万企帮万村"精准扶贫行动的高潮。目前已带动两万人在项目务工，其中有上万农民务工就业。

2016年，中央统战部组织民营企业家在黔西南州参加村企结对帮扶活动，兴伟集团积极响应，无偿投资1000余万元帮扶晴隆县碧痕镇新坪村半坡组。投资3亿元帮扶三宝乡100万羽鸡养殖项目，2017年3月和晴隆县签署投资100亿元建设晴隆县大山地农旅综合体精准扶贫项目，已正式动工。

2017年2月,无偿投资1000多万元帮扶贵州省普定县马场镇三兴村。完成10个自然村的饮水和10公里水泥路硬化。投资4.2亿元在织金县珠藏镇建设现代循环农业园精准扶贫项目,该项目覆盖珠藏镇全镇全部贫困户1701户5397人。近期,又无偿投资1000多万元帮扶贵州省镇宁县募役镇平桥村修建10公里通村公路和水电工程。

附录二

文件选编

中共中央 国务院关于打赢脱贫攻坚战的决定

(2015年11月29日)

确保到2020年农村贫困人口实现脱贫,是全面建成小康社会最艰巨的任务。现就打赢脱贫攻坚战做出如下决定。

一、增强打赢脱贫攻坚战的使命感紧迫感

消除贫困、改善民生、逐步实现共同富裕,是社会主义的本质要求,是我们党的重要使命。改革开放以来,我们实施大规模扶贫开发,使7亿农村贫困人口摆脱贫困,取得了举世瞩目的伟大成就,谱写了人类反贫困历史上的辉煌篇章。党的十八大以来,我们把扶贫开发工作纳入"四个全面"战略布局,作为实现第一个百年奋斗目标的重点工作,摆在更加突出的位置,大力实施精准扶贫,不断丰富和拓展中国特色扶贫开发道路,不断开创扶贫开发事业新局面。

我国扶贫开发已进入啃硬骨头、攻坚拔寨的冲刺期。中西部一些省(自治区、直辖市)贫困人口规模依然较大,剩下的贫困人口贫困程度较深,减贫成本更高,脱贫难度更大。实现到2020年让7000多万农村贫困人口摆脱贫困的既定目标,时间十分紧迫、任务相当繁重。必须在现有基础上不断创新扶贫开发思路和办法,坚决打赢这场攻坚战。

扶贫开发事关全面建成小康社会,事关人民福祉,事关巩固党的执政基础,事关国家长治久安,事关我国国际形象。打赢脱贫攻坚战,是促进全体人民共享改革发展成果、实现共同富裕的重大举措,是体现中国特色社会主义制度优越性的重要标志,也是经济发展新常态下扩大国内需求、促进经济增长的重要

途径。各级党委和政府必须把扶贫开发工作作为重大政治任务来抓，切实增强责任感、使命感和紧迫感，切实解决好思想认识不到位、体制机制不健全、工作措施不落实等突出问题，不辱使命、勇于担当、只争朝夕、真抓实干，加快补齐全面建成小康社会中的这块突出短板，决不让一个地区、一个民族掉队，实现《中共中央关于制定国民经济和社会发展第十三个五年规划的建议》确定的脱贫攻坚目标。

二、打赢脱贫攻坚战的总体要求

（一）指导思想

全面贯彻落实党的十八大和十八届二中、三中、四中、五中全会精神，以邓小平理论、"三个代表"重要思想、科学发展观为指导，深入贯彻习近平总书记系列重要讲话精神，围绕"四个全面"战略布局，牢固树立并切实贯彻创新、协调、绿色、开放、共享的发展理念，充分发挥政治优势和制度优势，把精准扶贫精准脱贫作为基本方略，坚持扶贫开发与经济社会发展相互促进，坚持精准帮扶与集中连片特殊困难地区开发紧密结合，坚持扶贫开发与生态保护并重，坚持扶贫开发与社会保障有效衔接，咬定青山不放松，采取超常规举措，拿出过硬办法，举全党全社会之力，坚决打赢脱贫攻坚战。

（二）总体目标

到2020年，稳定实现农村贫困人口不愁吃、不愁穿，义务教育、基本医疗和住房安全有保障。实现贫困地区农民人均可支配收入增长幅度高于全国平均水平，基本公共服务主要领域指标接近全国平均水平。确保我国现行标准下农村贫困人口实现脱贫，贫困县全部摘帽，解决区域性整体贫困。

（三）基本原则

——坚持党的领导，夯实组织基础。充分发挥各级党委总揽全局、协调各方的领导核心作用，严格执行脱贫攻坚一把手负责制，省市县乡村五级书记一起抓。切实加强贫困地区农村基层党组织建设，使其成为带领群众脱贫致富的坚强战斗堡垒。

——坚持政府主导，增强社会合力。强化政府责任，引领市场、社会协同发力，鼓励先富帮后富，构建专项扶贫、行业扶贫、社会扶贫互为补充的大扶贫格局。

——坚持精准扶贫，提高扶贫成效。扶贫开发贵在精准，重在精准，必须解决好扶持谁、谁来扶、怎么扶的问题，做到扶真贫、真扶贫、真脱贫，切实提高扶贫成果可持续性，让贫困人口有更多的获得感。

——坚持保护生态，实现绿色发展。牢固树立绿水青山就是金山银山的理念，把生态保护放在优先位置，扶贫开发不能以牺牲生态为代价，探索生态脱贫新路子，让贫困人口从生态建设与修复中得到更多实惠。

——坚持群众主体，激发内生动力。继续推进开发式扶贫，处理好国家、社会帮扶和自身努力的关系，发扬自力更生、艰苦奋斗、勤劳致富精神，充分调动贫困地区干部群众积极性和创造性，注重扶贫先扶智，增强贫困人口自我发展能力。

——坚持因地制宜，创新体制机制。突出问题导向，创新扶贫开发路径，由"大水漫灌"向"精准滴灌"转变；创新扶贫资源使用方式，由多头分散向统筹集中转变；创新扶贫开发模式，由偏重"输血"向注重"造血"转变；创新扶贫考评体系，由侧重考核地区生产总值向主要考核脱贫成效转变。

三、实施精准扶贫方略，加快贫困人口精准脱贫

（四）健全精准扶贫工作机制。抓好精准识别、建档立卡这个关键环节，为打赢脱贫攻坚战打好基础，为推进城乡发展一体化、逐步实现基本公共服务均等化创造条件。按照扶持对象精准、项目安排精准、资金使用精准、措施到户精准、因村派人精准、脱贫成效精准的要求，使建档立卡贫困人口中有5000万人左右通过产业扶持、转移就业、易地搬迁、教育支持、医疗救助等措施实现脱贫，其余完全或部分丧失劳动能力的贫困人口实行社保政策兜底脱贫。对建档立卡贫困村、贫困户和贫困人口定期进行全面核查，建立精准扶贫台账，实行有进有出的动态管理。根据致贫原因和脱贫需求，对贫困人口实行分类扶持。建立贫困户脱贫认定机制，对已经脱贫的农户，在一定时期内让其继续享受扶贫相关政策，避免出现边脱贫、边返贫现象，切实做到应进则进、应扶则扶。抓紧制定严格、规范、透明的国家扶贫开发工作重点县退出标准、程序、核查办法。重点县退出，由县提出申请，市（地）初审，省级审定，报国务院扶贫开发领导小组备案。重点县退出后，在攻坚期内国家原有扶贫政策保持不变，抓紧制定攻坚期后国家帮扶政策。加强对扶贫工作绩效的社会监督，开展贫困

地区群众扶贫满意度调查，建立对扶贫政策落实情况和扶贫成效的第三方评估机制。评价精准扶贫成效，既要看减贫数量，更要看脱贫质量，不提不切实际的指标，对弄虚作假搞"数字脱贫"的，要严肃追究责任。

（五）**发展特色产业脱贫**。制订贫困地区特色产业发展规划。出台专项政策，统筹使用涉农资金，重点支持贫困村、贫困户因地制宜发展种养业和传统手工业等。实施贫困村"一村一品"产业推进行动，扶持建设一批贫困人口参与度高的特色农业基地。加强贫困地区农民合作社和龙头企业培育，发挥其对贫困人口的组织和带动作用，强化其与贫困户的利益联结机制。支持贫困地区发展农产品加工业，加快一二三产业融合发展，让贫困户更多分享农业全产业链和价值链增值收益。加大对贫困地区农产品品牌推介营销支持力度。依托贫困地区特有的自然人文资源，深入实施乡村旅游扶贫工程。科学合理有序开发贫困地区水电、煤炭、油气等资源，调整完善资源开发收益分配政策。探索水电利益共享机制，将从发电中提取的资金优先用于水库移民和库区后续发展。引导中央企业、民营企业分别设立贫困地区产业投资基金，采取市场化运作方式，主要用于吸引企业到贫困地区从事资源开发、产业园区建设、新型城镇化发展等。

（六）**引导劳务输出脱贫**。加大劳务输出培训投入，统筹使用各类培训资源，以就业为导向，提高培训的针对性和有效性。加大职业技能提升计划和贫困户教育培训工程实施力度，引导企业扶贫与职业教育相结合，鼓励职业院校和技工学校招收贫困家庭子女，确保贫困家庭劳动力至少掌握一门致富技能，实现靠技能脱贫。进一步加大就业专项资金向贫困地区转移支付力度。支持贫困地区建设县乡基层劳动就业和社会保障服务平台，引导和支持用人企业在贫困地区建立劳务培训基地，开展好订单定向培训，建立和完善输出地与输入地劳务对接机制。鼓励地方对跨省务工的农村贫困人口给予交通补助。大力支持家政服务、物流配送、养老服务等产业发展，拓展贫困地区劳动力外出就业空间。加大对贫困地区农民工返乡创业政策扶持力度。对在城镇工作生活一年以上的农村贫困人口，输入地政府要承担相应的帮扶责任，并优先提供基本公共服务，促进有能力在城镇稳定就业和生活的农村贫困人口有序实现市民化。

（七）**实施易地搬迁脱贫**。对居住在生存条件恶劣、生态环境脆弱、自然灾害频发等地区的农村贫困人口，加快实施易地扶贫搬迁工程。坚持群众自愿、积极稳妥的原则,因地制宜选择搬迁安置方式,合理确定住房建设标准,完善搬迁后续扶持政策,确保搬迁对象有业可就、稳定脱贫,做到搬得出、稳得住、能致富。要紧密结合推进新型城镇化,编制实施易地扶贫搬迁规划,支持有条件的地方依托小城镇、工业园区安置搬迁群众,帮助其尽快实现转移就业,享有与当地群众同等的基本公共服务。加大中央预算内投资和地方各级政府投入力度,创新投融资机制,拓宽资金来源渠道,提高补助标准。积极整合交通建设、农田水利、土地整治、地质灾害防治、林业生态等支农资金和社会资金,支持安置区配套公共设施建设和迁出区生态修复。利用城乡建设用地增减挂钩政策支持易地扶贫搬迁,为符合条件的搬迁户提供建房、生产、创业贴息贷款支持。支持搬迁安置点发展物业经济,增加搬迁户财产性收入。探索利用农民进城落户后自愿有偿退出的农村空置房屋和土地安置易地搬迁农户。

(八)**结合生态保护脱贫**。国家实施的退耕还林还草、天然林保护、防护林建设、石漠化治理、防沙治沙、湿地保护与恢复、坡耕地综合整治、退牧还草、水生态治理等重大生态工程,在项目和资金安排上进一步向贫困地区倾斜,提高贫困人口参与度和受益水平。加大贫困地区生态保护修复力度,增加重点生态功能区转移支付。结合建立国家公园体制,创新生态资金使用方式,利用生态补偿和生态保护工程资金使当地有劳动能力的部分贫困人口转为护林员等生态保护人员。合理调整贫困地区基本农田保有指标,加大贫困地区新一轮退耕还林还草力度。开展贫困地区生态综合补偿试点,健全公益林补偿标准动态调整机制,完善草原生态保护补助奖励政策,推动地区间建立横向生态补偿制度。

(九)**着力加强教育脱贫**。加快实施教育扶贫工程,让贫困家庭子女都能接受公平有质量的教育,阻断贫困代际传递。国家教育经费向贫困地区、基础教育倾斜。健全学前教育资助制度,帮助农村贫困家庭幼儿接受学前教育。稳步推进贫困地区农村义务教育阶段学生营养改善计划。加大对乡村教师队伍建设的支持力度,特岗计划、国培计划向贫困地区基层倾斜,为贫困地区乡村学校定向培养留得下、稳得住的一专多能教师,制定符合基层实际的教师招聘引进办法,建立省级统筹乡村教师补充机制,推动城乡教师合理流动和对口支援。全面落实连片特困地区乡村教师生活补助政策,建立乡村教师荣誉制度。合理布局贫困地区农村中小学校,改善基本办学条件,加快标准化建设,加强寄宿制学校建设,提高义务教育巩固率。普及高中阶段教育,率先从建档立卡的家庭经济困难学生实施普通高中免除学杂费、中等职业教育免除学杂费，让未升入普通高中的初中毕业生都能接受中等职业教育。加强有专业特色并适应市场需求的中等职业学校建设，提高中等职业教育国家助学金资助标准。努力办好贫困地区特殊教育和远程教育。建立保障农村和贫困地区学生上重点高校的长效机制，加大对贫困家庭大学生的救助力度。对贫困家庭离校未就业的高校毕业生提供就业支持。实施教育扶贫结对帮扶行动计划。

（十）**开展医疗保险和医疗救助脱贫**。实施健康扶贫工程，保障贫困人口享有基本医疗卫生服务，努力防止因病致贫、因病返贫。对贫困人口参加新型农村合作医疗个人缴费部分由财政给予补贴。新型农村合作医疗和大病保险制度对贫困人口实行政策倾斜，门诊统筹率先覆盖所有贫困地区，降低贫困人口大病费用实际支出，对新型农村合作医疗和大病保险支付后自负费用仍有困难的，加大医疗救助、临时救助、慈善救助等帮扶力度，将贫困人口全部纳入重特大疾病救助范围，使贫困人口大病医治得到有效保障。加大农村贫困残疾人康复服务和医疗救助力度，扩大纳入基本医疗保险范围的残疾人医疗康复项目。建立贫困人口健康卡，对贫困人口大病实行分类救治和先诊疗后付费的结算机制。建立全国三级医院（含军队和武警部队医院）与连片特困地区县和国家扶贫开发工作重点县县级医院稳定持续的一对一帮扶关系。完成贫困地区县乡村三级医疗卫生服务网络标准化建设，积极促进远程医疗诊治和保健咨询服务向贫困地区延伸。为贫困地区县乡医疗卫生机构订单定向免费培养医学类本专科学生，支持贫困地区实施全科医生和专科医生特设岗位计划，制定符合基层实际的人才招聘引进办法。支持和引导符合条件的贫困地区乡村医生按规定参加城镇职工基本养老保险。采取针对性措施，加强贫困地区传染病、地方病、慢性病等防治工作。全面实施贫困地区儿童营养改善、新生儿疾病免费筛查、妇女"两癌"免费筛查、孕前优生健康免费检查等重大公共卫生项目。加强贫困地区计划生育服务管理工作。

（十一）**实行农村最低生活保障制度兜底脱贫**。完善农村最低生活保障制度，对无法依靠产业扶持和就业帮助脱贫的家庭实行政策性保障兜底。加大农村低保省级统筹力度，低保标准较低的地区要逐步达到国家扶贫标准。尽快制定农村最低生活保障制度与扶贫开发政策有效衔接的实施方案。进一步加强农村低保申请家庭经济状况核查工作，将所有符合条件的贫困家庭纳入低保范围，做到应保尽保。加大临时救助制度在贫困地区落实力度。提高农村特困人员供养水平，改善供养条件。抓紧建立农村低保和扶贫开发的数据互通、资源共享信息平台，实现动态监测管理、工作机制有效衔接。加快完善城乡居民基本养老保险制度，适时提高基础养老金标准，引导农村贫困人口积极参保续保，逐步提高保障水平。有条件、有需求地区可以实施"以粮济贫"。

（十二）**探索资产收益扶贫**。在不改变用途的情况下，财政专项扶贫资金和其他涉农资金投入设施农业、养殖、光伏、水电、乡村旅游等项目形成的资产，具备条件的可折股量化给贫困村和贫困户，尤其是丧失劳动能力的贫困户。资产可由村集体、合作社或其他经营主体统一经营。要强化监督管理，明确资产运营方对财政资金形成资产的保值增值责任，建立健全收益分配机制，确保资产收益及时回馈持股贫困户。支持农民合作社和其他经营主体通过土地托管、牲畜托养和吸收农民土地经营权入股等方式，带动贫困户增收。贫困地区水电、矿产等资源开发，赋予土地被占用的村集体股权，让贫困人口分享资源开发收益。

（十三）**健全留守儿童、留守妇女、留守老人和残疾人关爱服务体系**。对农村"三留守"人员和残疾人进行全面摸底排查，建立翔实完备、动态更新的信息管理系统。加强儿童福利院、救助保护机构、特困人员供养机构、残疾人康复托养机构、社区儿童之家等服务设施和队伍建设，不断提高管理服务水平。建立家庭、学校、基层组织、政府和社会力量相衔接的留守儿童关爱服务网络。加强对未成年人的监护。健全孤儿、事实无人抚养儿童、低收入家庭重病重残等困境儿童的福利保障体系。健全发现报告、应急处置、帮扶干预机制，帮助特殊贫困家庭解决实际困难。加大贫困残疾人康复工程、特殊教育、技能培训、托养服务实施力度。针对残疾人的特殊困难，全面建立困难残疾人生活补贴和重度残疾人护理补贴制度。对低保家庭中的老年人、未成年人、重度残疾人等重点救助对象，提高救助水平，确保基本生活。引导和鼓励社会力量参与特殊群体关爱服务工作。

四、加强贫困地区基础设施建设，加快破除发展瓶颈制约

（十四）**加快交通、水利、电力建设**。推动国家铁路网、国家高速公路网连接贫困地区的重大交通项目建设，提高国道省道技术标准，构建贫困地区外通

内联的交通运输通道。大幅度增加中央投资投入中西部地区和贫困地区的铁路、公路建设，继续实施车购税对农村公路建设的专项转移政策，提高贫困地区农村公路建设补助标准，加快完成具备条件的乡镇和建制村通硬化路的建设任务，加强农村公路安全防护和危桥改造，推动一定人口规模的自然村通公路。加强贫困地区重大水利工程、病险水库水闸除险加固、灌区续建配套与节水改造等水利项目建设。实施农村饮水安全巩固提升工程，全面解决贫困人口饮水安全问题。小型农田水利、"五小水利"工程等建设向贫困村倾斜。对贫困地区农村公益性基础设施管理养护给予支持。加大对贫困地区抗旱水源建设、中小河流治理、水土流失综合治理力度。加强山洪和地质灾害防治体系建设。大力扶持贫困地区农村水电开发。加强贫困地区农村气象为农服务体系和灾害防御体系建设。加快推进贫困地区农网改造升级，全面提升农网供电能力和供电质量，制订贫困村通动力电规划，提升贫困地区电力普遍服务水平。增加贫困地区年度发电指标。提高贫困地区水电工程留存电量比例。加快推进光伏扶贫工程，支持光伏发电设施接入电网运行，发展光伏农业。

（十五）**加大"互联网+"扶贫力度**。完善电信普遍服务补偿机制，加快推进宽带网络覆盖贫困村。实施电商扶贫工程。加快贫困地区物流配送体系建设，支持邮政、供销合作等系统在贫困乡村建立服务网点。支持电商企业拓展农村业务，加强贫困地区农产品网上销售平台建设。加强贫困地区农村电商人才培训。对贫困家庭开设网店给予网络资费补助、小额信贷等支持。开展互联网为农便民服务，提升贫困地区农村互联网金融服务水平，扩大信息进村入户覆盖面。

（十六）**加快农村危房改造和人居环境整治**。加快推进贫困地区农村危房改造，统筹开展农房抗震改造，把建档立卡贫困户放在优先位置，提高补助标准，探索采用贷款贴息、建设集体公租房等多种方式，切实保障贫困户基本住房安全。加大贫困村生活垃圾处理、污水治理、改厕和村庄绿化美化力度。加大贫困地区传统村落保护力度。继续推进贫困地区农村环境连片整治。加大贫困地区以工代赈投入力度，支持农村山水田林路建设和小流域综合治理。财政支持的微小型建设项目，涉及贫困村的，允许按照一事一议方式直接委托村级组织自建自管。以整村推进为平台，加快改善贫困村生产生活条件，扎实推进美丽宜居乡村建设。

（十七）重点支持革命老区、民族地区、边疆地区、连片特困地区脱贫攻坚。出台加大脱贫攻坚力度支持革命老区开发建设指导意见，加快实施重点贫困革命老区振兴发展规划，扩大革命老区财政转移支付规模。加快推进民族地区重大基础设施项目和民生工程建设，实施少数民族特困地区和特困群体综合扶贫工程，出台人口较少民族整体脱贫的特殊政策措施。改善边疆民族地区义务教育阶段基本办学条件，建立健全双语教学体系，加大教育对口支援力度，积极发展符合民族地区实际的职业教育，加强民族地区师资培训。加强少数民族特色村镇保护与发展。大力推进兴边富民行动，加大边境地区转移支付力度，完善边民补贴机制，充分考虑边境地区特殊需要，集中改善边民生产生活条件，扶持发展边境贸易和特色经济，使边民能够安心生产生活、安心守边固边。完善片区联系协调机制，加快实施集中连片特殊困难地区区域发展与脱贫攻坚规划。加大中央投入力度，采取特殊扶持政策，推进西藏、四省藏区和新疆南疆四地州脱贫攻坚。

五、强化政策保障，健全脱贫攻坚支撑体系

（十八）加大财政扶贫投入力度。发挥政府投入在扶贫开发中的主体和主导作用，积极开辟扶贫开发新的资金渠道，确保政府扶贫投入力度与脱贫攻坚任务相适应。中央财政继续加大对贫困地区的转移支付力度，中央财政专项扶贫资金规模实现较大幅度增长，一般性转移支付资金、各类涉及民生的专项转移支付资金和中央预算内投资进一步向贫困地区和贫困人口倾斜。加大中央集中彩票公益金对扶贫的支持力度。农业综合开发、农村综合改革转移支付等涉农资金要明确一定比例用于贫困村。各部门安排的各项惠民政策、项目和工程，要最大限度地向贫困地区、贫困村、贫困人口倾斜。各省（自治区、直辖市）要根据本地脱贫攻坚需要，积极调整省级财政支出结构，切实加大扶贫资金投入。从2016年起通过扩大中央和地方财政支出规模，增加对贫困地区水电路气网等基础设施建设和提高基本公共服务水平的投入。建立健全脱贫攻坚多规划衔接、多部门协调长效机制，整合目标相近、方向类同的涉农资金。按照权责一致原则，支持连片特困地区县和国家扶贫开发工作重点县围绕本县突出问题。以扶贫规划为引领，以重点扶贫项目为平台，把专项扶贫资金、相关涉农资金和社会帮扶资金捆绑集中使用。严格落实国家在贫困地区安排的公益性建设项目取消县级和西部连片特困地区地市级配套资金的政策,并加大中央和省级财政投资补助比重。在扶贫开发中推广政府与社会资本合作、政府购买服务等模式。加强财政监督检查和审计、稽查等工作,建立扶贫资金违规使用责任追究制度。纪检监察机关对扶贫领域虚报冒领、截留私分、贪污挪用、挥霍浪费等违法违规问题,坚决从严惩处。推进扶贫开发领域反腐倡廉建设,集中整治和加强预防扶贫领域职务犯罪工作。贫困地区要建立扶贫公告公示制度,强化社会监督,保障资金在阳光下运行。

（十九）加大金融扶贫力度。鼓励和引导商业性、政策性、开发性、合作性等各类金融机构加大对扶贫开发的金融支持。运用多种货币政策工具,向金融机构提供长期、低成本的资金,用于支持扶贫开发。设立扶贫再贷款,实行比支农再贷款更优惠的利率,重点支持贫困地区发展特色产业和贫困人口就业创业。运用适当的政策安排,动用财政贴息资金及部分金融机构的富余资金,对接政策性、开发性金融机构的资金需求,拓宽扶贫资金来源渠道。由国家开发银行和中国农业发展银行发行政策性金融债,按照微利或保本的原则发放长期贷款,中央财政给予90%的贷款贴息,专项用于易地扶贫搬迁。国家开发银行、中国农业发展银行分别设立"扶贫金融事业部",依法享受税收优惠。中国农业银行、邮政储蓄银行、农村信用社等金融机构要延伸服务网络,创新金融产品,增加贫困地区信贷投放。对有稳定还款来源的扶贫项目,允许采用过桥贷款方式,撬动信贷资金投入。按照省（自治区、直辖市）负总责的要求,建立和完善省级扶贫开发投融资主体。支持农村信用社、村镇银行等金融机构为贫困户提供免抵押、免担保扶贫小额信贷,由财政按基础利率贴息。加大创业担保贷款、助学贷款、妇女小额贷款、康复扶贫贷款实施力度。优先支持在贫困地区设立村镇银行、小额贷款公司等机构。支持贫困地区培育发展农民资金互助组织,开展农民合作社信用合作试点。支持贫困地区设立扶贫贷款风险补偿基金。支持贫困地区设立政府出资的融资担保机构,重点开展扶贫担保业务。积极发展扶贫小额贷款保证保险,对贫困户保证保险保费予以补助。扩大农业保险覆盖面,通过中央财政以奖代补等支持贫困地区特色农产品保险发展。加强贫困地区金融服务基础设施建设,优化金融生态环境。支持贫困地区开展特色农产品价格保险,有条件的地方可给予一定保费补贴。有效拓展贫困地区抵押物担保范围。

（二十）完善扶贫开发用地政策。 支持贫困地区根据第二次全国土地调查及最新年度变更调查成果，调整完善土地利用总体规划。新增建设用地计划指标优先保障扶贫开发用地需要，专项安排国家扶贫开发工作重点县年度新增建设用地计划指标。中央和省级在安排土地整治工程和项目、分配下达高标准基本农田建设计划和补助资金时，要向贫困地区倾斜。在连片特困地区和国家扶贫开发工作重点县开展易地扶贫搬迁，允许将城乡建设用地增减挂钩指标在省域范围内使用。在有条件的贫困地区，优先安排国土资源管理制度改革试点，支持开展历史遗留工矿废弃地复垦利用、城镇低效用地再开发和低丘缓坡荒滩等未利用地开发利用试点。

（二十一）发挥科技、人才支撑作用。 加大科技扶贫力度，解决贫困地区特色产业发展和生态建设中的关键技术问题。加大技术创新引导专项（基金）对科技扶贫的支持，加快先进适用技术成果在贫困地区的转化。深入推行科技特派员制度，支持科技特派员开展创业式扶贫服务。强化贫困地区基层农技推广体系建设，加强新型职业农民培训。加大政策激励力度，鼓励各类人才扎根贫困地区基层建功立业，对表现优秀的人员在职称评聘等方面给予倾斜。大力实施边远贫困地区、边疆民族地区和革命老区人才支持计划，贫困地区本土人才培养计划。积极推进贫困村创业致富带头人培训工程。

六、广泛动员全社会力量，合力推进脱贫攻坚

（二十二）健全东西部扶贫协作机制。 加大东西部扶贫协作力度，建立精准对接机制，使帮扶资金主要用于贫困村、贫困户。东部地区要根据财力增长情况，逐步增加对口帮扶财政投入，并列入年度预算。强化以企业合作为载体的扶贫协作，鼓励东西部按照当地主体功能定位共建产业园区，推动东部人才、资金、技术向贫困地区流动。启动实施经济强县（市）与国家扶贫开发工作重点县"携手奔小康"行动，东部各省（直辖市）在努力做好本区域内扶贫开发工作的同时，更多发挥县（市）作用，与扶贫协作省份的国家扶贫开发工作重点县开展结对帮扶。建立东西部扶贫协作考核评价机制。

（二十三）健全定点扶贫机制。 进一步加强和改进定点扶贫工作，建立考核评价机制，确保各单位落实扶贫责任。深入推进中央企业定点帮扶贫困革命老区县"百县万村"活动。完善定点扶贫牵头联系机制，各牵头部门要按照分工

督促指导各单位做好定点扶贫工作。

（二十四）健全社会力量参与机制。鼓励支持民营企业、社会组织、个人参与扶贫开发，实现社会帮扶资源和精准扶贫有效对接。引导社会扶贫重心下移，自愿包村包户，做到贫困户都有党员干部或爱心人士结对帮扶。吸纳农村贫困人口就业的企业，按规定享受税收优惠、职业培训补贴等就业支持政策。落实企业和个人公益扶贫捐赠所得税税前扣除政策。充分发挥各民主党派、无党派人士在人才和智力扶贫上的优势和作用。工商联系统组织民营企业开展"万企帮万村"精准扶贫行动。通过政府购买服务等方式，鼓励各类社会组织开展到村到户精准扶贫。完善扶贫龙头企业认定制度，增强企业辐射带动贫困户增收的能力。鼓励有条件的企业设立扶贫公益基金和开展扶贫公益信托。发挥好"10·17"全国扶贫日社会动员作用。实施扶贫志愿者行动计划和社会工作专业人才服务贫困地区计划。着力打造扶贫公益品牌，全面及时公开扶贫捐赠信息，提高社会扶贫公信力和美誉度。构建社会扶贫信息服务网络，探索发展公益众筹扶贫。

七、大力营造良好氛围，为脱贫攻坚提供强大精神动力

（二十五）创新中国特色扶贫开发理论。深刻领会习近平总书记关于新时期扶贫开发的重要战略思想，系统总结我们党和政府领导亿万人民摆脱贫困的历史经验，提炼升华精准扶贫的实践成果，不断丰富完善中国特色扶贫开发理论，为脱贫攻坚注入强大思想动力。

（二十六）加强贫困地区乡风文明建设。培育和践行社会主义核心价值观，大力弘扬中华民族自强不息、扶贫济困传统美德，振奋贫困地区广大干部群众精神，坚定改变贫困落后面貌的信心和决心，凝聚全党全社会扶贫开发强大合力。倡导现代文明理念和生活方式，改变落后风俗习惯，善于发挥乡规民约在扶贫济困中的积极作用，激发贫困群众奋发脱贫的热情。推动文化投入向贫困地区倾斜，集中实施一批文化惠民扶贫项目，普遍建立村级文化中心。深化贫困地区文明村镇和文明家庭创建。推动贫困地区县级公共文化体育设施达到国家标准。支持贫困地区挖掘保护和开发利用红色、民族、民间文化资源。鼓励文化单位、文艺工作者和其他社会力量为贫困地区提供文化产品和服务。

（二十七）扎实做好脱贫攻坚宣传工作。坚持正确舆论导向，全面宣传我国

扶贫事业取得的重大成就，准确解读党和政府扶贫开发的决策部署、政策举措，生动报道各地区各部门精准扶贫精准脱贫丰富实践和先进典型。建立国家扶贫荣誉制度，表彰对扶贫开发做出杰出贡献的组织和个人。加强对外宣传，讲好减贫的中国故事，传播好减贫的中国声音，阐述好减贫的中国理念。

（二十八）加强国际减贫领域交流合作。通过对外援助、项目合作、技术扩散、智库交流等多种形式，加强与发展中国家和国际机构在减贫领域的交流合作。积极借鉴国际先进减贫理念与经验。履行减贫国际责任，积极落实联合国2030年可持续发展议程，对全球减贫事业做出更大贡献。

八、切实加强党的领导，为脱贫攻坚提供坚强政治保障

（二十九）强化脱贫攻坚领导责任制。实行中央统筹、省（自治区、直辖市）负总责、市（地）县抓落实的工作机制，坚持片区为重点、精准到村到户。党中央、国务院主要负责统筹制定扶贫开发大政方针，出台重大政策举措，规划重大工程项目。省（自治区、直辖市）党委和政府对扶贫开发工作负总责，抓好目标确定、项目下达、资金投放、组织动员、监督考核等工作。市（地）党委和政府要做好上下衔接、域内协调、督促检查工作，把精力集中在贫困县如期摘帽上。县级党委和政府承担主体责任，书记和县长是第一责任人，做好进度安排、项目落地、资金使用、人力调配、推进实施等工作。要层层签订脱贫攻坚责任书，扶贫开发任务重的省（自治区、直辖市）党政主要领导要向中央签署脱贫责任书，每年要向中央作扶贫脱贫进展情况的报告。省（自治区、直辖市）党委和政府要向市（地）、县（市）、乡镇提出要求，层层落实责任制。中央和国家机关各部门要按照部门职责落实扶贫开发责任，实现部门专项规划与脱贫攻坚规划有效衔接，充分运用行业资源做好扶贫开发工作。军队和武警部队要发挥优势，积极参与地方扶贫开发。改进县级干部选拔任用机制，统筹省（自治区、直辖市）内优秀干部，选好配强扶贫任务重的县党政主要领导，把扶贫开发工作实绩作为选拔使用干部的重要依据。脱贫攻坚期内贫困县县级领导班子要保持稳定，对表现优秀、符合条件的可以就地提级。加大选派优秀年轻干部特别是后备干部到贫困地区工作的力度，有计划地安排省部级后备干部到贫困县挂职任职，各省（自治区、直辖市）党委和政府也要选派厅局级后备干部到贫困县挂职任职。各级领导干部要自觉践行党的群众路线，切实转变

作风，把严的要求、实的作风贯穿于脱贫攻坚始终。

（三十）**发挥基层党组织战斗堡垒作用**。加强贫困乡镇领导班子建设，有针对性地选配政治素质高、工作能力强、熟悉"三农"工作的干部担任贫困乡镇党政主要领导。抓好以村党组织为领导核心的村级组织配套建设，集中整顿软弱涣散村党组织，提高贫困村党组织的创造力、凝聚力、战斗力，发挥好工会、共青团、妇联等群团组织的作用。选好配强村级领导班子，突出抓好村党组织带头人队伍建设，充分发挥党员先锋模范作用。完善村级组织运转经费保障机制，将村干部报酬、村办公经费和其他必要支出作为保障重点。注重选派思想好、作风正、能力强的优秀年轻干部到贫困地区驻村，选聘高校毕业生到贫困村工作。根据贫困村的实际需求，精准选配第一书记，精准选派驻村工作队，提高县以上机关派出干部比例。加大驻村干部考核力度，不稳定脱贫不撤队伍。对在基层一线干出成绩、群众欢迎的驻村干部，要重点培养使用。加快推进贫困村村务监督委员会建设，继续落实好"四议两公开"、村务联席会等制度，健全党组织领导的村民自治机制。在有实际需要的地区，探索在村民小组或自然村开展村民自治，通过议事协商，组织群众自觉广泛参与扶贫开发。

（三十一）**严格扶贫考核督查问责**。抓紧出台中央对省（自治区、直辖市）党委和政府扶贫开发工作成效考核办法。建立年度扶贫开发工作逐级督查制度，选择重点部门、重点地区进行联合督查，对落实不力的部门和地区，国务院扶贫开发领导小组要向党中央、国务院报告并提出责任追究建议，对未完成年度减贫任务的省份要对党政主要领导进行约谈。各省（自治区、直辖市）党委和政府要加快出台对贫困县扶贫绩效考核办法，大幅度提高减贫指标在贫困县经济社会发展实绩考核指标中的权重，建立扶贫工作责任清单。加快落实对限制开发区域和生态脆弱的贫困县取消地区生产总值考核的要求。落实贫困县约束机制，严禁铺张浪费，厉行勤俭节约，严格控制"三公"经费，坚决刹住穷县"富衙""戴帽"炫富之风，杜绝不切实际的形象工程。建立重大涉贫事件的处置、反馈机制，在处置典型事件中发现问题，不断提高扶贫工作水平。加强农村贫困统计监测体系建设，提高监测能力和数据质量，实现数据共享。

（三十二）**加强扶贫开发队伍建设**。稳定和强化各级扶贫开发领导小组和工作机构。扶贫开发任务重的省（自治区、直辖市）、市（地）、县（市）扶贫开发领导小组组长由党政主要负责同志担任，强化各级扶贫开发领导小组决策部署、统筹协调、督促落实、检查考核的职能。加强与精准扶贫工作要求相适应的扶贫开发队伍和机构建设，完善各级扶贫开发机构的设置和职能，充实配强各级扶贫开发工作力度。扶贫任务重的乡镇要有专门干部负责扶贫开发工作。加强贫困地区县级领导干部和扶贫干部思想作风建设，加大培训力度，全面提升扶贫干部队伍能力水平。

（三十三）**推进扶贫开发法治建设**。各级党委和政府要切实履行责任，善于运用法治思维和法治方式推进扶贫开发工作，在规划编制、项目安排、资金使用、监督管理等方面，提高规范化、制度化、法治化水平。强化贫困地区社会治安防控体系建设和基层执法队伍建设。健全贫困地区公共法律服务制度，切实保障贫困人口合法权益。完善扶贫开发法律法规，抓紧制定扶贫开发条例。

让我们更加紧密地团结在以习近平同志为总书记的党中央周围，凝心聚力，精准发力，苦干实干，坚决打赢脱贫攻坚战，为全面建成小康社会、实现中华民族伟大复兴的中国梦而努力奋斗。

（据新华社北京 2015 年 12 月 7 日电）

关于加大脱贫攻坚力度 支持革命老区开发建设的指导意见

中共中央办公厅、国务院办公厅

革命老区（以下简称老区）是党和人民军队的根，老区和老区人民为中国革命胜利和社会主义建设做出了重大牺牲和重要贡献。新中国成立60多年特别是改革开放30多年来，在党中央、国务院关心支持下，老区面貌发生深刻变化，老区人民生活水平显著改善，但由于自然、历史等多重因素影响，一些老区发展相对滞后、基础设施薄弱、人民生活水平不高的矛盾仍然比较突出，脱贫攻坚任务相当艰巨。为进一步加大扶持力度，加快老区开发建设步伐，让老区人民过上更加幸福美好的生活，现提出如下意见。

一、总体要求

全面贯彻落实党的十八大和十八届三中、四中、五中全会精神，以邓小平理论、"三个代表"重要思想、科学发展观为指导，深入贯彻习近平总书记系列重要讲话精神，坚持"四个全面"战略布局，按照党中央、国务院决策部署，以改变老区发展面貌为目标，以贫困老区为重点，更加注重改革创新、更加注重统筹协调、更加注重生态文明建设、更加注重开发开放、更加注重共建共享发展，进一步加大扶持力度，实施精准扶贫精准脱贫，着力破解区域发展瓶颈制约，着力解决民生领域突出困难和问题，着力增强自我发展能力，着力提升对内对外开放水平，推动老区全面建成小康社会，让老区人民共享改革发展成果。

到2020年，老区基础设施建设取得积极进展，特色优势产业发展壮大，生态环境质量明显改善，城乡居民人均可支配收入增长幅度高于全国平均水平，基本公共服务主要领域指标接近全国平均水平，确保我国现行标准下农村贫困人口实现脱贫，贫困县全部摘帽，解决区域性整体贫困。

二、工作重点

按照区别对待、精准施策的原则，以重点区域、重点人群、重点领域为突破口，加大脱贫攻坚力度，带动老区全面振兴发展。

（一）**以支持贫困老区为重点，全面加快老区小康建设进程**。贫困地区是全国全面建成小康社会的短板，贫困老区更是短板中的短板。要把贫困老区作为老区开发建设的重中之重，充分发挥政治优势和制度优势，主动适应经济发展新常态，着力改善发展环境与条件，激发市场主体创新活力，推动相关资源要素向贫困老区优先集聚，民生政策向贫困老区优先覆盖，重大项目向贫困老区优先布局，尽快增强贫困老区发展内生动力。

（二）**以扶持困难群体为重点，全面增进老区人民福祉**。切实解决好老区贫困人口脱贫问题，全面保障和改善民生，是加快老区开发建设的出发点和落脚点。要打破惯性思维，采取超常规举措，加快科学扶贫和精准扶贫，加大帮扶力度，提高优抚对象待遇水平，办好老区民生实事，使老区人民与全国人民一道共享全面建成小康社会成果。

（三）**以集中解决突出问题为重点，全面推动老区开发开放**。加快老区开发建设步伐，基础设施是首要条件，资源开发和产业发展是关键环节，改革开放是根本动力，生态环境是发展底线，老区精神是活力源泉。要围绕重点领域和薄弱环节，明确工作思路，选准主攻方向，发扬"钉钉子"精神，使老区面貌明显改善，人民生活水平显著提升。

三、主要任务

（一）**加快重大基础设施建设，尽快破解发展瓶颈制约**。大力推进老区高等级公路建设，优先布局一批铁路项目并设立站点，积极布局一批支线和通用机场，支持有条件的老区加快港口、码头、航道等水运基础设施建设，力争实现老区所在地级市高速公路通达、加速铁路基本覆盖。加快推动老区电网建设，支持大用户直供电和工业企业按照国家有关规定建设自备电厂，保障发展用能需求。增加位于贫困老区的发电企业年度电量计划，提高水电工程留存电量比例。加大老区地质灾害防治、矿山环境治理和地质灾害搬迁避让工程实施力度。完善电信普遍服务补偿机制，支持老区加快实施"宽带中国"战略、"宽带乡村"

工程，加大网络通信基础设施建设力度。优先支持老区重大水利工程、中型水库、病险水库水闸除险加固、灌区续建配套与节水改造等项目建设，加大贫困老区抗旱水源建设、中小河流治理和山洪灾害防治力度。支持老区推进土地整治和高标准农田建设，在安排建设任务和补助资金时予以倾斜。

（二）积极有序开发优势资源，切实发挥辐射带动效应。鼓励中央企业和地方国有企业、民营资本组建混合所有制企业，因地制宜勘探开发老区煤炭、石油、天然气、页岩气、煤层气、页岩油等资源。在具备资源禀赋的老区积极有序开发建设大型水电、风电、太阳能基地，着力解决电力消纳问题。支持老区发展生物质能、天然气、农村小水电等清洁能源，加快规划建设一批抽水蓄能电站。积极支持符合条件的老区建设能源化工基地，加快推进技术创新，实现资源就地加工转化利用。增加地质矿产调查评价专项对贫困老区基础性、公益性项目的投入，引导社会资本积极参与老区矿产资源勘查开发，支持开展矿产资源综合利用示范基地和绿色矿山建设。

（三）着力培育壮大特色产业，不断增强"造血"功能。推进老区一二三产业融合发展，延长农业产业链，让农户更多分享农业全产业链和价值链增值收益。做大做强农民合作社和龙头企业，支持老区特色农产品品种保护、选育和生产示范基地建设，积极推广适用新品种、新技术，打造一批特色农产品加工示范园区，扶持、鼓励开展无公害农产品、绿色食品、有机农产品及地理标志农产品认证。积极发展特色农产品交易市场，鼓励大型零售超市与贫困老区合作社开展农超对接。加强老区农村物流服务体系建设，鼓励邮政快递服务向农村延伸。大力发展电子商务，加强农村电商人才培训，鼓励引导电商企业开辟老区特色农产品网上销售平台，加大对农产品品牌推介营销的支持力度。依托老区良好的自然环境，积极发展休闲农业、生态农业，打造一批具有较大影响力的养生养老基地和休闲度假目的地。充分挖掘老区山林资源，积极发展木本油料、特色经济林产业和林下经济。利用老区丰富的文化资源，振兴传统工艺，发展特色文化产业。支持老区建设红色旅游经典景区，优先支持老区创建国家级旅游景区，旅游基础设施建设中央补助资金进一步向老区倾斜。加大跨区域旅游合作力度，重点打造国家级红色旅游经典景区和精品线路，加强旅游品牌推介，着力开发红色旅游产品，培育一批具有较高知名度的旅游节庆活动。加强老区革命历史纪念场所建设维护，有计划抢救影响力大、损毁严重的重要革命遗址。支持老区因地制宜开展"互联网+"试点。积极发展适合老区的信息消费新产品、新业态、新模式。

（四）切实保护生态环境，着力打造永续发展的美丽老区。继续实施天然林保护、防护林建设、石漠化治理、防沙治沙、湿地保护与恢复、退牧还草、水土流失综合治理、坡耕地综合整治等重点生态工程，优先安排贫困老区新一轮退耕还林还草任务，支持老区开展各类生态文明试点示范。加强自然保护区建设与管理，支持在符合条件的老区开展国家公园设立试点。大力发展绿色建筑和低碳、便捷的交通体系，加快推动生产生活方式绿色化。深入实施大气、水、土壤污染防治行动计划，全面推进涵养区、源头区等水源地环境整治。加强农村面源污染治理，对秸秆、地膜、畜禽粪污收集利用加大扶持和奖励力度，研究将贫困老区列入下一轮农村环境综合整治重点区域。加快推进老区工业污染场地和矿区环境治理，支持老区工业企业实施清洁生产技术改造工程。

（五）全力推进民生改善，大幅提升基本公共服务水平。加快解决老区群众饮水安全问题，加大农村电网改造升级力度，进一步提高农村饮水、电力保障水平。加快贫困老区农村公路建设，重点推进剩余乡镇和建制村通硬化路建设，推动一定人口规模的自然村通公路。加大农村危房改造力度，统筹开展农房抗震改造，对贫困老区予以倾斜支持。加快老区农村集贸市场建设。尽快补齐老区教育短板，增加公共教育资源配置，消除大班额现象，优化农村中小学校设点布局，改善基本办学条件，强化师资力量配备，确保适龄儿童和少年都能接受良好的义务教育。支持贫困老区加快普及高中阶段教育，办好一批中等、高等职业学校，逐步推进中等职业教育免除学杂费，推动职业学校与企业共建实验实训平台，培养更多适应老区发展需要的技术技能人才。继续实施农村贫困地区定向招生专项计划，畅通贫困老区学生就读重点高校渠道。加强老区县乡村三级医疗卫生服务网络标准化建设，支持贫困老区实施全科医生和专科医生特设岗位计划，逐步提高新型农村合作医疗保障能力和大病救助水平。加大社会救助力度，逐步提高老区最低生活保障水平，加快完善老区城乡居民基本养老保险制度，落实国家基础养老金标准相关政策。以广播电视服务网络、数字文化服务、乡土人才培养、流动文化服务以及公共图书馆、文化馆（站）、基层综合性文化服务中心、基层新华书店等为重点，推动老区基本公共文化服务能力与水平明显提高。

（六）**大力促进转移就业，全面增强群众增收致富能力**。结合实施国家新型城镇化规划，发挥老区中心城市和小城镇集聚功能，积极发展劳动密集型产业和家政服务、物流配送、养老服务等产业，拓展劳动力就地就近就业空间。加强基层人力资源和社会保障公共服务平台建设，推动贫困老区劳动力向经济发达地区转移，建立和完善劳动力输出与输入地劳务对接机制，提高转移输出组织化程度。支持老区所在市县积极整合各类培训资源，开展有针对性的职业技能培训。加大贫困老区劳动力技能培训力度，鼓励外出务工人员参加中长期实用技能培训。引导和支持用人企业在老区开展订单定向培训。支持符合条件的老区建设创业园区或创业孵化基地等，鼓励外出务工人员回乡创业。

（七）**深入实施精准扶贫，加快推进贫困人口脱贫**。继续实施以工代赈、整村推进、产业扶贫等专项扶贫工程，加大对建档立卡贫困村、贫困户的扶持力度。统筹使用涉农资金，开展扶贫小额信贷，支持贫困户发展特色产业，促进有劳动能力的贫困户增收致富。积极实施光伏扶贫工程，支持老区探索资产收益扶贫。加快实施乡村旅游富民工程，积极推进老区贫困村旅游扶贫试点。深入推行科技特派员制度，支持老区科技特派员与贫困户结成利益共同体，探索创业扶贫新模式。在贫困老区优先实施易地扶贫搬迁工程，在安排年度任务时予以倾斜，完善后续生产发展和就业扶持政策。加快实施教育扶贫工程，在老区加快落实建档立卡的家庭经济困难学生实施普通高中免除学杂费政策，实现家庭经济困难学生资助全覆盖。实施健康扶贫工程，落实贫困人口参加新型农村合作医疗个人缴费部分由财政给予补贴的政策，将贫困人口全部纳入重特大疾病救助范围。对无法依靠产业扶持和就业帮助脱贫的家庭实行政策性保障兜底。

（八）**积极创新体制机制，加快构建开放型经济新格局**。支持老区开展农村集体产权制度改革，稳妥有序实施农村承包土地经营权、农民住房财产权等抵押贷款以及大宗特色农产品保险试点。支持老区开展水权交易试点，探索建立市场化补偿方式。推动相关老区深度融入"一带一路"建设、京津冀协同发展、长江经济带建设三大国家战略，与有关国家级新区、自主创新示范区、自由贸易试验区、综合配套改革试验区、承接产业转移示范区建立紧密合作关系，打造区域合作和产业承接发展平台，探索发展"飞地经济"，引导发达地区劳动密集型等产业优先向老区转移。支持老区科技创新能力建设，加快推动老区创新驱动发展。支持具备条件的老区申请设立海关特殊监管区域，鼓励老区所在市县积极承接加工贸易梯度转移。对老区企业到境外开展各类管理体系认证、产品认证和商标注册等给予资助。拓展老区招商引资渠道，利用外经贸发展专项资金促进贫困老区发展，优先支持老区项目申报借用国外优惠贷款。鼓励老区培育和发展会展平台，提高知名度和影响力。加快边境老区开发开放，提高边境经济合作区、跨境经济合作区发展水平，提升边民互市贸易便利化水平。

四、支持政策

（一）**加强规划引导和重大项目建设。**编制实施国民经济和社会发展"十三五"规划等中长期规划时，对老区予以重点支持，积极谋划一批交通、水利、能源等重大工程项目，优先纳入相关专项规划。全面实施赣闽粤原中央苏区、陕甘宁、左右江、大别山、川陕等老区振兴发展规划和集中连片特困地区区域发展与脱贫攻坚规划，加快落实规划项目和政策。推动大型项目、重点工程、新兴产业在符合条件的前提下优先向老区安排。探索建立老区重大项目审批核准绿色通道，加快核准审批进程，对重大项目环评工作提前介入指导。

（二）**持续加大资金投入。**中央财政一般性转移支付资金、各类涉及民生的专项转移支付资金进一步向贫困老区倾斜。增加老区转移支付资金规模，扩大支持范围。中央财政专项扶贫资金分配向贫困老区倾斜。加大中央集中彩票公益金支持老区扶贫开发力度，力争实现对贫困老区全覆盖。加大中央预算内投资和专项建设基金对老区的投入力度。严格落实国家在贫困地区安排的公益性建设项目取消县级和西部集中连片特困地区地市级配套资金的政策，并加大中央和省级财政投资补助比重。在公共服务等领域积极推广政府与社会资本合作、政府购买服务等模式。鼓励和引导各类金融机构加大对老区开发建设的金融支持。鼓励各银行业金融机构总行合理扩大贫困老区分支机构授信审批权限，加大支农再贷款、扶贫再贷款对贫困老区的支持力度，建立健全信贷资金投向老区的激励机制。支持具备条件的民间资本在老区依法发起设立村镇银行、民营银行等金融机构，推动有关金融机构延伸服务网络、创新金融产品。鼓励保险机构开发老区特色优势农作物保险产品，支持贫困老区开展特色农产品价格保险。

（三）**强化土地政策保障。**在分解下达新增建设用地指标和城乡建设用地增减挂钩指标时，重点向老区内国家扶贫开发工作重点县倾斜。鼓励通过城乡建设用地增减挂钩优先解决老区易地扶贫搬迁安置所需建设用地，对不具备开展增减挂钩条件的，优先安排搬迁安置所需新增建设用地计划指标。在贫困老区开展易地扶贫搬迁，允许将城乡建设用地增减挂钩指标在省域范围内使用。支持有条件的老区开展历史遗留工矿废弃地复垦利用、城镇低效用地再开发和低丘缓坡荒滩等未利用地开发利用试点。落实和完善农产品批发市场、农贸市场城镇土地使用税和房产税政策。

（四）完善资源开发与生态补偿政策。适当增加贫困老区光伏、风电等优势能源资源开发规模。合理调整资源开发收益分配政策，研究提高老区矿产、油气资源开发收益地方留成比例，强化资源开发对老区发展的拉动效应。支持将符合条件的贫困老区纳入重点生态功能区补偿范围。逐步建立地区间横向生态保护补偿机制，引导提供生态产品的老区与受益地区之间，通过资金补助、产业转移、人才培训、共建园区等方式实施补偿。支持符合条件的老区启动实施湿地生态效益补偿和生态还湿。

（五）提高优抚对象优待抚恤标准。继续提高"三红"人员（在乡退伍红军老战士、在乡西路军红军老战士、红军失散人员）、在乡老复员军人等优抚对象抚恤和定期生活补助标准，研究其遗孀定期生活补助政策，保障好老无所养和伤病残优抚对象的基本生活。研究逐步提高新中国成立前入党的农村老党员和未享受离退休待遇的城镇老党员生活补助标准。严格落实优抚对象医疗保障政策，逐步提高医疗保障水平。鼓励有条件的地方实行优抚对象基本殡葬服务费用减免政策。优抚对象申请经济适用住房、公租房或农村危房改造的，同等条件下予以优先安排。加大优抚对象家庭成员就业政策落实力度，符合就业困难人员条件的优先安排公益性岗位，组织机关、企事业单位面向老区定向招聘辅助人员。

（六）促进干部人才交流和对口帮扶。推进贫困老区与发达地区干部交流，加大中央和国家机关、中央企业与贫困老区干部双向挂职锻炼工作力度，大力实施边远贫困地区、边疆民族地区和革命老区人才支持计划。研究实施直接面向老区的人才支持项目，支持老区相关单位申报设立院士工作站和博士后科研工作站。深入推进中央企业定点帮扶贫困革命老区县"百县万村"活动，进一步挖掘中央和省级定点扶贫单位帮扶资源，逐步实现定点扶贫工作对贫困老区全覆盖。制定优惠政策，鼓励老区优秀青年入伍，引导优秀退役军人留在老区工作。加快建立省级政府机关、企事业单位或省内发达县市对口帮扶本省贫困老区的工作机制。

五、组织领导

（一）**高度重视老区开发建设工作**。各级党委和政府要进一步增强责任感、紧迫感、使命感，把加快老区开发建设作为"一把手工程"，把扶持老区人民脱贫致富作为义不容辞的责任。坚持中央统筹、省（自治区、直辖市）负总责、市（地）县抓落实的工作机制，推动建立党委领导、政府负责、部门协同、社会参与的工作格局，积极整合各级财力和各类资源，推动老区加快发展。发挥军队和武警部队的优势和积极作用，影响和带动社会力量支持老区开发建设。加大对老区脱贫攻坚工作的考核力度，实行年度报告和通报制度。按照国家有关规定表彰为老区发展建设做出突出贡献的先进典型，对推进工作不力的要强化责任追究。加强对各级老区建设促进会的指导，给予必要的支持。

（二）**不断加强老区基层领导班子和党组织建设**。各级党委和政府要选派一批思想政治硬、业务能力强、综合素质高的干部充实老区党政领导班子，优先选派省部级、厅局级后备干部担任老区市、县党政主要领导，推动老区党政领导班子年轻化、知识化、专业化。对长期在老区工作的干部要在提拔任用、家属随迁、子女入学等方面予以倾斜。加强老区基层党组织建设，选优配强党组织带头人，完善村级组织运转经费保障机制，强化服务群众、村干部报酬待遇、村级组织活动场所等基础保障。做好老区村级党组织第一书记选派工作，充分发挥基层党组织团结带领老区群众脱贫致富的战斗堡垒作用。根据老区贫困村实际需求，精准选派驻村工作队，提高县以上机关派出干部比例。

（三）**广泛动员社会各方面力量参与老区开发建设**。鼓励各类企业通过资源开发、产业培育、市场开拓、村企共建等形式到贫困老区投资兴业、培训技能、吸纳就业、捐资助贫，引导一批大型企业在贫困老区包县包村扶贫，鼓励社会团体、基金会、民办非企业单位等各类组织积极支持老区开发建设。对于各类企业和社会组织到贫困老区投资兴业、带动贫困群众就业增收的，严格落实税收、土地、金融等相关支持政策。开展多种类型的公益活动，引导广大社会成员和港澳同胞、台湾同胞、华侨及海外人士，通过爱心捐赠、志愿服务、结对帮扶等多种形式参与老区扶贫开发。

（四）**大力弘扬老区精神**。各级党委和政府要把弘扬老区精神作为党建工作的重要内容，将老区精神融入培育和践行社会主义核心价值观系列活动，利用建党日、建军节、国庆节等重要时间节点，持续不断推动老区精神进学校、进机关、进企业、进社区，在全社会营造传承老区精神高尚、支持服务老区光荣的浓厚氛围。积极支持老区精神挖掘整理工作，结合红色旅游组织开展形式多样的主题活动，培育壮大老区文艺团体和文化出版单位，扶持创作一批反映老区优良传统、展现老区精神风貌的优秀文艺作品和文化产品。加强老区新闻媒体建设，提升老区精神传播能力。老区广大干部群众要继续发扬自力更生、艰苦奋斗的优良传统，不等不靠，齐心协力，争当老区精神的传承者和践行者，加快老区开发建设步伐，不断开创老区振兴发展的新局面。

（五）**全面落实各项任务举措**。各级党委和政府要认真抓好意见的贯彻落实，明确工作任务和责任分工，加大政策项目实施力度，确保年年有总结部署、有督促检查。中央和国家机关有关部门要按照职责分工，抓紧制订实施方案，细化实化具体政策措施，全面落实意见提出的各项任务。国家发展改革委要负责牵头协调解决工作中遇到的困难和问题，会同民政部、国务院扶贫办等部门和单位加强对意见执行情况的跟踪检查，重大问题及时向党中央、国务院报告。充分发挥各级老区建设促进会的监测评估作用，适时组织第三方机构对本意见实施情况进行评估。

（据新华社北京 2016 年 2 月 1 日电）

关于进一步加强东西部扶贫协作工作的指导意见

中共中央办公厅、国务院办公厅

东西部扶贫协作和对口支援,是推动区域协调发展、协同发展、共同发展的大战略,是加强区域合作、优化产业布局、拓展对内对外开放新空间的大布局,是打赢脱贫攻坚战、实现先富帮后富、最终实现共同富裕目标的大举措。为全面贯彻落实《中共中央、国务院关于打赢脱贫攻坚战的决定》和中央扶贫开发工作会议、东西部扶贫协作座谈会精神,做好东西部扶贫协作和对口支援工作,现提出如下意见。

一、总体要求

(一)指导思想。全面贯彻党的十八大和十八届三中、四中、五中、六中全会精神,以习近平总书记扶贫开发重要战略思想为指导,牢固树立新发展理念,坚持精准扶贫、精准脱贫基本方略,进一步强化责任落实、优化结对关系、深化结对帮扶、聚焦脱贫攻坚,提高东西部扶贫协作和对口支援工作水平,推动西部贫困地区与全国一道迈入全面小康社会。

(二)主要目标。经过帮扶双方不懈努力,推进东西部扶贫协作和对口支援工作机制不断健全,合作领域不断拓展,综合效益得到充分发挥,确保西部地区现行国家扶贫标准下的农村贫困人口到2020年实现脱贫,贫困县全部摘帽,解决区域性整体贫困。

(三)基本原则

——坚持党的领导,社会广泛参与。帮扶双方党委和政府要加强对东西部扶贫协作和对口支援工作的领导,将工作纳入重要议事日程,科学编制帮扶规划并认真部署实施,建立完善机制,广泛动员党政机关、企事业单位和社会力量参与,形成帮扶合力。

——坚持精准聚焦,提高帮扶实效。东西部扶贫协作和对口支援要聚焦脱贫攻坚,按照精准扶贫、精准脱贫要求,把被帮扶地区建档立卡贫困人口稳定脱贫作为工作重点,帮扶资金和项目瞄准贫困村、贫困户,真正帮到点上、扶到根上。

——坚持优势互补,鼓励改革创新。立足帮扶双方实际情况,因地制宜、因人施策开展扶贫协作和对口支援,实现帮扶双方优势互补、长期合作、聚焦扶贫、实现共赢,努力探索先富帮后富、逐步实现共同富裕的新途径新方式。

——坚持群众主体,激发内生动力。充分调动贫困地区干部群众积极性创造性,不断激发脱贫致富的内生动力,帮助和带动贫困人口苦干实干,实现光荣脱贫、勤劳致富。

二、结对关系

(四)调整东西部扶贫协作结对关系。对原有结对关系进行适当调整,在完善省际结对关系的同时,实现对民族自治州和西部贫困程度深的市州全覆盖,落实北京市、天津市与河北省扶贫协作任务。调整后的东西部扶贫协作结对关系为:北京市帮扶内蒙古自治区、河北省张家口市和保定市;天津市帮扶甘肃省、河北省承德市;辽宁省大连市帮扶贵州省六盘水市;上海市帮扶云南省、贵州省遵义市;江苏省帮扶陕西省、青海省西宁市和海东市,苏州市帮扶贵州省铜仁市;浙江省帮扶四川省,杭州市帮扶湖北省恩施土家族苗族自治州、贵州省黔东南苗族侗族自治州,宁波市帮扶吉林省延边朝鲜族自治州、贵州省黔西南布依族苗族自治州;福建省帮扶宁夏回族自治区,福州市帮扶甘肃省定西市,厦门市帮扶甘肃省临夏回族自治州;山东省帮扶重庆市,济南市帮扶湖南省湘西土家族苗族自治州,青岛市帮扶贵州省安顺市、甘肃省陇南市;广东省帮扶广西壮族自治区、四川省甘孜藏族自治州,广州市帮扶贵州省黔南布依族苗族自治州和毕节市,佛山市帮扶四川省凉山彝族自治州,中山市和东莞市帮扶云南省昭通市,珠海市帮扶云南省怒江傈僳族自治州。

各省(自治区、直辖市)要根据实际情况,在本行政区域内组织开展结对帮扶工作。

(五)开展携手奔小康行动。东部省份组织本行政区域内经济较发达县(市、区)与扶贫协作省份和市州扶贫任务重、脱贫难度大的贫困县开展携手奔小康行动。探索在乡镇之间、行政村之间结对帮扶。

（六）深化对口支援。对口支援西藏、新疆和四省藏区工作在现有机制下继续坚持向基层倾斜、向民生倾斜、向农牧民倾斜，更加聚焦精准扶贫、精准脱贫，瞄准建档立卡贫困人口精准发力，提高对口支援实效。北京市、天津市与河北省扶贫协作工作，要与京津冀协同发展中京津两市对口帮扶张承环京津相关地区做好衔接。

三、主要任务

（七）开展产业合作。帮扶双方要把东西部产业合作、优势互补作为深化供给侧结构性改革的新课题，研究出台相关政策，大力推动落实。要立足资源禀赋和产业基础，激发企业到贫困地区投资的积极性，支持建设一批贫困人口参与度高的特色产业基地，培育一批带动贫困户发展产业的合作组织和龙头企业，引进一批能够提供更多就业岗位的劳动密集型企业、文化旅游企业等，促进产业发展带动脱贫。加大产业合作科技支持，充分发挥科技创新在增强西部地区自我发展能力中的重要作用。

（八）组织劳务协作。帮扶双方要建立和完善劳务输出精准对接机制，提高劳务输出脱贫的组织化程度。西部地区要摸清底数，准确掌握建档立卡贫困人口中有就业意愿和能力的未就业人口信息，以及已在外地就业人员的基本情况，因人因需提供就业服务，与东部地区开展有组织的劳务对接。西部地区要做好本行政区域内劳务对接工作，依托当地产业发展，多渠道开发就业岗位，支持贫困人口在家乡就地就近就业。开展职业教育东西协作行动计划和技能脱贫"千校行动"，积极组织引导贫困家庭子女到东部省份的职业院校、技工学校接受职业教育和职业培训。东部省份要把解决西部贫困人口稳定就业作为帮扶重要内容，创造就业机会，提供用工信息，动员企业参与，实现人岗对接，保障稳定就业。对在东部地区工作生活的建档立卡贫困人口，符合条件的优先落实落户政策，有序实现市民化。

（九）加强人才支援。帮扶双方要选派优秀干部挂职，广泛开展人才交流，促进观念互通、思路互动、技术互学、作风互鉴。采取双向挂职、两地培训、委托培养和组团式支教、支医、支农等方式，加大教育、卫生、科技、文化、社会工作等领域的人才支持，把东部地区的先进理念、人才、技术、信息、经验等要素传播到西部地区。加大政策激励力度，鼓励各类人才扎根西部贫困地区建功立业。帮扶省市选派到被帮扶地区的挂职干部要把主要精力放到脱贫攻坚上，挂职期限原则上两到三年。加大对西部地区干部特别是基层干部、贫困村创业致富带头人培训力度。

（十）加大资金支持。东部省份要根据财力增长情况，逐步增加扶贫协作和对口支援财政投入，并列入年度预算。西部地区要以扶贫规划为引领，整合扶贫协作和对口支援资金，聚焦脱贫攻坚，形成脱贫合力。要切实加强资金监管，提高使用效益。

（十一）动员社会参与。帮扶省市要鼓励支持本行政区域内民营企业、社会组织、公民个人积极参与东西部扶贫协作和对口支援。充分利用全国扶贫日和中国社会扶贫网等平台，组织社会各界到西部地区开展捐资助学、慈善公益、医疗救助、支医支教、社会工作和志愿服务等扶贫活动。实施社会工作专业人才服务贫困地区计划和扶贫志愿者行动计划，支持东部地区社会工作机构、志愿服务组织、社会工作者和志愿者结对帮扶西部贫困地区，为西部地区提供专业人才和服务保障。注重发挥军队和武警部队在西部贫困地区脱贫攻坚中的优势和积极作用，因地制宜做好帮扶工作。积极组织民营企业参与"万企帮万村"精准扶贫行动，与被帮扶地区贫困村开展结对帮扶。

四、保障措施

（十二）加强组织领导。国务院扶贫开发领导小组要加强东西部扶贫协作的组织协调、工作指导和考核督查。东西部扶贫协作双方要建立高层联席会议制度，党委或政府主要负责同志每年开展定期互访，确定协作重点，研究部署和协调推进扶贫协作工作。

（十三）完善政策支持。中央和国家机关各部门要加大政策支持力度。国务院扶贫办、国家发展改革委、教育部、民政部、人力资源社会保障部、农业部、中国人民银行等部门要按照职责分工，加强对东西部扶贫协作和对口支援工作的指导和支持。中央组织部要统筹东西部扶贫协作和对口支援挂职干部人才选派管理工作。审计机关要依法加强对扶贫政策落实情况和扶贫资金的审计监督。纪检监察机关要加强扶贫领域监督执纪问责。

（十四）开展考核评估。把东西部扶贫协作工作纳入国家脱贫攻坚考核范围，作为国家扶贫督查巡查重要内容，突出目标导向、结果导向，督查巡查和考核内容包括减贫成效、劳务协作、产业合作、人才支援、资金支持五个方面，重点是解决多少建档立卡贫困人口脱贫。对口支援工作要进一步加强对精准扶贫工作成效的考核。东西部扶贫协作考核工作由国务院扶贫开发领导小组组织实施，考核结果向党中央、国务院报告。

（据新华社北京 2016 年 12 月 7 日电）

省级党委和政府扶贫开发工作成效考核办法

中共中央办公厅、国务院办公厅

第一条 为了确保到 2020 年现行标准下农村贫困人口实现脱贫，贫困县全部摘帽，解决区域性整体贫困，根据《中共中央、国务院关于打赢脱贫攻坚战的决定》，制定本办法。

第二条 本办法适用于中西部 22 个省（自治区、直辖市）党委和政府扶贫开发工作成效的考核。

第三条 考核工作围绕落实精准扶贫精准脱贫基本方略，坚持立足实际、突出重点，针对主要目标任务设置考核指标，注重考核工作成效；坚持客观公正、群众认可，规范考核方式和程序，充分发挥社会监督作用；坚持结果导向、奖罚分明，实行正向激励，落实责任追究，促使省级党委和政府切实履职尽责，改进工作，坚决打赢脱贫攻坚战。

第四条 考核工作从 2016 年到 2020 年，每年开展一次，由国务院扶贫开发领导小组组织进行，具体工作由国务院扶贫办、中央组织部牵头，会同国务院扶贫开发领导小组成员单位组织实施。

第五条 考核内容包括以下几个方面：

（一）减贫成效。考核建档立卡贫困人口数量减少、贫困县退出、贫困地区农村居民收入增长情况。

（二）精准识别。考核建档立卡贫困人口识别、退出精准度。

（三）精准帮扶。考核对驻村工作队和帮扶责任人帮扶工作的满意度。

（四）扶贫资金。依据财政专项扶贫资金绩效考评办法，重点考核各省（自治区、直辖市）扶贫资金安排、使用、监管和成效等。

第六条 考核工作于每年年底开始实施，次年 2 月底前完成，按以下步骤进行：

（一）省级总结。各省（自治区、直辖市）党委和政府，对照国务院扶贫开发领导小组审定的年度减贫计划，就工作进展情况和取得成效形成总结报告，报送国务院扶贫开发领导小组。

（二）第三方评估。国务院扶贫开发领导小组委托有关科研机构和社会组织，采取专项调查、抽样调查和实地核查等方式，对相关考核指标进行评估。

（三）数据汇总。国务院扶贫办会同有关部门对建档立卡动态监测数据、国家农村贫困监测调查数据、第三方评估和财政专项扶贫资金绩效考评情况等进行汇总整理。

（四）综合评价。国务院扶贫办会同有关部门对汇总整理的数据和各省（自治区、直辖市）的总结报告进行综合分析，形成考核报告。考核报告应当反映基本情况、指标分析、存在问题等，做出综合评价，提出处理建议，经国务院扶贫开发领导小组审议后，报党中央、国务院审定。

（五）沟通反馈。国务院扶贫开发领导小组向各省（自治区、直辖市）专题反馈考核结果，并提出改进工作的意见建议。

第七条　考核中发现下列问题的，由国务院扶贫开发领导小组提出处理意见：

（一）未完成年度减贫计划任务的；

（二）违反扶贫资金管理使用规定的；

（三）违反贫困县约束规定，发生禁止作为事项的；

（四）违反贫困退出规定，弄虚作假、搞"数字脱贫"的；

（五）贫困人口识别和退出准确率、帮扶工作群众满意度较低的；

（六）纪检、监察、审计和社会监督发现违纪违规问题的。

第八条　考核结果由国务院扶贫开发领导小组予以通报。对完成年度计划减贫成效显著的省份，给予一定奖励。对出现本办法第七条所列问题的，由国务院扶贫开发领导小组对省级党委、政府主要负责人进行约谈，提出限期整改要求；情节严重、造成不良影响的，实行责任追究。考核结果作为对省级党委、政府主要负责人和领导班子综合考核评价的重要依据。

第九条　参与考核工作的中央部门应当严守考核工作纪律，坚持原则、公道正派、敢于担当，保证考核结果的公正性和公信力。各省（自治区、直辖市）应当及时、准确提供相关数据、资料和情况，主动配合开展相关工作，确保考核顺利进行。对不负责任、造成考核结果失真失实的，应当追究责任。

第十条　各省（自治区、直辖市）应当参照本办法，结合本地区实际制定相关办法，加强对本地区各级扶贫开发工作的考核。

第十一条　本办法由国务院扶贫办商中央组织部负责解释。

第十二条　本办法自 2016 年 2 月 9 日起施行。2012 年 1 月 6 日印发的《扶贫开发工作考核办法（试行）》同时废止。

（据新华社北京 2016 年 2 月 16 日电）

关于建立贫困退出机制的意见

中共中央办公厅、国务院办公厅

为贯彻落实《中共中央、国务院关于打赢脱贫攻坚战的决定》和中央扶贫开发工作会议精神，切实提高扶贫工作的针对性、有效性，现就建立贫困退出机制提出如下意见。

一、指导思想

全面贯彻党的十八大和十八届三中、四中、五中全会精神，深入贯彻习近平总书记系列重要讲话精神，紧紧围绕"五位一体"总体布局和"四个全面"战略布局，牢固树立创新、协调、绿色、开放、共享的发展理念，按照党中央、国务院决策部署，深入实施精准扶贫精准脱贫，以脱贫实效为依据，以群众认可为标准，建立严格、规范、透明的贫困退出机制，促进贫困人口、贫困村、贫困县在2020年以前有序退出，确保如期实现脱贫攻坚目标。

二、基本原则

——坚持实事求是。对稳定达到脱贫标准的要及时退出，新增贫困人口或返贫人口要及时纳入扶贫范围。注重脱贫质量，坚决防止虚假脱贫，确保贫困退出反映客观实际、经得起检验。

——坚持分级负责。实行中央统筹、省（自治区、直辖市）负总责、市（地）县抓落实的工作机制。国务院扶贫开发领导小组制定统一的退出标准和程序，负责督促指导、抽查核查、评估考核、备案登记等工作。省（自治区、直辖市）制订本地脱贫规划、年度计划和实施办法，抓好组织实施和监督检查。市（地）县汇总数据，甄别情况，具体落实，确保贫困退出工作有序推进。

——坚持规范操作。严格执行退出标准、规范工作流程，切实做到程序公开、数据准确、档案完整、结果公正。贫困人口退出必须实行民主评议，贫困村、贫困县退出必须进行审核审查，退出结果公示公告，让群众参与评价，做到全程透明。强化监督检查，开展第三方评估，确保脱贫结果真实可信。

——坚持正向激励。贫困人口、贫困村、贫困县退出后，在一定时期内国家原有扶贫政策保持不变，支持力度不减，留出缓冲期，确保实现稳定脱贫。对提前退出的贫困县，各省（自治区、直辖市）可制定相应奖励政策，鼓励脱贫摘帽。

三、退出标准和程序

（一）**贫困人口退出**。贫困人口退出以户为单位，主要衡量标准是该户年人均纯收入稳定超过国家扶贫标准且吃穿不愁，义务教育、基本医疗、住房安全有保障。

贫困户退出，由村"两委"组织民主评议后提出，经村"两委"和驻村工作队核实、拟退出贫困户认可，在村内公示无异议后，公告退出，并在建档立卡贫困人口中销号。

（二）**贫困村退出**。贫困村退出以贫困发生率为主要衡量标准，统筹考虑村内基础设施、基本公共服务、产业发展、集体经济收入等综合因素。原则上贫困村贫困发生率降至2%以下（西部地区降至3%以下），在乡镇内公示无异议后，公告退出。

（三）**贫困县退出**。贫困县包括国家扶贫开发工作重点县和集中连片特困地区县。贫困县退出以贫困发生率为主要衡量标准。原则上贫困县贫困发生率降至2%以下（西部地区降至3%以下），由县级扶贫开发领导小组提出退出，市级扶贫开发领导小组初审，省级扶贫开发领导小组核查，确定退出名单后向社会公示征求意见。公示无异议的，由各省（自治区、直辖市）扶贫开发领导小组审定后向国务院扶贫开发领导小组报告。

国务院扶贫开发领导小组组织中央和国家机关有关部门及相关力量对地方退出情况进行专项评估检查。对不符合条件或未完整履行退出程序的，责成相关地方进行核查处理。对符合退出条件的贫困县，由省级政府正式批准退出。

四、工作要求

（一）**切实加强领导**。各省（自治区、直辖市）党委和政府要高度重视贫困退出工作，加强组织领导和统筹协调，认真履行职责。贫困退出年度任务完成情况纳入中央对省级党委和政府扶贫开发工作成效考核内容。地方各级扶贫开发领导小组要层层抓落实，精心组织实施。地方各级扶贫部门要认真履职，当好党委和政府的参谋助手，协调有关方面做好调查核实、公示公告、备案管理、信息录入等工作。

（二）**做好退出方案**。各省（自治区、直辖市）要按照省（自治区、直辖市）负总责的要求，因地制宜，尽快制订贫困退出具体方案，明确实施办法和工作程序。退出方案要符合脱贫攻坚实际情况，防止片面追求脱贫进度。

（三）**完善退出机制**。贫困退出工作涉及面广、政策性强，要在实施过程中逐步完善。要做好跟踪研判，及时发现和解决退出机制实施过程中的苗头性、倾向性问题。要认真开展效果评估，确保贫困退出机制的正向激励作用。

（四）**强化监督问责**。国务院扶贫开发领导小组、各省（自治区、直辖市）党委和政府要组织开展扶贫巡查工作，分年度、分阶段定期或不定期进行督导和专项检查。对贫困退出工作中发生重大失误、造成严重后果的，对存在弄虚作假、违规操作等问题的，要依纪依法追究相关部门和人员责任。

（据新华社北京 2016 年 4 月 28 日电）

脱贫攻坚责任制实施办法

中共中央办公厅、国务院办公厅

第一章 总则

第一条 为了全面落实脱贫攻坚责任制，根据《中共中央、国务院关于打赢脱贫攻坚战的决定》和中央有关规定，制定本办法。

第二条 本办法适用于中西部22个省（自治区、直辖市）党委和政府、有关中央和国家机关脱贫攻坚责任的落实。

第三条 脱贫攻坚按照中央统筹、省负总责、市县抓落实的工作机制，构建责任清晰、各负其责、合力攻坚的责任体系。

第二章 中央统筹

第四条 党中央、国务院主要负责统筹制定脱贫攻坚大政方针，出台重大政策举措，完善体制机制，规划重大工程项目，协调全局性重大问题、全国性共性问题。

第五条 国务院扶贫开发领导小组负责全国脱贫攻坚的综合协调，建立健全扶贫成效考核、贫困县约束、督查巡查、贫困退出等工作机制，组织实施对省级党委和政府扶贫开发工作成效考核，组织开展脱贫攻坚督查巡查和第三方评估，有关情况向党中央、国务院报告。

第六条 国务院扶贫开发领导小组建设精准扶贫精准脱贫大数据平台，建立部门间信息互联共享机制，完善农村贫困统计监测体系。

第七条 有关中央和国家机关按照工作职责，运用行业资源落实脱贫攻坚责任，按照《贯彻实施〈中共中央、国务院关于打赢脱贫攻坚战的决定〉重要政策措施分工方案》要求制定配套政策并组织实施。

第八条 中央纪委机关对脱贫攻坚进行监督执纪问责，最高人民检察院对扶贫领域职务犯罪进行集中整治和预防，审计署对脱贫攻坚政策落实和资金重点项目进行跟踪审计。

第三章 省负总责

第九条 省级党委和政府对本地区脱贫攻坚工作负总责，并确保责任制层层落实；全面贯彻党中央、国务院关于脱贫攻坚的大政方针和决策部署，结合本地区实际制定政策措施，根据脱贫目标任务制订省级脱贫攻坚滚动规划和年度计划并组织实施。省级党委和政府主要负责人向中央签署脱贫责任书，每年向中央报告扶贫脱贫进展情况。

第十条 省级党委和政府应当调整财政支出结构，建立扶贫资金增长机制，明确省级扶贫开发投融资主体，确保扶贫投入力度与脱贫攻坚任务相适应；统筹使用扶贫协作、对口支援、定点扶贫等资源，广泛动员社会力量参与脱贫攻坚。

第十一条 省级党委和政府加强对扶贫资金分配使用、项目实施管理的检查监督和审计，及时纠正和处理扶贫领域违纪违规问题。

第十二条 省级党委和政府加强对贫困县的管理，组织落实贫困县考核机制、约束机制、退出机制；保持贫困县党政正职稳定，做到不脱贫不调整、不摘帽不调离。

第四章 市县落实

第十三条 市级党委和政府负责协调域内跨县扶贫项目，对项目实施、资金使用和管理、脱贫目标任务完成等工作进行督促、检查和监督。

第十四条 县级党委和政府承担脱贫攻坚主体责任，负责制订脱贫攻坚实施规划，优化配置各类资源要素，组织落实各项政策措施，县级党委和政府主要负责人是第一责任人。

第十五条 县级党委和政府应当指导乡、村组织实施贫困村、贫困人口建档立卡和退出工作，对贫困村、贫困人口精准识别和精准退出情况进行检查考核。

第十六条 县级党委和政府应当制定乡、村落实精准扶贫精准脱贫的指导意见并监督实施，因地制宜，分类指导，保证贫困退出的真实性、有效性。

第十七条　县级党委和政府应当指导乡、村加强政策宣传，充分调动贫困群众的主动性和创造性，把脱贫攻坚政策措施落实到村到户到人。

第十八条　县级党委和政府应当坚持抓党建促脱贫攻坚，强化贫困村基层党组织建设，选优配强和稳定基层干部队伍。

第十九条　县级政府应当建立扶贫项目库，整合财政涉农资金，建立健全扶贫资金项目信息公开制度，对扶贫资金管理监督负首要责任。

第五章　合力攻坚

第二十条　东西部扶贫协作和对口支援双方各级党政主要负责人必须亲力亲为，推动建立精准对接机制，聚焦脱贫攻坚，注重帮扶成效，加强产业带动、劳务协作、人才交流等方面的合作。东部地区应当根据财力增长情况，逐步增加帮扶投入；西部地区应当主动对接，整合用好资源。

第二十一条　各定点扶贫单位应当紧盯建档立卡贫困人口，细化实化帮扶措施，督促政策落实和工作到位，切实做到扶真贫、真扶贫，不脱贫不脱钩。

第二十二条　军队和武警部队应当发挥组织严密、突击力强等优势，积极参与地方脱贫攻坚，有条件的应当承担定点帮扶任务。

第二十三条　各民主党派应当充分发挥在人才和智力扶贫上的优势和作用，做好脱贫攻坚民主监督工作。

第二十四条　民营企业、社会组织和公民个人应当积极履行社会责任，主动支持和参与脱贫攻坚。

第六章　奖惩

第二十五条　各级党委和政府、扶贫开发领导小组以及有关中央和国家机关可以按照有关规定对落实脱贫攻坚责任到位、工作成效显著的部门和个人，以适当方式予以表彰，并作为干部选拔使用的重要依据；对不负责任、造成不良影响的，依纪依法追究相关部门和人员责任。

第二十六条　各级党委和政府、扶贫开发领导小组以及有关中央和国家机关对在脱贫攻坚中做出突出贡献的社会帮扶主体，予以大力宣传，并按照有关规定进行表彰。

第七章　附则

第二十七条　中西部 22 个省（自治区、直辖市）应当参照本办法，结合本地区实际制定实施细则。其他省（自治区、直辖市）可以参照本办法实施。

第二十八条　本办法由国务院扶贫开发领导小组办公室负责解释。

第二十九条　本办法自 2016 年 10 月 11 日起施行。

（据新华社北京 2016 年 12 月 17 日电）

后 记

中国特色社会主义进入新时代,全面建成小康社会进入攻坚阶段,我国的扶贫开发工作也进入啃硬骨头、攻坚拔寨和冲刺的最关键时期。为深入学习党的十九大精神,学习习近平新时代中国特色社会主义思想,进一步贯彻落实习近平总书记精准扶贫精准脱贫战略思想,系统总结党的十八大以来扶贫工作的新成就、新经验,全面分析当前扶贫开发工作面临的形势和任务,集中全力打赢脱贫攻坚战,我们组织编写了这本书,以期能够给广大研究人员和普通读者以启迪,给奋战在脱贫攻坚战场上的广大党员干部提供参考和借鉴。这项工作从 2016 年 6 月启动,经过一年多的编写与修改,终于与广大读者见面了。

在写作过程中,本书参考了大量的著作、论文、电子资料,未能一一列举出来,在此,对这些作者表示深深的歉意和感谢。在出版阶段,中央编译出版社的领导和编辑付出了大量心血,做了很多具体工作,给出了非常宝贵的建议,编委会对他们的辛勤劳动表示感谢。

由于时间紧迫和水平所限,书中难免有疏漏和错误之处,欢迎广大读者批评指正。

本书编委会
2017 年 11 月

党政干部阅读推荐

□《马克思名言书法集》 周坤仁、黄璜、邵华泽、马炳芝、段端武、程建宁 主编 定价 380 元

　　本书由迟浩田、钱国梁、周坤仁、李乾元、向守志、杨国梁等180多位老红军、老八路、共和国的老部长、老将军和国内著名书画家共同创作完成的马克思名言书法作品集。

□《论制度反腐》 李永忠 著 定价 32 元

　　我国知名制度反腐学者和纪检监察实务专家李永忠全面论述如何从严治党、推进制度反腐。

□《国家命运：反腐攻坚战》 邱学强、徐伟新、俞可平、袁曙宏等26名顶尖专家学者合著 定价 58.00 元

　　论辩当前中国反腐败局势、研究中国未来政治发展。中央编译出版社2015年十大畅销书之一。

□《国家命运：中国未来经济转型与改革发展》 吴敬琏、厉以宁、林毅夫、高尚全等32位经济界顶尖学者 合著 定价 58.00 元

　　中国向何处去？中央编译出版社2015年十大畅销书之一。

□《谁在导演世界》（2016升级版）边芹 著 定价 48.00 元

　　"精神亡国者"的哀伤，中西方文化博弈，争夺话语权。本书3个月加印12次，持续荣登文化畅销书榜首。

□《中华文化自信》 曾仕强 著 定价 45 元

　　揭秘中华文化本质，树立文化自信，复兴民族文化！

□《孔子是个好老师》 钟国兴、陈有勇 著

　　让孔子这个可敬可亲的老师复活。北京大学校长林建华、学习型组织理论之父、"世界十大管理大师"之一彼得·圣吉推荐阅读。2016年4月上市第一月发行41000册。

□《领导要义三千言》 晓山 编著 定价 68.00 元

　　本书是作者结合三十年工作经验，对如何把握领导要义做出的深思考。这三千格言警句涉及领导干部需具备的基本素质与综合素质的各个方面，可作为领导干部的执政之准绳、立身之原则。

□《大国前途："一带一路"与国家安全》 于金主 编 定价 58 元

　　当代中国的39位专家、学者畅谈当前中国的"一带一路"面临的国家安全问题及应对之策。

□《中国兵史》 雷海宗 著 定价 46 元

　　堪称一部关于中国兵史的完整读本。丁则良、何炳棣、何兆武、资中筠、范曾、吴于廑、齐世荣、王敦书、蒋孟引、王永兴……学术大咖、史界精英乃至艺术巨匠推崇备至。

□《厚土：一个清华学子对晋西农村的调查纪实》 肖亚洲 著 定价 68.00 元

　　国务院参事、清华大学公共管理学院教授施祖麟：《厚土》堪称大学生社会调查的扛鼎之作。

　　中国社会科学院农村发展研究所于建嵘：《厚土》是一部不可多得的农村实地考察报告。通过此书，我们看到乡村的过去与现在、乡村所经历的欣喜与痛感、乡村所承载的重负与希冀，并由此看到一个真实的中国农村。

　　"三农"问题专家李昌平：《厚土》为方兴未艾的非虚构写作提供了一个高质量的范本！

□《追寻巨人》 [美]Jack Sun（予森）著　定价28.00元
　　本书帮助读者探寻内心巨人，激发内在潜力。世界顶级的美国沃顿商学院著名教授联袂推荐，中国新东方教育科技集团总裁俞敏洪致信推荐。

□《默克尔新传》 王拥军 著　定价38.00元
　　一个坚守着自己的底线，永不妥协的铁娘子，一个"连任三届的女总理"。本书让我们共同走进默克尔的世界，领略这位实干家、女汉子的独特风采！

□《国富新论》 翟玉忠 著　定价39.00元
　　本书将中国古典经济学轻重之术和盘托出。

□《中国超级经济》 [加]殷敬棠 著　定价56.00元
　　研究中国经济未来发展，介绍中国宏观经济走势。

□《大国崛起之谜》 李超民 著　定价48.00元
　　本书为读者破解大国经济发展的秘密。

□《超脱考试做领袖》 陈济安 著　定价30.00元
　　原是一本内部教材。公开出版后，郭传杰、冯恩洪、毕诚等著名教育家均极力推荐给学生、教师、学生家长阅读。

□《创新中国教育》 [加]江学勤 著　定价39.00元
　　一位耶鲁毕业生教你如何考上国际名校，讲述发生在北京大学附属中学、深圳中学创新教育的故事。被誉为"全世界教育之父"的安德里亚斯·施莱歇尔教授（AndreasSchleicher）写序推荐。

□《白领禅》 [加]史蒂文　海涅　丘丽君 译　定价48.00元
　　这是一本以行云流水的心情表达禅意的书。最大特色是象征性用"隐士之禅""武士之禅"形象完美地表达了职场之禅——白领禅。

□《请愤怒吧》 [法]Stéphane Hessel（黑塞尔）著 河清 译　定价20.00元
　　上市3个月发行500万册，成为法国头号畅销书。可见这个世界是多么渴望正义的声音！

□《中国环境地理学》（上下册） 练力华 著　定价108.00元
　　中国传统环境地理学发展历史上的一次全新探索。一书读懂中华传统建筑文化奥秘！

□《王阳明全集》（明）王守仁 著　朱熹 等注 118.00元
　　本书是迄今为止收录最全、简体横排、全新足本，王阳明西学思想及一生最重要的著作，是儒家思想中最具个性、最具争议的代表作。

□《生存：立体污染下的生死之忧》 邵传贤 著　定价58.00元
　　吃得明白，才能活得健康。环境美好，才能活得愉快。从我做起，身体力行，大家都来保护环境。

好书推荐